LOCAÇÃO DE IMÓVEIS
Comentada

em locuções e verbetes

D541L   Dias, Nadir Silveira
    Locação de imóveis: comentada em locuções e verbetes / Nadir Silveira Dias. — Porto Alegre: Livraria do Advogado, 1999.
    280p.; 16x23cm.

    Contém comentários, jurisprudência, legislação e índice analítico.
    ISBN 85-7348-098-X

    1. Locação de imóveis. I. Título.

    CDU 347.453

    Índice para catálogo sistemático
    Locação de imóveis

(Bibliotecária responsável: Marta Roberto, CRB-10/652)

Nadir Silveira Dias

LOCAÇÃO DE IMÓVEIS
Comentada

EM LOCUÇÕES E VERBETES

Comentários
Jurisprudência
Legislação
Índice Analítico

livraria
DO ADVOGADO
editora

Porto Alegre 1999

© Nadir Silveira Dias, 1999

Capa, projeto gráfico e composição
Livraria do Advogado Editora

Revisão
Rosane Marques Borba

Direitos desta edição reservados por
Livraria do Advogado Ltda.
Rua Riachuelo, 1338
90010-273 Porto Alegre RS
Fone/fax (051) 225 3311
E-mail: livadv@vanet.com.br
Internet: www.liv-advogado.com.br

Impresso no Brasil / Printed in Brazil

Dedico este livro ao amigo,
incentivador e orientador
Wellington Pacheco Barros,
propriense, de têmpera sergipana
e de alma gaúcha, por opção,
em típico caldeamento pampiano!

Prefácio

Na minha cidade natal, Propriá, Estado de Sergipe, existe uma rua íngreme, sinuosa, estreita, sem calçadas e pavimentada com enormes pedras irregulares que a tornam escorregadia a qualquer tempo e com edificações de passado tipicamente português. É uma rua de difícil acesso e precário trânsito, daí por que a população a denominou de Rua do VAI-QUEM-QUER, já que somente o muito interessado pode se aventurar a percorrê-la. Por constituir o nome popular o retrato da realidade daquela rua, o logradouro público foi assim registrado e se mantém até hoje.

Trago essa reminiscência pessoal com o claro propósito de fazer um paralelismo com o que representa o íngreme, sinuoso, estreito e escorregadio ato de escrever uma obra, circunstância que pode muito bem se caracterizar como o VAI-QUEM-QUER do ser humano.

Pois bem. O livro *Locação de Imóveis - Comentada, em Locuções e Verbetes*, do Bacharel Nadir Silveira Dias, que agora tenho a honra de prefaciar, caracteriza o VAI-QUEM-QUER do autor. O tema escolhido para seu ingresso no mundo da doutrina jurídica, já que no campo da poesia o autor nos brindou com seu RASTROS DO SENTIR e outras poesias insertas em livros de autoria coletiva, é por si só uma tarefa difícil, desde quando envolve o imprescindível direito público de morar, cujo interesse coletivo é inarredável na vida de homem urbano pela importância que representa, tornando a caminhada, por isso mesmo, íngreme e dificultosa.

Só alguém como o autor, com sua larga experiência no trato das locações imobiliárias, ontem, na sua condição de Corretor de Imóveis e Advogado e, hoje, de Assessor de Desembargador, poderia percorrer esse caminho com galhardia, sensibilidade e segurança e ainda oferecer uma visão nova e não trilhada pelos estudiosos da matéria.

Dessa forma, o livro que nos é oferecido não se destina apenas aos iniciados na sistemática jurídica como advogados, juízes e promotores, que muito bem encontram soluções para suas dúvidas. Ele, em verdade, busca atingir, principalmente, com a sua linguagem clara, direta, abrangente e exaustiva, aqueles que são os verdadeiros partícipes e interessados maiores na solução de questões que envolvam as relações contratuais imobiliárias: os locadores, locatários, corretores e administradoras de imóveis. É com essa destinação que cada termo ou locução legal teve o seu dimensionamento doutrinário analisado, ensejando a que esses beneficiários espanquem suas dúvidas e sejam possibilitados a ingressar, dessa forma, na compreensão plena da idéia e do dizer do legislador, como contidas na Lei nº 8.245/91.

Ao saudar o novel doutrinador, espero que sua obra seja o marco inicial de uma proveitosa produção jurídica, pois são idéias como esta que induzem a compreensão do direito como ciência nitidamente voltada ao interesse da sociedade.

Wellington Pacheco Barros
Desembargador, Mestre em Direito e
Professor de Graduação e Pós-Graduação

Sumário

Introdução	19
1. Elementos preambulares	**21**
001. Breves antecedentes históricos	21
002. Conceito	22
003. Características	22
004. Natureza jurídica	23
005. Fontes, a lei especial	23
006. As leis esparsas	23
007. A jurisprudência	24
008. O direito consuetudinário (ou direito costumeiro)	24
009. Lei nº 8.245/91	24
010. Lei do inquilinato	24
011. Lei Inquilinária	24
012. DOU - Diário Oficial da União	25
013. Ementa	25
014. Dispõe sobre as locações dos imóveis urbanos	25
015. E os procedimentos	25
016. Relação locatícia material	25
017. Relação locatícia processual	25
018. O Presidente da República	25
019. Faço saber	26
020. Congresso Nacional	26
2. Da locação urbana	**27**
021. Título I	27
022. Da Locação	27
023. Título I, Capítulo I	27
2.1. Disposições gerais materiais da locação em geral	**27**
024. Disposições gerais materiais	27
025. Seção I - Capítulo I	27
026. Da locação em geral	27
027. Locação de imóvel urbano	27
028. Art. 1º, parágrafo único	28
029. Contrato de Arrendamento Rural	28
030. Contrato de Parceria Rural	28
031. Exclusões	29
032. Imóveis de propriedade da União, Estados, Municípios, e...	29
033. Vagas autônomas	30
034. Garagem (unidades autônomas)	30
035. Espaços para estacionamento	30
036. Espaços para publicidade	31
037. Apart-hotéis	31
038. Hotéis-residência	31
039. Arrendamento Mercantil	32
040. Locador	32

041. Locatário 33
042. Solidariedade 33
043. Presunção legal 33
044. Habitações coletivas multifamiliares 34
045. Locativo(s) 34
046. Sublocatário 35
047. Contrato de locação 35
048. Prazo 35
049. Prazo da locação 35
050. Vênia conjugal 35
051. Dez anos 36
052. Ausência de vênia conjugal 36
053. Cônjuge 36
054. Duração do contrato 37
055. Reaver o imóvel 37
056. Devolução do imóvel 37
057. Dispensa da multa 38
058. Transferência de emprego 38
059. Ação de despejo 39
060. Desapropriação 39
061. Expropriante 39
062. Denúncia da locação pelo locatário 40
063. Ausência de aviso ao locador 40
064. Resilição 41
065. Usufruto 41
066. Extinção do usufruto 42
067. Denúncia da locação por extinção do usufruto 42
068. Fideicomisso 43
069. Extinção do fideicomisso 43
070. Denúncia da locação por extinção do fideicomisso 44
071. Alienação durante a locação 44
072. Direito do adquirente 45
073. Direito do promissário comprador 46
074. Direito do promissário cessionário 47
075. Denúncia da alienação 47
076. Distrato da locação 47
077. I - Por mútuo acordo 47
078. II - Por prática de infração legal ou contratual 48
079. III - Por falta de pagamento do aluguel e encargos 48
080. IV - Para reparações determinadas pelo poder público ... 49
081. Morte do locador (a) 50
082. Morte do locatário (a) 50
083. Separação do casal 51
084. Cessão da locação 51
085. Sublocação 52
086. Empréstimo do imóvel 52
087. Consentimento prévio e escrito do locador 53
088. Consentimento presumido 53
089. Oposição do locador 53

2.2. Das sublocações 54
090. Seção II - Capítulo I. Artigos 14 ao 16 54
091. Aplicação subsidiária 54
092. Direito de regresso do sublocatário 54
093. Solidariedade do sublocatário 55

2.3. Do aluguel 55
094. Seção III - Capítulo I. Artigos 17 ao 21 55
095. Livre convenção do aluguel 55

096. Moeda estrangeira 56
097. Variação cambial 57
098. Salário mínimo 57
099. Critérios de reajuste................................ 57
100. Novo valor do aluguel 58
101. Inserir cláusula de reajuste 59
102. Modificar cláusula de reajuste 59
103. Ausência de acordo 60
104. Revisão judicial do aluguel 60
105. Ação revisional de aluguel 61
106. Desequilíbrio econômico-financeiro 61
107. Pagamento antecipado do aluguel 62
108. Aluguel da sublocação 62
109. Aluguel nas habitações coletivas 63
110. Redução do aluguel pelo sublocatário 63
2.4. Dos deveres do locador e do locatário 63
111. Seção IV - Capítulo I, Artigos 22 a 26. 63
112. Obrigações do locador 63
113. I - Entregar o imóvel alugado em estado de servir ... 64
114. II - Uso pacífico do imóvel locado, garantir 65
115. III - Forma e o destino do imóvel, manter 65
116. IV - Vícios ou defeitos anteriores à locação, responder 66
117. V - Descrição minuciosa do estado do imóvel 66
118. VI - Recibo discriminado, fornecer ao locatário 67
119. VI - Quitação genérica 68
120. VII - Administração imobiliária 68
121. VII - Intermediações (na locação) 70
122. VIII - Impostos e taxas, pagar 70
123. Seguro contra fogo 71
124. Exibição de comprovantes 71
125. Parcelas exigidas 72
126. Despesas extraordinárias 72
127. Reformas ou acréscimos à estrutura integral do imóvel 73
128. Pintura das fachadas 74
129. Habitabilidade do edifício 74
130. Indenizações trabalhistas 75
131. Indenizações previdenciárias 76
132. Segurança, equipamentos de 77
133. Incêndio, equipamentos de 77
134. Telefonia, equipamentos de 77
135. Intercomunicação, equipamentos de 78
136. Esporte, equipamentos de 78
137. Lazer, equipamentos de 78
138. Decoração, despesas de 79
139. Paisagismo, despesas de 79
140. Fundo de reserva 80
141. Obrigações do locatário 81
142. I - Pagar pontualmente o aluguel e encargos da locação 81
143. II - Servir-se e tratar do imóvel como se fosse seu ... 82
144. III - Restituir o imóvel no estado em que o recebeu ... 83
145. IV - Ciência imediata de danos, defeitos, ou turbações 84
146. V - Realizar imediata reparação dos danos que provocar 84
147. VI - Não modificar a forma interna ou externa do imóvel 85
148. VII - Entregar documentos ao locador 86
149. VIII - Pagar telefone, força, luz e gás, água e esgoto 86
150. IX - Permitir a vistoria do imóvel pelo locador 87
151. X - Cumprir convenção e regulamentos de condomínio 87

152. XI - Pagar o prêmio do seguro de fiança 88
153. XII - Pagar as despesas ordinárias de condomínio 88
154. Salários e encargos dos empregados do condomínio 89
155. Água, esgoto, gás, luz e força das áreas de uso comum 90
156. Limpeza, conservação e pintura das partes comuns 90
157. Instalações e equipamentos hidráulicos, elétricos 91
158. Instalações e equipamentos de prática de esportes e lazer ... 91
159. Elevadores, porteiro eletrônico e antenas coletivas 92
160. Pequenos reparos elétricos e hidráulicos comuns 92
161. Rateios de saldo devedor 93
162. Reposição do fundo de reserva 94
163. Previsão orçamentária e rateio mensal 95
164. Edifício com unidades autônomas da mesma pessoa 96
165. Condições precárias da habitação coletiva multifamiliar 96
166. Levantamento dos depósitos após regularização do imóvel 97
167. Afastamento durante a execução das obras 97
168. Depósitos em juízo usados na regularização do imóvel 98
169. Tributos, encargos e despesas ordinárias 99
170. Locador antecipa tributos, encargos e despesas 99
171. Consentimento obrigatório para reparos urgentes 100
172. Reparos que durem mais de dez dias 100
173. Reparos que durem mais de trinta dias 100

2.5. Do direito de preferência 101
174. Seção V - Capítulo I, Artigos 27 ao 34. 101
175. Direito de preferência 101
176. Igualdade de condições com terceiros 102
177. Ciência inequívoca 104
178. Comunicação com todas as condições do negócio 104
179. Preferência do locatário caducará 106
180. Responsabilidade do locador pela desistência 107
181. Preferência em pluralidade 108
182. Pluralidade de pretendentes 109
183. Incidência da preferência sobre toda a alienação 110
184. Não-alcance ou exclusões do direito de preferência 111
185. Preterição do locatário no direito de preferência 112
186. Averbação do contrato de locação 114
187. Prioridade do condômino na preferência 115

2.6. Das benfeitorias 115
188. Seção VI - Capítulo I, Artigos 35 e 36. 115
189. Benfeitorias 116
190. Benfeitorias necessárias indenizáveis ou não 116
191. Benfeitorias úteis indenizáveis ou não 117
192. Direito de retenção por benfeitorias indenizáveis 118
193. Benfeitorias voluptuárias não são indenizáveis 119
194. Levantamento/retirada das benfeitorias voluptuárias 120

2.7. Das garantias locatícias 120
195. Seção VII - Capítulo I, Artigos 37 ao 42. 120
196. Garantias locatícias 120
197. Caução 122
198. Fiança 122
199. Seguro de fiança locatícia 125
200. Nulidade de mais de uma garantia na mesma locação 127
201. Caução poderá ser em bens móveis e imóveis 128
202. Caução em bens móveis 128
203. Caução em bens imóveis 128
204. Caução em dinheiro = Máximo três meses de aluguel 129

205. Caução em dinheiro = Depósito caderneta de poupança 130
206. Caução em títulos e ações 130
207. Garantia até a efetiva devolução do imóvel 131
208. Novo fiador ou substituição da modalidade de garantia 132
209. I - Morte do fiador 133
210. II - Ausência, Interdição, Falência ou Insolvência do fiador 133
211. III - Alienação-gravação dos bens imóveis do fiador ou mudança de residência sem comunicação ao locador 133
212. IV - Exoneração do fiador 134
213. V - Prorrogação da locação por prazo indeterminado, sendo a fiança ajustada por prazo certo 135
214. VI - Desaparecimento dos bens móveis 135
215. VII - Desapropriação ou alienação do imóvel 136
216. Seguro locatício abrange totalidade das obrigações 136
217. Inexistência de garantia = Aluguel mensal antecipado 137

2.8. Das penalidades criminais e civis 138
218. Seção VIII - Capítulo I, Artigos 42 ao 44. 138
219. Penalidades criminais e civis 138
220. Contravenção penal 138
221. I - Exigir quantia além do aluguel e encargos 139
222. II - Exigir mais de uma modalidade de garantia 139
223. III - Cobrar antecipadamente o aluguel 140
224. Crime de Ação Pública 140
225. Prestação de serviços à comunidade 141
226. I - Recusa de fornecer recibo discriminado nas habitações coletivas 142
227. II - Deixar o retomante de usar o imóvel ou nele não permanecer por um ano 142
228. III - Não iniciar demolição ou reparação no imóvel 143
229. IV - Executar o despejo sem observância do § 2º do art. 65 144
230. Reclamar multa de 12 a 24 meses de aluguel atualizado 144

2.9. Das nulidades 145
231. Seção IX - Capítulo I, Artigo 45. 145
232. Nulidades 145

2.10. Disposições especiais materiais da locação em geral 146
233. Capítulo II - Artigos 46 ao 57. 146
234. Disposições especiais materiais 146

2.11. Da locação residencial 146
235. Seção I - Capítulo II, Artigos 46 e 47. 146
236. Locação residencial 146
237. Resolução do contrato = Fim do prazo estipulado 147
238. Prorrogação da locação por presunção legal 147
239. Denúncia do contrato pelo locador na prorrogação 148
240. Prorrogação automática da locação e sua retomada 148
241. I - Retomada nos casos do art. 9º 149
242. II - Retomada por extinção do contrato de trabalho 149
243. III - Retomada para uso próprio, de ascendente ou descendente 149
244. IV - Retomada para demolição e edificação licenciada ou obras aprovadas pelo poder público 150
245. V - Retomada por vigência ininterrupta da locação por mais de cinco anos 151
246. Comprovação judicial da necessidade 151
247. Retomante em imóvel próprio e retomada anterior 151
248. Ascendente ou descendente em imóvel próprio 152
249. Prova da propriedade, promessa de compra ou cessão 153

2.12. Da locação para temporada 154
250. Seção II - Capítulo II, Artigos 48 ao 50. 154
251. Locação para temporada, definição legal 154

252. Imóvel mobiliado = Descrição dos móveis e utensílios 155
253. Aluguel e encargos antecipados c/c garantia 155
254. Prorrogação por tempo indeterminado da locação para temporada 156
255. Denúncia do contrato na prorrogação da locação para temporada 157
2.13. Da locação não-residencial 157
256. Seção III - Capítulo II, Artigos 51 ao 57. 157
257. Locação não-residencial 158
258. Direito à renovação do contrato 158
259. I - Contrato por escrito e prazo determinado 159
260. II - Prazo mínimo de cinco anos, escritos e ininterruptos 159
261. III - Exploração mínima de três anos, ininterruptos, no mesmo ramo de comércio 160
262. Exercício do direito por cessionários ou sucessores 160
263. Direito à renovação por sublocatário, em sublocação total 161
264. Direito à renovação por locatário ou sociedade 161
265. Sócio sobrevivente sub-rogado no direito à renovação 162
266. Direito à renovação por indústrias e sociedades civis 163
267. Decadência do direito à renovação 163
268. Causas que desobrigam o locador à renovação 164
269. Obras determinadas pelo poder público que importem em radical transformação 164
270. Obras de modificação que aumentem o valor do negócio ou da propriedade 165
271. Se o imóvel vier a ser utilizado pelo locador 166
272. Transferência de fundo de comércio existente há mais de um ano 166
273. No inciso II, imóvel não poderá se destinar ao mesmo ramo do locatário . . 167
274. No inciso II, imóvel poderá se destinar ao mesmo ramo do locatário se envolver fundo de comércio 167
275. Locações de espaço em *shopping centers*, impossibilidade de recusa à renovação com base no inciso II 168
276. Direito do locatário à indenização 169
277. Não-renovação por melhor proposta de terceiro 170
278. Se locador não der o destino ao imóvel ou não iniciar as obras 170
279. Rescisão das locações de imóveis de uso especial 171
280. Hospitais 172
281. Unidades sanitárias oficiais 172
282. Asilos 172
283. Estabelecimentos de saúde 172
284. Estabelecimentos de ensino autorizados e fiscalizados pelo Poder Público . 173
285. Entidades religiosas devidamente registradas 173
286. Lojistas e empreendedores de *shopping centers* 174
287. Locatário em *shopping* center, cobranças vedadas 174
288. Despesas previstas em orçamento 175
289. Extensão da definição de locação não-residencial 175
290. Cessação da locação não-residencial 176
291. Presunção legal de prorrogação da locação não-residencial 177
292. Denúncia da locação não-residencial na prorrogação 179

3. Dos procedimentos 179
293. Título II 179
294. Procedimentos 179
295. Título II, Capítulo I 179
3.1. Disposições gerais procedimentais 179
296. Disposições gerais procedimentais 179
297. Pressupostos genéricos para as ações locacionais imobiliárias 180
298. I - Processos tramitam durante as férias forenses 180
299. I - E não se suspendem pela superveniência das férias 181
300. I - Competência do foro da situação do imóvel 181
301. II - Competência do foro de eleição 181
302. III - Valor da causa igual a 12 meses de aluguel 182

303. IV - Citação, Intimação ou Notificação pelo Correio 182
304. IV - Citação, Intimação, Notificação por Telex ou Fac-símile 183
305. V - Recursos com efeito somente devolutivo 183

3.2. Das ações de despejo 184
306. Título II, Capítulo II 184
307. Ações de despejo 184
308. Rito ordinário 184
309. Liminar para desocupação 185
310. Prestação de caução 185
311. I - Liminar por descumprimento de mútuo acordo 185
312. II - Liminar por rescisão do contrato de trabalho 186
313. III - Liminar por término da locação para temporada 186
314. IV - Liminar por morte do locatário sem sucessor legítimo 187
315. Liminar por permanência do sublocatário quando extinta a locação 187
316. Ciência aos sublocatários para assistência 187
317. Prova da propriedade ou compromisso registrado 188
318. Concordância com a desocupação, prazo de seis meses 188
319. Isenção de custas e honorários advocatícios 189
320. Falta de pagamento de aluguel e acessórios 189
321. I - Rescisão da locação c/c cobrança de aluguéis 190
322. I - Cálculo discriminado do valor do débito 190
323. II - Evitar a rescisão da locação = Emenda da mora 190
324. III - Emenda da mora = Depósito judicial 191
325. III - Complemento do depósito feito pelo locatário 192
326. IV - Rescisão prossegue pela diferença 192
327. V - Depósito dos aluguéis vincendos até a sentença 192
328. V - Levantamento dos depósitos incontroversos 193
329. VI - Execução dos aluguéis 193
330. Emenda da mora não será admitida 193
331. Trinta dias para a desocupação voluntária 194
332. Quinze dias para desocupação voluntária 194
333. Seis meses a um ano, coincidentes com férias escolares, para desocupação voluntária 195
334. Um ano ou seis meses para desocupação voluntária 195
335. Valor da caução em execução provisória 196
336. Caução entre doze e dezoito meses de aluguel 196
337. Caução real ou fidejussória nos autos da execução 197
338. Caução reverterá em favor do locatário 197
339. Despejo compulsório, com força e arrombamento 198
340. Móveis e utensílios à guarda de depositário 198
341. Impossibilidade temporal de execução do despejo 199
342. Imissão na posse pelo locador por abandono do imóvel 199

3.3. Da ação de consignação de aluguel e acessórios da locação 199
343. Título II, Capítulo III 199
344. Ação de consignação de aluguel e acessórios da locação 200
345. Pagamento do aluguel e acessórios por consignação 200
346. I - Inicial específica no valor dos aluguéis e acessórios 201
347. II - Depósito judicial da quantia ou extinção do processo 201
348. III - Pedido envolve a quitação dos aluguéis até a sentença 201
349. IV - Sem contestação ou locador receber os valores 202
350. IV - Custas e honorários de 20% pelo réu locador 202
351. V - Contestação na consignação de aluguel, matéria de direito e de fato . . 202
352. VI - Reconvenção para despejo e cobrança 203
353. VII - Complemento do depósito inicial com 10% de acréscimo 203
354. VII - Quitação e elisão da rescisão da locação 204
355. VII - Custas e honorários de 20% pelo autor locatário 204
356. Execução na reconvenção de rescisão c/c cobrança 204
357. Levantamento de quantias que não penda controvérsia 205

3.4. Da ação revisional de aluguel ... 206
358. Título II, Capítulo IV ... 206
359. Ação revisional de aluguel ... 206
360. Rito sumário (ex-sumaríssimo) ... 206
361. I - Inicial indicar o aluguel cuja fixação é pretendida ... 207
362. II - Aluguel provisório não excedente a 80% do pedido ... 208
363. III - Revisão do aluguel provisório ... 208
364. IV - Contraproposta do réu ou realização de perícia ... 209
365. Não cabe revisional no prazo de desocupação do imóvel ... 209
366. Reajuste do aluguel provisório ... 209
367. Aluguel fixado na sentença retroage à citação ... 210
368. Diferenças da revisão exigíveis após trânsito em julgado ... 210
369. Periodicidade de reajuste diverso do contrato ... 211
370. Indexador outro para reajuste do aluguel ... 211
371. Execução das diferenças nos autos da revisão ... 211
372. Acordo de desocupação e sua homologação ... 212
373. Revisional por desequilíbrio econômico ... 212

3.5. Da ação renovatória ... 212
374. Título II, Capítulo V ... 212
375. Ação renovatória ... 212
376. Requisitos processuais na renovatória ... 213
377. Prova de preenchimento dos requisitos do artigo 51 ... 213
378. Prova do exato cumprimento do contrato em curso ... 214
379. Prova da quitação de impostos e taxas ... 214
380. Condições oferecidas para a renovação ... 215
381. Indicação de fiador ... 215
382. Prova de que o fiador aceita os encargos da fiança ... 216
383. Prova de ser cessionário ou sucessor ... 216
384. Citação de litisconsortes ... 217
385. Contestação na renovatória, matéria de direito e de fato ... 217
386. Contraproposta, se alegar incompatível a proposta do locatário ... 218
387. Prova documental da proposta do terceiro ... 218
388. Ramo do terceiro não pode ser o mesmo do locatário ... 219
389. Réplica do locatário aceitando as condições ... 219
390. Prova da determinação pública ou relatório das obras, se não estiver obrigado a renovar a locação ... 219
391. Contestação e pedido de aluguel provisório ... 220
392. Periodicidade de reajuste diverso do contrato renovando ... 221
393. Indexador outro para reajuste do aluguel na renovação ... 221
394. Execução das diferenças dos aluguéis na renovatória ... 222
395. Desocupação na locação não renovada, se for pedida na contestação sentença fixa prazo ... 222
396. Indenização solidária devida por locador e proponente ... 223

4. Das disposições finais e transitórias ... 225
397. Título III ... 225
398. Disposições finais e transitórias ... 225
399. Aplicação do Código Civil e do Código de Processo Civil ... 225
400. Causas cíveis de menor complexidade ... 226
401. Alterações na Lei dos Registros Públicos (Lei 6.015/73) ... 227
402. Penhorabilidade do único imóvel por fiança locatícia ... 227
403. Voto do locatário nas assembléias de condomínio ... 227
404. Validade dos registros dos contratos de locação ... 228
405. Preço, Periodicidade e Indexador do reajustamento ... 228
406. Sistema Financeiro da Habitação ... 228
407. Vigência desta lei ... 229
408. Leis expressamente revogadas ... 229

409. Data e signatários 230
　410. Críticas 230
　411. Colaborações 230

5. Legislação 231

6. Jurisprudência 249

7. Índice analítico 269

　Bibliografia 281

Introdução

Este trabalho objetiva o exame da atual Lei do Inquilinato, a Lei nº 8.245/91, sob a ótica do usuário, seja ele locador, locatário, fiador, administrador, operador ou aplicador do direito.

Nasceu e se desenvolveu com a idéia de auxiliar a quem dela se utiliza, pois, sabidamente, para os lidadores do direito ou da legislação condizente com uma determinada matéria, em especial, nem sempre é fácil localizar de imediato o assunto que lhe auxilia na solução do problema ou da dúvida que enfrenta.

A sua delimitação restringe-se ao conteúdo legal da locação de imóveis urbanos, sem prejuízo de referências a outros institutos do Código Civil, do Código de Processo Civil e mesmo de outras leis esparsas.

Daí e por isso, a idéia de percorrer a matéria por tópicos, locuções ou verbetes, de forma que quase, senão toda a integralidade do texto legal tivessem abordagens e comentários específicos, junto com o seu respectivo artigo, e com os seus títulos dispostos em caixa alta, letras grandes, e pela ordem estruturada pelo legislador, porquanto tecnicamente bem idealizada.

Em conseqüência desse paralelismo, é apresentado em três títulos ou partes. A Locação, Partes Geral e Especial, no exame das relações de direito material no âmbito locacional; os Procedimentos, que cuidam do manuseio processual das ações e seus desdobramentos, seja no próprio exercício da ação ou na execução dos julgados, e as Disposições Transitórias e Finais, versando sobre os ditames de transição e daqueles que finalizam o texto legal, além dos elementos preambulares.

Por pertinente, trouxe para a introdução os elementos que considero preliminares ao estudo do tema, do tipo antecedentes, conceito, características, etc., além de termos do próprio preâmbulo da Lei.

Como apêndice, um repertório de jurisprudência ordenado apenas em ordem cronológica decrescente, evidenciando as decisões mais recentes, o inteiro teor da Lei 8.245/91 e um índice analítico, para facilitação das consultas rápidas.

De outro lado e por fim, recordo que na universidade em que estive, antes da graduação em Direito, constatei que a maior fonte de direito é o bom-senso.

Nessa perspectiva, então, de pouco adianta perquerir-se a lei, independentemente de sua hierarquia, uma vez que aquele constitui valor maior perante o equilíbrio faltante em uma relação jurídica qualquer, ausente que esteja ao operador ou aplicador do direito essa dimensão primeira a imprimir o princípio fundamental na decisão a tomar.

Ele afasta, inclusive, o equilíbrio comutativo formal, tornando imperativo, cogente, o real e efetivo equilíbrio material, consistente em tratar-se igualmente os iguais e desigualmente os desiguais, conforme o ensinamento do sempre lembrado Rui Barbosa.

Bom-senso, portanto, foi a base inspiradora das linhas deste livro. Oxalá tenha conseguido expressá-lo!

Por fim, almejo que possa ele, efetivamente, servir aos fins a que foi idealizado.

1. Elementos preambulares

001. BREVES ANTECEDENTES HISTÓRICOS - Eram passadas pouco mais de duas décadas da chegada do século vinte quando o Brasil cria a sua primeira lei de locação, a Lei nº 4.403, de 22 de dezembro de 1921, como refere Gilberto Caldas, citando o Professor Silvio Rodrigues, e cuja referência aqui trazida se constitui em mero marco histórico, pois não é objetivo da obra considerar a história das locações no Brasil, mas tão-só tecer comentários sobre a atual lei de locações (ou Lei Inquilinária, como preferem alguns), a Lei nº 8.245/91, de 18 de outubro de 1991, publicada no Diário Oficial de 21.10.91, Seção I, pp. 22.961 a 22.967, com *vacatio legis* de sessenta dias, e vigente, portanto, a partir de 21.12.91.

Assim ficaram para trás, por explícita revogação de seu artigo 90, o Decreto nº 24.150, de 20 de abril de 1934 (a chamada "Lei de Luvas"), a Lei nº 6.239, de 19 de setembro de 1975, a Lei nº 6.649, de 15 de outubro de 1979, a Lei nº 7.355, de 31 de agosto de 1985, a Lei 7.538, de 24 de setembro de 1987, e a Lei nº 8.157, de 3 de janeiro de 1991.

Em concomitância subsidiária com a especial e atual lei, esparsamente subsistem apenas o § 4º do artigo 21 da Lei nº 9.069, de 29 de junho de 1995 (Plano Real), para tratar da ação revisional em caso de desequilíbrio econômico (e sem prejuízo da ação prevista na lei especial), e o inciso VII do artigo 3º da Lei 8.009/90, de 29 de março de 1990, de resto acrescentado pela própria lei ora em exame, no seu artigo 82, para excluir a impenhorabilidade do único imóvel do devedor em se tratando de fiança concedida em contrato de locação, além das alterações no item 16 do inciso II do artigo 167 da Lei nº 6.015, de 31 de dezembro de1973 (a denominada "Lei dos Registros Públicos") para possibilitar o exercício do direito de preferência. O Código Civil, fonte originária por excelência do regramento que antes fora puramente privado, subsiste nos tópicos mencionados pela Lei.

002. CONCEITO - Conquanto consabido por todos, não custa relembrar que conceituar é quase sempre um problema e especialmente nessa área, pois a dinâmica social, mutante por sua própria natureza, diariamente apresenta novas e intrincadas situações que não possibilitam previsão esmiuçada por parte do legislador ou mesmo daquele que trata e aborda qualquer questão, e mais ainda quando se trata de direito que envolve um dos mais sagrados de todos eles: o morar, depois de nascer, além do direito de bem alimentar-se, instruir-se e trabalhar.

No entanto, o seu conceito geral ou estrito é exaurido da sua própria expressão "locação de imóvel urbano", ou seja, da *urbi*, cidade, da *pólis* grega, nas acepções agora contempladas com junção na mesma lei, tanto para residenciais quanto para não-residenciais, guardadas as exclusões feitas com relação a estas últimas, por mantidas (ou manutenidas) sob a égide de outros diplomas que já as regulavam especificamente, como se verá em locuções ou verbetes posteriores.

O conceito, entretanto, não se limita ao âmbito territorial e tampouco dele se torna excludente, pois que calcado no uso final dado e ditado pelas características próprias e específicas da destinação de cada imóvel urbano, ou mesmo rural, se lá não são exercidas atividades rurais, como é caso típico dos sítios de laser, e dos quais a Grande Porto Alegre tem inúmeros exemplos.

003. CARACTERÍSTICAS - Conseqüentemente, a característica geral e comum da locação urbana é que esteja esse imóvel localizado em perímetro urbano, assim delimitado pelo poder público e sua utilização e efetiva destinação seja para fins residenciais ou não-residenciais, nos termos do contrato de locação, que pode, inclusive, fazer previsão de destinação mista, se o permitir a legislação municipal. E em termos tais, não existem problemas sobre a característica que envolve o conceito, ditado, como visto, pela final destinação e efetiva utilização do imóvel. E assim se faz, porquanto pode surgir a antinomia, a necessidade de aclarar se um imóvel é urbano ou rural, tendo já o Tribunal de Alçada do Estado do Rio Grande do Sul (ora incorporado ao Tribunal de Justiça) enfrentado a situação em que um frigorifico estava locado sob a égide da legislação urbana, quando em verdade tratava-se de imóvel rural, típica e territorialmente caracterizado. Por isso, ao surgir essa dicotomia, imóvel urbano ou rural, preciso será que se tenha sempre a atenção direcionada na verificação do uso final, a destinação efetiva do imóvel para saber-se de sua real classificação, inde-

pendentemente do rótulo que se lhe dê na relação locatícia ou no contrato. Portanto, embora no perímetro urbano, o imóvel pode ser rural e deve ser regulado pelo ordenamento do Estatuto da Terra, e do mesmo modo, será urbano se situado em perímetro rural, mas tiver destinação outra que não uma daquelas definidas naquele Estatuto. As residências ou outros estabelecimentos que componham um complexo agropastoril, industrial ou pecuário, ou mesmo a empresa rural, independentemente de seu tamanho econômico, serão acessões do empreendimento, acessórios que seguem o principal. A propósito, o legado e a tradição romanista: "urbana familia et rustica, non loco sed genere distinguitur" (loc. lat.) - a família urbana e a rústica se distinguem, não pelo lugar, mas pelo gênero. ou "urbanum praedium non locus facit, sed materia" (loc. lat.) - O lugar não torna o prédio urbano, mas o destino.

004. **NATUREZA JURÍDICA** - A natureza jurídica da locação urbana alicerçada no contrato que prevê um preço para a locação, que leva o nome de aluguel, é tanto pessoal, por envolver o campo obrigacional, quanto real, por consubstanciar a entrega do imóvel por parte de seu proprietário (ou possuidor), que transmite a posse direta, permanecendo apenas com a posse indireta, em decorrência do pacto firmado. Isso possibilita ao próprio locatário utilizar-se dos interditos possessórios, independentemente do poder que conserva o proprietário em resguardar a posse da propriedade locada, em caso de turbação por terceiros, e em razão da posse indireta que mantém, pois esta o contrato não transmite. A natureza jurídica da locação, portanto, é mista por envolver o campo obrigacional (pessoal) e o real, pela transmissão contratual da posse.

005. **FONTES, A LEI ESPECIAL** - A fonte primeira da locação urbana, como visto, é a lei especial. E sobre isso, não custa e, ao contrário, me alegro expressar que esta lei é uma das últimas e poucas feitas pelo Parlamento Brasileiro que, efetivamente, representando o povo pelas suas duas Casas, o Congresso Nacional, observou com denodo o fim para qual existe, ou seja, proposição, discussão, consecução e criação de leis que atendam o anseio da sociedade, por ele, Poder Legislativo, que anda, cada vez mais, submetido ao Poder Executivo. E que, de resto, não é apenas um fenômeno brasileiro, mas mundial, segundo afirmam os especialistas da notícia.

006. **AS LEIS ESPARSAS** - Também se constituem em fontes as leis esparsas citadas e a lei comum civil, o Código Civil e o Código de Processo Civil, subsidiariamente a esta Lei, por expressa disposição do artigo 79.

007. A JURISPRUDÊNCIA - Na lei encontram-se reguladas as situações básicas e típicas do relacionamento entre locador e locatário, mas não esgota o assunto e nem pode. E a lei, por mais extensa e precisa que seja, não tem como prever todas as situações existentes no universo das relações humanas. Por isso mesmo, é aconselhável e necessário que se tenha como fonte também a jurisprudência que, reiteradamente, analisa casos concretos de lacunas ou interpretação do texto legal e melhor define, num dado momento, a correta e adequada aplicação do dispositivo legal sob ótica.

008. O DIREITO CONSUETUDINÁRIO (ou direito costumeiro) - E mesmo o direito decorrente do costume não pode ser desprezado como fonte da locação urbana. Num país que possui quase seis mil municípios com populações de etnia, instrução, modos de vida, condições e recursos os mais variados, isso certamente possibilita um leque de entendimentos sobre a mesma disposição legal, segundo e conforme a localidade em que tal deva ser aplicada. Em tema de tão relevante significado, não pode ser desprezada essa fonte de direito tão antiga como o homem. Daí a oportunidade também dessa apreciação exegética, quando outra não puder ser a solução para o problema a ser resolvido pelo consulente, operador ou aplicador do direito.

009. LEI Nº 8.245/91 - Lei nº 8.245, de 18 de outubro de 1991 - É a identificação da lei emanada do Poder Legislativo. No caso, o Congresso Nacional. Equivale ao nome das pessoas naturais depois de obtida a certidão de nascimento com o registro procedido no Cartório de Registro Civil das Pessoas Naturais. Ou ao nome das pessoas jurídicas, seja por denominação social, razão social ou firma individual, no Ofício de Registro Especial.

010. LEI DO INQUILINATO - É o nome pelo qual as pessoas apelidam ou denominam a Lei nº 8.245/91, que trata das locações de imóveis urbanos. Isso é comum e já temos inúmeros exemplos dessa situação, "Lei do Divórcio", "Lei de Luvas" (ora revogada), "Lei Camata", "Lei Fleury", apelidos ou denominações essas que nascem a partir da matéria tratada pela Lei, pelo nome do legislador que a propôs, e/ou mesmo quando envolvam casos de ampla repercussão na mídia.

011. LEI INQUILINÁRIA - É outra denominação da Lei nº 8.245/91. Do mesmo modo como Lei do Inquilinato, Lei Inquilinária tem a ver exatamente com uma das partes para a qual é dirigida: os inquilinos.

012. DOU - DIÁRIO OFICIAL DA UNIÃO. Órgão oficial da esfera federal onde são publicados os atos daí emanados. Em 21.10.91, foi publicada a lei ora em exame, data a partir da qual passa a correr o prazo de *vacatio legis*.

013. EMENTA - É extrato do conteúdo da lei. "Dispõe sobre as locações de imóveis urbanos e os procedimentos a elas pertinentes". E de plano, a constatação de que sua abrangência impõe regras de direito material e de direito processual, a examinar-se em outro tópicos. É o extrato da lei e por ele se verifica de que trata o legislador, ao menos em sua parte mais geral e quando está bem formulada em técnica legislativa, visto ser comum na atualidade uma lei dispor sobre os mais variados assuntos e matérias (v.g., a Lei nº 9.069, de 29.06.95, dispondo sobre o Plano Real, depois de inúmeras excrescências provisórias).

014. DISPÕE SOBRE AS LOCAÇÕES DOS IMÓVEIS URBANOS - Parte da ementa que enuncia o conteúdo de âmbito material disciplinado no diploma legal.

015. E OS PROCEDIMENTOS - "...e os procedimentos a elas pertinentes" - É a parte complementar da ementa, anunciando que a lei, além de dispor sobre as locações de imóveis urbanos, também faz regramento de conteúdo processual, no sentido de viabilizar o direito das partes envolvidas na relação locatícia, quando precisarem acionar o Judiciário para realizar o direito que a lei cria ou para defender-se da pretensão resistida, por parte de quem a produza.

016. RELAÇÃO LOCATÍCIA MATERIAL - É aquela decorrente de um contrato de locação. As partes envolvidas, locador e locatário, convergem, formando consenso sobre a coisa (o imóvel a ser locado), o preço e outras condições acessórias (garantias, cláusulas penais, etc.), de grande significado se ela derivar para uma relação locatícia processual, a ser vista na locução seguinte.

017. RELAÇÃO LOCATÍCIA PROCESSUAL - É a que decorre do surgimento de conflito no curso da relação locatícia material e na qual as partes precisam utilizar-se do Poder Judiciário para fazer valer o pacto locatício ou o regramento legal sobre ele, caso esteja em desacordo com o disciplinamento imposto pela lei.

018. O PRESIDENTE DA REPÚBLICA - É de sua competência constitucional sancionar e publicar a lei decretada (votada) pelo Congresso Nacional (art. 84, IV, da CF/88). (No caso, de triste memória, por razões de todos conhecidas).

"*Art. 84. Compete privativamente ao Presidente da República:*

(...) IV - sancionar, promulgar e fazer publicar as leis, bem como expedir decretos e regulamentos para sua fiel execução;"

019. FAÇO SABER - É a fórmula clássica de publicação de uma lei, exercida pelo Presidente da República, logo após a sua sanção (art.84, IV, da CF/88): "Faço saber que o Congresso Nacional decreta e eu sanciono a seguinte Lei:"
    "Art. 84. Compete privativamente ao Presidente da República: (...) IV - sancionar, promulgar e fazer publicar as leis, bem como expedir decretos e regulamentos para sua fiel execução;"

020. CONGRESSO NACIONAL - É integrado pela duas casas legislativas de âmbito federal, a Câmara dos Deputadas e o Senado da República. Sistema bicameral (a Câmara Baixa, deputados e Câmara Alta, senadores), e de algum tempo criticado pelas marchas e contramarchas que ocasiona nas diversas fases da elaboração de uma lei e, de forma especial, na última legislatura, na qual tudo se vende ou procura vender sob o timão do Executivo, não se sabendo em que tudo isso serve e para quem, pois parece mesmo e apenas, desservir a cidadania, ao território, à soberania nacional.

2. Da locação urbana

021. TÍTULO I - Trata-se da primeira parte da lei, composta que é de três títulos (Da locação (I) - relações de âmbito material, em dois capítulos, disposições gerais e especiais), dos procedimentos (II) para as relações de cunho processual e das disposições finais e transitórias (III).

022. DA LOCAÇÃO - Em seu capítulo I, abrange do artigo 1º ao artigo 45, em nove (IX) seções, tratando de disposições gerais, a partir da Seção I, da Locação em Geral. Em seu capítulo II, do artigo 46 ao artigo 57, o conteúdo das disposições especiais, em três (III) seções.

023. TÍTULO I, CAPÍTULO I - Encerra as disposições gerais de ordem material do artigo 1º ao artigo 45, na exata metade de seus noventa artigos.

2.1. Disposições gerais materiais da locação em geral

024. DISPOSIÇÕES GERAIS MATERIAIS - Como o próprio nome indica, trata das questões gerais que envolvem a matéria tratada na lei. Situações particulares no sentido de não serem tão universais como estas (do artigo 1º ao artigo 45), são disciplinadas nas disposições especiais (artigos 46 a 57).

025. SEÇÃO I - CAPÍTULO I. Trata da Locação em Geral, artigos 1º ao 13.

026. DA LOCAÇÃO EM GERAL - Artigos 1º ao 45, Seção I, da Locação em Geral, (artigos 1º ao 13); Seção II, das Sublocações (artigos 14 ao 16); Seção III, do Aluguel (artigos 17 ao 21); Seção IV, dos Deveres do Locador e do Locatário (artigos 22 ao 26); Seção V, do Direito de Preferência (artigos 27 ao 34); Seção VI, das Benfeitorias (artigos 35 e 36); Seção VII, das Garantias Locatícias (artigos 37 ao 42); Seção VIII, das Penalidades Criminais e Civis (artigos 43 e 44); e Seção IX, das Nulidades (artigo 45).

027. LOCAÇÃO DE IMÓVEL URBANO - A lei diz ao que veio, caracterizando com precisão os limites de seu alcance. *Mutatis*

mutandis, equivale à inicial que define os limites da lide, no direito processual. De qualquer sorte, a caracterização de imóvel urbano, de regra singela - pois seria aquele que esteja situado no perímetro urbano - quando a sua destinação não corresponder à utilização urbana. A propósito, o legado e a tradição romanista: "urbana familia et rustica, non loco sed genere distinguitur" (loc. lat.) - a família urbana e a rústica se distinguem, não pelo lugar, mas pelo gênero. Ou: "urbanum praedium non locus facit, sed materia" (loc. lat.) - O lugar não torna o prédio urbano, mas o destino.
"*Art. 1º. A locação de imóvel urbano regula-se pelo disposto nesta Lei.(...)*"

028. ART.1º, PARÁGRAFO ÚNICO - Correta e convenientemente, esse parágrafo exclui do conceito e abrangência do *caput* as locações que menciona (alínea a) e o arrendamento mercantil (alínea *b*), que continuam regradas pelo Código Civil e as leis especiais:
"*Art. 1º.(...) Parágrafo único. Continuam regulados pelo Código Civil e pelas leis especiais: a) as locações:1. de imóveis de propriedade da União, dos Estados e dos Municípios, de suas autarquias e fundações públicas;2. de vagas autônomas de garagem ou de espaços para estacionamento de veículos;3. de espaços destinados à publicidade;4. em apart-hotéis, hotéis-residência ou equiparados, assim considerados aqueles que prestam serviços regulares a seus usuários e como tais sejam autorizados a funcionar;*
b) o arrendamento mercantil, em qualquer de suas modalidades."

029. CONTRATO DE ARRENDAMENTO RURAL - Embora a lei em exame não exclua expressamente esse tipo de modalidade de contrato agrário típico, certo é (e até mesmo por isso) que tal continua a ser regulado pelo Estatuto da Terra (Lei nº 4.504/64) e o seu Regulamento (Decreto nº 59.566/66). É de sua essência que o seu preço seja ajustado em dinheiro, ainda que o pagamento seja ajustado em quantidade de frutos ou produtos. Nesse caso, o preço corrente do mercado local não pode ser inferior ao preço mínimo oficial. Nota marcante ainda é o limite do preço, que é de 15% sobre o valor cadastral do imóvel, ou de 30% em arrendamento de área selecionada para exploração intensiva de alta rentabilidade. É o que diz o artigo 95, XII, do Estatuto, e os artigos 16 e 17 do Regulamento.

030. CONTRATO DE PARCERIA RURAL - De igual modo como o Contrato de Arrendamento Rural, e embora a lei em exame não

exclua expressamente esse tipo de modalidade de contrato agrário típico, certo é (até mesmo por isso) que tal continua a ser regulado pelo Estatuto da Terra (Lei nº 4.504/64) e pelo seu Regulamento (Decreto nº 59.566/66). Difere do arrendamento na medida em que não há preço fixado em dinheiro, mas estrito controle legal sobre a partilha dos frutos que pode variar de 10% até 75%, dependendo do quanto concorra o parceiro-outorgante na parceria. É o que diz o artigo 96, VI, alíneas *a* até *f* do Estatuto, e o artigo 35, I a V, do Regulamento.

031. EXCLUSÕES - Com discernimento e conveniência de técnica legislativa, o legislador exclui pelo parágrafo único do art. 1º, do conceito e abrangência do *caput* as locações que menciona (alínea *a*) e o arrendamento mercantil (alínea *b*), que continuam reguladas pelo Código Civil, e as leis especiais esparsas, exatamente como antes da edição desta lei:

> "Art. 1º. *A locação de imóvel urbano regula-se pelo disposto nesta Lei.*
> *Parágrafo único. Continuam regulados pelo Código Civil e pelas leis especiais:*
> *a) as locações:1. de imóveis de propriedade da União, dos Estados e dos Municípios, de suas autarquias e fundações públicas;2. de vagas autônomas de garagem ou de espaços para estacionamento de veículos;3. de espaços destinados à publicidade;4. em apart-hotéis, hotéis-residência ou equiparados, assim considerados aqueles que prestam serviços regulares a seus usuários e como tais sejam autorizados a funcionar;*
> *b) o arrendamento mercantil, em qualquer de suas modalidades."*

032. IMÓVEIS DE PROPRIEDADE DA UNIÃO, dos Estados e dos Municípios, de suas autarquias e fundações públicas - Por escapar ao ramo do direito privado, esses imóveis foram expressamente excluídos do alcance da lei pelo parágrafo único do artigo 1º. As relações aí existentes pertencem ao ramo do direito público, no sub-ramo do direito administrativo, ainda que tais relações do ente público venham a se produzir com particular. Nesse ponto, vale lembrar que as locações de imóveis públicos necessitam de licitação, nos termos da Lei nº 8.666/93.

> "Art. 1º(...) - *Parágrafo único (...) a) as locações:1. de imóveis de propriedade da União, dos Estados e dos Municípios, de suas autarquias e fundações públicas;"*

033. **VAGAS AUTÔNOMAS** de garagem ou de espaços para estacionamento de veículos; - Ainda que tais imóveis continuem sendo objeto de direito privado e regrados pelo Código Civil, o parágrafo único do artigo 1º faz sua expressa exclusão por neles não incidir a necessidade da força protetiva e interventiva estatal, como é o caso dos aluguéis para moradias, onde predominam o interesse e o bem-estar sociais. Note-se que as vagas autônomas de garagem ou de espaços-estacionamentos de edifícios residenciais e/ou comerciais, sejam unidades autônomas ou definidas por convenção de condomínio em área comum de todos os comproprietários, não estão excluídos. Apenas os que se destinem ao uso e aproveitamento comercial.
"Art. 1º (...) - Parágrafo único (...) a) as locações: 2. de vagas autônomas de garagem ou de espaços para estacionamento de veículos;"

034. **GARAGEM (UNIDADES AUTÔNOMAS)** ou de espaços para estacionamento de veículos; - Ainda que tais imóveis continuem sendo objeto de direito privado e regrados pelo Código Civil, o parágrafo único do artigo 1º faz sua expressa exclusão por neles não incidir a necessidade da força protetiva e interventiva estatal, como é o caso dos aluguéis não-residenciais e aqueles para moradias, onde predominam o interesse e o bem-estar sociais. Como antes salientado, note-se que as vagas autônomas de garagem ou de espaços-estacionamentos de edifícios residenciais e/ou comerciais, sejam unidades autônomas ou definidas por convenção de condomínio em área comum de todos os comproprietários, não estão excluídos. Apenas os que se destinem ao uso e aproveitamento comercial.
"Art. 1º (...) - Parágrafo único (...) a) as locações: 2. de vagas autônomas de garagem ou de espaços para estacionamento de veículos;"

035. **ESPAÇOS PARA ESTACIONAMENTO** de veículos (vagas autônomas de garagem ou de); - Tais imóveis continuam sendo objeto de direito privado e regrados pelo Código Civil, vez que o parágrafo único do artigo 1º faz sua expressa exclusão por neles não incidir a necessidade da força protetiva e interventiva estatal, como é o caso dos aluguéis para moradias, onde predominam o interesse e o bem-estar sociais. Também aqui não descabe a advertência já repetida de que as vagas autônomas de garagem ou de espaços-estacionamentos de edifícios residenciais e/ou comerciais, sejam unidades autônomas ou definidas por convenção de condomínio em área

comum de todos os comproprietários, não estão excluídos. Apenas os que se destinem ao uso e aproveitamento comercial.

> "Art. 1º (...) - Parágrafo único (...) a) as locações: 2. de vagas autônomas de garagem ou de espaços para estacionamento de veículos;"

036. ESPAÇOS PARA PUBLICIDADE (de espaços destinados à publicidade) - Tais imóveis, nos quais são negociados esses espaços, continuam sendo objeto de direito privado e regrados pelo Código Civil, vez que o parágrafo único do artigo 1º faz sua expressa exclusão por neles não incidir a necessidade da força protetiva e interventiva estatal, como é o caso dos aluguéis para moradias, onde predominam o interesse e o bem-estar sociais.

> "Art. 1º (...) - Parágrfo único (...) a) as locações: 3. de espaços destinados à publicidade;"

037. APART-HOTÉIS (em), hotéis-residência ou equiparados, assim considerados aqueles que prestam serviços regulares a seus usuários e como tais sejam autorizados a funcionar - Aqui, igualmente, as locações em tais imóveis continuam sendo objeto de direito privado e regrados pelo Código Civil e leis esparsas que os regulam, vez que o parágrafo único do artigo 1º faz sua expressa exclusão por neles não incidir a necessidade da força protetiva e interventiva estatal, como é o caso dos aluguéis para moradias, onde predominam o interesse e o bem-estar sociais. Realce deve ser dado ao comando "*assim considerados aqueles que prestam serviços regulares a seus usuários e como tais sejam autorizados a funcionar*", e exatamente para evitar a fraude de eventual má intenção do locador que pretenda mascarar a locação normal, comum, em locação de apartamento ou estadia em apart-hotel. Regularidade de funcionamento e autorização de funcionamento fornecido pelo ente público são imprescindíveis para a sua caracterização.

> "Art. 1º (...) - Parágrafo único (...) a) as locações: 4. em apart-hotéis, hotéis-residência ou equiparados, assim considerados aqueles que prestam serviços regulares a seus usuários e como tais sejam autorizados a funcionar;"

038. HOTÉIS-RESIDÊNCIA, (em apart-hotéis), ou equiparados, assim considerados aqueles que prestam serviços regulares a seus usuários e como tais sejam autorizados a funcionar - No mesmo passo, as locações em tais imóveis continuam sendo objeto de direito privado e regrados pelo Código Civil e leis esparsas que os regulam, vez que o parágrafo único do artigo 1º faz sua expressa exclusão por neles não incidir a necessidade da força protetiva e

interventiva estatal, como é o caso dos aluguéis para moradias, onde predominam o interesse e o bem-estar sociais. Destaque e relevância devem ser dados ao comando *"assim considerados aqueles que prestam serviços regulares a seus usuários e como tais sejam autorizados a funcionar"*, e exatamente para evitar eventual fraude ou má intenção do locador que pretenda mascarar a locação normal, comum, em locação de apartamento ou estadia em hotel-residência. Regularidade de funcionamento e autorização de funcionamento fornecido pelo ente público são imprescindíveis para a sua caracterização. Ou, em outras palavras, o locador que pretenda assim proceder há que contratar camareiras, copeiras e dispor de todos os equipamentos e os demais requisitos exigidos para o regular funcionamento de hotel, apart-hotel ou hotel residência.

"Art. 1º (...) - Parágrafo único (...) a) as locações: 4. em apart-hotéis, hotéis-residência ou equiparados, assim considerados aqueles que prestam serviços regulares a seus usuários e como tais sejam autorizados a funcionar;"

039. ARRENDAMENTO MERCANTIL, em qualquer de suas modalidades - Tais locações continuam sendo objeto de direito privado e regrados por resoluções do BACEN e leis especiais esparsas, vez que o parágrafo único do artigo 1º faz sua expressa exclusão por neles não incidir a necessidade da força protetiva e interventiva estatal, como é o caso das locações para moradias, onde predominam o interesse e o bem-estar sociais, independentemente do pouco ou nenhum caso que tenham os diversos governos em implementar real e efetivo programa de construção de moradias para a população que precisa, sofridamente, buscar essa solução perante particulares, mediante o preço e as condições que encontrar no mercado de locações.

"Art. 1º (...) - Parágrafo único (...) b) o arrendamento mercantil, em qualquer de suas modalidades."

040. LOCADOR - No texto legal é no artigo 2º que aparece pela primeira vez a figura do locador, aquele que loca, aquele que tem o imóvel e quer, mediante a contrapartida do preço (o aluguel), entregar o seu imóvel a terceiro para nele habitar ou dele utilizar-se para fins não-residenciais. Nesse artigo, no entanto, sua menção vem para o fim de disciplinar outra figura, a solidariedade, ativa ou passiva, quer se trate do locador ou do locatário.

"Art. 2º. Havendo mais de um locador ou mais de um locatário, entende-se que são solidários se o contrário não se estipulou.

Parágrafo único. Os ocupantes de habitações coletivas multifamiliares presumem-se locatários ou sublocatários."

041. LOCATÁRIO - É referido pela primeira vez no artigo 2º da lei a figura do locatário, aquele que toma em locação, aquele que tem a necessidade do imóvel e, não sendo proprietário, tem que se socorrer do mercado de locação para suprir a sua carência, seja para fins residenciais ou não-residenciais, mediante a satisfação de preço e condições exigidas por aquele que dispõe o bem da vida do qual necessita.

"Art. 2º. Havendo mais de um locador ou mais de um locatário, entende-se que são solidários se o contrário não se estipulou. Parágrafo único. Os ocupantes de habitações coletivas multifamiliares presumem-se locatários ou sublocatários."

042. SOLIDARIEDADE - O caput do artigo 2º, ao afirmar que *"Havendo mais de um locador ou mais de um locatário, entende-se que são solidários se o contrário não se estipulou"*, está a retratar situação em que a solidariedade venha a ser discutida. E com essa disposição cai por terra eventuais discórdias sobre o tema, pois claríssimo o texto na aplicação da solidariedade quando existente o litisconsórcio material ativo ou passivo, se o contrário não se estipulou. Ou seja, se não estiver no contrato que não existe solidariedade, ela existe quando existentes "mais de um locador" ou "mais de um locatário". E claro, isolada ou cumulativamente, podendo existir dois ou mais locadores e um locatário, dois ou mais locatários e um locador ou ainda dois ou mais locadores e dois ou mais locatários que impera a solidariedade, caso não expressamente afastada na estipulação (no contrato). É o caso de imposição legal que prevalece perante o silêncio das partes em estipular o contrário na relação locatícia, materialmente representada no contrato de locação.

"Art. 2º. Havendo mais de um locador ou mais de um locatário, entende-se que são solidários se o contrário não se estipulou. (...)"

043. PRESUNÇÃO LEGAL - É o que ocorre pelo teor do parágrafo único do artigo 2º ao dispor que *"Os ocupantes de habitações coletivas multifamiliares presumem-se locatários ou sublocatários"*. Habitações coletivas multifamiliares são aquelas coexistentes num imóvel individual e assim juridicamente considerado. Por exemplo, uma casa grande com diversos repartimentos e dependências servindo para cada uma das famílias aí residentes, podendo ser casas de cômodos em que o grupo vive em um quarto ou pensão

nas quais acomodam-se mais de uma pessoa sem serem da mesma família, ou mesmo um prédio de apartamentos não individualizado juridicamente em suas respectivas unidades autônomas e com relações locatícias de fato existentes, com as mesmas finalidades acima descritas, mas sem o rigor da organização de uma relação única e direta, sem a presença de outras relações paralelas. Existe para proteger o locador na imposição da obrigação de pagar o locativo (o aluguel), seja pelo locatário, como normalmente ocorre, ou pelo sublocatário, caso tenha a locação derivado para sublocação, sem o consentimento do locador ou fora dos casos legalmente previstos.

"Art. 2º.(...) Parágrafo único. Os ocupantes de habitações coletivas multifamiliares presumem-se locatários ou sublocatários."

044. HABITAÇÕES COLETIVAS MULTIFAMILIARES - Por presunção legal, são locatários ou sublocatários os ocupantes de habitações coletivas multifamiliares, e que são aquelas coexistentes num imóvel individual e assim juridicamente considerado. Como exemplos, uma casa grande com diversos repartimentos e dependências servindo para cada uma das famílias aí residentes ou mesmo um prédio de apartamentos não individualizado juridicamente em suas respectivas unidades autônomas (no Ofício Imobiliário competente) e com relações locatícias de fato existentes, mas sem o rigor da organização de uma relação limpa, escoimada de outras relações paralelas. Podem ser casas de cômodos ou pensões, variando em tipo ao oferecer ou não, cozinha comum, ou refeições. Existe para proteger o locador na imposição da obrigação de pagar o locativo, seja pelo locatário, como normalmente ocorre, ou pelo sublocatário, caso tenha a locação derivado para sublocação, sem o consentimento do locador ou fora dos casos legalmente previstos.

"Art. 2º.(...) Parágrafo único. Os ocupantes de habitações coletivas multifamiliares presumem-se locatários ou sublocatários."

045. LOCATIVO(S) - É aqui adjetivo, com o significado de "relativo à locação". Por extensão e uso, nas acepções mercadológica e jurídica também significa o valor, o preço da locação, em rigorismo técnico, o aluguel, a quantia que corresponde ao crédito do locador pela entrega da posse do imóvel para utilização pelo locatário nos termos e condições contratuais, corriqueira e sistematicamente exigível de forma mensal, mas sem vedação da pactuação de outro período superior ao mês.

046. SUBLOCATÁRIO - É o locatário do locatário. Parte que deriva de relação locatícia preexistente entre locador e locatário e quando este último, com ou sem consentimento do locador, faz locação a terceiro que se torna sublocatário. A situação pode ser meramente fática ou de acordo com o que prescreve a lei. Note-se que haverá efeitos jurídicos diversos caso consentida ou não a sublocação pelo locador ou quando não decorra ela das hipóteses legais previstas pelo legislador.
"Art. 2º.(...) Parágrafo único. (...) ou sublocatários."

047. CONTRATO DE LOCAÇÃO - É o pacto, o ajuste, a convergência de vontades na formação da relação jurídica locatícia material. É o instrumento que corporifica essa relação e do qual surgem direitos e obrigações reciprocamente consideradas para locador e locatário, gerando efeitos nos planos fático e jurídico capazes de garantir o quanto foi aí estipulado.
"Art. 3º. O contrato de locação pode ser ajustado por qualquer prazo, dependendo de vênia conjugal, se igual ou superior a dez anos.
Parágrafo único. Ausente a vênia conjugal, o cônjuge não estará obrigado a observar o prazo excedente."

048. PRAZO - É o período de tempo que medeia entre um dia de início e um dia de fim. Tecnicamente, diz-se do tempo que decorre entre um termo inicial e um termo final de tempo legal do calendário, ou por eras da história humana.

049. PRAZO DA LOCAÇÃO - É o período de tempo que medeia entre o dia de início e o dia do fim da relação locatícia, consubstanciada no contrato de locação. Tecnicamente, diz-se do tempo que decorre entre esse termo inicial e esse termo final de tempo legal do calendário civil trazido para dentro do contrato, consoante o interesse e o momento de sua realização. Seu ajuste pode ser feito por qualquer prazo, conforme deixa claro a primeira parte do artigo 3º. A exigência de vênia conjugal somente se dá caso seja o prazo superior a dez anos. Nesse caso, o marido ou a mulher, dependendo de quem seja o locador, precisa, necessariamente anuir contratualmente.
"Art. 3º. O contrato de locação pode ser ajustado por qualquer prazo, dependendo de vênia conjugal, se igual ou superior a dez anos."

050. VÊNIA CONJUGAL - Consentimento do cônjuge do locador, marido ou mulher, quando o prazo do contrato de locação seja igual ou superior a dez anos. A exigência é cogente porquanto gera

desdobramento no sentido de não ser respeitado o prazo que ultrapassar esse limite (par. único). Pode ser feita de forma expressa e direta, no próprio contrato de locação, quanto de forma indireta por meio de autorização específica ao cônjuge locador por parte do cônjuge concedente do consentimento. De forma apartada do contrato de locação, indispensável ao locatário exigir a autorização para fazer parte integrante do instrumento (ainda que dele separada), pois é isso que lhe garante a observância do prazo pactuado.

> *"Art. 3º. O contrato de locação pode ser ajustado por qualquer prazo, dependendo de vênia conjugal, se igual ou superior a dez anos."*

051. DEZ ANOS - Limite para o prazo ajustado no contrato de locação sem que se torne exigível a vênia conjugal. Rigorosamente, na exegese do artigo 3º, *caput*, o prazo seria de dez anos menos um dia, uma vez que exige a dependência da vênia conjugal quando o prazo do contrato for igual ou superior a dez anos. No entanto, o seu parágrafo único é límpido ao prescrever a penalidade de que o cônjuge não está obrigado o observar o prazo excedente. Que prazo, senão o de dez anos, previsto no *caput*? O que, de qualquer modo, dez anos ou dez anos menos um dia, no plano fático é a mesma coisa, pois se firmado um contrato de dez anos sem a vênia conjugal, o prazo excedente seria de apenas um dia. Fora disso, indispensável o consentimento.

> *"Art. 3º. O contrato de locação pode ser ajustado por qualquer prazo, dependendo de vênia conjugal, se igual ou superior a dez anos."*

052. AUSÊNCIA DE VÊNIA CONJUGAL - A ausência de consentimento do marido ou da mulher, dependendo de quem seja o locador, implica a penalidade prevista no parágrafo único do artigo 3º e consistente em que cônjuge não estará obrigado a observar o prazo excedente, como já se viu alhures, limitado a dez anos (ou, rigorosa e ortodoxamente, em dez anos, menos um dia).

> *"Art. 3º.(...) Parágrafo único. Ausente a vênia conjugal, o cônjuge não estará obrigado a observar o prazo excedente."*

053. CÔNJUGE - O marido ou a mulher, dependente de quem seja o locador, o qual não estará obrigado a respeitar o prazo excedente àquele previsto no *caput* (*"...se igual ou superior a dez anos."*). Note-se que a relação conjugal decorre do instituto do casamento, não sendo por isso adequado inferir-se que a lei estenda a condição para companheiros ou conviventes estáveis. O que também, de qualquer forma, não fica definitivamente afastada, decorrido maior

prazo de vigência da lei e dispondo-se a construção jurisprudencial nesse sentido, pela atuação jurídico-jurisdicional-política dos juízes perante as situações concretas do dia-a-dia, trazidas ao Judiciário.

"Art. 3º.(...) Parágrafo único.(...) o cônjuge não estará obrigado a observar o prazo excedente."

054. DURAÇÃO DO CONTRATO - O contrato de locação pode ser ajustado por qualquer prazo, consoante o teor da primeira parte do *caput* do artigo 3ª. No entanto, já sua segunda parte enseja condição para a contratação em prazo igual ou superior a dez anos com os efeitos previstos em seu parágrafo único. Pode ser inferior a trinta meses (artigo 47) ou de trinta meses, como regra geral (artigo 46), tendo cada pactuação de tempo as conseqüências e efeitos próprios. Portanto, embora livre, é de bom-senso, definir-se com clareza o objetivo e o alcance da pactuação.

"Art. 4º. Durante o prazo estipulado para a duração do contrato, não poderá o locador reaver o imóvel alugado. O locatário, todavia, poderá devolvê-lo, pagando a multa pactuada, segundo a proporção prevista no art. 924 do Código Civil e, na sua falta, a que for judicialmente estipulada. (...)"

055. REAVER O IMÓVEL - O prazo de duração do contrato existe exatamente para dar segurança jurídica ao locatário e, por decorrência, ao próprio locador. E esse verbete, inserto no artigo 4º, demonstra a contrapartida que deve oferecer o locador para a segurança do locatário, ou seja, *"Durante o prazo estipulado para a duração do contrato, não poderá o locador reaver o imóvel alugado"*. No curso do contrato, portanto, não cabe ao locador a pretensão de reaver o imóvel (salvo, é claro, pelas prerrogativas legais decorrentes de fatos do próprio inquilino - caso de infração contratual - ou de terceiros, como atos da municipalidade, envolvendo o imóvel locado). O locatário, porém, pode devolvê-lo, sujeito à prescrição legal.

"Art. 4º. Durante o prazo estipulado para a duração do contrato, não poderá o locador reaver o imóvel alugado. (...)"

056. DEVOLUÇÃO DO IMÓVEL - Ao locador é vedado reaver o imóvel durante o prazo da locação. Ao inquilino (o locatário) no entanto, reserva-se o direito de devolvê-lo mediante o pagamento da multa contida na pactuação e segundo a proporção prescrita no artigo 924 do Código Civil (Lei nº 3.071, de 1º de janeiro de 1916, corrigida pelo Decreto Legislativo nº 3.725, de 15 de janeiro de 1919) e, ausente ela, a que judicialmente restar estabelecida. Ou

seja, não adianta estar a multa prevista no contrato. Precisa que seja consentânea com a proporção contida no artigo 924 do Código Civil. E dela ficará dispensado caso a devolução decorra de transferência do local de trabalho e disso seja previamente notificado o locador, com mínimo de trinta dias.

"Art. 4º. Durante o prazo estipulado para a duração do contrato, não poderá o locador reaver o imóvel alugado. O locatário, todavia, poderá devolvê-lo, pagando a multa pactuada, segundo a proporção prevista no art. 924 do Código Civil e, na sua falta, a que for judicialmente estipulada."

"Código Civil - Art. 924. Quando se cumprir em parte a obrigação, poderá o juiz reduzir proporcionalmente a pena estipulada para o caso de mora, ou de inadimplemento."

057. DISPENSA DA MULTA - Sobre a multa a que estiver sujeito o locatário em caso de pretender devolver o imóvel antes de decorrido o prazo contratual e que lhe é facultado pelo artigo 4º, dela "(...) ficará dispensado" pelo seu parágrafo único "...se a devolução do imóvel decorrer de transferência, pelo seu empregador, privado ou público, para prestar serviços em localidades diversas daquela do início do contrato, e se notificar, por escrito, o locador com prazo de, no mínimo, trinta dias de antecedência." Significa comando cogente de dispensa da multa, caso presentes os pressupostos aí previstos, Mas não basta a transferência; necessária a notificação por escrito do locador, com antecedência mínima de 30 (trinta) dias.

"Art. 4º.(...) Parágrafo único. O locatário ficará dispensado da multa se a devolução do imóvel decorrer de transferência, pelo seu empregador, privado ou público, para prestar serviços em localidades diversas daquela do início do contrato, e se notificar, por escrito, o locador com prazo de, no mínimo, trinta dias de antecedência."

058. TRANSFERÊNCIA DE EMPREGO - A transferência de emprego pelo empregador público ou privado enseja a que o locatário fique dispensado da multa a que está sujeito pela devolução do imóvel antes do término do prazo contratual, caso presentes também outros pressupostos e requisitos: que a devolução dela decorra; que a transferência se faça para outra localidade diversa daquela do início do contrato; e que o locatário notifique o locador por escrito com um mínimo de trinta dias de antecedência. Não será por demais dizer que a transferência somente poderá resultar nesse direito de

devolução com a dispensa da multa quando, efetivamente, modificar a situação do empregado com relação ao local de sua residência.

"Art. 4º.(...) Parágrafo único. O locatário ficará dispensado da multa se a devolução do imóvel decorrer de transferência, pelo seu empregador, privado ou público, para prestar serviços em localidades diversas daquela do início do contrato, e se notificar, por escrito, o locador com prazo de, no mínimo, trinta dias de antecedência."

059. AÇÃO DE DESPEJO - Em ordem direta, a ação, o ato, do locador para reaver o imóvel é a ação de despejo, seja qual for o fundamento do término da locação. Esse o teor do "caput" do artigo 5º com o qual qualifica o direito material do locador de reaver o imóvel, desimportando, como visto, qual seja o fundamento do ocaso da relação locatícia. Em outras palavras, não obtém êxito qualquer outro procedimento por parte do locador, que não a ação de despejo, para desapossar o locatário da posse do imóvel locado. E obviamente quando este, finda a locação, resista em proceder a devolução do imóvel locado. Os procedimentos de ordem processual seguem-se em outros verbetes e/ou locuções.

"Art. 5º. Seja qual for o fundamento do término da locação, a ação do locador para reaver o imóvel é a de despejo. (...)"

060. DESAPROPRIAÇÃO - Em casos de desapropriação, não tem aplicação o disposto no *caput* do artigo 5º, porquanto aí supervenientes regras de direito público, de direito administrativo, e de leis especiais esparsas que disciplinam a matéria, e cuja imissão de posse do imóvel pelo expropriante ocorre normalmente *initio litis*, ou seja, já no início da lide, a ação de desapropriação, afastando, assim, a regra que funciona entre os particulares. Daí o parágrafo único desse artigo ter excepcionado o regramento geral, deixando clara a inoperância de tal comando em decorrência de desapropriação.

"Art. 5º. (...) Parágrafo único. O disposto neste artigo não se aplica se a locação termina em decorrência de desapropriação, com a imissão do expropriante na posse do imóvel."

061. EXPROPRIANTE - Aquele que expropria. No dizer de Aurélio Buarque de Holanda Ferreira, "expropriar", no aspecto "jurídico" é "desapossar, alguém, de sua propriedade, segundo as normas legais e mediante justa indenização." Expropriante, portanto, é aquele ente público que tem o poder de expropriar, extrair, tomar a posse de imóvel do particular, em razão de necessidade ou utilidade pública ou por interesse social, tudo isso mediante o poder

vinculado pela lei, pelas normas que regem o agir do administrador público, em qualquer uma das suas esferas, municipal, estadual ou federal.

> *"Art. 5º. (...) Parágrafo único. O disposto neste artigo não se aplica se a locação termina em decorrência de desapropriação, com a imissão do expropriante na posse do imóvel."*
>
> *"CF/88: Art. 5º (...) - XXIV - a lei estabelecerá o procedimento para desapropriação por necessidade ou utilidade pública, ou por interesse social, mediante justa e prévia indenização em dinheiro, ressalvados os casos previstos nesta Constituição;"*

062. **DENÚNCIA DA LOCAÇÃO PELO LOCATÁRIO** - Diz o artigo 6º que o locatário poderá denunciar a locação que transcorra por prazo indeterminado (quando já ultrapassado o prazo previsto no contrato) desde que avise por escrito o locador, previamente, com prazo mínimo de trinta dias. É a possibilidade e faculdade legal posta à disposição do locatário para que dê fim à relação locatícia, sem quaisquer outros ônus, além daqueles decorrentes da lei e do contrato. Nos dias atuais, essa prerrogativa é por demais importante na medida em que contratos mais antigos podem até estar ou ficar com valores acima ou bem acima dos valores de mercado, decorrentes da famosa lei de oferta e procura, visto que no momento, em vez de faltar imóveis para locação, falta, na verdade, são locatários empregados e com renda suficiente para garantir o pagamento do aluguel e os encargos da locação, além da manutenção própria e da família. Nada disso, por óbvio, se debite ao neoliberalismo de governos encastelados no poder central.

> *"Art. 6º. O locatário poderá denunciar a locação por prazo indeterminado mediante aviso por escrito ao locador, com antecedência mínima de trinta dias. (...)"*

063. **AUSÊNCIA DE AVISO AO LOCADOR** - Assim como o *caput* do artigo 6º faculta ao locatário, desobrigar-se, por fim à locação por prazo indeterminado, sem ônus, também lhe penaliza caso não cumpra com o comando que determina cientificar o locador com antecedência mínima de trinta dias, sobre a pretensão de resilir (pôr termo, desconstituir a locação, de comum acordo). E no caso de não avisar o locador, o parágrafo único do artigo 6º lhe põe na mão a faculdade de exigir quantia correspondente a um mês de aluguel e encargos, vigentes por ocasião da resilição, o ato de resilir (que outra coisa não é senão a resolução do contrato que, por sua vez, é o ato ou efeito de resolver-se o contrato, nele pondo termo, em regra por decisão judicial. A diferença é que a resilição se faz por

manifesta concordância das partes, extrajudicialmente). É a reversão do benefício em favor daquele que não foi cientificado quando era de seu mais alto interesse, quer para tentar reverter a desconstituição da locação, através de eventual redução no valor do aluguel, quer para que ficasse preparado para deixar de receber o locativo com o qual normalmente contava e que integrava o seu orçamento.

"Art. 6º. (...) Parágrafo único. Na ausência do aviso, o locador poderá exigir quantia correspondente a um mês de aluguel e encargos, vigentes quando da resilição."

064. RESILIÇÃO - É o ato de resilir. Resolver o contrato, pondo-lhe termo, por mútuo consenso das partes. Ou, em outras palavras, o ato de resilir outra coisa não é senão a dissolução, o distrato, a resolução do contrato que, por sua vez, é o ato ou efeito de resolver-se o contrato, nele pondo termo, em regra por decisão judicial. A diferença é que a resilição se faz por manifesta concordância das partes, extrajudicialmente. E no caso, especificamente, põe termo ao contrato de locação e à relação locatícia, conseqüentemente.

"Art. 6º. (...) Parágrafo único. Na ausência do aviso, o locador poderá exigir quantia correspondente a um mês de aluguel e encargos, vigentes quando da resilição."

065. USUFRUTO - É um dos encargos da propriedade. Um direito real. Quando instituído, ocorre uma bipartição da propriedade, dela se separando a possibilidade de usar, gozar e fruir, ou seja, usar e fruir em acepção ampla, gozando-lhe os frutos e/ou rendimentos, que é o usufruto. Dá-se o caso em que o instituto da propriedade resta dividido em posse (para usar, gozar e fruir) e nua-propriedade, enquanto o instituto do usufruto significa encargo, gravame, real, para a propriedade. De outro lado, portanto, para a propriedade resta apenas a possibilidade de dispor, mas despida exatamente dos outros elementos integrantes do domínio que a compõe, usar, gozar e fruir. Daí dela dizer-se, nesse caso, nua-propriedade. Usufrutuário é o recebedor, beneficiário do usufruto e nú-proprietário, aquele que tem a propriedade parcial, pois desbastada dos outros elementos integrantes do domínio, e o respectivo gravame. É possível a alienação, respeitado o encargo instituído.

"Código Civil - Art. 713. Constitui usufruto o direito real de fruir as utilidades e frutos de uma coisa, enquanto temporariamente destacado da propriedade."

"Código Civil - Art. 739. O usufruto extingue-se:
I - Pela morte do usufrutuário.

II - Pelo termo de sua duração.
III - Pela cessação da causa de que se origina.
IV - Pela destruição da coisa, não sendo fungível, guardadas as disposições dos arts. 735, 737, 2ª parte, e 738.
V - Pela consolidação.
VI - Pela prescrição.
VII - Por culpa do usufrutuário, quando aliena, deteriora, ou deixa arruinar os bens, não lhes acudindo com os reparos de conservação."
"Código Civil - Art. 741. O usufruto constituído em favor de pessoa jurídica, extingue-se com esta, ou, se ela perdurar, aos cem anos da data em que se começou a exercer."

066. EXTINÇÃO DO USUFRUTO - Ao extinguir-se o usufruto, a locação que tenha sido pactuada pelo usufrutuário poderá ser denunciada, com prazo de trinta dias para desocupação, se não tiver havido consentimento escrito do nú-proprietário. Fica impossível a denúncia caso tenha dado o seu consentimento ao contrato de locação e, do mesmo modo, impossível, caso tenha se consolidado a propriedade em mãos do usufrutuário. Nesse caso, temos a plenitude da transferência da propriedade para aquele que dispunha apenas de parte dela, a posse, uso e gozo, e o que lhe veda a denúncia da locação, porque pessoas que constituíam figuras jurídicas diferentes passaram a ser apenas uma e exatamente aquela que firmou o contrato de locação.

"Art. 7º. Nos casos de extinção de usufruto ou de fideicomisso, a locação celebrada pelo usufrutuário ou fiduciário poderá ser denunciada, com o prazo de trinta dias para a desocupação, salvo se tiver havido aquiescência escrita do nu-proprietário ou do fideicomissário, ou se a propriedade estiver consolidada em mãos do usufrutuário ou do fiduciário.(...)"

067. DENÚNCIA DA LOCAÇÃO POR EXTINÇÃO DO USUFRUTO - Extinto o usufruto, o *caput* do artigo 7º prescreve que a locação poderá ser denunciada, com prazo de trinta dias para a desocupação do imóvel. Noventa dias é o prazo que dispõe para fazer a denúncia. Trata-se de prazo decadencial que se conta a partir da averbação da extinção do usufruto (no Ofício Imobiliário, o Cartório de Registro de Imóveis).Se não exercitada a denúncia em noventa dias, a presunção legal é de concordância com a manutenção da locação. De todo aconselhável que a denúncia seja feita pelo nú-proprietário através do Cartório de Registro de Títulos e Documentos e que se constituirá em notificação prévia para fins de ajuizamento da ação

de despejo, caso não atendido pelo locatário o prazo legal de desocupação voluntária. Ação essa que poderá ser contestada pelo locatário, caso tenha o nú-proprietário concordado com a locação. Esse o teor do parágrafo único do artigo 7º.

> *"Art. 7º.(...) Parágrafo único. A denúncia deverá ser exercitada no prazo de noventa dias contados da extinção do fideicomisso ou da averbação da extinção do usufruto, presumindo-se, após esse prazo, a concordância na manutenção da locação."*

068. **FIDEICOMISSO** - É o instituto que permite ao testador instituir a herdeiros ou legatários o encargo (ou encargos), impondo ao gravado, o fiduciário, a obrigação de cumprir a sua vontade após a sua morte, ao tempo e condição que estipular, relativamente a herança ou legado que deseja que venha por ele, fiduciário, ser transmitido a outrem, o fideicomissário. Em outras palavras, esse é o teor do artigo 1.733 do Código Civil.

> *"Código Civil - Art. 1733. Pode também o testador instituir herdeiros ou legatários por meio de fideicomisso, impondo a um deles, o gravado ou fiduciário, a obrigação de, por sua morte, a certo tempo, ou sob certa condição, transmitir a outro, que se qualifica de fideicomissário, a herança ou o legado.*

069. **EXTINÇÃO DO FIDEICOMISSO** - Ao extinguir-se o fideicomisso, a locação que tenha sido pactuada pelo fiduciário poderá ser denunciada, com prazo de trinta dias para desocupação, se não tiver havido consentimento escrito do fideicomissário. Fica impossível a denúncia caso tenha dado o seu consentimento ao contrato de locação e, do mesmo modo, impossível, caso tenha se consolidado a propriedade em mãos do fiduciário. Nesse caso, temos a plenitude da propriedade para aquele que dispunha apenas de parte dela, de modo resolutório, condicional (ou sob condição resolutória), visto que era de sua obrigação aguardar o decurso de tempo ou a implementação de alguma condição fixada pelo testador para que, então, transmitisse essa propriedade ao fideicomissário. Nessa análise, a propriedade de imóvel locado, e o que lhe veda a denúncia da locação, porque pessoas que constituíam figuras jurídicas diferentes passaram a ser apenas uma e exatamente aquela que firmou o contrato de locação.

> *"Código Civil - Art. 1738. Caduca o fideicomisso, se o fideicomissário morrer antes do fiduciário, ou antes de realizar-se a condição resolutória do direito deste último. Neste caso a propriedade consolida-se no fiduciário nos termos do art. 1.735.*

"Art. 7º. Nos casos de extinção de usufruto ou de fideicomisso, a locação celebrada pelo usufrutuário ou fiduciário poderá ser denunciada, com o prazo de trinta dias para a desocupação, salvo se tiver havido aquiescência escrita do nu-proprietário ou do fideicomissário, ou se a propriedade estiver consolidada em mãos do usufrutuário ou do fiduciário.(...)"

070. DENÚNCIA DA LOCAÇÃO POR EXTINÇÃO DO FIDEICOMISSO - Uma vez extinto o fideicomisso, o *caput* do artigo 7º prescreve que a locação poderá ser denunciada, com prazo de trinta dias para a desocupação do imóvel. Noventa dias é o prazo que dispõe para fazer a denúncia. Trata-se de prazo decadencial que se conta a partir da extinção do fideicomisso Se não exercitada a denúncia em noventa dias, a presunção legal é de concordância com a manutenção da locação. Recomendável que a denúncia seja feita pelo fiduciário através do Cartório de Registro de Títulos e Documentos e que se constituirá em notificação prévia para fins de ajuizamento da ação de despejo, caso não atendido pelo locatário o prazo legal de desocupação voluntária, ação essa que poderá ser contestada pelo locatário, caso tenha o fideicomissário concordado com a locação Assim o teor do parágrafo único do artigo 7º.

"Art. 7º.(...) Parágrafo único. A denúncia deverá ser exercitada no prazo de noventa dias contados da extinção do fideicomisso ou da averbação da extinção do usufruto, presumindo-se, após esse prazo, a concordância na manutenção da locação."

071. ALIENAÇÃO DURANTE A LOCAÇÃO - Se o imóvel for vendido pelo locador durante a vigência do contrato de locação, o adquirente poderá denunciar o contrato em vigência com o locatário, dando prazo de noventa dias para a desocupação. Isso, no entanto, não será possível se a locação for por prazo determinado e caso esteja a viger no contrato cláusula sobre a manutenção da locação em caso de alienação e desde que esteja ele, contrato, averbado no Ofício Imobiliário, Registro de Imóveis, junto à respectiva matrícula do imóvel. Em suma, a prerrogativa que dispõe o locatário para precaver-se contra eventual alienação durante a locação é toda calcada em cima de seu agir. Ou seja, precisa exigir (se isso for possível perante a atualidade mercadológica da época - e atualmente o é, pelas dificuldades do mercado) cláusula que garanta a manutenção da locação em caso de alienação e, além disso, levá-la a registro junto à matrícula do imóvel locado. O dispositivo legal se justifica na medida em que o interesse do locatário precisa ser preservado

por ele mesmo, fazendo o que lhe compete para assegurar-se de direito que a lei confere. E, ao mesmo tempo, prevenir eventuais adquirentes que, certamente, antes da compra, deverão consultar a matrícula para verificar possíveis gravames, tais como esse, dentre outros. Para resguardo do locador, antes de anunciar a venda, deve verificar se o contrato de locação foi registrado e após, ofertar o imóvel ao locatário, nas mesmas bases de preço e condições pretendidas, ainda que o contrato não tenha sido registrado, fulminando, por completo, provável e quase certa incomodação processual perante direito de preferência do locatário, e ainda que não saia vitorioso na demanda judicial que venha a intentar. A jurisprudência não tem admitido o direito de preferência ao locatário que não foi diligente na preservação de seu interesse. É o seguinte o texto do caput do artigo 8°:

"Art. 8º. Se o imóvel for alienado durante a locação, o adquirente poderá denunciar o contrato, com o prazo de noventa dias para a desocupação, salvo se a locação for por tempo determinado e o contrato contiver cláusula de vigência em caso de alienação e estiver averbado junto à matrícula do imóvel. (...)"

072. DIREITO DO ADQUIRENTE - Como visto, é potencial o direito que tem o adquirente de denunciar a locação, caso assim deseje, e caso a locação não seja por prazo determinado, e o contrato não contenha a cláusula de sua manutenção, devidamente registrada na matrícula do imóvel. Assim sendo, notifica o locatário concedendo-lhe prazo de noventa dias para a desocupação, e não sendo ela voluntariamente cumprida, resta-lhe a ação de despejo instruída com a notificação prévia e com o seu prazo devidamente transcurso. Antes da compra, no entanto, é bom lembrar que um pequeno trabalho, o de verificar a matrícula, pode evitar inúmeros aborrecimentos (presentes e futuros), visto que a averbação ou registro à sua margem objetiva prevenir eventuais adquirentes que, certamente, antes da compra, devem consultar a matrícula para verificar eventuais gravames, tais como esse, dentre outros. O locador, para a sua tranqüilidade e do futuro adquirente, antes de anunciar a venda, deve verificar se o contrato de locação foi registrado e após, ofertar o imóvel ao locatário, nas mesmas bases de preço e condições pretendidas, ainda que o contrato não tenha sido registrado, fulminando, por completo, provável e quase certa incomodação processual perante direito de preferência do locatário, ainda que não saia vitorioso na demanda judicial que venha a intentar. A

jurisprudência não tem admitido o direito de preferência ao locatário que não foi diligente na preservação de seu interesse. O *caput* do artigo 8º diz o seguinte:

"Art. 8º. Se o imóvel for alienado durante a locação, o adquirente poderá denunciar o contrato, com o prazo de noventa dias para a desocupação, salvo se a locação for por tempo determinado e o contrato contiver cláusula de vigência em caso de alienação e estiver averbado junto à matrícula do imóvel. (...)"

073. DIREITO DO PROMISSÁRIO COMPRADOR - Quase idêntico ao do adquirente. A restrição somente diz respeito a três situações: uma de âmbito obrigacional inserida no contrato que consubstancia o título negocial: o caráter irrevogável do negócio jurídico ajustado; uma de fato: precisa estar imitido na posse do imóvel; e a outra de direito: esse título precisa estar registrado junto à matrícula do imóvel, exatamente para dar publicidade da irrevogabilidade do ato e impor oponibilidade *erga omnes* (opor contra terceiros o seu direito), no caso, já caracterizada com o registro, não mais apenas o direito pessoal decorrente do contrato, mas também direito real desse registro imanente. Os atos para o procedimento da denúncia são idênticos ao do adquirente: caso a locação não seja por prazo determinado, e o contrato não contenha a cláusula de sua manutenção, devidamente registrada, na matrícula do imóvel. Assim sendo, notifica o locatário concedendo-lhe prazo de noventa dias para a desocupação, e não sendo ela voluntariamente cumprida, resta-lhe a ação de despejo instruída com a notificação prévia e com o seu prazo devidamente transcurso. Antes da compra, no entanto, é bom lembrar que um pequeno trabalho, o de verificar a matrícula, pode evitar inúmeros aborrecimentos (presentes e futuros), visto que a averbação ou registro à sua margem objetiva prevenir eventuais adquirentes ou promissários compradores que, certamente, antes da compra, deverão consultar a matrícula para verificar possíveis gravames, tais como esse, dentre outros. O locador, para a sua tranqüilidade e do adquirente ou promissário comprador, antes de anunciar a venda, deve verificar se o contrato de locação foi registrado e após, ofertar o imóvel ao locatário, nas mesmas bases de preço e condições pretendidas, ainda que o contrato não tenha sido registrado, fulminando, por completo, provável e quase certa incomodação processual perante direito de preferência do locatário, ainda que não saia vitorioso na demanda judicial que venha a intentar. A jurisprudência não tem admitido o direito de preferência

ao locatário que negligenciou na preservação de seu interesse. Esse o texto do parágrafo único do artigo 8°:

> *"Art.8º. (...) § 1º. Idêntico direito terá o promissário comprador e o promissário cessionário, em caráter irrevogável, com imissão na posse do imóvel e título registrado junto à matrícula do mesmo."*

074. DIREITO DO PROMISSÁRIO CESSIONÁRIO - Idêntico ao do promissário comprador, bastando consultar essa locução.

> *"Art.8º. (...) § 1º. Idêntico direito terá o promissário comprador e o promissário cessionário, em caráter irrevogável, com imissão na posse do imóvel e título registrado junto à matrícula do mesmo."*

075. DENÚNCIA DA ALIENAÇÃO - Para adquirentes, promissários compradores ou promitentes cessionários, noventa dias é o prazo que dispõem para fazer a denúncia. Trata-se de prazo decadencial que se conta a partir da data do registro da venda ou do compromisso (no Ofício Imobiliário, o Cartório de Registro de Imóveis).Se não exercitada a denúncia em noventa dias, a presunção legal é de concordância com a manutenção da locação. De todo aconselhável que a denúncia seja feita através do Cartório de Registro de Títulos e Documentos e que se constituirá em notificação prévia para fins de ajuizamento da ação de despejo, caso não atendido pelo locatário o prazo legal de desocupação voluntária. Assim o § 2° do artigo 8°:

> *"Art.8º. (...) § 2º. A denúncia deverá ser exercitada no prazo de noventa dias contados do registro da venda ou do compromisso, presumindo-se, após esse prazo, a concordância na manutenção da locação."*

076. DISTRATO DA LOCAÇÃO - Outros casos - Assim como as hipóteses já abordadas, em quatro incisos, prescreve o artigo 9° outras possibilidades de ser desfeita a locação, sendo de todo adequado que seja feita em instrumento de distrato, quando cabível, e aí será o desfazimento consensual da locação, independentemente dos outros casos em que há a necessidade de intervenção judicial. Abordagem tópica sobre cada uma dessas outras possibilidades:

077. I - POR MÚTUO ACORDO - Trata-se da forma comum e geral de todos os contratos em que as partes que os realizaram, podem também, por mútuo consenso, decidir sobre a sua alteração, sua novação parcial ou total, ou no caso concreto, o desfazimento da locação, a resilição da relação locatícia, mediante os termos e con-

dições que acordarem as partes contratantes, locador, locatário, e até mesmo intervenientes fiadores, se for o caso de persistir obrigação diferida para tempo futuro que necessitem da extensão da garantia, tudo consoante o interesse e o regular agir das partes. O contrato faz lei entre as partes e não pode por elas ser desconsiderado, a não ser que esteja ele eivado de vício legalmente cominado de nulidade, sobre a qual, de regra, intervém o Judiciário por provocação da parte prejudicada para a sanação e a regularização da relação contratual locatícia. A iniciativa pode ser procedida pelas partes em qualquer tempo, durante o prazo de locação ou fora dela, quando o contrato ainda viger por prazo determinado ou já estiver em transcurso de prazo indeterminado, ou mesmo quando já existir ajuizada demanda de despejo, pois o acordo de vontades sobre a locação em questão se circunscreve exatamente ao comando de seus interesses, se não contrários ao comando legal.

078. **II - POR PRÁTICA DE INFRAÇÃO LEGAL OU CONTRATUAL** - Essa é hipótese sobre a qual as partes, de regra, não acordam, e o resultado da demanda vem por decisão judicial, salvo consenso durante o seu curso, extra ou judicialmente, carecendo o primeiro de homologação para pôr fim ao processo. E aqui torna-se despicienda a relação de infrações legais, pois os deveres do locador estão relacionados no artigo 22, e as contratuais são as que constam do contrato e não sejam elas contrárias à lei. O certo é que, qualquer infração, legal ou contratual, enseja a pretensão de desfazimento da locação por parte daquele que venha a sofrê-la por ação ou omissão do outro contratante.

079. **III - POR FALTA DE PAGAMENTO DO ALUGUEL E ENCARGOS** - Não é por acaso que esta é a primeira obrigação do locatário, prevista no inciso I do artigo 23. E a razão é simples. É exatamente por causa desse preço, o aluguel e respectivos encargos legais e contratados, que o locador coloca na sua posse o imóvel que possui para esse fim ou não. Pode inclusive ser o seu único imóvel e morar com parentes ou em outro imóvel cedido por terceiros. É da pontualidade e da regularidade de cada um dos pagamentos do aluguel pactuado que depende a continuidade e o bom relacionamento entre locador e locatário, durante a relação locatícia. Pode-se dizer que ninguém atrasa o pagamento de obrigação, especialmente a de moradia, senão por motivos por demais justos. O problema é que tais motivos, justos ou não, não podem influir para alterar ou modificar um comportamento pactuado e esperado por aquele que deu em locação: o pagamento do aluguel e dos encargos. Embora não seja

praxe o ajuizamento da ação de despejo senão com dois ou três meses de atraso, a verdade é que a demanda pode ser ajuizada já no dia imediato ao dia em que deveria ser pago o locativo e os seus encargos. É a principal obrigação do locatário e com esse fundamento é que se processam e correm a maioria das ações de despejo no Judiciário. Locatário, não esqueça, fora do pagamento do aluguel (quando este for o caso), não há salvação!

080. IV - PARA REPARAÇÕES DETERMINADAS PELO PODER PÚBLICO - Trata-se de hipótese em que tais reparações tenham caráter de urgência e ainda qualificadas pelo fato de que não possam ser executadas com normalidade com a permanência do locatário no imóvel e sendo possível, se ele recuse a consenti-las. Como antes referido, são casos bem mais raros, e nem por isso desmerecedores de atenção legal, pois é fato concreto a eventual necessidade de reparos no imóvel e os mais graves dizem respeito aos dutos de água e principalmente de esgoto, além daqueles decorrentes de infiltrações que ninguém identifica de onde provêm. Dizem respeito também aos casos de defeitos ou anomalias estruturais congênitas decorrentes de falta de atenção, mau uso, má aplicação, ou desídia nos vários aspectos construtivos, tanto nos diversos materiais aplicados quanto na qualificação da mão-de-obra. E podem também decorrer de situações supervenientes, como a troca de tubulação elétrica por deterioração (desencapamento) da fiação pelo transcurso do tempo e a falta de manutenção por parte do locador nesse interregno. Em suma, qualquer que seja o fato, importante é que o comando legal deixa bem clara a possibilidade de que *não possam ser executadas normalmente com a permanência do locatário no imóvel ou, podendo, ele se recuse a consenti-las.* Note-se que, nesse caso, o locador age por impulso e comando externo. Não tem a intenção de fazer o despejo. Na verdade, está gerando um transtorno para o locatário que ele mesmo, locador, não deseja produzir. E a própria ação falece no seu nascedouro, se antes disso o locatário, impossibilitado de continuar morando condignamente perante os defeitos apresentados pelo imóvel em cotejo com o valor que paga de aluguel, resolver mudar espontaneamente para outro imóvel, o que ocorre com certa habitualidade, até por causa da segurança própria e da família, fazendo diminuir a incidência desse tipo de ação em juízo. Somente os casos mais dúbios em relação à necessidade determinada pelo Poder Público e a ótica do locatário com relação a isso, não raro até espremido pelo orçamento e por isso mesmo desejoso de manter-se na locação que

apresenta valor mais baixo em relação a outro imóvel similar, em tamanho e condições, no mercado, é que decide enfrentar a insegurança de residir em um imóvel que reclama reparos que o próprio Poder Público reconhece e exige a sua execução. A seguir, o inteiro teor do artigo 9º:

"*Art. 9º. A locação também poderá ser desfeita:*
I - por mútuo acordo;
II - em decorrência da prática de infração legal ou contratual;
III - em decorrência da falta de pagamento do aluguel e demais encargos;
IV - para a realização de reparações urgentes determinadas pelo Poder Público, que não possam ser normalmente executadas com a permanência do locatário no imóvel ou, podendo, ele se recuse a consenti-las."

081. **MORTE DO LOCADOR (A)** - Prescreve o artigo 10 que, morrendo o locador, a locação transmite-se aos herdeiros. A lei especial sobre a locação urbana repete o que a lei civil define sobre a sucessão: a herança transmite-se desde logo aos herdeiros e/ou sucessores. No caso, o direito pessoal decorrente da locação e a respectiva propriedade (se o proprietário for o locador), a posse ou outro direito real que justifique a posse anterior do locador, autor da herança, que a entregara em locação ao locatário. Este o seu texto:

"*Art. 10. Morrendo o locador, a locação transmite-se aos herdeiros.*"

082. **MORTE DO LOCATÁRIO (A)** - No mesmo sentido do artigo 10, o artigo 11 repete para a outra parte na relação locatícia o que a lei civil prescreve para a mesma situação: ou seja, a herança transmite-se desde logo aos herdeiros e/ou sucessores, desimportando quais sejam esses bens, móveis, imóveis, semoventes, ações e direitos, pessoais ou reais, de cunho econômico-financeiro ou possessório-obrigacional (sentido amplo). Essa sub-rogação resta bifurcada em dois incisos, para as locações residenciais e não-residenciais. Em qualquer deles, de clareza solar, a dispensa de maiores comentários, o comando da lei civil para os efeitos sucessórios, a ordem de vocação hereditária, acrescido de construção jurisprudencial (em relação ao companheiro ou companheira e terceiros reconhecidos como dependentes do locatário falecido), quais sejam, o cônjuge sobrevivente ou o companheiro(a) e os herdeiros necessários e as pessoas que viviam sob a dependência do *de cujus*, desde que residentes no imóvel objeto da locação com finalidade residencial. Se a locação tiver finalidade não-residencial, ficam

sub-rogados em direitos e obrigações da locação o espólio, ou o sucessor no negócio. Assim o texto legal:
> *"Art. 11. Morrendo o locatário, ficarão sub-rogados nos seus direitos e obrigações:*
> *I - nas locações com finalidade residencial, o cônjuge sobrevivente ou o companheiro e, sucessivamente, os herdeiros necessários e as pessoas que viviam na dependência econômica do de cujus, desde que residentes no imóvel;*
> *II - nas locações com finalidade não residencial, o espólio e, se for o caso, seu sucessor no negócio."*

083. SEPARAÇÃO DO CASAL - Além dos casos de sub-rogação já vistos, a nova lei buscou proteger o permanecente no imóvel, deixando claro que a locação prosseguirá automaticamente com o cônjuge ou companheiro que permanecer no imóvel quando dos casos de separação de fato, separação judicial, divórcio ou dissolução de sociedade concubinária. Portanto, feliz o legislador ao trazer para o texto legal essa disposição que outra coisa não faz senão reconhecer legalmente o óbvio, em relação aos fatos sociais que repercutam diretamente na relação locatícia, trazendo prejuízos para locadores e para as pessoas que permaneciam no imóvel em decorrência do rompimento dessas relações vivenciais. Seus efeitos cingem-se ao plano acessório, pois que o permanecente deverá notificar o locador de que quer continuar morando no imóvel, e este pode exigir qualquer das garantias legalmente previstas. De todo relevante que tal notificação seja procedida, ainda que caiba direito ao locador de exigir a substituição do fiador, ou qualquer outra garantia prevista na lei, pois tal implica a modificação da titularidade da locação, de todo significativa para aquele que aí permanecer.
> *"Art. 12. Em casos de separação de fato, separação judicial, divórcio ou dissolução da sociedade concubinária, a locação prosseguirá automaticamente com o cônjuge ou companheiro que permanecer no imóvel.*
> *Parágrafo único. Nas hipóteses previstas neste artigo, a sub-rogação será comunicada por escrito ao locador, o qual terá o direito de exigir, no prazo de trinta dias, a substituição do fiador ou o oferecimento de qualquer das garantias previstas nesta Lei."*

084. CESSÃO DA LOCAÇÃO - O artigo 13 faz previsão da impossibilidade da cessão da locação sem o consentimento prévio e escrito do locador, seja ela total ou parcial, e com o exato objetivo de

proteger a relação locatícia, tanto na ótica do locador, como na do próprio locatário ou cessionário da locação, visto que assim as coisas podem ser melhor caracterizadas na verificação de que existe ou não infração contratual ou legal. Essa disposição afasta tão-só a cessão feita à revelia do locador e portanto não deixa de escoimar a relação locatícia de infração legal ou contratual, quando procedida consoante o preceito legalmente disciplinado. Seu alcance abrange também a sublocação e o empréstimo do imóvel:

> *"Art. 13. A cessão da locação, a sublocação e o empréstimo do imóvel, total ou parcialmente, dependem do consentimento prévio e escrito do locador. (...)"*

085. SUBLOCAÇÃO - O comando é do artigo 13 no sentido de vedá-la quando ocorram sem consentimento do locador. A exigência para a sua possibilidade é o consentimento prévio e escrito do locador. Vale o que já foi antes dito para a cessão: seja ela total ou parcial, a sublocação não pode ser feita sem que o locador previamente e por escrito a autorize. E assim é, com o exato objetivo de proteger a relação locatícia, tanto na ótica do locador, como na do próprio locatário ou sublocatário, visto que assim as coisas podem ser melhor caracterizadas, inclusive com o afastamento de eventual alegação de infração. Note-se que o dispositivo afasta tão-só a sublocação feita à revelia do locador e portanto não deixa de escoimar a relação locatícia de infração legal ou contratual, quando procedida consoante o preceito legalmente disciplinado. Seu alcance abrange também a cessão antes referida e o empréstimo do imóvel:

> *"Art. 13. A cessão da locação, a sublocação e o empréstimo do imóvel, total ou parcialmente, dependem do consentimento prévio e escrito do locador. (...)"*

086. EMPRÉSTIMO DO IMÓVEL - Do mesmo modo como a cessão e a sublocação, também o empréstimo do imóvel está vedado sem o consentimento prévio e escrito do locador, valendo, da mesmo forma, o quanto já foi aí referido. No caso, como visto, prevalece o interesse social na tentativa de afastar conflitos e resguardar a paz ou o apaziguamento nas relações locatícias e, *lato sensu*, na esfera e tecitura sociais. Nenhuma das acepções fica afastada, senão quando ocorra sem o consentimento prévio e escrito do locador, real interessado na preservação e adequada manutenção de seu bem imóvel e que precisa, jurídica e contratualmente, saber com quem se encontra ele e de quem é credor na obrigação decorrente da relação locatícia. O regramento afasta tão-só o empréstimo feito

à revelia do locador e portanto não deixa de escoimar a relação locatícia de infração legal ou contratual, quando procedido de acordo com o preceito legalmente disciplinado. Sua abrangência alcança também a cessão e a sublocação, antes referidas:

"Art. 13. A cessão da locação, a sublocação e o empréstimo do imóvel, total ou parcialmente, dependem do consentimento prévio e escrito do locador. (...)"

087. **CONSENTIMENTO PRÉVIO E ESCRITO DO LOCADOR** - É exigido pelo comando do artigo 13, tanto na cessão, como na sublocação e no empréstimo do imóvel, da forma explicitada em cada uma dessas acepções. Evidente, portanto, que qualquer cessão, sublocação, ou empréstimo, sem o consentimento prévio e escrito do locador, será não apenas infração contratual (de regra inserto nos contratos), mas infração legal, passível de imediato ajuizamento de ação de despejo por infração legal. E isso não é bom para essas relações, sendo mais fácil, não raro, obter o consentimento do senhorio para não ficar a sua mercê, na descoberta de, então, já infração legal que lhe possibilita o despejamento, via ação de despejo.

"Art. 13. A cessão da locação, a sublocação e o empréstimo do imóvel, total ou parcialmente, dependem do consentimento prévio e escrito do locador. (...)"

088. **CONSENTIMENTO PRESUMIDO** - Não existe no caso enfocado, porquanto resta afastado pelo § 1º do artigo 13 o consentimento presumido do locador na cessão, sublocação ou empréstimo do imóvel, em razão de simples demora em manifestar a sua oposição de modo formal. Portanto, inexistente a presunção de concordância por eventual demora, melhor será o agir no sentido de obter o consentimento do locador, quando for o caso de proceder uma cessão, sublocação ou empréstimo do imóvel locado.

"Art. 13 (...) § 1º. Não se presume o consentimento pela simples demora do locador em manifestar formalmente a sua oposição. (...)"

089. **OPOSIÇÃO DO LOCADOR** - O § 2º do artigo 13 faz fecho da disposição do *caput* e do § 1º ao dispor que o locador terá prazo de trinta dias para manifestar formalmente a sua oposição à cessão, à sublocação e ao empréstimo do imóvel locado. Mas não é só. Está a disposição antecedida do comando "Desde que notificado pelo locatário," Ou seja, a nenhuma das duas partes é dado o direito de exigir o cumprimento por parte da outra sem que tenha feito o que lhe compete fazer (lembrando a disposição material contida no

artigo 1.092 do Código Civil). Por isso, se for previamente notificado pelo locatário, o locador tem prazo decadencial de trinta dias para manifestar a sua oposição. Se não a fizer, é como se a tivesse feito no sentido de concordar com a cessão, com a sublocação ou com o empréstimo do imóvel locado. Ou, em outras palavras, a notificação formal por parte do locatário tem como contrapartida a obrigatoriedade de oposição formal por parte do locador. Se, ao contrário, o locatário não proceder a notificação, o locador ao tomar ciência da situação (em qualquer tempo), poderá ajuizar ação de despejo por infração legal.

"Art. 13. (...) § 2º. Desde que notificado por escrito pelo locatário, de ocorrência de uma das hipóteses deste artigo, o locador terá o prazo de trinta dias para manifestar formalmente a sua oposição."

2.2. Das sublocações

090. SEÇÃO II - Capítulo I. Trata das Sublocações, artigos 14 ao 16.

091. APLICAÇÃO SUBSIDIÁRIA - Artigo 14. Terminada a análise da seção que trata das locações em geral, ingressa-se na Seção II para cuidar-se das Sublocações, seu único título. E do artigo 14 sobressai o que se chama de subsidiariedade, ou seja, aquilo que não é principal, mas que com ele tem implicação, em razão, como já visto, das mutações nas relações sociais e dos efeitos que daí decorrem para uma ou para ambas as partes e/ou intervenientes na relação locatícia material, cujos desdobramentos ocorrerão já na relação locatícia processual. Significa, portanto, que às sublocações aplicam-se todas as disposições atinentes com a locação, naquilo que couber, não lhe sendo contrário ou incompatível.

"Art. 14. Aplicam-se às sublocações, no que couber, as disposições relativas às locações."

092. DIREITO DE REGRESSO DO SUBLOCATÁRIO - Artigo 15. A disposição desse artigo dá bem a noção do que antes foi referido sobre a aplicação subsidiária das regras locatícias na sublocação, necessariamente decorrentes daquelas. Ao ser "Rescindida ou finda a locação, qualquer que seja a sua causa, ...", desimporta se houve intervenção judicial ou deu-se ela por mútuo consentimento mediante acordo extrajudicial ou ainda que tenha ocorrido por simples devolução do imóvel por parte do locatário ao locador, o certo é que "resolvem-se as sublocações," existentes no imóvel objeto da locação, exatamente porque desconstituído o principal,

não pode prevalecer o acessório (como é o caso da sublocação, em relação à locação). Por certo que isso também tem outro desdobramento, pois no caso de existência de sublocação, o sublocatário não tem qualquer ação contra o locador, com os quais não tinha e não tem qualquer relação, ficando-lhe assegurado, pela disposição contida neste artigo, o direito de regresso para haver indenização do sublocador, pelo rompimento da relação subsidiária desfeita (como visto, por qualquer causa que seja) diretamente por efeito legal. Assim o texto integral do comando legal:

"Art. 15. Rescindida ou finda a locação, qualquer que seja sua causa, resolvem-se as sublocações, assegurado o direito de indenização do sublocatário contra o sublocador."

093. SOLIDARIEDADE DO SUBLOCATÁRIO - Artigo 16. Neste preceito legal, evidencia-se o reflexo do comando contido no artigo 2º sobre a presunção legal de solidariedade, caso o contrário não reste estipulado pelas partes, ou seja, entre locadores e locatários. Aqui é visualizado o desdobramento em que o locatário tenha sublocado o imóvel ou parte dele e por qualquer razão não venha cumprindo com a sua obrigação perante o locador no pagamento dos aluguéis. Quando o locatário for demandado em juízo, portanto, o sublocatário responde subsidiariamente ao locador pelas importâncias que dever ao sublocador e ainda pelos aluguéis que vencerem durante o transcorrer da ação, até o seu final. Duplamente correto esse comando legal, quer para evitar o locupletamento por parte do locatário às custas do locador, quer porque, ao sublocatário é assegurado o direito de regresso para haver indenização do sublocador, em caso de rescisão ou fim da locação, por qualquer causa, extra ou judicialmente.

"Art. 16. O sublocatário responde subsidiariamente ao locador pela importância que dever ao sublocador, quando este for demandado e, ainda, pelos aluguéis que se vencerem durante a lide."

2.3. Do aluguel

094. SEÇÃO III - Capítulo I. Trata do Aluguel, artigos 17 ao 21.

095. LIVRE CONVENÇÃO DO ALUGUEL - Na Seção III desse Capítulo I, no artigo 17, tem início o aspecto mais importante e de todo significativo para as relações locatícias, que é aluguel, o preço da locação, variável segundo a conjuntura econômica de cada época. O comando é taxativo e nem poderia ser diferente, pois a lei regula sobre bem que não pertence à órbita daquele que legisla, mas sim

a particulares que em sua imensa maioria têm apenas um ou dois imóveis, restando como circunstâncias extremas e notórias apenas uns poucos privilegiados no país que detêm prédios ou imenso número de apartamentos destinados à locação. Por isso, corretamente (até para não fugir da famosa Lei de Mercado), o legislador disse que é livre a convenção do aluguel. Digo que precisa ser assim porque é livre em termos. Não adianta o locador oferecer um imóvel pelo valor que entenda correto, e esse aluguel não corresponder a outros preços de ofertas semelhantes em situação e recursos nas proximidades do imóvel, além de que o locador que oferta imóvel precisa atentar ainda para o fato de que os locatários estão com seus ganhos muito reduzidos e outros já saíram do mercado exatamente por perda de renda, pela perda de seu emprego. Em tempos de inflação praticamente inexistente ou de "primeiro mundo" não custa lembrar que isso não é tudo, na medida em que o governo esquece de resolver os dramáticos problemas decorrentes do imenso desemprego (só na grande Porto Alegre eram duzentos e quatorze mil no mês em que o Presidente da República chama de "vagabundos" aqueles que se aposentam antes dos cinqüenta anos), da saúde caótica, da insegurança pública crescente, do ensino em descrédito e da falta de desenvolvimento econômico coerente e planejado, como denotam as taxas de juros em patamares extratosféricos para uma inflação, como já referido, de "primeiro mundo", tudo calcado, como sabemos, no imenso *deficit* público incontrolável, governo após governo. A livre convenção do aluguel, portanto, não é tão livre assim, mas fica ao arbítrio, na alçada do locador. Ainda assim, vedada a sua estipulação em moeda estrangeira ou vinculação à variação cambial ou ao salário mínimo.

> *"Art. 17. É livre a convenção do aluguel, vedada a sua estipulação em moeda estrangeira e a sua vinculação à variação cambial ou ao salário mínimo. (...)"*

096. MOEDA ESTRANGEIRA - Artigo 17. É vedada a estipulação do aluguel em moeda estrangeira, embora livre a sua convenção. De todo pertinente essa vedação, pois corresponde à regra geral dos contratos, nos quais deve figurar tão-somente a moeda oficial do país, enquanto a utilização de moedas estrangeiras é admitida apenas para os contratos de câmbio e sob o regramento específico dessa área negocial e estrito controle governamental.

> *"Art. 17. É livre a convenção do aluguel, vedada a sua estipulação em moeda estrangeira e a sua vinculação à variação cambial ou ao salário mínimo. (...)"*

097. **VARIAÇÃO CAMBIAL** - Artigo 17. Assim como é vedada a estipulação do aluguel em moeda estrangeira, também proibida a sua vinculação à variação cambial, porquanto a regra de reajuste é dada por legislação específica interna, restando impossibilitada a contratação prévia de reajuste (ou mesmo deságio) que viria a se dar pelo câmbio da moeda escolhida e ao sabor da flutuação cambial com as implicações políticas e negociais de cada país.
"*Art. 17. É livre a convenção do aluguel, vedada a sua estipulação em moeda estrangeira e a sua vinculação à variação cambial ou ao salário mínimo. (...)*"

098. **SALÁRIO MÍNIMO** - Artigo 17. Para completar o quadro, aqui o legislador deixa claro que o controle sobre o reajuste não é de competência do proprietário ou locador. Depois de vedar a estipulação em moeda estrangeira e sua vinculação à variação cambial, também veda essa possibilidade por mecanismo de direito interno, como é o caso da fixação do salário mínimo (insuficiente e caótico, como todos sabemos). E até mesmo para tentar evidenciar que uma coisa nada tem a ver com a outra, quando na verdade estão umbilicalmente ligadas, visto que, qualquer ganho representa um certo número de salários mínimos, além de que, sabido que quem ganha um salário mínimo não consegue alugar qualquer imóvel para morar e aquele que aluga precisa comprovar rendimentos três vezes superior ao valor do aluguel. De qualquer sorte, tem algum sentido a disposição na medida em que o locador fica submetido ao comando de regra ulterior com relação a futuro reajuste e na tentativa de evitar abusos de sua parte, ao mesmo tempo em que tenta conciliar os interesses, quase sempre antagônicos, de locadores e locatários, no aspecto econômico, pois os segundos sempre acham que pagam demais, e os primeiros, de igual forma, porém reversamente, sempre acham que recebem de menos pela entrega de seu imóvel em locação. Como se verá a seguir, note-se que o parágrafo único excepciona a regra geral do *caput*, vinculando a observação de critério de reajuste por legislação específica apenas para os imóveis residenciais. Ou seja, as locações não-residenciais não estão sujeitas a regramento ulterior, podendo fixar critérios de reajuste por outros índices, desde que evitada a estipulação em moeda estrangeira e a sua vinculação à variação cambial e ao salário mínimo.
"*Art. 17. É livre a convenção do aluguel, vedada a sua estipulação em moeda estrangeira e a sua vinculação à variação cambial ou ao salário mínimo. (...)*"

099. **CRITÉRIOS DE REAJUSTE** - Artigo 17, parágrafo único. Este parágrafo excepciona o *caput* para dispor que, nas locações resi-

denciais serão observados os critérios de reajuste previstos na legislação específica. Ou seja, retira do poder do particular a fixação de cláusula que defina por qual índice há de ser observado o reajuste do valor do aluguel ao longo do tempo da locação por prazo determinado ou indeterminado. E ele se justifica em parte, porquanto a locação para moradia tem forte intervenção estatal na medida em que o governo não tem política de moradia social e usa o poder de Estado para interferir em órbita de direito eminentemente privado, na tentativa de equilibrar as relações locatícias entre aquele que tem o bem disponível para uso mediante certo preço e aquele que dele precisa e pode pagar apenas um certo valor, de regra, inferior ao pedido por aquele que dispõe desse bem da vida em oferta. No entanto, como já foi visto, tal não se aplica às locações não-residenciais, cuja fixação de critério de reajuste, afastadas as vedações do *caput*, fica ao embate das partes contratantes.

"*Art.17. (...) Parágrafo único. Nas locações residenciais serão observados os critérios de reajustes previstos na legislação específica.*"

100. NOVO VALOR DO ALUGUEL - Artigo 18. Nesta locução fica evidente a licitude no ato praticado pelas partes, em comum acordo, de fixar novo valor para o aluguel quando, por razões ponderáveis - seja de ordem conjuntural na política econômica do país na verificação de defasagem no valor locativo - ou de ordem estrutural atinente com modificações envolvendo o imóvel objeto da locação, suas adjacências ou novos recurso postos à disposição. A nota marcante é o "comum acordo". Não basta o locador exigir. Precisa o consenso do locatário e a sua certeza de que, efetivamente, o negócio é bom para a ambas as partes. Ao locador porque estará melhor usufruindo do pertinente rendimento proporcionado pelo imóvel e ao locatário porque estará pagando o que realmente vale a locação em questão. Não custa lembrar que, não raro, o locador se submete a um preço inferior ao do próprio preço de mercado de seu imóvel por ser sabedor da qualidade de seu locatário que cuida do imóvel como se fosse seu, e o locatário, também, não raro, se submete a pagar um pouco mais caro pelo imóvel onde reside exatamente porque isso se torna melhor do que buscar outro imóvel e nova adaptação, como sabemos, por inúmeras e variadas razões, inclusive colégios, amizade dos filhos, local de trabalho e a gama de recursos próximos, que lhe são peculiares e necessários. Por outro lado, o novo valor do aluguel pode resultar de consenso sobre a redução do aluguel que tenha ficado alto para o locatário e cujo

locador não deseje perder o inquilino que tem, estando ciente das dificuldades para obter novos e bons locatários na atualidade por razões já mencionadas, especialmente pela crescente perda de poder aquisitivo ou mesmo perda de rendimento por desemprego ou subemprego. Nesse ponto, é de todo relevante considerar que a fixação de novo aluguel pelas partes, independentemente da nomenclatura adotada (Termo Aditivo ao Aditamento), tem repercussão no que respeita às garantias locatícias, sendo de interesse de ambas as partes que a esse ato compareça também o interveniente garantidor. A propósito da fiança, o Superior Tribunal de Justiça (STJ) editou a Súmula nº 214 *"O fiador na locação não responde por obrigações resultantes de aditamento ao qua não anuiu."* Está publicada no Diário da Justiça da União (DJU) de 02.10.98.

"*Art. 18. É lícito às partes fixar, de comum acordo, novo valor para o aluguel, (...)*"

101. INSERIR CLÁUSULA DE REAJUSTE - Artigo 18, segunda parte. Assim como é facultado às partes licitamente fixar de comum acordo novo valor para o aluguel, também o é a inserção de cláusula de reajuste que não fora antes prevista no contrato de locação. Por certo que isso deve corresponder ao índice ou índices definidos na legislação específica ao se tratar de locações residenciais, consoante o comando do parágrafo único do artigo 17. Em conseqüência, fica ao arbítrio de ato lícito das partes a inserção de cláusula de reajuste nas locações não-residenciais que, como visto, não sofrem a intervenção direta do poder estatal, na consecução de reajuste para o valor locativo do imóvel, de regra pertinente a cada tipo de atividade, desde a industrial, comercial, além de outras sem fins lucrativos.

"*Art. 18. É lícito às partes fixar, de comum acordo, novo valor para o aluguel, bem como inserir ou modificar cláusula de reajuste.*"

102. MODIFICAR CLÁUSULA DE REAJUSTE - Artigo 18, segunda parte. Assim como é facultado às partes licitamente fixar de comum acordo novo valor para o aluguel, também é possível a modificação da cláusula de reajuste antes prevista no contrato de locação. Por certo que isso deve corresponder ao índice ou índices definidos na legislação específica ao se tratar de locações residenciais, consoante o comando do parágrafo único do artigo 17. Por decorrência, fica ao arbítrio de ato lícito das partes a modificação da cláusula de reajuste pactuada nas locações não-residenciais que, como visto, não sofrem a intervenção direta do poder estatal, na consecução de

reajuste para o valor locativo do imóvel, de regra pertinente a cada tipo de atividade, desde a industrial, comercial, além de outras sem fins lucrativos, mais afetas, geralmente, à necessidades e requisitos próprios de cada uma delas e da própria definição do plano diretor urbanístico da cidade, que as direcionam e situam dentre o perímetro urbano e os limites do município.

> *"Art. 18. É lícito às partes fixar, de comum acordo, novo valor para o aluguel, bem como inserir ou modificar cláusula de reajuste."*

103. AUSÊNCIA DE ACORDO - Prescreve o artigo 19 que, não havendo acordo, podem as partes pedir a revisão judicial do aluguel a fim de torná-lo parelho, consentâneo com a realidade do mercado de ofertas de imóveis para locar. Note-se que a própria lei põe como primado o acerto entre as partes, privilegiando a manifestação própria e o consenso entre locador e locatário. Na verdade, uma mensuração de forças, entre o que tem o imóvel locado e o que dele usufrui mediante o pagamento do preço da locação. O chamamento ao entendimento tem razão na medida em que somente custos maiores terão as partes na hora de um distrato, especialmente se não for amigável. Não se está a afirmar que não se deva buscar o Judiciário. Ao contrário, deve ser ele provocado quando o valor do aluguel estiver em desacordo com o seu valor real, seja em prol do locador ou do locatário, se infrutíferas as tentativas de sua adequação. Preferível é o acerto extrajudicial, mas que não resulte em prejuízo para qualquer das partes.

> *"Art. 19. Não havendo acordo, o locador ou o locatário, após três anos de vigência do contrato ou do acordo anteriormente realizado, poderão pedir revisão judicial do aluguel, a fim de ajustá-lo ao preço de mercado."*

104. REVISÃO JUDICIAL DO ALUGUEL - Artigo 19. A revisão judicial do aluguel é o resultado da ausência de acordo entre locador e locatário sobre o valor que deva efetivamente servir de contraprestação pela continuidade da locação. É a chamada ação revisional de aluguel. E, nesse caso, necessário atentar-se para os seus pressupostos. O primeiro, como já visto, é a ausência de acordo. O segundo, é que seja após três anos de vigência do contrato ou de acordo anteriormente formalizado, seja ele de ordem judicial ou extrajudicial. E por terceiro é que, realmente, o imóvel esteja com o seu valor fora do preço, visto que o objetivo da revisão é como fim de ajustá-lo ao preço de mercado. Portanto, ausentes os dois primeiros, imperativo mesmo para a revisão é que o imóvel esteja

com o seu valor inadequado. Seja por corresponder a locação atual a um valor inferior ao preço de mercado e portanto prejudicial ao locador que será o autor da ação, seja porque o valor atual da locação esteja acima do valor de mercado para esse imóvel, quando então prejudicado será o locatário que deverá acionar o Judiciário, ajuizando a demanda como autor, com o pedido de revisão para a adequação de preço, no caso, para a sua redução, ajustando-o ao preço de mercado. Note-se que a revisão judicial do aluguel (a ação revisional de aluguel) dispõe ainda de outro fundamento. Trata-se do § 4º do artigo 21 da Lei nº 9.069, de 29 de junho de 1995, que implementou plenamente o Plano Real no mundo jurídico, depois de inúmeras e inúmeras excrescências provisórias, e que versa exatamente sobre a temática que envolve a possibilidade de revisão do aluguel antes de três anos de sua manutenção: o desequilíbrio econômico-financeiro. No caso, veio ele para equilibrar as locações que estivessem desequilibradas quando da implantação do plano e seus desdobramentos próprios em cada uma delas, por causa de conversões anteriormente procedidas. Assim, o que valia para aquele momento de transição ainda vale, desde que presente o pressuposto que o impulsiona: o desequilíbrio econômico-financeiro, independentemente de prazo e da própria ação prevista neste artigo 19 desta lei especial que exige três anos para a sua operatividade.

"Art. 19. Não havendo acordo, o locador ou o locatário, após três anos de vigência do contrato ou do acordo anteriormente realizado, poderão pedir revisão judicial do aluguel, a fim de ajustá-lo ao preço de mercado."

105. AÇÃO REVISIONAL DE ALUGUEL - Material e processualmente, o mesmo que revisão judicial do aluguel, já visto na locução antecedente (104), ainda que esta seja a nomenclatura adotada pela Lei, ao tratar dos procedimentos dessa ação (artigos 68 a 70).

106. DESEQUILÍBRIO ECONÔMICO-FINANCEIRO - O destaque aqui tem apenas a finalidade de tornar mais fácil ou adequada a consulta, valendo repor-se a parte final do tópico anteriormente abordado: Note-se que a revisão judicial do aluguel (a ação revisional de aluguel) dispõe ainda de outro fundamento. Trata-se do § 4º do artigo 21 da Lei nº 9.069, de 29 de junho de 1995, que implementou plenamente o Plano Real no mundo jurídico, depois de inúmeras e inúmeras excrescências provisórias, e que versa exatamente sobre a temática que envolve a possibilidade de revisão após três anos de sua manutenção: o desequilíbrio econômico-financeiro. No caso, veio ele para equilibrar as locações que estives-

sem desequilibradas quando da implantação do plano e seus desdobramentos próprios em cada uma delas por causa de conversões anteriormente procedidas. Assim, o que valia para aquele momento de transição ainda vale, desde que presente o pressuposto que o impulsiona: o desequilíbrio econômico-financeiro, independentemente de prazo e da própria ação que exige três anos para a sua operatividade. O § 5º desse artigo 21 da lei esparsa prescreve que a revisão assim procedida vigorará pelo prazo mínimo de um ano.

"Lei nº 9.069/95: Art. 21. (...)
§ 4º. Em caso de desequilíbrio econômico-financeiro, os contratos de locação residencial, inclusive os convertidos anteriormente, poderão ser revistos, a partir de 1º de janeiro de 1995, através de livre negociação entre as partes, ou judicialmente, a fim de adequá-los aos preços de mercado, sem prejuízo do direito à ação revisional prevista na Lei nº 8.245, de 1991.
§ 5º. Efetivada a revisão, o novo valor do aluguel residencial vigorará pelo prazo mínimo de um ano."

107. **PAGAMENTO ANTECIPADO DO ALUGUEL** - É vedada a exigência de pagamento antecipado do aluguel, somente podendo fazê-la o locador quando a locação não estiver garantida por qualquer uma das modalidades legalmente previstas, caso que poderá exigi-la até o sexto dia útil do mês em curso, ou mês vincendo, o que está vencendo, e nas locações de temporada. Por mais pueril que pareça, a disposição tem o maior sentido na medida em que a ninguém é pago o salário, vencimento ou provento antes de findar o mês. E ao locador não é diferente, se vai pagar as suas obrigações dentro desse mesmo critério, não pode exigir de outro o que não é exigido de si mesmo nas suas outras relações obrigacionais, negociais e/ou comerciais.

"Art. 20. Salvo as hipóteses do art. 42 e da locação para temporada, o locador não poderá exigir o pagamento antecipado do aluguel."

108. **ALUGUEL DA SUBLOCAÇÃO** - O artigo 21 define o preço máximo da sublocação ao prescrever que não poderá ela exceder do valor da locação. Por certo, visto que se assim não fosse estaria criada a figura de intermediário entre locador e sublocatário com auferimento de ganho indevido por parte do locatário, titular da locação, que outra coisa não fez senão pôr-se à frente de outro interessado. Ou em outras palavras, o valor da sublocação poderá ser qualquer um, ao sabor e talante das partes contratantes, desde

que não ultrapasse o montante daquela que lhe deu origem, a locação pactuada entre locador e locatário.
"*Art. 21. O aluguel da sublocação não poderá exceder o da locação; (...)*"

109. ALUGUEL NAS HABITAÇÕES COLETIVAS - Ainda do artigo 21, a definição de que a soma dos aluguéis nas habitações coletivas multifamiliares não poderá ser superior ao dobro da locação. Ou seja, também como na sublocação de prédio individual, a lei prescreve o limite máximo, estando livre a pactuação até esse patamar, tendo o legislador considerado o dobro como a quantia que não representa locupletamento para nenhuma das partes, nas habitações coletivas multifamiliares.
"*Art. 21. (...) nas habitações coletivas multifamiliares, a soma dos aluguéis não poderá ser superior ao dobro do valor da locação.*"

110. REDUÇÃO DO ALUGUEL PELO SUBLOCATÁRIO - O descumprimento, no entanto, desses preceitos autoriza a que o sublocatário reduza o aluguel até os limites estabelecidos. E claro que poderá fazê-lo à luz da lei, de modo extrajudicial, ou judicial, caso não venha a obter assentimento por consenso na redução do aluguel. Nesse caso, as partes serão o sublocatário acionando o locatário sublocador, contra o qual deverá fazer prova de que tem ajustado ou exigido pagamento de aluguel maior do que aquele que lhe é exigido pela locação. É o meio de ação que dispõe o sublocatário para não submeter-se à falta de interesse do locatário sublocador ou mesmo se vier a furtar-se de entendimento quando procurado para a busca de acordo para a redução do aluguel da sublocação. O limite é o valor da locação, para sublocação de prédio ou edificação individual, ou o seu dobro, em caso de habitações coletivas.
"*Art. 21. O aluguel da sublocação não poderá exceder o da locação; nas habitações coletivas multifamiliares, a soma dos aluguéis não poderá ser superior ao dobro do valor da locação. Parágrafo único. O descumprimento deste artigo autoriza o sublocatário a reduzir o aluguel até os limites nele estabelecidos.*"

2.4. Dos deveres do locador e do locatário

111. SEÇÃO IV - Capítulo I, Artigos 22 a 26. Trata dos Deveres do Locador e do Locatário.

112. OBRIGAÇÕES DO LOCADOR - O artigo 22 alinha dez incisos e parágrafo único com sete alíneas que constituem deveres do loca-

dor, praticamente apenas três quartos dos deveres do locatário, no artigo 23, em doze incisos e três parágrafos, o primeiro deles com nove alíneas. De qualquer sorte, o princípio geral é de que tal relação seja exaustiva, mas que não impossibilita a evidenciação de outras obrigações que decorram por derivação tanto do que prescrito neste artigo, como lei especial, quanto de outros regramentos ligados ao caso concreto em exame, especialmente os atinentes com os princípios gerais de direito, de regra aplicáveis na laguna legal perante o caso típico sob ótica. Na análise de cada qual, a tentativa de melhor expor a locução ora abordada.

"Art. 22. O locador é obrigado a: (...)"

113. I - ENTREGAR O IMÓVEL ALUGADO EM ESTADO DE SERVIR AO USO A QUE SE DESTINA, AO LOCATÁRIO; - É a primeira e grande obrigação do locador. Entregar o imóvel alugado não basta. Preciso será que esteja ele em estado de servir ao uso a que se destina. E estado aqui não é muito diferente do estado da pessoa, seja no seu aspecto jurídico-civil ou psicológico-afetivo, pois que significa a sua apresentação consonante com a oferta feita pelo locador e dentro de parâmetros de aceitabilidade por parte daquele que venha a aceitar a locação. Praticamente, e independentemente do padrão construtivo, do bairro, da gama de recursos disponíveis nas proximidades, escolas, teatros, maior ou menor incidência de assaltos, região segura ou relativamente insegura, maior ou menor concentração de ruídos, enfim, afora tais circunstâncias que haverão de conferir com a oferta do proponente locador, o imóvel precisa estar com as suas funções plenamente em dia, telhado ou cobertura, portas, janelas, instalações, tudo em estado que possa ter o uso para o qual se destina, inclusive em relação às obrigações fiscais relativa ao imóvel e ao condomínio, cotas e seguro das partes comuns (obrigatórias), caso se trate de unidade autônoma em prédio de apartamentos. Mais ainda se poderia dizer, no entanto, o comando tem tudo a ver com o alcance da finalidade de uso para o qual se destina o imóvel locado. Não adianta ao locatário visitar um imóvel e depois constatar que a casa ou apartamento, apesar de sua aparência, não cumpre com o fim a que se destina, exatamente porque não se apresenta funcionamento de acordo com os padrões que definem tanto a sua construção quanto os seus fins. O objetivo é um só: o estado de servir. E não basta aqui pensar-se na relatividade que é a aplicação desses termos, mas substancialmente deve atender tanto ao fim de seu destino, como corresponder à contrapartida equânime e equilibrada em cotejo com

o preço da locação. E claro, conforme o padrão de cada imóvel em particular.

"Art.22. (...) I - entregar ao locatário o imóvel alugado em estado de servir ao uso a que se destina;"

114. II - USO PACÍFICO DO IMÓVEL LOCADO, GARANTIR, durante o tempo da locação, o; - Essa obrigação do locador tem tudo a ver com a posse direta que detinha antes da entrega da posse efetiva ao locatário, e que conserva de forma indireta (posse indireta) decorrente da condição de possuidor ou proprietário que deu em locação o imóvel. A garantia de uso pacífico do imóvel durante o tempo da locação, portanto, é pessoal do locador. Não pode, substancialmente ele, locador, ou seus representantes, por qualquer razão, dar causa ao uso não-pacífico, visto que sua obrigação, ao contrário, é no sentido de garantir esse direito do locatário, inclusive com relação a terceiros que tentem turbar o uso pacífico ou a posse do locatário. Ou seja, a garantia a que está obrigado não alcança apenas a sua pessoa, mas também outros agentes que venham a interferir no uso pacífico do imóvel. E que, por óbvio, sejam alcançados pelo poder que tem com fundamento na posse indireta que mantém. Preciso será que não interfira no uso do imóvel locado, senão para evitar ou corrigir conflitos, mesmo de vizinhança, no estrito comando legal: garantir o seu uso pacífico, apesar de o locatário também dispor dos interditos possessórios para defender a posse direta decorrente da locação efetuada.

"Art. 22 (...) II - garantir, durante o tempo da locação, o uso pacífico do imóvel locado;"

115. III - FORMA E O DESTINO DO IMÓVEL, MANTER, durante a locação, a; - Depois de entregar, garantir o uso pacífico, a obrigação seguinte do locador é manter a forma e o destino do imóvel durante a locação. Claros e despiciendos de maiores comentários este inciso e seu respectivo comando, pois se assim procedesse, o locador estaria, na verdade, cometendo infração contratual, caso viesse a alterar a forma ou o destino do imóvel, que o locatário assim aceitou exatamente porque assim é que lhe servia a locação. Isso, no entanto, não quer dizer que é impossível a alteração na forma e no próprio destino do imóvel, pois se é verdade que a sua obrigação é de manter o imóvel com a mesma forma e destino (e da qual não pode fugir, ante o comando legal), não é menos verdade que, por comum acordo, as partes contratantes, locador e locatário (sendo de todo aconselhável a presença de intervenientes fiadores, caso existentes) poderão alterar o contrato nessa parte. Não para

subtrair-se ao dispositivo, mas para atender aos interesses de ambas as partes, no curso e ao longo da relação locatícia.

"Art. 22 (...) III - manter, durante a locação, a forma e o destino do imóvel;"

116. **IV - VÍCIOS OU DEFEITOS ANTERIORES À LOCAÇÃO, RESPONDER pelos**; - Após o comando obrigacional da efetiva entrega, garantia e manutenção da forma e destino do imóvel, a lei também obriga o locador a responder por vícios ou defeitos anteriores à locação. Como já abordado na locução atinente com a entrega do imóvel, não basta a aparência do imóvel em estar apto e em estado de servir ao uso a que se destina. A sua funcionalidade é tudo. Ou quase tudo (pois o cotejo com o preço da locação também é indispensável). O importante, no entanto, é que o locador está obrigado a responder, responsabilizar-se pela reparação de vícios ou defeitos que impeçam a esperada utilização por parte do locatário, existentes quando da entrega do imóvel. E vícios ou defeitos são todas aquelas circunstâncias que não estão aparentes, mas que impedem o uso adequado da coisa, que pode ter relação direta ou indireta com as portas, janelas, instalações, elétricas e hidráulica, piso, teto, enfim, tudo, efetivamente, não ressalvado em contrato, e que corresponda à redução ou impedimento de uso normal por parte daquele que loca o imóvel para aquele fim específico contratualmente celebrado. Correspondem aos vícios redibitórios (vícios e defeitos ocultos) da legislação comum civil, regidos pelos artigos 1.101 a 1.106 do Código Civil.

    "Art.22 (...) IV - responder pelos vícios ou defeitos anteriores à locação;"

117. **V - DESCRIÇÃO MINUCIOSA DO ESTADO DO IMÓVEL**, fornecer ao locatário, caso este solicite, quando de sua entrega, com expressa referência aos eventuais defeitos existentes; - Este inciso objetiva garantir o locatário com relação ao estado de conservação e apresentação em que se encontra o imóvel. Por isso, a facultatividade do comando para o locador está centrada na locução inserida entre vírgulas, "caso este solicite" (o locatário), faz com que fique de todo destoante do seu conjunto. Ao mesmo tempo em que legisla sobre comando cogente, subordina este comando à solicitação por parte do locatário, ato que deve praticar, em princípio, antes de ocupar efetivamente o imóvel para evitar prováveis delongas sobre o que estava ou não estava, desta ou daquela forma, no estado e apresentação do imóvel locado. E num momento de afetação e assoberbamento para o locatário, envolvido que está com assinatu-

ras e reconhecimento de firmas no contrato, mudança, entrega do imóvel onde residia e as despesas todas que isso ocasiona. Por óbvio que o locatário pode solicitar em momento posterior essa descrição pormenorizada (o que não é recomendável). Para locadores, a recomendação é que sempre ofereçam, espontaneamente, essa descrição, independentemente de solicitação por parte do locatário, até mesmo para garantia de ciência e explicitação de eventuais defeitos existentes no imóvel locado, atendendo ao comando legal de sua expressa referência, quando da entrega do imóvel. Aos locatários, a orientação é no sentido de real e efetiva utilização do direito assegurado: a solicitação legalmente referida, que não é apenas faculdade em seu favor, podendo exigir a descrição minuciosa, esmiuçada, bem detalhada, do estado do imóvel. Se o locador não a fornecer, e o locatário não a exigir, prejudicado poderá ser este último quando da devolução do imóvel. Melhor assegurar-se no presente do que incomodar-se, de forma onerosa, no futuro.

"Art. 22. (...) V - fornecer ao locatário, caso este solicite, descrição minuciosa do estado do imóvel, quando de sua entrega, com expressa referência aos eventuais defeitos existentes;"

118. **VI - RECIBO DISCRIMINADO, FORNECER AO LOCATÁRIO**, das importâncias por este pagas, vedada a quitação genérica; - Neste inciso não existe faculdade. Como em todos os demais atos da vida civil ou negocial em que é perfeitamente normal e cabível a exigência de recibo sobre qualquer quantia ou coisa que se entregue a outra pessoa, seja para o fim que seja (embora a maioria isso não faça, desavisadamente, ou por comodismo), o locador está obrigado a fornecer recibo, pois é a comprovação do que foi e como foi feito o pagamento a que está obrigado o locatário. Em suma: o registro do ato tipicamente caracterizado nesta lei especial. E as obrigações resultam recíprocas. Se um está obrigado a pagar ou a entregar, quem recebe quantia em dinheiro ou coisa está, conseqüentemente, obrigado em registrar o ato através do competente recibo, que no caso, precisa ser discriminado, especificando as parcelas pagas a título de aluguel e de cada um dos encargos de condomínio ou de tributos fiscais, impostos ao locatário de forma legal ou contratual. A lei proíbe que a quitação seja genérica, sem discriminação das parcelas que integram o total despendido pelo locatário para o pagamento mensal que inclui, como visto, não apenas o valor referente ao aluguel, mas também o dos encargos. E são esses, substancialmente, que precisam estar especificados

para o exercício de controle por parte daquele que paga, pois o valor do aluguel é o contratual, acrescido do reajuste quando for o caso, e por isso, facilmente verificável pelo inquilino, diversamente do que ocorre com os encargos, que deverão ser suportados a partir das decisões da assembléia de condôminos, quando se tratar de condomínio de casas, de apartamentos, de conjuntos, de salas, (residenciais ou comerciais). A quitação genérica é vedada por contrariar a disposição expressa, e exatamente, em sentido contrário.

"Art. 22. (...) VI - fornecer ao locatário recibo discriminado das importâncias por este pagas, vedada a quitação genérica;"

119. VI - QUITAÇÃO GENÉRICA; fornecer ao locatário recibo discriminado das importâncias por este pagas, vedada a - Evidentemente proibida. Como complemento e por isso mesmo intimamente ligada ao comando primeiro do inciso, fornecer recibo discriminado por parte do locador não é faculdade. É obrigação a que não se pode furtar, podendo o pagamento deixar de ser feito (sem os ônus daí decorrente) até que das quantias pagas pelo locatário forneça ele o respectivo e discriminado recibo. Por óbvio que uma tal circunstância exige prova contundente, para surgir o efeito antes referido. Pode ser utilizado qualquer meio de prova em direito admitido. Porém, a mais direta seria exatamente o recibo não discriminado, que o locador (ou administradora) está obrigado a fornecer, por cópia e, claro, sem a respectiva assinatura (ou autenticação mecânica) que comprova o recebimento. O mais evidente, portanto, é que a quitação geral, pelo montante do valor recebido, está vedada. O locador não pode pretender agir assim, porque desse modo contraria a lei. E se assim proceder, pode contar com o agir contrário do inquilino, locatário, no exercício de seu direito e por isso pode deixar de pagar o valor a que está obrigado, até que o recibo seja fornecido de acordo com a prescrição legal. A normalidade dos casos, no entanto, é de correto fornecimento de recibo por parte de locadores e administradoras, com a discriminação das parcelas que compõem o montante exigido em cada mês, relativo a aluguel e encargos. Na excepcionalidade, prevalece o direito do locatário de submeter o locador ao comando legal.

"Art. 22. (...) VI - fornecer ao locatário recibo discriminado das importâncias por este pagas, vedada a quitação genérica;"

120. VII - ADMINISTRAÇÃO IMOBILIÁRIA, pagar as taxas de, se houver, e de intermediações, nestas compreendidas as despesas necessárias à aferição da idoneidade do pretendente ou de seu

fiador; - Constitui obrigação inarredável do locador de pagar as taxas de administração imobiliária quando for o caso de não alugar diretamente ao locatário, mas através de empresa administradora de locações de imóveis. Qualquer despesa daí decorrente, como faz bem claro a disposição deste inciso, é de responsabilidade do locador que, não querendo envolver-se com anúncios de oferta, avaliação do cadastro do pretendente e seus fiadores, e o recebimento mensal de aluguéis, outorga procuração para empresa de sua confiança (formando uma relação *ad negotia*, ou de gestão da administração de inúmeros imóveis que possua) que atua na sua representação, inclusive e não raro, em que ela é que se envolve com os problemas de reparos no imóvel, resolvendo-os perante o locatário e levando tais custos à conta do locador, quando tais sejam, e normalmente o são, de sua responsabilidade. Portanto, do locatário é vedado cobrar taxa de administração do imóvel do locador, bem como fazer nela compreender as despesas que sejam indispensáveis para aferir a idoneidade negocial do pretendente e de seu fiadores. Se o locador optar por colocar tais encargos de sua alçada por dentro do preço, torna-se óbvio que a lei estará sendo cumprida, em tese (pois isso não é vedado, embora o seu objetivo seja exatamente no sentido de evitar que tal aconteça). Precisa ele, no entanto, ter presente que se assim proceder estará colocando em desvantagem o seu imóvel em relação aos demais do mercado, visto que sua oferta, necessariamente, terá um preço da locação mais elevado do que os de seus concorrentes. E preço é preço, seja em qual produto for, especialmente em tempos difíceis e de maior conscientização por parte dos consumidores dos direitos que lhe são inerentes em relação a cada contratação em si mesma, na aquisição de um automóvel, um eletroeletrônico, um microcomputador, um direito qualquer, sempre, em cotejo com a necessidade específica e a qualidade do produto, sobressai como eleito para aquisição aquele que oferecer o melhor preço. Esse, sobremaneira, o comando para os tempos presente e futuro para quem esteja e queira permanecer atuando no mercado em que se encontra (no desejo de mudar, não esquecer que, em outro mercado qualquer, no entanto, também será igual). Nesse diapasão, melhor resultado obtém o ato de perfeito cumprimento da disposição legal que atribui ao locador a obrigação de pagar a administração imobiliária e todas as demais despesas decorrentes da locação.

"*Art.22. (...) VII - pagar as taxas de administração imobiliária, se houver, (...)*"

121. VII - INTERMEDIAÇÕES (NA LOCAÇÃO), nestas compreendidas as despesas necessárias à aferição da idoneidade do pretendente ou de seu fiador; pagar as taxas de administração imobiliária, se houver, e de - Intermediação no dizer comum é o que ou aquilo que tem intermediário e não quer dizer não seja bom (embora não raro tenhamos conhecimento de fatos que desmerecem essa atividade tão importante para a própria economia da país, necessário lembrar que tais elementos que a isso dão causa não são intermediários na acepção plena e jurídica do termo, sendo apenas utilizadores da oportunidade que a sua consciência não permitiu agir de forma diversa, retamente). Por isso e ao contrário, pode ser muito bom, regular ou sofrível, e raramente danoso, dependendo da qualidade e idoneidade do intermediário. Na sua origem está mediar antecedido de inter (entre - intermediar) e o seu significado mediar entre uma ou mais pessoas o que quer que estejam a discutir ou querer e lhe permitam interceder para auxiliar, ajudar a concluir o que ou aquilo que iniciaram ou pretendem iniciar, no caso de intermediário de atividade reconhecida e legalmente exercida. Pois essa atividade de intermediação na locação, ou seja, sabedor de que tal imóvel está posto ou sendo posto à locação e que tal ou qual pessoa precisa de imóvel nessas condições e requisitos, esse intermediário põe em contato as figuras de locador e locatário, unindo as partes no resultado eficiente: a locação. Pois essa ação resultante é trabalho e merece contraprestação, se por amizade não tiver sido feita, e no caso sendo vedada qualquer cobrança em relação a essa despesa à conta do locatário. Como visto, o inciso completa a vedação dispondo que estão compreendidas nessa acepção as despesas necessárias à aferição da idoneidade do pretendente ou de seu fiador. Por isso, intermediação na locação em sua acepção plena e real ou na extensão que lhe emprestou a lei, está vedada a sua cobrança do locatário. Essa obrigação de pagar é do locador. Como todos os demais incisos desse artigo (à exceção do VIII, que prevê "salvo disposição em contrário no contrato") o comando é cogente e não admite tergiversação, rodeios, evasivas.

> *"Art.22. (...) VII - pagar (...), e de intermediações, nestas compreendidas as despesas necessárias à aferição da idoneidade do pretendente ou de seu fiador;"*

122. VIII - IMPOSTOS E TAXAS, pagar os, (...) que incidem ou venham a incidir sobre o imóvel, salvo disposição expressa em contrário no contrato; - É o único inciso deste artigo que admite facultatividade por parte do locador no comando que determina

como de sua obrigação pagar os impostas e taxas do imóvel locado, porquanto lhe faculta contratar expressamente em contrário, levando tais encargos fiscais à conta do locatário. E aqui é sabido por todos e demais conhecida a questão. Se a lei permite que se transfira esses encargos, raramente existirá um contrato que não ressalve, expressamente, que a obrigação de pagar impostos e taxas é do locatário. E assim é, fazer-se o quê? No entanto, se não possuir o contrato disposição expressa em contrário, a obrigação de pagar é do locador, como dispõe a lei.

"Art.22. VIII - pagar os impostos e taxas, (...), que incidem ou venham a incidir sobre o imóvel, salvo disposição expressa em contrário no contrato;"

123. SEGURO CONTRA FOGO - É o único inciso deste artigo que admite facultatividade por parte do locador no comando que determina como de sua obrigação pagar os impostas e taxas do imóvel locado, e ainda o prêmio de seguro complementar contra fogo, porquanto lhe faculta contratar expressamente em contrário, levando tal encargo à conta do locatário. E aqui é sabido por todos e demais conhecida a questão. Se a lei permite que se transfira essa obrigação, raramente existirá um contrato que não ressalve, expressamente, que a obrigação de pagar o prêmio de seguro complementar é do locatário. E se assim é, fazer-se o quê? No entanto, se não possuir o contrato disposição expressa em contrário, a obrigação de pagar é do locador, como dispõe a lei. Note-se que a expressão desse comando de ressalva, "salvo disposição expressa em contrário no contrato;" está no final desse inciso e, portanto, abrangendo os encargos nele mencionados, impostos e taxas, e seguro complementar contra fogo, aqui distinguidos para facilitação da procura e consulta.

"Art.22. VIII - (...), e ainda o prêmio de seguro complementar contra fogo, que incidem ou venham a incidir sobre o imóvel, salvo disposição expressa em contrário no contrato;"

124. EXIBIÇÃO DE COMPROVANTES - Quando solicitado, constitui obrigação do locador exibir os comprovantes relativos às parcelas que estejam sendo exigidas do locatário. E isso é facilmente compreensível. Não raro, vemos, constatamos ou nós mesmos sofremos a exigência por parte do locador de valores que não sabemos de onde saiu, seja diretamente, ou, mais comumente, no recibo de aluguel da administradora da locação. Por isso, o locatário não mais está obrigado a pagar qualquer quantia da qual não tenha conhecimento e assim pode e deve exigir a exibição dos comprovantes

referentes a essas parcelas, até mesmo para conferir se realmente o rateio foi bem procedido, de acordo com o montante da despesa de sua responsabilidade e o número de condôminos que compõem o edifício em que se encontra a unidade autônoma locada (casa, apartamento, loja, sala, conjunto). Esse direito, no entanto, não se confunde com o poder de realizar ou não a despesa, que é da assembléia e da qual, ele mesmo locatário, pode participar, se ausente o proprietário). É dever do locador exibir tais comprovantes se exigido pelo locatário. Preciso será, no entanto, que exerça esse direito, quando entenda alto ou inadequado o valor exigido nas parcelas especificadas, vedada que é a cobrança genérica de qualquer valor, por menor que seja (Art. 22,VI).

"Art.22. IX - exibir ao locatário, quando solicitado, os comprovantes relativos às parcelas que estejam sendo exigidas;"

125. PARCELAS EXIGIDAS - Ao exigir parcelas do locatário e este solicitar, constitui dever e obrigação legal do locador exibir os comprovantes relativos às parcelas que dele estejam sendo exigidas. E isso é facilmente compreensível. Não raro, vemos, constatamos ou nós mesmos sofremos a exigência por parte do locador de valores que não sabemos de onde saiu, seja diretamente, ou, mais comumente, no recibo de aluguel da administradora da locação. Por isso, o locatário não mais está obrigado a pagar qualquer quantia da qual não tenha conhecimento e assim pode e deve exigir a exibição dos comprovantes referentes a essas parcelas, até mesmo para conferir se realmente o rateio foi bem procedido, de acordo com o montante da despesa de sua responsabilidade e o número de condôminos que compõem o edifício em que se encontra a unidade autônoma locada (casa, apartamento, loja, sala, conjunto). Note-se que a locução verbal torna clara a obrigação de exibição antes do pagamento, pois a locução não deixa margem à duvida ao referir "exibir os comprovantes relativos às parcelas que estejam sendo exigidas". Ou seja, a obrigação não é exibir os comprovantes depois de pagas as parcelas, mas sim enquanto "estejam sendo exigidas", durante, portanto, não depois. Preciso, repito, será o exercício do direito legalmente atribuído ao locatário na defesa de seu interesse e preservação de seu orçamento.

"Art.22. IX - exibir ao locatário, quando solicitado, os comprovantes relativos às parcelas que estejam sendo exigidas;"

126. DESPESAS EXTRAORDINÁRIAS - São de exclusiva responsabilidade do locador pagar as despesas extraordinárias de condomínio, cuja definição é dada pelo parágrafo único deste artigo 22.

Constitui obrigação cogente e sem possibilidade de repasse para o locatário, ao contrário de impostos, taxas e o prêmio de seguro complementar do imóvel locado (inciso VIII), cuja exigência é cabível se expressamente contratada essa obrigação como sendo do locatário. O parágrafo único define por despesas extraordinárias aquelas que não se refiram aos gastos rotineiros de manutenção do edifício. Ou seja, não sendo gastos rotineiros, serão despesas extraordinárias. A relação que fornece em nove alíneas, após a definição e da acepção "especialmente" denota, com clareza, que essa enunciação não é exaustiva, pois que o limite do comando está assentado na definição de despesa extraordinária que é toda aquela que não se refira aos gastos rotineiros de manutenção do edifício. Não sendo rotineiro o gasto, será, necessariamente, extraordinário, e à conta do locador.

"Art. 22. X - pagar as despesas extraordinárias de condomínio. Parágrafo único. Por despesas extraordinárias de condomínio se entendem aquelas que não se refiram aos gastos rotineiros de manutenção do edifício, especialmente: (...)"

127. **REFORMAS OU ACRÉSCIMOS À ESTRUTURA INTEGRAL DO IMÓVEL, a)** - É o primeiro destaque em relação ao que especialmente não é gasto rotineiro do edifício. E sua ordem, aparentemente, vem pelo volume do montante aplicado numa reforma ou acréscimo que interesse à estrutura integral do imóvel. E estrutura é o arquétipo, modelo próprio de um imóvel em si mesmo. É o esqueleto sobre o qual se assentam todos os demais elementos construtivos e aqueles inerentes ao seu destino, residencial ou comercial. Decompõem-se em infra e superestrutura, abaixo e acima do solo, respectivamente. Portanto, uma reforma ou acréscimo que interesse à estrutura integral do imóvel tem tudo a ver com a sua fundação, bases de sustentação, seja ela procedida por estrutura esquelética de concreto, depois preenchidas por paredes e vãos, seja por alvenaria de elevação, na qual desde a fundação vem se procedendo sedimentadamente, uma após a outra, fundação, pilares, vigas, lajes, pavimento após pavimento, até cobertura com telhado ou piso previamente impermeabilizado para utilização externa. Seguem-se as estruturas de tubulação elétrica, hidráulica, telefônica, de água e gás, de tv a cabo (que deve ter tubulação própria para acabar com a esdrúxula invenção de utilização conjunta com a tubulação elétrica, de telefone, ou sobreposição externa). Estrutura integral tem a ver com tudo o que seja próprio do organismo, no caso, o imóvel. Por isso mesmo, reformas ou acrés-

cimos são de responsabilidade do proprietário ou possuidor do imóvel locado.

"Art. 22. (...) X - (...), especialmente: a) obras de reformas ou acréscimos que interessem à estrutura integral do imóvel;"

128. PINTURA DAS FACHADAS, empenas, poços de aeração e iluminação, e esquadrias externas; b) - Nesta alínea do inciso X, a responsabilidade do locador com relação à pintura das fachadas (frontal, laterais, e de fundos), as empenas, que são as partes da construção imediatamente antes do telhado (geralmente em forma de triângulo), os poços que objetivam arejar dependências do imóvel (qualquer peça, mas geralmente banheiros) ou os que visam a iluminar esses ambientes, do mesmo modo como as janelas, portas, básculas, enfim, todas as esquadrias na sua parte externa. Mais não disse o inciso e não precisava.

    "Art. 22. (...) X - (...), especialmente: b) pintura das fachadas, empenas, poços de aeração e iluminação, bem como das esquadrias externas;"

129. HABITABILIDADE DO EDIFÍCIO; c) obras destinadas a repor as condições de - Habitabilidade está ligada à real possibilidade de habitação digna nos padrões construtivos reconhecidos pelas normas que regulam a atividade, bem como sobre aquelas normas que versam sobre a saúde humana. Portanto, não basta, por exemplo, a obra ser nova, se inadequada e fora dos princípios construtivos que a regem, mas também atender àqueles princípios que norteiam a fiscalização da saúde. E é aqui onde centrado o enfoque da alínea, sem excluir o aspecto construtivo, propriamente dito, mas pelo fato de envolver, precipuamente, o que diz respeito com a possibilidade de correta utilização da rede de água, de esgoto, e de eletricidade, benefícios que para a maioria da população se constitui não em mais em luxo, mas efetiva infra-estrutura básica por implicar maior e melhor qualidade de vida, de modo especial ligada com a saúde. Nesse caso, se o imóvel não apresentar real condição de habitabilidade (ou moradia saudável) por defeitos ou circunstâncias outras que não foram produzidas pelo locatário, sejam decorrentes de caso fortuito ou de outra causa eficiente externa ou interna, a obrigação é do locador em realizar essas obras. Sinale-se que, embora a alínea faça menção ao edifício, não fica feita exclusão da própria unidade autônoma, como antes referido, porquanto a habitabilidade da unidade pressupõe a habitabilidade do edifício. Suponha-se uma unidade autônoma em impecáveis condições de habitação interna e cujas partes comuns, os corredores de circulação estejam impreg-

nados de infiltrações e gotejamentos, que, obviamente, não propiciam adequadas condições de moradia. E apenas como exemplo, obrigado que está a custear obras com essa destinação em todas as demais partes comuns e, como visto, também na área privativa, de utilização exclusiva do locatário. Como realçado, porém, todas as que o locatário não tiver dado causa. Se as causar, a ele incumbe o pagamento, pela normatização do condomínio.

"Art. 22. (...) X - (...), especialmente: c) obras destinadas a repor as condições de habitabilidade do edifício;"

130. INDENIZAÇÕES TRABALHISTAS e previdenciárias pela dispensa de empregados, ocorridas em data anterior ao início da locação; - d) Indenizações trabalhistas correspondem ao passivo oculto de qualquer administração. Com o condomínio também não é diferente. Ente ao qual é legalmente atribuída personalidade jurídica pela lei que o rege, e tendo ele os direitos, também lhe correspondem deveres e obrigações, inclusive com o pessoal que contrata para as atividades necessárias ao seu adequado funcionamento operacional, variável consoante o padrão, localização e serviços que cada qual oferece aos comproprietários condôminos. A diversidade é variável e comporta desde a simples contratação de zelador até os mais complexos serviços de piscina e quadras de esportes. Por isso, usufruindo o locatário desses serviços, sejam das dimensões que forem, há que satisfazer as indenizações trabalhistas que deles decorram. No entanto, o que a lei busca preservar é a obrigação do locador em pagar essa verba que decorra de dispensa de empregados ocorridas em data anterior ao início da locação. No sentido estritamente legal, dessume-se que uma dispensa feita em data posterior ao início da locação (tendo o empregado qualquer tempo de serviço, que pode ser inclusive, de vinte anos), será obrigação do locatário pagar a indenização trabalhista. E nesse ponto sustento que não. Ao locatário caberá pagar apenas a parte proporcional ao tempo do início da locação até a dispensa. Aliás, no exato sentido da lei. E assim refiro porque não raro, a dispensa posterior enseja a cobrança do locatário que não usufruiu do serviço por absoluta impossibilidade temporal, porque ainda não constituída a locação ao tempo da contratação e tampouco da fruição dos serviços prestados ao condomínio pelo empregado dispensado e que precisa ser indenizado. O início da locação é marco temporal de cunho obrigacional para o locatário e, portanto, nele se situa a vertente, o nascedouro, de quaisquer despesas que se lhe possa e deva atribuir. Fora disso, a obrigação deve ser do locador.

"Art. 22. (...) X - (...), especialmente: d) indenizações trabalhistas e previdenciárias pela dispensa de empregados, ocorridas em data anterior ao início da locação;

131. INDENIZAÇÕES PREVIDENCIÁRIAS, trabalhistas e pela dispensa de empregados, ocorridas em data anterior ao início da locação; - d) Assim como as indenizações trabalhistas, as indenizações previdenciárias constituem objeto de obrigação do locador. E, igualmente, a lei foi taxativa ao indicar a dispensa de empregados em data anterior ao início da locação. Por isso, usufruindo o locatário dos serviços do empregado, sejam das dimensões que forem (conforme o porte do condomínio onde tiver locado o imóvel em que reside) há que suportar as indenizações trabalhistas e previdenciárias que decorrem da relação de emprego e das leis sociais legalmente impostas. No entanto, o que a lei busca preservar é a obrigação do locador em pagar essa verba que decorra de dispensa de empregados ocorridas em data anterior ao início da locação. No sentido estritamente legal, dessume-se que uma dispensa feita em data posterior ao início da locação (tendo o empregado qualquer tempo de serviço, que pode ser inclusive, de vinte anos), será obrigação do locatário pagar a indenização trabalhista. E nesse ponto sustento que não. Ao locatário caberá pagar apenas a parte proporcional ao tempo do início da locação até a dispensa. Até porque, os débitos em relação à previdência social ocorrem mês a mês e são mensalmente exigidos, contrariamente ao passivo tipicamente trabalhista, que é cumulativo no tempo, independentemente dos pagamentos mensais de salários. Aliás, no exato sentido da lei. E assim refiro porque não raro, a dispensa posterior enseja a cobrança do locatário que não usufruiu do serviço por absoluta impossibilidade temporal, visto que ainda não constituída a locação ao tempo da contratação e tampouco da fruição dos serviços prestados ao condomínio pelo empregado dispensado e que precisa ter regularizadas as prestações previdenciárias não satisfeitas ao tempo em que deveriam ter elas ocorrido, pontualmente, por parte do condomínio. O início da locação é marco temporal de cunho obrigacional para o locatário e, portanto, nele se situa a vertente, o nascedouro, de quaisquer despesas que se lhe possa e deva atribuir. Fora disso, a obrigação é e deve ser do locador.

"Art. 22. (...) X - (...), especialmente: d) indenizações trabalhistas e previdenciárias pela dispensa de empregados, ocorridas em data anterior ao início da locação;"

132. SEGURANÇA, EQUIPAMENTOS DE - Tais equipamentos, sejam quais forem, desde que o motivo de sua aquisição tenha por base a segurança, próxima ou remota, são de responsabilidade especial e, portanto, direta do locador. Podem ser grades, alarmes, construção de guarita para guarda, cercas, muros, sistema eletrônico, infravermelho, tv interna, enfim, desimporta referir-se exaustivamente quais e quantos sejam os itens que envolvem a segurança do condomínio, pois há progressos contínuos no desenvolvimento de novos produtos, em todas as áreas e, nessa de segurança, dadas as circunstâncias dos dias atuais, de modo especial. Importante, portanto, é o conceito trazido pela lei, não o rol de tais itens de segurança. Envolvendo segurança, a despesa é do locador.
"Art. 22. (...) X - (...), especialmente: e) instalação de equipamentos de segurança (...);"

133. INCÊNDIO, EQUIPAMENTOS DE - Os equipamentos de incêndio são itens obrigatórios para a liberação da carta de "habite-se". E tal implica afirmar-se que muitas delas existem, de água, de luz, de gás, de telefone e de incêndio. Em outras palavras, é a concordância do órgão público encarregado da fiscalização dessa área especifica que envolve os vários aspectos construtivos de um imóvel, se de edificação nova se tratar. Em se tratando de imóvel antigo, somente se difere a questão na circunstância de que é a fiscalização que vai exigir, por exemplo, nova fiação elétrica (preventiva de incêndios, partes comuns privativas) ou a instalação de extintores, mangueiras, ou qualquer outro item preventivo de incêndio. Não difere de outros, pois envolvendo prevenção de incêndio, a despesa é do locador. Especialmente aqui, a prevenção sempre é o melhor e mais barato caminho a seguir, na aquisição desses equipamentos.
"Art. 22. (...) X - (...), especialmente: e) instalação de equipamentos (...) de incêndio, (...);"

134. TELEFONIA, EQUIPAMENTOS DE - De igual modo como os demais verbetes ou locuções desta alínea (artigo 22), também os equipamentos de telefonia envolvem a carta de habitação do imóvel (o "habite-se"), que enfeixa todas as demais concordâncias dos órgãos específicos em liberação que é feita, então, pela Secretaria de Obras e Viação, geralmente de sigla SMOV. E os fatos resultam iguais, uma tal despesa decorre de prédio novo, ou se sendo antigo, e exigida a instalação pelo órgão público competente, ou por deliberação da assembléia geral de condôminos, a obrigação é do locador, pois a valorização daí decorrente não é do locatário, mas do

possuidor proprietário, e por isso mesmo constituindo-se em responsabilidade do titular desse benefício permanente (por restar agregado ao imóvel), consonante com o comando legal.
"Art. 22. (...) X - (...), especialmente: e) instalação de equipamentos (...), de telefonia, (...);"

135. INTERCOMUNICAÇÃO, EQUIPAMENTOS DE - Antecedentemente já se viu que as instalações referidas nesta alínea decorrem de comando legal público ou deliberação geral privada dos condôminos em assembléia geral, conforme se trate de edificação nova ou antiga. E a deliberação condominial que decidir pela instalação de equipamentos de intercomunicação vai beneficiar o imóvel (ainda que seja inegável o maior benefício que traga ao locatário) de titularidade do proprietário locador. A questão é que o benefício é temporário para um, enquanto perdure a locação, e para o outro é permanente com a agregação da melhoria ao imóvel. E sendo assim, esse é que deve pagar essa despesa, por corresponder a aumento de seu patrimônio na valorização do imóvel ou, por menor que seja, na evolução indireta representada por (pequeno que seja) aumento no valor da locação, ou ainda, mantido o mesmo preço, terá ela preferência sobre outros que não possuam o equipamento, por preços iguais de locação.
"Art. 22. (...) X - (...), especialmente: e) instalação de equipamentos (...) de intercomunicação, (...);"

136. ESPORTE, EQUIPAMENTOS DE - Os equipamentos de esporte também são de responsabilidade do locador porque beneficiam o imóvel de modo permanente, trazendo benefícios presentes que o locatário pode usufruir, mas também futuros que não lhe dirão nenhum respeito. Aliás, a respeito, o acessório segue o principal e até por isso a obrigação é de ser daquele titular do direito principal na locação, a propriedade (ou em menor quantidade de casos, apenas a posse). Portanto, como as demais alíneas deste inciso, a obrigação é e está caracterizada legalmente nesta lei especial como sendo do locador, o que torna inafastável a sua condição passiva para satisfazer essa despesa de instalação, além, é claro, dos próprios equipamentos.
"Art. 22. (...) X - (...), especialmente: e) instalação de equipamentos (...), de esporte (...);"

137. LAZER, EQUIPAMENTOS DE - Segundo estudiosos do assunto, o lazer não é ociosidade ou apenas diletantismo dirigido, mas, substancialmente, atividade sinergética animadora de toda uma melhoria de coordenação nas atividades principais daqueles que a

realizam. Portanto, o lazer se constitui em elemento necessário para a melhor convivência entre as pessoas e da própria pessoa consigo mesma e na conseqüente devastação da angústia, da ansiedade, do estresse mais moderno. E por isso mesmo, torna-se natural que a instalação de equipamentos de lazer com objetivos tão diretos e que, como os demais, também se agregam ao imóvel em questão, não poderia ser outro o comando legal, senão o de atribuir a responsabilidade a quem é o titular do direito principal da locação, o proprietário (ou possuidor) locador, a quem pertence os benefícios permanentes daí advindos. O comando também não se preocupa com a exaustão de tais equipamentos e nem precisava. Importa mesmo é o conceito que dele advém. Se a deliberação disser respeito à aquisição de equipamento de lazer, seja em que modalidade for, a responsabilidade de pagar é do locador.

"*Art. 22. (...) X - (...), especialmente: e) instalação de equipamentos (...) de lazer;*"

138. DECORAÇÃO, DESPESAS DE - Essa despesa tem tudo a ver com as chamadas benfeitorias voluptuárias. Ou seja, não trazem maior utilidade ou tampouco são necessárias para o funcionamento do imóvel. Por certo que melhoram a aparência e essa agregação de elementos de decoração, seja de modo fixo (no caso de uma estátua, escultura moderna, fonte de águas, isolados ou agregados às fachadas do térreo, como pinturas de artistas, figura ou elemento na parede, no próprio reboco, ou aposto em bronze, latão, ou outro metal qualquer), ou de modo sobreposto, constituída por peças de mobiliário dispostos no saguão e quadros em suas paredes. E até porque, e exatamente como visto, tais situações envolvem as partes comuns do edifício, por sua vez, vinculadas à unidade autônoma de titularidade do locador. Por isso, e por ser benefício permanente que se agrega ao imóvel como um todo (edifício com partes comuns e privativas), a deliberação de assembléia geral que decidir por essa despesa de decoração tem pagador certo, o locador, por força legal desta alínea (ou do direito comum, caso não existisse na legislação especial, a meu sentir).

"*Art. 22. (...) X - (...), especialmente: f) despesas de decoração e (...) nas partes de uso comum;*"

139. PAISAGISMO, DESPESAS DE - Também estas são despesas chamadas de voluptuárias. Ou seja, embelezam, alegram, tornam mais agradável o ambiente condominial no terreno onde assentado o edifício em causa. E essa circunstância de não ser útil ou necessária na acepção jurídica, mas voluptuária, como afirmado, somada ao

fato de que também constitui em benefício permanente para as partes comuns do edifício onde existente a unidade autônoma de titularidade do locador, somente podia acarretar, em conseqüência, a responsabilidade do proprietário (ou possuidor) em satisfazer essa obrigação nascida de deliberação da assembléia geral de condôminos. Ressalte-se, por derradeiro, que as despesas referidas na alínea f) dizem respeito tão-somente às partes comum do edifício, e portanto, afastando unidades autônomas de uso privativo e partes comuns de uso privativo (como é o caso dos pátios dos apartamentos térreos ou dos espaços-estacionamentos vinculados às respectivas unidades autônomas, for força de individualização registral em matrícula - como unidade autônoma - ou por convenção de condomínio, esta devidamente registrada).

"Art. 22. (...) X - (...), especialmente: f) despesas de (...) e paisagismo nas partes de uso comum;"

140. FUNDO DE RESERVA - Como o próprio nome indica, trata-se de fundo com o qual conta a administração do condomínio (o síndico, subsíndico, ou conselho fiscal, sucessivamente, e que geralmente transferem a execução dessa administração para imobiliárias especializadas) para a satisfação de despesas urgentes que não podem depender de deliberação da assembléia e posterior cobrança dos condôminos, e que por isso mesmo ficam na alçada e discricionariedade do titular da administração, embora se reporte à decisões da assembléia geral, pois a ela deve prestar contas de seus atos. Esta rubrica é comumente cobrada do locatário e tem gerado inúmeras controvérsias, apesar do comando legal que a define como de responsabilidade do locador. Ela não pode ser do locatário porque diz respeito ao correto, regular e adequado funcionamento do edifício onde existente a unidade autônoma objeto da locação, cuja obrigação de mantê-la em forma e destino é do locador (art.22, III). Sendo, portanto, reserva de garantia desse primado que é perfeito funcionamento da coisa locada, atinentes com reparos urgentes relativos à luz, água, e esgoto, além de outras situações de urgência, sua responsabilidade somente pode ser do locador, conforme definido na norma legal ora em apreciação. Note-se que o comando, embora refira "constituição de fundo de reserva", não diz que a sua manutenção é de responsabilidade do locatário. E se não exclui do momento de constituição os momentos de sua continuidade, torna-se óbvio que a manutenção do fundo corre à conta do locador, pois uma vez gasto o valor que integrou a constituição do fundo de reserva ele, fundo de reserva, desaparece e para não desaparecer

evidencia o quanto acima afirmado: o comando legal, embora refira apenas a constituição do fundo de reserva, alcança também a sua manutenção ao longo do tempo, pois se assim não fosse, teria expressamente referido que a manutenção corre à conta do locatário. E assim não fez, devendo ser restritiva a sua interpretação, para não ampliar, indevidamente, o alcance da norma legal em apreço. A propósito, o locatário paga sob rubrica diferente o gasto sacado desse fundo, e a função de quem recebe é o de imediatamente repor o que daí foi retirado, contrariamente ao que dispõe a lei (art.23, § 1º, *i*), obrigando o locatário a repor o fundo, total ou parcialmente. E isso é indevido, porquanto, lhe é cobrada a despesa efetuada como despesa tal, devidamente especificada, não podendo se lhe cobrar, outra vez, a reposição do fundo de reserva, pois que reposto com o pagamento da parcela exigida sob essa rubrica.

"*Art. 22. (...) X - (...), especialmente: g) constituição de fundo de reserva.*"

141. OBRIGAÇÕES DO LOCATÁRIO - O artigo 23 alinha doze incisos e três parágrafos, o primeiro com nove alíneas, que constituem deveres do locatário, praticamente um quarto a mais dos deveres do locador, no artigo 22, em dez incisos e sete alíneas. De qualquer sorte, aqui também vale o entendimento aplicado ao locador de que o princípio geral é de que tal relação seja exaustiva, mas que não impossibilita a evidenciação de outras obrigações que decorram por derivação tanto do que prescrito neste artigo, como lei especial, quanto de outros regramentos ligados ao caso concreto em exame, especialmente os atinentes com os princípios gerais de direito, de regra aplicáveis na lacuna legal perante o caso típico sob ótica. Na análise de cada qual, a tentativa de melhor expor o tópico em exame.

"*Art. 23. O locatário é obrigado a:*"

142. I - PAGAR PONTUALMENTE O ALUGUEL E ENCARGOS DA LOCAÇÃO, legal ou contratualmente exigíveis, no prazo estipulado ou, em sua falta, até o sexto dia útil do mês seguinte ao vencido, no imóvel locado, quando outro local não tiver sido indicado no contrato; - Esta é a principal obrigação do locatário, e exatamente por ser aquela que constitui o móvel da relação negocial, o fator econômico, através do rendimento que gera a locação para o locador, que, assim não fosse, bem poderia aplicar em outro mercado a sua economia e, quiçá, obter melhores lucros e menores incômodos, em cotejo com aquela que é a necessidade de morar daquele que busca, nessa modalidade, morar com a dignidade de quem,

infelizmente, não possui casa própria. Todas as demais são secundárias, conquanto também resultem em efeitos obrigacionais de seu encargo. Deve ser pontual o pagamento do aluguel e dos encargos legais e contratuais no prazo estipulado no contrato, geralmente o último dia de cada mês, com facultatividade para o dia cinco do mês seguinte (em razão de que aí normalmente são pagos os salários). Se o contrato não mencionar o prazo para pagamento, deverá ser efetuado até o sexto dia útil do mês seguinte ao vencido, no imóvel locado, se outro não tiver sido indicado no contrato. Ou seja, a regra geral é de que o pagamento deve ser feito no imóvel objeto da locação, podendo o contrato excepcioná-la, porquanto legalmente permitida, indicando outro local, o endereço do locador, residencial ou comercial, ou a o endereço da sede da empresa administradora, caso esse seja o caso. De qualquer modo, a maioria desses pagamentos é feita nos bancos, mediante o envio mensal de bloqueto bancário. Note-se que, nesse caso, a obrigatoriedade de que o locatário o receba em tempo hábil corre à conta do locador ou de seu representante administrador, não se podendo a ele atribuir culpa ou os ônus daí decorrentes pela entrega atrasada. Igualmente, não merece guarida o argumento de que poderia o locatário se deslocar para efetuar o pagamento no endereço do locador ou da administradora, pois isso seria exigir mudança de critério durante o jogo (contratual). O interesse é comum e igualitário, não podendo nem o locador pretender atrasar o envio do bloqueto para criar transtornos e gravames para o locatário e tampouco vir este a alegar atraso nessa remessa para safar-se das cominações decorrentes do atraso no pagamento.

"Art.23 - I - pagar pontualmente o aluguel e os encargos da locação, legal ou contratualmente exigíveis, no prazo estipulado ou, em sua falta, até o sexto dia útil do mês seguinte ao vencido, no imóvel locado, quando outro local não tiver sido indicado no contrato;"

143. II - SERVIR-SE E TRATAR DO IMÓVEL COMO SE FOSSE SEU (II - servir-se do imóvel para o uso convencionado ou presumido, compatível com a natureza deste e com o fim a que se destina, devendo tratá-lo com o mesmo cuidado como se fosse seu;) - Este comando obriga a que locatário se sirva do imóvel de acordo com o uso para o qual foi convencionado ou, não tendo havido convenção sobre ele, para o seu uso presumido, e em perfeita compatibilidade com a sua natureza e destino. Fazer-se o contrário significa infração contratual ou legal, ou ambas, e que, devidamente carac-

terizada oportuniza a ação de despejo por parte do locador. Por óbvio que isso não interessa ao locatário e, de regra, os imóveis são usados para o fim contratado e coincidente o seu destino e finalidade. Na dúvida, no entanto, não exite o locatário em evitar o uso indevido ou desconforme com o pactuado. Também lhe incumbe o dever de tratar o imóvel como se fosse seu, embora tal obrigação nem devesse ser imposição legal, pois parece-me de todo natural e ético tratar do imóvel alheio como se nosso fosse, até porque é lá que vivemos ou de onde, se for comercial, tiramos o sustento próprio e da família, não se justificando torná-lo desimportante ou dele não zelar, simplesmente porque pagamos um certo valor em contrapartida à sua utilização. E existem imóveis que são entregues ou retomados em franco e descarado estado de miséria, evidenciando até mesmo rancor por parte de quem aí vivia. E tal implica custos, pois o locatário ou o garante da relação locatícia já foram ou serão acionados para a reparação de tudo quanto foi, indevidamente, estragado, desimportando mesmo qual tenha sido a motivação. Por oportuno e coerente, melhor mesmo será cuidar do imóvel locado como se fosse próprio.

"Art. 23 - II - servir-se do imóvel para o uso convencionado ou presumido, compatível com a natureza deste e com o fim a que se destina, devendo tratá-lo com o mesmo cuidado como se fosse seu;"

144. III - RESTITUIR O IMÓVEL NO ESTADO EM QUE O RECEBEU, finda a locação, salvo as deteriorações decorrentes do seu uso normal; - A alínea precedente já alinha antecedentes com relação a esta disposição que obriga o locatário a restituir o imóvel no estado em que o recebeu, ressalvadas as deteriorações exsurgentes do uso normal. E uso normal tem tudo a ver com o servir-se do imóvel para o fim convencionado ou presumido e com os cuidados atinentes, como se fosse ele imóvel próprio. Trata-se da garantia jurídica na relação obrigacional locatícia de que o locador não vai entregar o imóvel ao locatário para recebê-lo depois de finda a locação em estado tal de descompasso com aquele estado em que se encontrava, quando de seu início. Discussões sobre o que sejam deteriorações decorrentes de uso normal são mínimas a chegar ao Judiciário, restando elas, normalmente, em improvadas alegações. O que ocorre muito é o locatário alegar como deterioração surgida de uso normal, verdadeiros descuidos, mau uso ou mesmo interesse de prejudicar o locador, enquanto, por parte desse último, ocorre de reformar parcialmente o imóvel e, por descuido na caracteriza-

ção jurídica dos danos existentes no imóvel quando da restituição, atribuir ao locatário a integralidade de tais custos, quando, regiamente, apenas parte deles compete e integra o passivo obrigacional do locatário. Portanto, bem caracterizar o estado do imóvel, pelo locatário, ao início da locação, e pelo locador, quando de sua restituição, são passos que certamente haverão de harmonizar, em muito, as relações entre locador e locatário, visto que, querendo ou não, ambos necessitam um do outro para a consecução de seus respectivos objetivos.

"Art. 23 - III - restituir o imóvel, finda a locação, no estado em que o recebeu, salvo as deteriorações decorrentes do seu uso normal;"

145. **IV - CIÊNCIA IMEDIATA DE DANOS, DEFEITOS, OU TURBAÇÕES** (levar imediatamente ao conhecimento do locador o surgimento de qualquer dano ou defeito cuja reparação a este incumba, bem como as eventuais turbações de terceiros;) - Aqui, mais que dever, o comando legal objetiva o direito do locatário, pois a imediata comunicação de danos e defeitos que surjam no imóvel tem como conseqüência o dever do locador em providenciar as reparações por corresponder a encargo seu, não do locatário. Então, é de todo interesse do locatário levar imediatamente ao conhecimento do locador o surgimento de quaisquer danos ou defeitos cuja reparação seja de sua responsabilidade, conforme visto no artigo 22, especialmente o inciso IV (vícios ou defeitos anteriores à locação) e a alínea c) do inciso X (repor as condições de habitabilidade do edifício). De igual modo, ainda em preservação de seu próprio direito, deve levar ao conhecimento do locador eventuais turbações de terceiros, possibilitando ao titular exercer os direitos de proteção da posse (visto que a conserva de forma indireta e tem a obrigação legal de garantir ao locatário o uso pacífico do imóvel, durante a locação - Art.22, II), independentemente de o próprio locatário exercer os interditos possessórios na preservação da posse direta (mas precária) que dispõe decorrente da locação. Como assinalado, é mais direito do que dever atribuído pela lei ao locatário, que convém, por ser lógico, não dispensar.

"Art. 23 - IV - levar imediatamente ao conhecimento do locador o surgimento de qualquer dano ou defeito cuja reparação a este incumba, bem como as eventuais turbações de terceiros;"

146. **V - REALIZAR IMEDIATA REPARAÇÃO DOS DANOS QUE PROVOCAR** verificados no imóvel, ou nas suas instalações, pro-

vocados por si, seus dependentes, familiares, visitantes ou prepostos; - Dever típico do locatário igualmente como o de pagar pontualmente o aluguel. A entrega do imóvel pelo locador transfere ao locatário toda a posse direta e seu completo exercício no período locacional, razão pela qual é perfeitamente cabível que a lei disponha que deva reparar imediatamente os danos que provocar por si mesmo, seus dependentes, familiares, visitantes, prepostos ou quaisquer outras pessoas que aí estejam em decorrência da titularidade do locatário na relação locatícia, responsável direto pela correta e bem discernida utilização do imóvel, bem como de todas as suas instalações e acessões. E a imediata reparação é ação que lhe garante a continuidade de adequada utilização do imóvel e, melhor que isso, o impedimento de que tal dano aumente com o passar do tempo e exija, então, maior dispêndio de dinheiro, sempre escasso, para a sua restauração ao estado em que se encontrava antes de ser produzido, visto que deverá ser recomposto, de qualquer modo (amigável ou litigiosamente), ao fim da locação, quando da restituição do imóvel.

"Art. 23. V - realizar a imediata reparação dos danos verificados no imóvel, ou nas suas instalações, provocados por si, seus dependentes, familiares, visitantes ou prepostos;"

147. VI - NÃO MODIFICAR A FORMA INTERNA OU EXTERNA DO IMÓVEL sem o consentimento prévio e por escrito do locador; - Este dever do locatário é comando obrigacional diretamente ligado com a obrigação de restituir o imóvel no mesmo estado em que o recebeu do locador e por isso mesmo é que se constitui em mera segmentação especificada daquele constante no inciso III. As formas externa ou interna do imóvel são partes dele integrante e não podem sofrer qualquer alteração durante todo o período de locação. Assim mesmo, a lei possibilita essa realização desde que obtenha consentimento prévio e por escrito do locador. Ou, em outras palavras, a lei veda que modificações externas e internas sejam feitas sem o prévio e escrito consentimento do locador, o que quer dizer que é perfeitamente possível fazê-las desde que exista a concordância daquele que é o titular do imóvel (como proprietário ou posseiro). E até mesmo porque, tal situação implica contratação aditiva ou paralela no que pertine à entrega do imóvel e justamente para esclarecer se persiste a obrigação de entrega do imóvel do modo como foi originalmente recebido ou se, feitas as modificações com o seu consentimento prévio e escrito, a entrega deva ser feita com as alterações procedidas, ou ainda que outra seja a solução que adotem para a situação havida com a modificação permitida.

"Art. 23. VI - não modificar a forma interna ou externa do imóvel sem o consentimento prévio e por escrito do locador;"

148. **VII - ENTREGAR DOCUMENTOS AO LOCADOR** (entregar imediatamente ao locador os documentos de cobrança de tributos e encargos condominiais, bem como qualquer intimação, multa ou exigência de autoridade pública, ainda que dirigida a ele, locatário;) - De igual modo como o inciso IV, o dever aqui prescrito tem mais a ver com a preservação e alcance do direito do locatário. O comando legal de que deve entregar, de imediato, ao locador documentos que impliquem cobrança de tributos, encargos condominiais, quaisquer intimações, multas ou exigências de autoridade pública, ainda que sejam dirigidas em nome do locatário, visa objetivamente a que o locador não fique privado de cumprir com a sua obrigação perante essas mesmas exigências ou, para que possa, em tempo hábil, fazer a entrega de tais documentos para a sua administradora (se for o caso) a quem competirá pagá-las e levá-las à conta do locador, ou do locatário, caso algumas dessas cobranças sejam objeto do contrato de locação (art. 22, VIII, imposto, (modalidade de tributo) ou encargos condominiais). De duas uma, ou a obrigação é do locador, e o locatário deve ter todo o interesse em ser diligente para que de pronto a cobrança ou exigência seja satisfeita, ou é de sua responsabilidade e por isso mesmo maior interesse ainda há de ter, visto que em nada lhe socorre o atraso que possa ocorrer pelo fato de não entregar os documentos imediatamente ao locador. Bem ao contrário, pois tal implicará, necessariamente, custos maiores (juros, multa, e/ou correção) se a obrigação for satisfeita com atraso por quem deva efetuar o seu pagamento (locador ou administradora).

    "Art. 23 - VII - entregar imediatamente ao locador os documentos de cobrança de tributos e encargos condominiais, bem como qualquer intimação, multa ou exigência de autoridade pública, ainda que dirigida a ele, locatário;"

149. **VIII - PAGAR TELEFONE, FORÇA, LUZ E GÁS, ÁGUA E ESGOTO** - Esta obrigação do locatário, que integra necessariamente a área privativa do imóvel, embora evidente, pois que não pode viver condignamente sem luz, água e esgoto, nem precisava integrar o rol de deveres, visto não ser um luxo, mas necessidade imperativa de saúde, higiene e confortos mínimos exigidos de um imóvel e, necessariamente, despesas que correspondem a gastos do locatário e por isso mesmo, não poderiam ser de outra responsabilidade senão deste mesmo que as consome. De qualquer sorte, a lei

tratou de evitar que se criassem dúvidas sobre a quem competiria pagar tais despesas e nesse passo está bem posta. As despesas de telefone, de força e gás, de igual modo, por serem privativas do morador do imóvel locado, não poderiam integrar dever do locador, que não as utiliza, estando a lei adequadamente disposta para evitar eventuais dissonâncias na relação locatícia a esse respeito. Por menos que possa parecer, o dispositivo liquida preventivamente com eventuais pretensões de obter a locação do imóvel com tais benefícios incluídos, que afinal, não são vedadas, caso esse seja o consenso das partes, e o contrato faça expressa menção de que o valor do aluguel compreende as despesas supramencionadas. Situação rara, mas não impossível.

"Art. 23 - VIII - pagar as despesas de telefone e de consumo de força, luz e gás, água e esgoto;"

150. **IX - PERMITIR A VISTORIA DO IMÓVEL PELO LOCADOR** ou por seu mandatário, mediante combinação prévia de dia e hora, bem como admitir que seja o mesmo visitado e examinado por terceiros, na hipótese prevista no art. 27; - Este dispositivo torna claro e evidente o poder que tem o locador de vistoriar imóvel que integra o seu patrimônio. E aí está exatamente porque, não raro são impedidos ou dificultados nesse *desideratum* pelos locatários que nem sempre apresentam, durante a locação, regular e adequado uso do imóvel. Por óbvio que a lei visa a afastar a idéia de que o que paga, tudo pode. E assim é, mas nos estritos limites em que não afetar o direito alheio, caso em contrário ter-se-á a supremacia de um sobre o outro contratante, sabidamente vedado pelo ordenamento jurídico pátrio (art.115 do Código Civil). Esse poder do locador, como visto, também não é absoluto, pois deve ser exercido mediante combinação prévia de dia e hora, para não prejudicar aquele que detém a posse direta do imóvel, em sua moradia ou local onde exerce o seu trabalho, em se tratando de imóvel não-residencial. Dentro do mesmo critério, constitui ainda dever do locatário admitir a visita e o exame por parte de terceiros, nos casos de venda do imóvel (após ciência inequívoca do locatário e sua desistência do direito de preferência previsto no artigo 27).

"Art.23 - IX - permitir a vistoria do imóvel pelo locador ou por seu mandatário, mediante combinação prévia de dia e hora, bem como admitir que seja o mesmo visitado e examinado por terceiros, na hipótese prevista no art. 27;"

151. **X - CUMPRIR CONVENÇÃO E REGULAMENTOS DE CONDOMÍNIO** (cumprir integralmente a convenção de condomínio e

os regulamentos internos;) - A convenção de condomínio e o regulamento interno de um edifício são assemelhados com as constituições dos países, dos estados-membros ou das leis orgânicas dos municípios. Em suma, dizem sobre a estrutura e o funcionamento daquele conjunto de unidades autônomas, cujas regras para utilização estão aí todas definidas, bem como as penalidades e punições relativas a cada infringência de suas prescrições. E isso constitui obrigação do locador que é proprietário ou possuidor, mas que resta transferida pelo comando legal exatamente porque não estando residindo no imóvel, estando o locador sem posse (senão a indireta) por certo que não poderá cumprir com a convenção ou com o regulamento. Essa obrigação é inerente ao principal e sendo o contrato de locação um acessório da propriedade (ou da posse), por certo que transferida a posse precária pela locação (o principal é que exige o cumprimento do dever) nada mais óbvio que se transfira também a obrigação dela emergente. Essa convenção e regulamento tem lei específica que os norteiam, e cuja conseqüência é a sua elaboração de forma legalmente vinculada no que desse modo dispõe e livremente nos pontos em que a lei assim possibilita (Lei nº 4.591, de 16 de dezembro de 1964, (DOU 21.12.64) - "Dispõe sobre o condomínio em edificações e as incorporações imobiliárias").

"Art.23. X - cumprir integralmente a convenção de condomínio e os regulamentos internos;"

152. XI - PAGAR O PRÊMIO DO SEGURO DE FIANÇA - Seguro de fiança locatícia é uma das modalidades de garantia previstas pela lei (art.37,III) para a perfeita solvência das obrigações assumidas pelo locatário no contrato de locação. Como é a parte que garante, que assegura, fazendo o seguro, a ele compete pagar o prêmio que corresponde à cobertura do aluguel e encargos, e que tem como segurado o locador, e como interveniente, uma empresa seguradora que paga o débito do locatário e, óbvio, passa depois a exercer contra ele o direito de regresso, tentando haver o que desembolsou a favor do segurado. A obrigação decorre da escolha da modalidade de garantia e por isso mesmo, inafastável seja satisfeita pelo locatário.

"Art. 23. XI - pagar o prêmio do seguro de fiança;"

153. XII - PAGAR AS DESPESAS ORDINÁRIAS DE CONDOMÍNIO - Do mesmo modo como compete ao locador pagar as despesas extraordinárias, ao locatário compete pagar as despesas ordinárias de condomínio, porquanto dizem respeito aos gastos usuais, opera-

tivos e funcionais do condomínio, de utilização exclusiva do locatário, seus dependentes e/ou familiares, e cuja definição é dada pelos §§ 1º a 3º do artigo 23. Constitui obrigação cogente e a relação que fornece o § 1º nas alíneas a) até i), após a definição e da acepção "especialmente" denota, com clareza, que essa enunciação não é exaustiva, pois o limite do comando está assentado na definição de despesa ordinária como sendo aquela que se entendem necessárias à administração, e desde que se refiram aos gastos usuais e rotineiros de manutenção do edifício. Não sendo extraordinário o gasto, será necessariamente, usual e rotineiro da administração, e à conta do locatário.

"Art.23. XII - pagar as despesas ordinárias de condomínio.

§ 1º. Por despesas ordinárias de condomínio se entendem as necessárias à administração respectiva, especialmente:"

154. SALÁRIOS E ENCARGOS DOS EMPREGADOS DO CONDOMÍNIO - Ao inquilino, o locatário, incumbe satisfazer os serviços de que desfrute, integrantes que estejam à locação, como é o caso do edifício de apartamentos, de salas ou conjuntos. E sendo assim, não adianta não querer ou não usufruir de todos os serviços. Se existem encargos de condomínio a pagar, e a lei permite que sejam eles repassados ao locatário, legal ou contratualmente, não há modo de evitá-los ao ser firmada a locação. Usufruindo ou não, o pagamento é devido. Por isso, os salários, encargos trabalhistas, as contribuições previdenciárias e sociais dos empregados do condomínio são expressamente consideradas pela lei como obrigações do locatário. E de resto, em se tratando de espaços comuns não se pode afirmar que um locatário não venha a servir-se de serviços que dependam de um ou mais empregados. Pode não usufruir de todos os serviços prestados pelo empregado ou empregados, mas estará sendo, de algum modo, por ele beneficiado, em termos de zeladoria permanente, limpeza, ajardinamento, pequenos reparos, enfim, uma gama de serviços que nem sempre todos se dão conta de sua extensão. Por outro lado, a fiscalização de que tal se faça regularmente e ao comando de cada uma das leis que regem a matéria trabalhista, previdenciária, fiscal ou social, interessa, sobremaneira ao locador, pois a este incumbirá satisfazer encargos não satisfeitos no curso de locação anterior, visto que do inquilino atual nada poderá cobrar (art. 22, X, d).

"Art.23 § 1º. a) salários, encargos trabalhistas, contribuições previdenciárias e sociais dos empregados do condomínio;"

155. **ÁGUA, ESGOTO, GÁS, LUZ E FORÇA DAS ÁREAS DE USO COMUM** - De modo assemelhado ao dos empregados do condomínio, também os gastos de água, esgoto, gás, luz e força, das áreas de uso comum, correspondem a dever, obrigação a que não se pode furtar o locatário, visto que deles é dependente para a adequada utilização do imóvel locado em condomínio. E essas questões sempre trazem a geração de insatisfações na medida em que sabemos que alguém gasta mais água ou gás do que nós, e essas contas são, simplesmente, rateadas. Mas solução, por ora, não existe, a medição individual de água não existe e sua implantação pelo órgão público é coisa já cogitada (ao menos em Porto Alegre), mas cuja exigência de recursos é volumosa, além de demandar maior tempo para a sua consecução. Uma coisa que poderia ser efetivada é a exigência de que os novos edifícios já viessem com tais instalações individuais e, com o passar do tempo, ter-se-ia a inversão de mais edifícios com medidores individuais do que aqueles que ainda deles não dispõem, tal qual deve ocorrer com os medidores de gás. Sobre eles, aliás, muitos edifícios, desde há muito tempo que incluem em seus projetos o relógio individual de gás. Apesar disso, e atualmente, são inúmeros e incontáveis os edifícios que são licenciados pelo órgão público com central de gás, sem a instalação do medidor individual. E aqui fica evidente o prejuízo, igualmente como a água, diversamente consumida em razão do número de pessoas de cada família. De qualquer modo, o problema referido (de ordem estrutural), não faz distinção entre locador ou locatário, cabendo a este a responsabilidade durante o período de locação, conforme a disposição legal. A propósito, foi aprovado pela Câmara Municipal de Porto Alegre o projeto de lei de autoria do Vereador Guilherme Barbosa versando sobre a implantação de hidrômetros individuais. Em princípio, para as novas edificações, mas que no futuro, certamente, também afetará o interesse das edificações atuais. Foi ele encaminhado em 28.08.98 para sanção (ou veto) do Prefeito Raul Pont, que dispõe do prazo legal de 15 dias para tanto.

"Art.23 § 1º. b) consumo de água e esgoto, gás, luz e força das áreas de uso comum;"

156. **LIMPEZA, CONSERVAÇÃO E PINTURA DAS PARTES COMUNS** - Sem limpeza, conservação e cuidados próprios, tudo tende a se deteriorar. E isso ninguém quer, especialmente o proprietário. Por isso tais despesas são atribuíveis a ele ou ao titular de direitos de compromissário ou promitente comprador pelas regras do condomínio e no exato interesse que deve ter pela preservação de seu

patrimônio em valor estável de mercado. No entanto, são encargos levados à conta do locatário durante o período de locação, exatamente porque a locação impede o livre exercício da propriedade ou dos direitos a ela inerentes, especialmente no pertinente à posse e conseqüente utilização pelo locador, direto e originário titular desses encargos. A limpeza, a conservação e a pintura abrangem todas as instalações e dependências de uso comum, independentemente de estarem situadas, ou não, no bloco arquitetônico onde localizada a unidade autônoma objeto da locação, em se tratando de condomínio composto por mais de um bloco, torre, ou edifício, isoladamente considerado, mas que integra um único projeto arquitetônico e um único ente juridicamente considerado: o condomínio composto por tantos edifícios e tantas unidades em cada um deles e as partes comuns a todos servindo, indistintamente.

"Art.23 § 1º. c) limpeza, conservação e pintura das instalações e dependências de uso comum;"

157. INSTALAÇÕES E EQUIPAMENTOS HIDRÁULICOS, ELÉTRICOS, mecânicos e de segurança, de uso comum; (manutenção e conservação das) - Nesta alínea, segue-se o comando legal atinente com as obrigações do locatário e que não diferem das que lhe são antecessoras. A manutenção e conservação das instalações e equipamentos hidráulicos, elétricos, mecânicos e de segurança, de uso comum, constituem-se em parte dos diversos órgãos que compõem o condomínio que congrega as diversas unidades autônomas nele existentes. Portanto, se o objetivo é a preservação, conservação, manutenção, e conseqüente operatividade de tudo quanto necessário para o correto e adequado funcionamento das coisas comuns, nada mais normal que a lei atribua ao usuário desses serviços, a obrigatoriedade de suportar os seus custos, seja ele o diretamente interessado (proprietário ou possuidor), ou o locatário, em razão da posse que dispõe decorrente da relação locatícia, verbal ou contratualmente constituída.

"Art.23 § 1º. d) manutenção e conservação das instalações e equipamentos hidráulicos, elétricos, mecânicos e de segurança, de uso comum;"

158. INSTALAÇÕES E EQUIPAMENTOS DE PRÁTICA DE ESPORTES E LAZER; uso comum destinados à (manutenção e conservação das) - Na medida em que avança a preocupação do homem com as coisas que não estão estritamente ligadas ao trabalho, essência comum a todos, mas também com as coisas que dizem respeito ao gozo dos momentos em que não lhe é exigido o labor, torna-se

imperativo que também os ambientes em que vivemos abriguem condições para que tal se faça de forma correta e satisfatória. E os edifícios estão e devem corresponder a esse anseio, proporcionando a possibilidade de práticas esportivas e lazer, variáveis segundo o padrão de cada edificação, sua localização, situação no bairro, e proximidade ou não de tais recursos postos à disposição pelo poder público. Por isso, tais acréscimos (mesmo já no projeto) implicam custos que precisam ser satisfeitos exatamente por aqueles que são os beneficiários diretos de sua implantação. É o caso do usuário, locador (usando-os ou não, responsável que é pelo patrimônio que dispõe na condição de proprietário ou possuidor), ou pelo locatário, caso em que desfruta de tais serviços, agregados que estão ao imóvel e à relação locatícia. As despesas decorrentes da manutenção e conservação das instalações e equipamentos de uso comum destinados à prática de esportes e lazer, portanto, havendo locação em vigência, é de responsabilidade do locatário, utilizando-as ou não.

"*Art.23 § 1º. e) manutenção e conservação das instalações e equipamentos de uso comum destinados à prática de esportes e lazer;*"

159. ELEVADORES, PORTEIRO ELETRÔNICO E ANTENAS COLETIVAS (manutenção e conservação de) - Como nas demais alíneas deste § 1º, não difere o substrato técnico jurídico para a atribuição desse encargo como sendo do locatário. E ele se alicerça no padrão lógico, leigo e comum, visto que por todos compreendidos: o princípio segundo o qual quem usa deve pagar. E a manutenção e a conservação de elevadores, porteiro eletrônico e antenas coletivas, estão, como visto, integradas na edificação para a sua melhor *performance*, melhor qualificação em nível de qualidade de vida e, portanto, inseparáveis em termos obrigacionais, devendo satisfazê-las o usuário, a qualquer título. No caso, o locatário que desfruta do bem pela relação locatícia em vigor.

"*Art.23 § 1º. f) manutenção e conservação de elevadores, porteiro eletrônico e antenas coletivas;*"

160. PEQUENOS REPAROS ELÉTRICOS E HIDRÁULICOS COMUNS (pequenos reparos nas dependências e instalações elétricas e hidráulicas de uso comum;) - Tais despesas, pelo seu próprio enunciado, já evidenciam a necessidade premente de imediata reparação, sem a qual o órgão maior, a edificação, apresentará prejuízos no respeitante à sua correta e adequada utilização. Nada mais irritante do que uma minuteira não funcionando a contento. Nada mais prejudicial do que uma fuga de água ou interruptores comuns

que não acendem as luzes, ou caixas coletoras de águas pluviais que inundam, deixando de evadir a água, tornando intransitável o percurso de sua utilização. Ainda aqui, o primado é o mesmo: deve pagá-las quem utiliza o imóvel, devendo pagar esses pequenos reparos nas dependências e instalações elétricas e hidráulicas de uso comum. O locatário, no caso, a quem compete fiscalizar tais despesas, evitando dissabores na hora em que apresentada a conta desses encargos, juntamente com o valor locativo mensal da unidade autônoma objeto da relação locatícia.

"Art.23 § 1º. g) pequenos reparos nas dependências e instalações elétricas e hidráulicas de uso comum;"

161. **RATEIOS DE SALDO DEVEDOR, salvo se referentes a período anterior ao início da locação** - Toda a temática desenvolvida nesses tópicos busca evidenciar que ao dever, à obrigação, que tem o locatário de satisfazer as despesas que integram a edificação e servem, por isso mesmo, à unidade autônoma da qual está temporariamente na titularidade da posse, corresponde o direito de fiscalização na aplicação dos valores que são gastos nas respectivas rubricas ou respectivas obrigações ou deveres. E com os rateios de saldo devedor também não é diferente. A lei já fornece o comando que o exime da obrigação se se tratar de rateio de saldo devedor anterior ao início da locação. Portanto, saldo devedor é ônus a ser rateado por todos e que a todos interessa ter pleno e perfeito conhecimento do seu nascedouro e das razões que o levaram a existir, devendo ser evitado, sempre que possível, no exato primado de afastar os custos financeiros que sobre ele advêm, pois as despesas não esperam e que, não raro, são suportadas pelas administradoras, durante um certo tempo, mas não sem a aplicação de juros de mercado sobre ele, o que torna a situação ainda pior para o condomínio que, por qualquer razão (sendo mais comum a inadimplência de alguns condôminos), não vêm cumprindo com as cotas de encargos de cada unidade autônoma, tornando evidente a necessidade de imediata recuperação mediante chamadas extras, e com isso afastar a "bola de neve" que é somar encargos mais custos financeiros, mais encargos, mais custos financeiros. Por isso, ao dever do locatário, como nas demais alíneas, cabe-lhe a fiscalização também dos rateios de saldo devedor, uma vez que a única exclusão legal que o isenta é que tal rateio de saldo devedor seja referente a período anterior ao início da locação.

"Art.23 § 1º. h) rateios de saldo devedor, salvo se referentes a período anterior ao início da locação;"

162. REPOSIÇÃO DO FUNDO DE RESERVA, total ou parcialmente utilizado no custeio ou complementação das despesas referidas nas alíneas anteriores, salvo se referentes a período anterior ao início da locação. - Nesta obrigação situam-se muitas das discussões que envolvem o fundo de reserva. Já disse alhures, em razão do comando legal que atribui ao locador a constituição do fundo de reserva, entender que isso também corresponderia à obrigação do locador. Ou seja, não apenas a constituição do fundo, mas a sua manutenção, desgastado que seja pela utilização nas despesas comuns. E isso porque não pode ser imposta ao locatário uma reposição de fundo de reserva quando ele, mensalmente, tiver pago os encargos que lhe foram exigidos, visto que a utilização dos recursos do fundo em despesas que correspondem ao seu âmbito obrigacional estão ou devem ser cobradas mensalmente e devem ser mensalmente reincorporadas ao montante original de constituição do fundo de reserva. E aqui é que entra o fator mais importante desse comando, de resto, não menos importante que nas demais alíneas: O direito de fiscalização do locatário. Se o locatário, fiscalizando, constatar que o encargo reposição de fundo de reserva corresponde a despesas havidas no mês e que em outras rubricas não lhe estão sendo exigidas as despesas realmente feitas, não existe óbice ou prejuízo em que pague essa despesa (até porque imperativa pelo comando legal em exame), cabendo-lhe, no entanto, o direito de não pagar duas vezes a mesma despesa, uma correspondente, por exemplo, a reparos urgentes, e outra de reposição de fundo de reserva, cuja materialidade existencial é uma só: os reparos, e que satisfeitos sob essa rubrica, devem retornar ao fundo de onde saíram, tornando-se inexigível a reposição do fundo de reserva que a lei determina como obrigação do locatário. Da fiscalização que fizer o interessado é que poderá, ou não, dizer indevida a exigência, pois o comando legal é claro ao prescrever a obrigação de sua reposição, total ou parcialmente, mas quando utilizado no custeio ou complementação das despesas referidas nas alíneas anteriores (a) até (h). Portanto, o próprio texto ressalva o que antes afirmado, ou é cobrado o fundo sem a cobrança das despesas, ou são cobradas as despesas, e não a reposição desse fundo. Isso, porém, exige a fiscalização do interessado. Por certo que a reposição não é devida, em qualquer dos casos referidos, se corresponder a período anterior ao início da locação, o que também exige fiscalização do locatário. E quem paga é quem tem o direito e o dever de fiscalizar.

"*Art.23 § 1º. i) reposição do fundo de reserva, total ou parcialmente utilizado no custeio ou complementação das despesas referidas nas alíneas anteriores, salvo se referentes a período anterior ao início da locação."*

163. PREVISÃO ORÇAMENTÁRIA E RATEIO MENSAL (O locatário fica obrigado ao pagamento das despesas referidas no parágrafo anterior, desde que comprovados a previsão orçamentária e o rateio mensal, podendo exigir a qualquer tempo a comprovação das mesmas) - Esse rol de deveres de cunho obrigacional referidos no § 1º e em suas respectivas alíneas está subordinada ao que prescreve este § 2º. Ou seja, são exigíveis mediante a comprovação da previsão orçamentária e rateio mensal. Ou em outras palavras, não fica o locatário obrigado ao pagamento das despesas referidas no parágrafo anterior se não forem comprovados a previsão orçamentária e o rateio mensal, podendo ainda exigir a qualquer tempo a comprovação das despesas que lhe forem cobradas. Reste presente, no entanto, que nem sempre existe previsão orçamentária e, nesse caso, prevalece a verdade real dos fatos consubstanciada nas despesas efetivamente realizadas e que, em razão disso e por decorrência da inexistência de previsão orçamentária, exigem a comprovação de plano, juntamente com a cobrança. E esse entendimento se justifica na medida em que as despesas de condomínio são como o ar que respiramos (é como se disséssemos que comem conosco à mesa), visto que nenhum órgão funciona sem combustível, orgânico, inorgânico, de índole externa ou interna, econômico ou não. Por isso que é de ser admitida a cobrança das despesas, mesmo sem previsão orçamentária, acrescida da obrigação de prévia ou conjunta comprovação com a cobrança, em razão de que a lei obriga a previsão e em sua falta não pode ficar inviabilizado o funcionamento dos serviços de condomínio, não podendo também ficar o condômino à mercê da quantia que se lhe apresente a administração, pura e simplesmente, sem que tenha ela base calcada na previsão orçamentária ou na comprovação dos gastos feitos no mês que constitui objeto da cobrança. Em qualquer dos casos, imprescindível a demonstração do rateio mensal. De resto, sem segredos, pois basta dividir o total das despesas pelo número de unidades autônomas ou (um pouco menos simples), pelo número de metros quadrados que corresponde ao total da edificação e multiplicar esse resultado pelo número de metros quadrados da unidade ou unidades que compõem o objeto da cobrança, conforme o critério que tenha fixado a convenção de condomínio para esse rateio.

"Art.23 § 2º. O locatário fica obrigado ao pagamento das despesas referidas no parágrafo anterior, desde que compro-

vadas a previsão orçamentária e o rateio mensal, podendo exigir a qualquer tempo a comprovação das mesmas.

164. EDIFÍCIO COM UNIDADES AUTÔNOMAS DA MESMA PESSOA (No edifício constituído por unidades imobiliárias autônomas, de propriedade da mesma pessoa, os locatários ficam obrigados ao pagamento das despesas referidas no § 1º deste artigo, desde que comprovadas.) - A lei aqui visa a preservar o funcionamento da edificação quando em edifício constituído por unidades imobiliárias autônomas de propriedade da mesma pessoa, uma vez que, ortodoxamente, não existe condomínio pela inexistência de comproprietários, condôminos, mas apenas a propriedade múltipla de várias unidades autônomas de uma mesma pessoa. No entanto, sendo um edifício e, necessariamente, composto por unidades autônomas e partes comuns que exigem despesas, a lei prevê a obrigatoriedade do locatário em satisfazê-las, desde que comprovadas. Como visto, e de certo modo, a própria lei reconhece o entendimento precedentemente esboçado. E não diz, mas é óbvio, que a exigência só pode ser feita mediante a comprovação da realização das despesas. Aqui não cabe a comprovação a qualquer tempo, como no caso de existir previsão orçamentária no condomínio objeto da caracterização legal, mas previamente (mediando o mês ou quase ao seu final) ou, ainda, conjuntamente com a cobrança, pois apesar de não existir o condomínio pela ausência de diversos comproprietários, as despesas existem e precisam do correspondente ressarcimento ao proprietário que as efetuou. O rol de despesas é aquele especificado pelo parágrafo primeiro.

"Art.23 § 3º. No edifício constituído por unidades imobiliárias autônomas, de propriedade da mesma pessoa, os locatários ficam obrigados ao pagamento das despesas referidas no § 1º deste artigo, desde que comprovadas."

165. CONDIÇÕES PRECÁRIAS DA HABITAÇÃO COLETIVA MULTIFAMILIAR (Nos imóveis utilizados como habitação coletiva multifamiliar, os locatários ou sublocatários poderão depositar judicialmente o aluguel e os encargos se a construção for considerada em condições precárias pelo Poder Público.) - A disposição legal contida neste artigo 24 objetiva proteger o locatário ou sublocatário da habitação coletiva multifamiliar quando for considerada em condições precárias pelo Poder Público. Nesse caso, aluguéis e encargos poderão ser depositados judicialmente e com o exato propósito de viabilizar, ainda que forçadamente, a aplicação dos recursos dela advindos na reparação que se faz imperativa e necessária para

cessar a precariedade evidenciada pelo Poder Público, tanto que por ele fiscalizada e exigida. Nesse passo, portanto, ao locador ou sublocador somente compete cumprir com a determinação de regularização do imóvel, para o seu imediato retorno à regularidade funcional, tanto da edificação, quanto dos recebimentos de aluguéis e encargos diretamente dos locatários ou sublocatários. Note-se que o artigo prevê a faculdade, não a obrigatoriedade do depósito judicial. No entanto, de todo significativo que o obrigado assim proceda com o objetivo de acelerar a imediata sanação do problema que originou a precariedade da construção que, antes de ser evidenciada pela fiscalização do Poder Público, certamente já se constituía em problema para os seus moradores e familiares.

> "Art. 24. Nos imóveis utilizados como habitação coletiva multifamiliar, os locatários ou sublocatários poderão depositar judicialmente o aluguel e encargos se a construção for considerada em condições precárias pelo Poder Público. (...)"

166. LEVANTAMENTO DOS DEPÓSITOS APÓS REGULARIZAÇÃO DO IMÓVEL (O levantamento dos depósitos somente será deferido com a comunicação, pela autoridade pública, da regularização do imóvel.) - Em ligação direta com a disposição do *caput*, este parágrafo prescreve que o levantamento dos depósitos efetuados pelos locatários ou sublocatários somente será deferido pela autoridade judicial mediante a comunicação pela autoridade pública da regularização do imóvel. Então, para o locador ou sublocador, o bom mesmo é não deixar que o imóvel atinja grau de precariedade tal que permita assim ser considerada pelo Poder Público e, via de conseqüência, a faculdade que legalmente dispõe locatários ou sublocatários de efetuar os depósitos judiciais que somente poderão ser levantados, como visto, com a prévia comunicação da autoridade pública da regularização do imóvel, nem sempre tão rápida quando desejaria que fosse o locador ou sublocador que, certamente, há de ter premência do imediato levantamento, até mesmo para cumprir com as despesas e obrigações dela decorrentes. Saliente-se que o comando no sentido de deferir o levantamento mediante a comunicação da autoridade pública é dirigido para a autoridade judicial que, certamente, não o fará sem ela.

> "Art. 24. (...) § 1º. O levantamento dos depósitos somente será deferido com a comunicação, pela autoridade pública, da regularização do imóvel."

167. AFASTAMENTO DURANTE A EXECUÇÃO DAS OBRAS (Os locatários ou sublocatários que deixarem o imóvel estarão desobri-

gados do aluguel durante a execução das obras necessárias à regularização.) - Este § 2º evidencia e possibilita a locatários e sublocatários outra alternativa além de efetuarem o depósito judicial de aluguel e encargos (caso em que permanecem no imóvel e pelo qual se conclui que a execução das obras de regularização assim o permita, ainda que mais precariamente do que antes). Podem também deixar o imóvel (seja porque a execução não permita a continuidade da ocupação, seja porque não admitam conviver com situação mais precária ainda, durante a realização das obras). Em caso tal, estarão desobrigados do aluguel. Note-se que o comando não fala nos encargos referidos no *caput*. E a meu ver, nem precisava. Sendo acessório da locação, do principal que é o aluguel, também os encargos, se houver, nesse período em que desobrigados, igualmente, não são devidos.

"Art. 24. (...) § 2º. Os locatários ou sublocatários que deixarem o imóvel estarão desobrigados do aluguel durante a execução das obras necessárias à regularização."

168. **DEPÓSITOS EM JUÍZO USADOS NA REGULARIZAÇÃO DO IMÓVEL** (Os depósitos efetuados em juízo pelos locatários e sublocatários poderão ser levantados, mediante ordem judicial, para realização das obras ou serviços necessários à regularização do imóvel.) - Neste § 3º fecha-se o comando atinente com o *caput*. Se o locador ou sublocador não efetuar a regularização do imóvel conforme prevê o § 1º, aqui se tem a solução do problema: os depósitos efetuados em juízo poderão ser levantados mediante expressa ordem judicial para a realização das obras ou serviços necessários à regularização do imóvel. Em outra palavras, se locadores ou sublocadores não fazem o que lhes compete fazer, tais obras poderão ser feitas com os recursos dos credores da obrigação (a regularização do imóvel), locatários ou sublocatários que efetuaram os depósitos em juízo. Nesse caso, a ordem judicial de levantamento é vinculada à realização das obras ou serviços, cuja comprovação será exigida em caso de levantamento parcial, de acordo com o ingresso dos depósitos, em novo levantamento, parcial ou total, até a efetiva regularização do imóvel, mediante comunicação do poder público.

"Art. 24. (...) § 3º. Os depósitos efetuados em juízo pelos locatários e sublocatários poderão ser levantados, mediante ordem judicial, para realização das obras ou serviços necessários à regularização do imóvel."

169. **TRIBUTOS, ENCARGOS E DESPESAS ORDINÁRIAS** (Atribuída ao locatário a responsabilidade pelo pagamento dos tributos, encargos e despesas ordinárias de condomínio, o locador poderá cobrar tais verbas juntamente com o aluguel do mês a que se refiram.) - Este artigo 25 reporta-se ao artigo 22, VIII, que impõe ao locador o pagamento de impostos, taxas e prêmio de seguro complementar contra fogo, se o contrário não for objeto do contrato. Se não houver repasse contratual dessas obrigações, compete ao locador os seus respectivos pagamentos. Contratado o repasse, a obrigação é do locatário. Abrange também a obrigação legal fixada para o locatário no artigo 23 em pagar o aluguel e encargos (inclusive os contratuais), no inciso I, e as despesas ordinárias de condomínio, no inciso XII, alíneas a) até i). E simplesmente para, de certo modo, repetir o que já expresso anteriormente, pois reafirma que o locador poderá cobrar tais verbas juntamente com o aluguel do mês a que se refiram. Veja-se que a atribuição de responsabilidade ao locatário pelo pagamento dos tributos e dos encargos legalmente permitidos somente pode ser contratual, enquanto as despesas ordinárias de condomínio decorrem de imposição legal, e para pagamento juntamente com o aluguel do mês. Por isso mesmo, é dispositivo que poderia ser dispensado, pois não muda o que antes já disposto por este diploma especial.
"Art. 25. Atribuída ao locatário a responsabilidade pelo pagamento dos tributos, encargos e despesas ordinárias de condomínio, o locador poderá cobrar tais verbas juntamente com o aluguel do mês a que se refiram."

170. **LOCADOR ANTECIPA TRIBUTOS, ENCARGOS E DESPESAS** (Se o locador antecipar os pagamentos, a ele pertencerão as vantagens daí advindas, salvo se o locatário reembolsá-lo integralmente.) - Esta disposição não carece hoje de maior sentido. Poderia ter sentido na época de publicação da Lei quando a inflação ainda era alta (nesse mês de sua edição, outubro de 1991, foi de 19,77% o índice da TR). De qualquer sorte, qualquer que seja a vantagem advinda da antecipação do pagamento de tributos, encargos e despesas, pertencem ao locador, ressalvada a situação em que o locatário lhe faça reembolso integral do que pagou. Se este, portanto, o reembolsou integralmente, descabe ao locador pretender a vantagem advinda da antecipação.
"Art. 25. (...) Parágrafo único. Se o locador antecipar os pagamentos, a ele pertencerão as vantagens daí advindas, salvo se o locatário reembolsá-lo integralmente."

171. **CONSENTIMENTO OBRIGATÓRIO PARA REPAROS URGENTES** (Necessitando o imóvel de reparos urgentes, cuja realização incumba ao locador, o locatário é obrigado a consenti-los.) - Ao locatário não é dado o direito de reclamar por reparação urgente e embaraçar o locador para que realize esses reparos. Se persegue os reparos urgentes e estes incumbem ao locador, nada mais natural que consinta na sua realização, ainda que isso lhe cause transtornos pela execução de obras dentro da residência. Portanto, se esse for o caso, reparos à conta do locador, o locatário é obrigado a consentir a sua realização, independentemente dos embaraços que lhe possa trazer enquanto são executadas as obras. Até porque, de seu interesse que a situação que exige reparos urgentes não persista no tempo e tenha logo a sua imediata regularização. Se existe a necessidade de reparos urgentes e estes correspondam à obrigação do locador, é obrigação do locatário em consenti-los, sem quaisquer embaraços.

"*Art. 26. Necessitando o imóvel de reparos urgentes, cuja realização incumba ao locador, o locatário é obrigado a consenti-los.*"

172. **REPAROS QUE DUREM MAIS DE DEZ DIAS** (Se os reparos durarem mais de dez dias, o locatário terá direito ao abatimento do aluguel, proporcional ao período excedente; ...) - Esta disposição obriga o locador e permite ao locatário um ressarcimento, ainda que parcial, pelos incômodos decorrentes da execução de obras ou serviços para a efetivação de reparos urgentes. O que significa dizer, em outras palavras, que o locador dispõe de dez dias para efetuar os reparos sem ônus. Se ultrapassar esse prazo, nasce a geração de direito ao locatário de abater os dias que o excedam. Como exemplo, se os reparos durarem quinze dias, o locatário terá direito ao abatimento de cinco dias de aluguel. Se vinte, dez dias. Se trinta, vinte dias. Um dia que for de prazo excedente aos dez dias, no entanto, será obrigatório o abatimento em favor daquele que sofreu os transtornos pela execução dos reparos e conseqüente oneração de quem não os fez, o locador, nada significando para o comando legal se o prazo é tido por este como razoável ou não para a realização dos reparos.

"*Art. 26. (...) Parágrafo único. Se os reparos durarem mais de dez dias, o locatário terá direito ao abatimento do aluguel, proporcional ao período excedente; (...)*"

173. **REPAROS QUE DUREM MAIS DE TRINTA DIAS** (Se os reparos durarem mais de dez dias, o locatário terá direito ao abatimento do

aluguel, proporcional ao período excedente; se mais de trinta dias poderá resilir o contrato.) - Seguindo a disposição do "caput", o parágrafo único faz a previsão de que os reparos durem mais do que trinta dias. E nesse caso, não cabe apenas o abatimento proporcional do aluguel corresponde ao excedente de dez dias para a realização dos reparos. Se tal ocorrer, o locatário tem também o direito de resilir o contrato. Desfazer, desconstituir, e obviamente sem a incidência dos ônus contratuais ou legais da interrupção da locação em curso, antes do seu termo. A resilição da locação, neste caso, decorre da incidência de hipótese legal, que ao locador não compete não aceitá-la ou discuti-la, cabe-lhe somente cumprir. Na eventual discussão sobre se existe ou não a incidência da norma aqui prevista, tudo se resolverá na apreciação da prova, como em todo processo que dela dependa. O registro dos atos e fatos por documentos, de preferência, ou por testemunhas, é a melhor salvaguarda do direito, se resistida a resilição por parte do locador.

"Art. 26. (...) Parágrafo único. (...); se mais de trinta dias poderá resilir o contrato."

2.5. Do direito de preferência

174. SEÇÃO V - Capítulo I, Artigos 27 ao 34. Trata do Direito de Preferência.

175. DIREITO DE PREFERÊNCIA - Modificado, adaptado e atualizado, nada mais é do que senão o direito de preempção ou preferência do direito civil comum (Código Civil, artigos 1.149 a 1.157) trazido para o âmago da legislação especial inquilinária, ou das locações de imóveis urbanos. E em exato sentido contrário, com o pólo invertido, pois que lá o direito é atribuído ao vendedor que, em outras palavras, com essa preferência, tem direito de recompra do imóvel que vendeu, tanto por tanto, quando o comprador do seu imóvel resolver aliená-lo, futuramente. Na lei anterior (Lei nº 6.649/79, de 16.05.79), já se fazia presente nos artigos 24 e 25. E corresponde a uma responsabilidade obrigacional do locador que em caso de alienação ou venda, cessão ou promessa de cessão de direitos e obrigações decorrentes do imóvel locado ou de dação de pagamento, pois o locatário tem preferência para a sua aquisição (até mesmo por já se encontrar nele residindo ou exercendo o seu trabalho ou mister, no caso de imóvel não-residencial), em igualdade de condições com terceiros. Por isso, está legalmente obrigado o locador a dar-lhe conhecimento do negócio que está por realizar, pelo meio que entender mais conveniente, desde que con-

figure que o locatário tenha do negócio inequívoca ciência, podendo fazer essa notificação de forma judicial, extrajudicial ou qualquer outro meio idôneo que seja capaz de comprovar a prévia e indiscutível cientificação do locatário. Feito isso, nenhum problema lhe advirá, uma vez que somente dois campos de atuação se abrem. Ou o locatário quer ou não quer, pode ou não pode adquirir o imóvel. Querendo e podendo, compra. Não querendo ou querendo e não podendo, abre mão da preferência. E o locador, assim, fica perfeitamente resguardado e ao amparo da lei, podendo, então, livremente, negociar o imóvel com qualquer outro pretendente e, não custa repisar a condição, *"em igualdade de condições com terceiros"*.

"Código Civil - Art. 1.149. A preempção ou preferência impõe ao comprador a obrigação de oferecer ao vendedor a coisa que aquele vai vender, ou dar em pagamento, para que este use de seu direito de prelação na compra, tanto por tanto.(...) Art. 1157. O direito de preferência não se pode ceder nem passa aos herdeiros."

"Lei 8.245/91 - Art. 27. No caso de venda, promessa de venda, cessão ou promessa de cessão de direitos ou dação em pagamento, o locatário tem preferência para adquirir o imóvel locado, em igualdade de condições com terceiros, devendo o locador dar-lhe conhecimento do negócio mediante notificação judicial, extrajudicial ou outro meio de ciência inequívoca. (...)"

176. IGUALDADE DE CONDIÇÕES COM TERCEIROS - Este preceito legal explicita e garante que no caso de venda, promessa de venda, cessão ou promessa de cessão de direitos ou dação em pagamento, o locatário tem preferência para adquirir o imóvel locado, em igualdade de condições com terceiros, devendo o locador dar-lhe conhecimento do negócio mediante notificação judicial, extrajudicial ou outro meio de ciência inequívoca. Ou seja, qualquer que seja o liame alienativo que deseje intentar o locador, deve primeiro oferecer ao locatário. E essa alienação se pode dar por direto contrato de compra e venda, normalmente por instrumento público (a chamada escritura pública de compra e venda ou escritura definitiva de compra e venda de imóvel); por promessa de venda em instrumento particular de contrato, ou por instrumento público; por cessão de direitos e obrigações, por instrumento particular ou público; ou mera promessa de cessão de direitos e obrigações, de igual modo por contrato particular ou público (os

públicos lavrados por tabelião); ou ainda por dação em pagamento, instituto que corresponde ao pagamento de uma dívida que tenha o locador para com terceiro e que, de comum acordo, acertem a liquidação da obrigação com o pagamento em imóvel por parte do locador, que deixa de ter a dívida, quitando-a com a entrega do imóvel. E que é, na verdade, uma compra e venda (em outras palavras), pois o pagamento é feito não em dinheiro, como é usual, mas com outro bem que o adquirente poderá ou não transformar em moeda corrente, enquanto aquele que o recebe, dá-se por pago, podendo, a partir daí, fazer o que bem entender com o imóvel, e por ser, então, proprietário, pode vendê-lo, cedê-lo, alugá-lo ou nele morar. A distinção, a nota marcante, corresponde a que o locador deve ofertar esse imóvel para garantir, se for o caso, o direito de preferência do locatário, em igualdade de condições com terceiros. Não vale oferecer por um preço mais alto ou com condições menos favoráveis a este, como, por exemplo, exigir preço à vista e acabar vendendo o imóvel locado com pagamento a prazo de 24, 36 ou 48 meses. Isso é caso de fraude que somente pode prejudicar o negócio jurídico de compra e venda realizado. O exercício desse direito de preferência por parte do locatário com igualdade de condições é taxativo e não admite pensar-se que a coisa depois se resolve. O locatário preterido em seu direito, mesmo com o que respeita apenas à igualdade de condições, que é integrante do instituto do direito de preferência, pode com iguais condições vir a disputar o imóvel com aquele que o adquiriu, mesmo de boa-fé. Claro que tudo se liga ao fato de ter o locatário interesse e dinheiro para fazê-lo, além de ter o contrato previamente registrado no Ofício Imobiliário. No entanto, não se pode olvidar que para o locador que deseja alienar o imóvel não lhe interessa quem seja o comprador, e isso nos leva diretamente ao interesse que deve ter o locador, em especial, de que o adquirente seja o locatário. A este, por lógico, deve corresponder a iniciativa de agir no sentido de preservar o seu direito, fazendo o registro do contrato de locação no ofício competente, como antes referido, se for de seu interesse vir a adquirir futuramente o imóvel, no caso dele vir a ser posto à venda. Sobre igualdade de condições não se tergiversa, não se confunde, não se engana, se deve simplesmente cumprir o comando legal aqui explicitado.

"*Art. 27. No caso de venda, promessa de venda, cessão ou promessa de cessão de direitos ou dação em pagamento, o locatário tem preferência para adquirir o imóvel locado, em igualdade de condições com terceiros, devendo o locador dar-*

lhe conhecimento do negócio mediante notificação judicial, extrajudicial ou outro meio de ciência inequívoca. (...)"

177. CIÊNCIA INEQUÍVOCA - Outro elemento marcante do direito de preferência, além da igualdade de condições, é a ciência inequívoca do locatário e que deve ser comprovada pelo locador em caso de venda, promessa de venda, cessão ou promessa de cessão de direitos ou dação em pagamento, conforme claramente especificado no artigo 27. E para tal deve dar ao locatário perfeito, objetivo e claro conhecimento do negócio mediante notificação judicial, extrajudicial ou outro meio de ciência inequívoca. A lei, portanto, não manda que a notificação seja feita de forma judicial, extrajudicial ou por qualquer outro meio. Determina sim que, independentemente do meio que for usado para esse fim, tal configure, represente, caracterize, ciência inequívoca do locatário. Ou, em outras palavras, conhecimento fora de qualquer dúvida, de qualquer equívoco, fora de qualquer mal-entendido, por parte daquele que, face a essa notificação, vai poder exercer o seu direito de preferência, se for o caso (de interesse e de possibilidade). A verdade é que, podendo ou não, não poderá exercê-lo segundo o regramento legal se a notificação não for feita ou for feita de forma parcializada, truncada, defeituosa, duvidosa ou equivocada. Destaque-se que a dação em pagamento foi incluída pelo legislador neste diploma legal a partir da construção pretoriana, perante e a partir de casos concretos apreciados pelos Tribunais.

    "Art. 27. No caso de venda, promessa de venda, cessão ou promessa de cessão de direitos ou dação em pagamento, o locatário tem preferência para adquirir o imóvel locado, em igualdade de condições com terceiros, devendo o locador dar-lhe conhecimento do negócio mediante notificação judicial, extrajudicial ou outro meio de ciência inequívoca. (...)"

178. COMUNICAÇÃO COM TODAS AS CONDIÇÕES DO NEGÓCIO - O terceiro e último elemento integrante do direito de preferência é, na verdade, um desdobramento do segundo (ciência inequívoca), pois o parágrafo único outra coisa não faz senão esmiuçar, detalhar, como e com que cuidados deve ser procedida a comunicação que cientifica o locatário da intenção do locador em efetuar a alienação do imóvel locado. Assim temos que essa comunicação deve conter todas as condições do negócio, alhures referido, e onde são destacados o preço, a forma de pagamento, a existência de ônus reais, e a indicação de local e horário em que pode ser examinada a documentação pertinente ao imóvel. O preço,

porque é o primeiro ingrediente de qualquer cotejo de avaliação. O locatário conhece o imóvel e, sabendo o preço, pode imediatamente ter uma idéia para entender ou buscar ajuda para saber se o preço é ou não condizente com a realidade de mercado para esse imóvel. A forma de pagamento, por igual, torna-se subelemento de real importância na medida em que pode em muito contribuir para a identificação da existência de interesse ou não para o negócio financeiro em si mesmo. O que se diz é que um preço pode ser um pouco mais elevado e, por apresentar forma de pagamento mais dilatada, pode, por isso mesmo, ter preferência de aquisição em relação a outro de idêntico aproveitamento e uso, de preço inferior, mas com pagamento à vista, por exemplo. Portanto, também por isso, é de todo significativo para o locador que a comunicação seja o mais especificada possível. Como terceiro sublemento está a existência de ônus reais sobre o imóvel. Dentre eles, a mais comum é a hipoteca a agentes financeiros ou mesmo a terceiros pessoas físicas, podendo, no entanto, ser qualquer outro gravame que esteja a afetar o imóvel e, por decorrência, o seu preço, visto que a liberação do gravame está condicionada a outro contrato próprio que se encontra acoplado ao próprio contrato de compra e venda, como outras avenças, ou mesmo em documento apartado: escritura pública de hipoteca, confissão de dívida, ou ainda outros, como penhora judicial, aresto, ou hipoteca legal, dentre outros. Mas tudo isso, em princípio, se resolve com o exame do quarto subelemento que é a parte da comunicação que diz com o local e horário em que pode ser examinada a documentação atinente com o imóvel. Por ela já se pode ver, com precisão, - até a data constante na matrícula do imóvel, se recente ou não - se há este ou aquele gravame a onerar o imóvel. A matrícula é um histórico do imóvel desde o seu nascedouro. Vale dizer, desde que a matrícula foi aberta a partir de sua instituição pela nova Lei dos Registros Públicos (Lei nº 6.015/73), substituindo o antigo "talão" de registro por essa ficha assim denominada, quando da ocorrência da primeira transação negocial desse imóvel após essa data. Hoje ainda existem os talões de registro convivendo com as matrículas, mas a tendência é que aqueles desapareçam na medida em que o tempo avança. De qualquer forma, se a matrícula (ou o talão de registro) examinada não é recente, de data atual, necessário que sejam anotados seus respectivos números para consulta perante o ofício imobiliário que os emitiu, aí requerendo-se certidão atualizada, de inteiro teor, na qual se verá a real situação do imóvel ofertado, inclusive com a averbação do contrato de locação, caso o locatário tenha nisso providenciado. Não espere o locador omitir qualquer dado ou elemento integrativo do negócio na esperança de que não trará ele qualquer modificação ou mudança com relação ao negócio. O mais comum é a incomodação à toa, sem qualquer razão de ser, por nada, sem beneficiar ninguém, e ainda prejudicar o bom andamento dos negócios e das relações. Isso sem falar na própria segurança jurídica que afinal se fará, doa a quem doer, ainda que por decisão judicial.

> *"Art. 27. (...) - Parágrafo único. A comunicação deverá conter todas as condições do negócio e, em especial, o preço, a forma de pagamento, a existência de ônus reais, bem como o local e horário em que pode ser examinada a documentação pertinente."*

179. **PREFERÊNCIA DO LOCATÁRIO CADUCARÁ** (O direito de preferência do locatário caducará se não manifestada, de maneira inequívoca, sua aceitação integral à proposta, no prazo de trinta dias.) - Assim como ao locatário é assegurada a preferência para aquisição do imóvel, em igualdade de condições com terceiros, a ciência inequívoca da pretendida alienação, bem como a especificação de todas as condições do negócio, ao locador também resta assegurado um prazo no qual o locatário tem a obrigação legal de se manifestar e que a lei fixa em trinta dias. Nesse tempo, portanto, incumbe ao locatário oferecer resposta à oferta do locador, dizendo se aceita de forma integral a proposta do locador. Tal não elide que a aceitação seja de forma outra que não exatamente aquela feita pelo proprietário locador, visto que poderá fazer outra proposta à vista daquela que lhe foi enviada. Isso, no entanto, não lhe garante o submetimento do locador. O que lhe garante sim a preferência é a aceitação integral. O locador, por sua vez, que não aceitou a proposta com eventual redução do preço ou dilatação no prazo de pagamento, por exemplo, não poderá realizar o negócio com pretendente diverso, nessas mesmas condições que foram apresentadas pelo locatário em contraproposta àquela que dele recebeu. E isso decorre da preferência com que concorre o locatário em igualdade de condições com terceiros. Alhures manifestei que quando da oferta o locador passa a contar com dois caminhos. Ou o locatário aceita a proposta e responde que quer e compra, ou responde que quer mas não pode e isso é a desistência que libera o imóvel para o locador aliená-lo a terceiro. Essa manifestação do locatário, tal aquela que lhe deve enviar o locador, deve ser procedida de forma inequívoca de modo a excluir qualquer dúvida com relação à aceitação ou não da proposta. Se nada responder nesse prazo de trinta dias, caducará o seu direito à preferência na aquisição do imóvel.

Por certo que tal já lhe gera a certeza de que deverá deixar o imóvel locado de forma voluntária ou por retomada em ação de despejo, se o comprador tiver adquirido o imóvel para morar, ou, em caso contrário, optar ele adquirente por manter a relação locatícia com o inquilino que se encontra no imóvel, caso a renda que proporciona o aluguel esteja compatível com o valor atual de mercado desse imóvel. De qualquer forma, o certo é a perda do direito de preferência na aquisição, tanto por tanto com terceiros, caso não manifeste o locatário a intenção clara de adquiri-lo, nos termos da oferta, no prazo legal.

> *"Art. 28. O direito de preferência do locatário caducará se não manifestada, de maneira inequívoca, sua aceitação integral à proposta, no prazo de trinta dias."*

180. RESPONSABILIDADE DO LOCADOR PELA DESISTÊNCIA - O locador que desiste do negócio depois de enviar a oferta ao locatário e este ter aceito a proposta, tem contra si a responsabilidade de indenizar os prejuízos ocasionados pela sua desistência, inclusive lucros cessantes. Ou seja, o comando objetiva a igualdade jurídica de tratamento entre as duas partes. Se o locatário perde o direito, caso não manifeste no prazo legal o seu interesse e possibilidade, também ao locador é vedado desistir sem ônus, depois de ter sua proposta aceita. A possibilidade jurídica do locador desistir é clara, visto que a própria lei prevê a sua incidência. O que não pode é desistir sem ônus. E ainda que queira, a lei existe exatamente para proteger o locatário nesse ponto e fazer incidir o comando que o obriga a responsabilizar-se pelos prejuízos que ocasionou, seja de que ordem forem (pois que a lei não os especifica), restando para esse passo apenas o seu desenvolvimento no campo da prova processual. Aquela que o locatário fizer no processo que objetivar a execução desses prejuízos e dos lucros cessantes. De qualquer modo, prejuízos emergentes ou lucros cessantes decorrentes da desistência, ambos precisam ter prova efetivada em juízo para a condenação do locador, visto que este, dificilmente, fará reconhecimento espontâneo dos danos que causou, pagando-os ao locatário, e assim fazendo, liquidar com a conseqüente obrigação indenizatória, de sua responsabilidade. Portanto, nada boa (para si mesmo) a desistência do locador, que deve evitá-la como forma de afastar gastos certos com esse agir.

> *"Art. 29. Ocorrendo aceitação da proposta, pelo locatário, a posterior desistência do negócio pelo locador acarreta, a este, responsabilidade pelos prejuízos ocasionados, inclusive lucros cessantes."*

181. **PREFERÊNCIA EM PLURALIDADE** (Estando o imóvel sublocado em sua totalidade, caberá a preferência ao sublocatário e, em seguida, ao locatário. Se forem vários os sublocatários, a preferência caberá a todos, em comum, ou a qualquer deles, se um só for o interessado.) - Como visto, pode se dar o caso de que o imóvel em questão esteja sublocado em sua integralidade. E nessa situação, desvia-se a preferência do locatário para o sublocatário. E por quê? Exatamente porque, estando o imóvel inteiramente sublocado, tal significa que o locatário é apenas intermediário na efetiva relação locatícia existente. Ou seja, de fato mesmo, quem ocupa a totalidade do imóvel é o sublocatário e por isso a ele deve recair a preferência, antes do locatário (seu senhorio na relação de sublocação). Em situação tal, portanto, a preferência na aquisição cabe ao sublocatário. Se este dela abrir mão, então ela tocará ao locatário. No entanto, se forem vários os sublocatários, a preferência caberá a todos de forma comum, o que significa dizer que todos poderão comprar o imóvel, participando na aquisição cada qual com o seu quinhão em dinheiro para a realização da compra. Pode ainda se dar que, dentre todos os sublocatários, apenas um manifeste interesse na aquisição. E se assim for, não havendo interesse de todos em conjunto, de forma condominial, na compra, a preferência caberá a qualquer deles, se apenas um for o interessado. A lei não diz, mas é evidente que a preferência caberá a tantos quantos forem os sublocatários que se interessarem pela compra, caso a totalidade deles não se interesse de modo comum, seja apenas um, dois ou três, dentre um número maior deles. E isso não desqualifica a preferência do locatário, pois a intenção do legislador foi a de beneficiar aquele que usufrui do imóvel locado, o sublocatário. Por outro lado, se todos têm a preferência comum, não pode parte deles ser preterida (dois, três, ou quatro), se mais de um forem os interessados, ainda que não representem a totalidade dos sublocatários, consoante a disposição legal, estritamente interpretada. O sentido e espírito da lei inspira a que a preferência recaia sobre a parte de sublocatários que tenha interesse na aquisição, independentemente de se for a totalidade ou apenas um deles, consoante a literal especificação legal, para somente depois, recair e ficar ela na órbita de interesse do locatário (intermediário), caso nesse sentido venha a se manifestar.

"Art. 30. Estando o imóvel sublocado em sua totalidade, caberá a preferência ao sublocatário e, em seguida, ao locatário. Se forem vários os sublocatários, a preferência caberá a todos,

em comum, ou a qualquer deles, se um só for o interessado. (...)."

182. **PLURALIDADE DE PRETENDENTES** (Parágrafo único. Havendo pluralidade de pretendentes, caberá a preferência ao locatário mais antigo, e, se da mesma data, ao mais idoso.) - Como é consabido, em técnica legislativa o parágrafo precisa, necessariamente, estar vinculado ao *caput*, à cabeça do comando ao qual está inserto, inserido ou disposto. E aqui não pode ser diferente. O *caput* é límpido em atribuir a preferência ao sublocatário quando esteja o imóvel sublocado em sua totalidade, para somente depois, ao locatário, e pelas razões anteriormente vistas. Portanto, este parágrafo ao dispor sobre a pluralidade de pretendentes somente pode se referir ao sublocatário mais antigo, não ao locatário, como nele está expresso. E a razão é simples. Não pode haver locatário mais antigo numa relação locatícia que se realiza entre locador e locatário. E tampouco se pode pensar que a relação se trava entre um locador (ou mais) e entre mais de um locatário, porquanto, nesse caso, a relação locatícia material é una, ainda que composta de um ou mais locadores e tantos quantos forem os locatários. Se entraram junto na mesma relação locatícia, no mesmo contrato, não se pode cogitar de locatário mais antigo, se esta for a hipótese que se pretenda argüir. Por isso, penso que a letra da lei está equivocada. Somente pode ela se referir ao sublocatário mais antigo. Este sim, pode ser mais antigo em relação a outro que entrou posteriormente na relação sublocatícia, pois que na locação não pode haver locatário mais antigo pelo fato de que somente se faz existente uma outra locação quando estiver finda a anterior. Locação é relação que se faz entre locador (senhorio) e locatário. Sublocação aquela existente entre o locatário (que nessa sub-relação figura como sublocador) e o sublocatário. Pior, no entanto, nesse critério de desempate criado pelo parágrafo ao verificar-se a pluralidade de pretendentes é que a preferência que cabe ao mais antigo (e como visto somente pode ele se referir ao sublocatário), passa ao mais idoso, caso seja da mesma data (a meu interpretar, a sublocação), gerando ainda mais confusão. E a preferência ao mais idoso não permite afastar seja ele integrante da relação sublocatícia, mas pode, também, ser da relação locatícia no caso de ter alugado diretamente do locador, juntamente com outros locatários mais jovens. De qualquer forma, pelo exposto, entendo que este critério de desempate vale somente para os sublocatários. Na pluralidade de pretendentes, a preferência caberá ao sublocatário mais antigo e, se forem as sublocações da

mesma data, ao sublocatário mais idoso. E sendo deste modo, também vejo prejudicada a disposição legal na medida em que pretere outro sublocatário que tenha interesse na aquisição, apesar de não ser o mais antigo, o mais idoso, mas que tem a preferência comum junto com todos os demais sublocatários, consoante a disposição contida na cabeça do artigo, e não pode, por isso mesmo, ter prejudicado o seu interesse na compra. Entretanto, o comando legal é explícito em que a preferência caberá a todos os sublocatários, ou a qualquer deles, se apenas um for o interessado. Sendo igualmente claro em relação à pluralidade de pretendentes ao retomar a preferência ao locatário, depois de dá-la aos sublocatários, e com critérios incompatíveis para aquele e próprios para estes últimos, integrantes da relação sublocatícia.

"Art.30. (...) - Parágrafo único. Havendo pluralidade de pretendentes, caberá a preferência ao locatário mais antigo, e, se da mesma data, ao mais idoso."

183. INCIDÊNCIA DA PREFERÊNCIA SOBRE TODA A ALIENAÇÃO (Em se tratando de alienação de mais de uma unidade imobiliária, o direito de preferência incidirá sobre a totalidade dos bens objeto da alienação.) - Já vimos o que seja unidade imobiliária, mas não custa repisar que se trata de unidade juridicamente autônoma composta por um apartamento, uma loja, uma sala, um conjunto, uma garagem em edifício de unidades residenciais ou comerciais, casa ou mansão, desde que integrantes de condomínio não-tradicional (aquele do Código Civil), mas daqueles regidos pela Lei das Incorporações Imobiliárias ou Condomínio e Incorporação (Lei nº 4591/64). E que, em oposição ao condomínio tradicional do Código, é também conhecido por condomínio vertical ou condomínio horizontal, pela ausência da indivisão, própria do tradicional, que deixa de existir tão logo procedida a divisão. No caso enfocado, sempre haverá condomínio de partes comuns, nas quais insertas, inseridas, existentes, contidas, as unidades autônomas. Ainda que destruídas as edificações permanecerá o condomínio sobre as frações ideais de terreno, que poderá receber nova edificação por esses mesmos condôminos ou alienarem em conjunto essas frações para o mesmo fim, ou não, caso em que se extingue o condomínio. Pois a lei inquilinária nesse artigo faz a previsão de alienação de mais de uma unidade imobiliária, para fazer alcançar a preferência sobre todos os bens que forem objeto dessa alienação. E nesse passo, entendo que a preferência que tem essa dilatação e alcance de sua incidência não pode alcançar, por óbvio, outras unidades locadas a terceiros, tal ocorrendo somente quando não existam

outros locatários na edificação que contém mais de uma unidade e uma delas (ao menos) está locada ao locatário que detém essa preferência. Numa situação tal, a preferência recai sobre a unidade locada, as demais unidades residenciais ou comerciais, as unidades de garagens e até mesmo as partes comuns, se a totalidade dos bens objeto da alienação, constituir-se num edifício, por inteiro, e nele não existir outro locatário com preferência própria.

"Art. 31. Em se tratando de alienação de mais de uma unidade imobiliária, o direito de preferência incidirá sobre a totalidade dos bens objeto da alienação."

184. NÃO-ALCANCE OU EXCLUSÕES DO DIREITO DE PREFERÊNCIA (O direito de preferência não alcança os casos de perda da propriedade ou venda por decisão judicial, permuta, doação, integralização de capital, cisão, fusão e incorporação.) - A lei da qual se trata é lei das locações de imóveis urbanos e que, logo de início (parágrafo único do art.1º), faz a exclusão das locações que não são alcançadas pelas disposições aqui contidas, e por permanecerem atreladas aos dispositivos legais a que se encontravam, antes de sua edição. No caso deste artigo, a exclusão alcança o direito de preferência aqui disciplinado. Até porque, o direito de preferência é atribuído ao locatário em caso de alienação que a lei não qualifica, mas que se trata, necessariamente, da alienação voluntária. Tanto que agora, neste artigo, faz ver a não-incidência desse direito sobre a perda da propriedade ou a venda decorrente de decisão judicial. Não poderia ser diferente pelo que antes exposto, estando a alienação fora do controle do locador, como é caso da perda civil da propriedade (artigos 589 e 590 do Código Civil), por decorrência de decisão judicial (caso de autorização para venda em inventário ou arrolamento), ou permuta (caso em que, ortodoxa e tecnicamente, não existe venda, mas tão-somente troca, escambo), ou doação, na qual inexiste alienação no sentido comercial, mas tão-só na acepção jurídica do termo, ou ainda integralização de capital com o valor do imóvel locado em sociedades comerciais (seja por cotas de responsabilidade limitada, sociedade anônima, ou sociedade de capital e indústria, sem prejuízo das outras modalidades) e também em caso de cisão, fusão ou incorporação, de empresas comerciais, sobre as quais tratam as leis comerciais esparsas ou a codificada (Código Comercial, Lei nº 556, de 25 de junho de 1850).

"Código Civil - Art. 589. Além das causas de extinção consideradas neste Código, também se perde a propriedade imóvel:
I - Pela alienação;

II - Pela renúncia;
III - Pelo abandono;
IV - Pelo perecimento do imóvel. (...)
Art. 590. Também se perde a propriedade imóvel mediante desapropriação por necessidade ou utilidade pública.
§ 1º. Consideram-se casos de necessidade pública:
I - A defesa do território nacional.
II - A segurança pública.
III - Os socorros públicos, nos casos de calamidade.
IV - A salubridade pública.
§ 2º. Consideram-se casos de utilidade pública: (...)"
"Lei nº 8.245/91 - Art. 32. O direito de preferência não alcança os casos de perda da propriedade ou venda por decisão judicial, permuta, doação, integralização de capital, cisão, fusão e incorporação."

185. PRETERIÇÃO DO LOCATÁRIO NO DIREITO DE PREFERÊNCIA (O locatário preterido no seu direito de preferência poderá reclamar do alienante as perdas e danos ou, depositando o preço e demais despesas do ato de transferência, haver para si o imóvel locado, se o requerer no prazo de seis meses, a contar do registro do ato no Cartório de Imóveis, desde que o contrato de locação esteja averbado pelo menos trinta dias antes da alienação junto à matrícula do imóvel.) - Este dispositivo ganha artigo próprio neste diploma legal, acrescido que fora na lei anterior (Lei nº 6.649/79) pelo § 2º ao artigo 25 através da Lei nº 6.698/79, de 15.10.79. E a primeira opção que possui o locatário é a de reclamar do locador as perdas e danos que sofreu com a preterição do seu direito de preferência. Ainda aqui, tal qual se desenvolve no campo da prova processual que terá de fazer o locatário para convencer o juízo do dano e das perdas sofridas, na demanda que intentar. Como se trata de ação pessoal, não está sujeita ao prazo de decadência, típica da ação de preferência. No entanto, existem julgados em contrário, asseverando (por maioria) que as perdas e danos e a seqüela adjudicatória (a ação de preferência) precisam ser exercidas, uma ou outra, no prazo legal de seis meses, sob pena de perecer o seu direito pessoal ou de seqüela, como se vê em JTA 106/282, ainda que por maioria. Pode ainda, como alternativa ao seu direito preterido, no prazo decadencial de seis meses, contados do registro no Ofício Imobiliário (Registro de Imóveis) depositar o preço da alienação acrescido das despesas havidas com a lavratura da escritura (ao Tabelião) e das despesas de registro (ao Oficial de Registro

Imobiliário), que consolidam a transferência do domínio e posse da propriedade. Como reipersecutória que é, esta demanda há de ser intentada contra o locador alienante e o adquirente, pois não se pode pretender a privação do bem por ele adquirido, sem a sua defesa na ação que pode desconstituir essa compra e venda. Processualmente, pelo artigo 289 do CPC, pode a demanda ser intentada com pedidos sucessivos, requerendo a adjudicação pela preferência e, alternativamente, perdas e danos, caso negada a preferência, pela sentença. Note-se que essa alternatividade somente pode ser apreciada pelo juízo se integrar o pedido inicial. E aqui começa, nessa segunda opção, uma situação que parece quase desconstituir o direito de preferência instituído. A necessidade imposta pela lei de que o contrato de locação esteja averbado no Registro de Imóveis, junto à matrícula do imóvel, pelo menos trinta dias antes da alienação. Digo quase porque o locatário tem toda a possibilidade de cumprir essa disposição. Se cumpre ou não, isso ainda está estritamente vinculado ao seu interesse de agir, no caso, na provável possibilidade que veja de vir o imóvel a ser alienado. E, em tese, isso é sempre possível. Digamos, no entanto, que o locatário não procedeu a tal averbação, logo após ter firmado o contrato, e venha a ser notificado, posteriormente, da intenção do locador. Como dispõe de trinta dias para responder a essa notificação, por certo que lhe cabe e de tempo dispõe para proceder a averbação junto à matrícula, nesse interregno. O problema surge, efetivamente, quando o locador não faz a notificação, e o locatário, então, fica sem a possibilidade de agir em cima do fato. O mais normal e consentâneo, como antes afirmado, é o locatário resguardar o seu direito mediante pequena despesa que lhe garante menor possibilidade de gastos futuros e, certamente, menores incomodações, averbando o contrato, logo após a sua lavratura. Se tal não ocorrer, e o locatário for surpreendido com a venda, sem que o locador tenha comunicado a intenção de vender o imóvel locado, penso que a desconstituição da alienação é um fato a ser reconhecido por sentença e confirmado pelos tribunais, pois que estaria patenteada a fraude ao direito de preferência do locatário, legal e juridicamente instituído em seu favor. E isso tem ocorrido, em que pese alguns arestos dissonantes, como supra-referido. De qualquer forma, não esquecer que uma ou outra coisa, ainda estão virtualmente condicionadas à capacidade econômica do locatário. Ausente a capacidade econômica ou a impossibilidade de demonstrá-la, falece a ação de preferência ou a de a perdas e danos, pois é exatamente aí que reside de forma real a geração do direito de preferência. Em outras palavras, o direito somente pode ser exercido por aquele locatário que tenha a capacidade de pagar a quantia que o terceiro pode pagar, consoante o respectivo valor de mercado do imóvel locado.

> *"Art. 33. O locatário preterido no seu direito de preferência poderá reclamar do alienante as perdas e danos ou, depositando o preço e demais despesas do ato de transferência, haver para si o imóvel locado, se o requerer no prazo de seis meses, a contar do registro do ato no Cartório de Imóveis, desde que o contrato de locação esteja averbado pelo menos trinta dias antes da alienação junto à matrícula do imóvel. (...)."*
>
> *"CPC - Art. 289. É lícito formular mais de um pedido em ordem sucessiva, a fim de que o juiz conheça do posterior, em não podendo acolher o anterior."*

186. AVERBAÇÃO DO CONTRATO DE LOCAÇÃO - Esta é a etapa mais simples para a consolidação do direito de preferência do locatário. Como os contratos de locação são firmados em Cartório de Notas, geralmente reconhecidas as respectivas assinaturas por autenticidade, embora ocasionalmente por semelhança, fica muito simples a sua averbação junto à matrícula do imóvel, visto que a lei dispõe (e isso implica determinação legal aos Oficiais Imobiliários) que a averbação se faça à vista de qualquer uma das vias do contrato, desde que subscrito por duas testemunhas. E tais assinaturas, de regra, são também colhidas por ocasião do reconhecimento das firmas dos contratantes, locatário, interveniente fiador e locador, antes da entrega do imóvel. Portanto, fica bastante diluído o perecimento do direito de preferência instituído em favor do locatário que deve, antes de mais nada, buscar, por si mesmo, preservar aquilo que a lei lhe assegura, mediante pequena despesa, como supra-enunciado. Com a averbação do contrato de locação junto à matrícula do imóvel, saliente-se, não poderá haver qualquer alienação futura sem que o locatário se manifeste no sentido de que não quer ou não pode comprar o imóvel. A averbação junto à matrícula significa gravame real para o imóvel e ninguém, em sã consciência, vai adquiri-lo sem a desistência expressa ou tácita do locatário. Ou, afirmado de outro modo, somente poderá ser alienado o imóvel a terceiro interessado se o locatário desistir expressamente da preferência ou, no prazo legal nada manifestar, o que será considerado como desistência tácita, inequivocamente demonstrada, possibilitando ao locador vender o imóvel a quem queira, e desde que, nos mesmos parâmetros em que ofertado ao locatário.

"Art. 33. (...) - Parágrafo único. A averbação far-se-á à vista de qualquer das vias do contrato de locação, desde que subscrito também por duas testemunhas."

187. PRIORIDADE DO CONDÔMINO NA PREFERÊNCIA - O condômino tem preferência sobre o locatário na aquisição do imóvel locado. É a lógica comum e aqui também jurídica, visto que o condômino é também proprietário locador (e ainda que não figure na relação locatícia). Vale dizer, pode existir condomínio tradicional no condomínio vertical instituído pela Lei nº 4.591/64, quando mais de uma pessoa forem proprietárias da mesma unidade autônoma, residencial ou comercial. A prioridade, no caso, está lastreada na prevalência do direito, tipicamente anterior em relação ao condômino, do que ao locatário, que chega depois na relação locatícia material, e quando na relação jurídica material de aquisição do imóvel locado, em qualquer uma de suas modalidades, já está ele presente como co-proprietário. A prioridade decorre exatamente dessa anterioridade, dessa prévia vinculação do condômino ao imóvel e, portanto, antecedente ao próprio contrato de locação ou da locação verbal comprovada, matriz geradora do direito de preferência ao locatário. Assim sendo, normal o preceito legal, a refletir a correta adequação do direito e disciplinamento jurídico pátrio, de ordem constitucional e infraconstitucional, ao âmbito da lei especial esparsa normatizadora da locação de imóveis urbanos. Por outro lado, para existir essa prioridade, o condômino não pode ter ingressado na compropriedade, depois de firmado o contrato de locação, pois tal implica fraude ao direito de preferência do inquilino em relação à fração ideal do imóvel que lhe corresponderia para aquisição, caso notificado para esse fim. Num caso tal em que o locador deseje alienar apenas uma fração do imóvel, a preferência é igualmente devida ao locatário, descabendo a sua alienação a terceiro, sob a alegação de que não foi o imóvel alienado por inteiro. O direito que existe para o todo também é de existir para a parte, por imposição lógica e natural. Somente depois de expressa ou tácita desistência do locatário, é que pode o locador levar a cabo a pretendida alienação parcial.

"Art. 34. Havendo condomínio no imóvel, a preferência do condômino terá prioridade sobre a do locatário."

2.6. Das benfeitorias

188. SEÇÃO VI - Capítulo I, Artigos 35 e 36. Trata das Benfeitorias.

189. BENFEITORIAS - As benfeitorias são melhoramentos produzidos no imóvel por ação direta do proprietário, possuidor ou detentor, na definição interpretada *a contrario sensu* do artigo 64 do Código Civil, pois nele está dito que "Não se consideram benfeitorias os melhoramentos sobrevindos à coisa sem a intervenção do proprietário, possuidor ou detentor." Desse modo, toda a ação de uma dessas figuras que objetive melhorar o uso para suprir uma necessidade, a utilidade ou o maior conforto do imóvel são benfeitorias, cuja classificação, inclusive, para fins indenizatórios e processuais, obedece a esse mesmo critério de necessariedade, utilidade ou voluptuariedade da benfeitoria produzida no imóvel em questão. Portanto, acessão que represente benfeitoria para o imóvel, mas que não decorra de intervenção pessoal de uma das pessoas antes citada, não é benfeitoria. Esse o teor finalístico de sua definição, conforme o ordenamento jurídico pátrio infraconstitucional supra-enunciado. Por outro lado, a definição dessas três classificações estão assentadas no artigo 63 do Código Civil, cuja reprodução também é feita na idéia de que amplia o entendimento desses conceitos de tamanha importância para quem precisa, praticamente, entender o que seja benfeitoria necessária útil ou voluptuária, frente a uma situação concreta, e com clareza identificar se ela lhe garante ou não o direito de retenção do imóvel, antes de sua indenização, se este for o caso. Note-se que, apesar de o Código ser do início do século, neste aspecto, guarda ainda estrito e atual discernimento sobre a precisa definição do instituto jurídico analisado, que não resta desgastado, como tantos outros (predominantemente no âmbito no direito de família), com o transcurso do tempo.

"Código Civil - Art. 63. As benfeitorias podem ser voluptuárias, úteis ou necessárias.

§ 1º. São voluptuárias as de mero deleite ou recreio, que não aumentam o uso habitual da coisa, ainda que a tornem mais agradável ou sejam de elevado valor.

§ 2º. São úteis as que aumentam ou facilitam o uso da coisa.

§ 3º. São necessárias as que têm por fim conservar a coisa ou evitar que se deteriore.

Art. 64. Não se consideram benfeitorias os melhoramentos sobrevindos à coisa sem a intervenção do proprietário, possuidor ou detentor."

190. BENFEITORIAS NECESSÁRIAS INDENIZÁVEIS OU NÃO - Estas, na ordem hierárquica de valor, as benfeitorias de maior importância e significado para quem precise efetuar a interpretação

e manejo do instituto. Tanto que o artigo 35 é expresso no sentido de que são elas indenizáveis e permitem o exercício do direito de retenção, caso introduzidas pelo locatário e ainda que não autorizadas pelo locador, salvo se o contrato expressamente dispuser o contrário. De outro modo, se o contrato não trouxer expressa disposição em sentido inverso, prevalece o comando legal que determina a indenização e o conseqüente direito de retenção pelas benfeitorias necessárias realizadas no imóvel. E isso se torna lógico pela sua própria definição legal, visto que são aquelas benfeitorias que objetivam conservar ou evitar que o imóvel se venha a deteriorar, situação esta que não serve para qualquer das partes envolvidas, locador proprietário, possuidor ou detentor, ou locatário usuário do bem, que dele necessita em real e efetivo estado de uso e fruição em contrapartida ao respectivo preço que paga pela locação, consubstanciado no aluguel, de regra, ditado pelo mercado de locações, residenciais ou não e ao sabor da conjuntura própria de cada época em exame. Por isso, são indenizáveis as benfeitorias necessárias, caso o contrato de locação não afaste expressamente a indenização. Embora essa seja a regra das locações em oferta, não quer dizer que o locatário, em época própria (consoante a conjuntura econômica do mercado), não possa exigir o pleno exercício do comando legal que determina a indenização, afastando do contrato a inserção de cláusula adesiva de expressa contratação em contrário.

"Art. 35. Salvo expressa disposição contratual em contrário, as benfeitorias necessárias introduzidas pelo locatário, ainda que não autorizadas pelo locador, bem como as úteis, desde que autorizadas, serão indenizáveis e permitem o exercício do direito de retenção."

191. BENFEITORIAS ÚTEIS INDENIZÁVEIS OU NÃO - Como visto, as benfeitorias úteis são aquelas que aumentam ou facilitam o uso da coisa, no caso, o objeto da locação, o imóvel locado. Portanto, se o locatário introduzir benfeitorias úteis com a autorização do locador e o contrato não fizer previsão contrária ao que dispõe a lei, são elas plenamente indenizáveis. E melhor, asseguram ao locatário a retenção do imóvel até que seja efetuado o pagamento do valor que corresponde à sua indenização. Saliente-se, no entanto, que a primeira condição é que o contrato de locação não ressalve essa disposição legal de forma contrária, na forma consagrada do "Salvo expressa disposição contratual em contrário" do artigo 35. A segunda é que as benfeitorias úteis introduzidas pelo locatário estejam autorizadas pelo locador, para gerar o direito à indenização

e ao direito de retenção. *A contrario sensu*, não são indenizáveis aquelas que forem introduzidas no imóvel sem autorização do locador. Em conseqüência dessa interpretação, infere-se claramente, portanto, igualmente como as benfeitorias voluptuárias (art.36), que não são indenizáveis, podendo ser procedida a retirada de uma ou de outra, desde que não afete a estrutura e a substância do imóvel locado. Entretanto, não esquecer que a decorrência disso é que, tanto faz que sejam estas ou aquelas, não será permitida a retirada com a afetação do imóvel em sua estrutura ou substância, palavras tais que são simples ou complexas mas que, em essência, querem dizer e traduzir exatamente o que diz respeito com a integralidade ou inteireza do imóvel, antes de efetuado o contrato que corporifica a relação locatícia, e antes, portanto, de introduzida a benfeitoria. Ou, em outras palavras, se o imóvel sofrer qualquer alteração ou modificação em seus aspectos estruturais ou substanciais, é vedada a sua retirada. Inclusive, se for benfeitoria necessária em cujo contrato esteja expressamente afastada a indenização e a retenção. E nesse caso, completamente injusto o preceito legal que permite a exclusão dessa indenização com a expressa disposição contratual que de regra é adesiva, quando a benfeitoria necessária é introduzida exatamente para conservar ou evitar que o imóvel se deteriore. E tais benefícios, que são diretos para o uso do locatário, e indiretos na atualidade conjuntural para o locador (pois que não está nesse momento na posse e uso do imóvel), mas que também repercutem de forma direta no bolso do locatário e de modo direto na evolução do patrimônio do locador. E esta, a meu sentir, sem maior justificação jurídica, pois todos os melhoramentos inseridos no imóvel acabam beneficiando o seu titular, o locador. Lamentavelmente, o contrário não se pode concluir do texto em análise. Em suma, as benfeitorias úteis são indenizáveis e asseguram o direito de retenção se o contrato não as excluir e estejam autorizadas pelo locador. E não são indenizáveis, caso excluídas expressamente no contrato, ou não autorizadas. E, nesse caso, se possível, torna-se cabível a sua respectiva retirada, ao findar a locação.

"Art. 35. Salvo expressa disposição contratual em contrário, as benfeitorias necessárias introduzidas pelo locatário, ainda que não autorizadas pelo locador, bem como as úteis, desde que autorizadas, serão indenizáveis e permitem o exercício do direito de retenção."

192. DIREITO DE RETENÇÃO POR BENFEITORIAS INDENIZÁVEIS - É o direito que corresponde àquele que fez benfeitorias

indenizáveis. Significa estar ou ficar a reter o imóvel até que sejam elas satisfeitas pelo locador. E tais são as benfeitorias necessárias não expressamente excluídas no contrato de locação ou as benfeitorias úteis, igualmente não excluídas no contrato e autorizadas pelo locador. Para que exista o direito de retenção, primeiro é necessário que existam benfeitorias indenizáveis. Para que sejam indenizáveis, preciso será que não sejam as benfeitorias excluídas expressamente no contrato (adesivamente ou não), sejam necessárias ou úteis, e estas últimas, desde que devidamente autorizadas. Nesse passo, ao locatário em muito interessa identificar, imediatamente, no contrato, se as benfeitorias são ou não excluídas para fins de indenização, quer para que fique plenamente consciente dessa condição, quer para exercer o seu agir no sentido de negociar a retirada da cláusula adesiva que as exclui, conforme o permissivo legal do artigo 35, *caput*, logo no seu início. O locador, por sua vez, tem a alternativa de aceitar de pronto as ponderações do locatário e retirar do contrato tal cláusula e alugar imediatamente o seu imóvel, repassando os custos de condomínio e demais encargos, ou ainda, não aceitar e ficar à espera de um outro pretendente que aceite o contrato nessa forma, em tempo pelo qual continuará a responder pelos encargos do imóvel que lhe correspondem por ser o seu titular. Uma ou outra situação vai depender sempre das regras atuais de mercado, da conjuntura econômica em curso, e no sentido de estar ele mais favorável para locatário ou locador, conquanto a mim pareça (independentemente da época e conjuntura econômica) que imóvel fechado, contabilizando custos, somente pode traduzir prejuízos, senão a médio, a longo prazo. Não se pode esquecer que, ao direito de retenção do locatário, corresponde ao locador a acessão pela benfeitoria necessária ou útil introduzida no imóvel e o conseqüente dever de indenizar que lhe surge, em contrapartida, no campo obrigacional.

193. BENFEITORIAS VOLUPTUÁRIAS NÃO SÃO INDENIZÁVEIS - Conforme já verificado alhures, são voluptuárias as benfeitorias de mero deleite ou recreio, que não aumentam o uso habitual da coisa, ainda que a tornem mais agradável ou sejam de elevado valor, de acordo com a definição trazida no § 1º, art. 63 do Código Civil. A partir desse conceito, a lei especial esparsa em exame preceituou no artigo 36 que não são elas indenizáveis, cabendo ao locatário que as tenha introduzido a retirada dessas benfeitorias, desde que não prejudique ou afete a estrutura ou substância do imóvel locado, ao findar a locação. Por isso, de maior importância

ao locatário examinar com precisão o volume e o investimento em benfeitorias voluptuárias, sabedor que é, de antemão, que não terá qualquer ressarcimento ou indenização sobre elas, ao fim da locação. A única possibilidade que lhe cabe analisar, em especial, é sobre a retirada desses melhoramentos e concluir, então, se é ou não o caso de proceder a sua implantação. E ainda que todos saibamos que pouco importa o quanto custa qualquer coisa que queiramos ter, quando isso alegra o espírito e o coração, é bom ter presente que assim realmente é quando esse gasto não ocasiona danos ao bolso, pois essa verdade está condicionada ao quanto temos e quanto podemos aplicar nessa satisfação, sem o comprometimento de outras partes do orçamento. De qualquer forma, possível ou não a retirada das voluptuárias ao fim da locação, o importante é a prévia e circunstanciada análise na deliberação, inclusive o cotejo entre o custo e benefício de sua implantação.

"*Art. 36. As benfeitorias voluptuárias não serão indenizáveis, podendo ser levantadas pelo locatário, finda a locação, desde que sua retirada não afete a estrutura e a substância do imóvel.*"

194. LEVANTAMENTO/RETIRADA DAS BENFEITORIAS VOLUPTUÁRIAS - Em tese, ao menos, é perfeitamente possível o levantamento das benfeitorias voluptuárias ao findar a locação, visto que não são elas indenizáveis de conformidade com o teor do comando inicial do artigo 36. É a complementação do artigo que a possibilita, mas que, ao mesmo tempo, a condiciona ao fato de que tal retirada não afete a estrutura e a substância do imóvel. Portanto, esse condicionamento legal é que comanda a possibilidade ou não de retirada dessas benfeitorias voluptuárias. Vale lembrar que esse ponto constitui requisito a ser avaliado na análise e deliberação para a execução ou não da introdução dessas melhorias voluptuárias, esclarecendo sobre a possibilidade futura de levantamento ou retirada, sem a afetação da estrutura e substância do imóvel locado.

"Art. 36. As benfeitorias voluptuárias não serão indenizáveis, *podendo ser levantadas pelo locatário, finda a locação, desde que sua retirada não afete a estrutura e a substância do imóvel.*"

2.7. Das garantias locatícias

195. SEÇÃO VII - Capítulo I, Artigos 37 ao 42. Trata das Garantias Locatícias.

196. GARANTIAS LOCATÍCIAS - A entrega do imóvel pelo locador ao locatário está consubstanciada na criação da relação locatícia

que fica configurada no contrato de locação mediante a contraprestação do preço, denominado de aluguel. Mas não se reduz a isso. Assim procedendo, o locador entrega a terceiro uma das prerrogativas da condição de proprietário, possuidor ou detentor do imóvel alugado: a posse direta do imóvel. E isso ocasiona repercussão de ordem bastante prática e, ao mesmo tempo, de ressonância jurídica relevante. Prática porque o objetivo é auferir rendimento com a locação. Jurídica porque, perdendo a posse com base na relação entabulada, a contrapartida necessária e contratual é o regular recebimento da quantia ajustada como valor locativo ou aluguel, e que, não raro, constitui base do orçamento de parcos proventos de aposentadoria ou mesmo que seja o contrário, o retorno para o alavancamento de novos investimentos, na própria aquisição de outros imóveis, novos ou usados, para novas locações, ou ainda para redirecionamento para outras áreas de mercado, ainda que financeiros. O que se diz, o que afirmo, é que uma tal situação exige cuidados com relação à possibilidade de certeza no recebimento do preço contratado. Por isso e para isso, a lei criou as garantias locatícias e delas trata nos artigos 37 ao 42, especificando-as em três modalidades: caução, fiança ou seguro de fiança locatícia (esta com incorreta nomenclatura, pois de fiança não se trata). As garantias locatícias são para o locador a presença de co-responsabilidade objetiva no pagamento da obrigação assumida pelo locatário e que, na verdade, transformam a modalidade de garantia eleita, como a principal garantidora da obrigação decorrente da locação, transformando o principal, único e verdadeiro devedor, por ser o usuário, em devedor secundário, na medida em que os contratos em geral, afastando a ordem geral das obrigações, não permitem que primeiro se faça a execução de bens que possua o locatário. E tal se justifica na medida em que o objeto da garantia é exatamente essa de garantir o pagamento, sabido que, em princípio, não paga as próprias obrigações aquele que não as pode cumprir, por razões as mais diversas. A nota marcante, no entanto, é a injustiça dessa situação que, afinal, tem correta e jurídica justificativa, ainda que não se justifique no plano moral e existencial, fazendo incidir a circunstância de que o locatário venha a ter as suas obrigações decorrentes da utilização que ele mesmo faz do imóvel, a ser pago por terceiros, garantidores que são da relação que aquele mantém com o locador. Apesar disso, as garantias locatícias existem, e o locador pode exigir do locatário qualquer uma de suas modalidades.

"Art. 37. No contrato de locação, pode o locador exigir do locatário as seguintes modalidades de garantia:

I - caução;
II - fiança;
III - seguro de fiança locatícia. (...)"

197. CAUÇÃO - É a modalidade de garantia prevista no inciso I do artigo 37, podendo ser real ou fidejussória. Vale dizer, em dinheiro, ou qualquer outro bem, inclusive imóvel, se real, ou em títulos de circulação pública ou privada, se fidejussória. É instituto de direito civil trazido para o âmago da legislação especial esparsa. Nas leis codificadas, encontra-se disciplinada nos artigos 789 a 795 do Código Civil, e nos artigos 826 a 838 do Código de Processo Civil, Livro III, do Processo Cautelar, e aí inserida como procedimento cautelar específico, Capítulo II, mas cujos artigos 826 a 828 esclarecem perfeitamente o instituto, de definição mais desgastada e anacrônica no Código Civil. É das menos usadas pela simples razão de que ao locador não é permitida a sua utilização se prestada na forma mais usual, em dinheiro, vedado que está pela disposição contida no parágrafo único do artigo 37.

"*CPC - Art. 826. A caução pode ser real ou fidejussória.*
Art. 827. Quando a lei não determinar a espécie de caução, esta poderá ser prestada mediante depósito em dinheiro, papéis de crédito, títulos da União ou dos Estados, pedras e metais preciosos, hipoteca, penhor e fiança.
Art. 828. A caução pode ser prestada pelo interessado ou por terceiro."
"*Art. 37. No contrato de locação, pode o locador exigir do locatário as seguintes modalidades de garantia:*
I - caução; (...)"

198. FIANÇA - É instituto de direito civil trazido para o âmbito da legislação especial esparsa que disciplina a locação de imóveis urbanos e é a modalidade de garantia prevista no inciso II do artigo 37, enquanto na lei comum codificada, encontra-se disciplinada nos artigos 1481 a 1504 do Código Civil. E, contrariamente ao que ocorre com a caução, é a preferida por locadores ou por seus representantes, as administradoras de imóveis, na medida em que calcada em comprovação de renda por parte do fiador e na comprovação de uma ou duas propriedades livres e desembaraçadas de quaisquer ônus, legais ou convencionais, o que garante, sobremaneira, o valor da locação. Corresponde a afirmar que não basta ao fiador ter a vontade de afiançar uma pessoa para ser ele locatário (coisa que raramente alguém quer ser), mas cujo objetivo é evidenciar que, além disso, visto que ausente não pode estar o seu con-

sentimento, precisa o fiador comprovar situação econômico-financeira para demonstrar a capacidade de pagamento, caso o locatário não o faça. Assim fazendo, por certo que terá a aprovação de seu cadastro e a aceitação do locador, quando então poderá firmar o contrato de locação, em geral reconhecido por autenticidade, e tão-só raramente por semelhança, pelo Tabelião ou Ajudante Juramentado, no Tabelionato de Notas, atual denominação dos antigos Cartórios de Notas. A transcrição dos artigos objetiva o maior entendimento do instituto e a sua melhor ou mais adequada aplicação.

"Código Civil - Art. 1481. Dá-se o contrato de fiança, quando uma pessoa se obriga por outra, para com o seu credor, a satisfazer a obrigação, caso o devedor não a cumpra.
Art. 1482. Se o fiador tiver quem lhe abone a solvência, ao abonador se aplicará o disposto neste capítulo sobre fiança.
Art. 1483. A fiança dar-se-á por escrito, e não admite interpretação extensiva.
Art. 1484. Pode-se estipular a fiança, ainda sem consentimento do devedor.
Art. 1485. As dívidas futuras podem ser objeto de fiança; mas o fiador, neste caso, não será demandado senão depois que se fizer certa e líquida a obrigação do principal devedor.
Art. 1486. Não sendo limitada a fiança, compreenderá todos os acessórios da dívida principal, inclusive as despesas judiciais, desde a citação do fiador.
Art. 1487. A fiança pode ser de valor inferior ao da obrigação principal e contraída em condições menos onerosas.
Quando exceder o valor da dívida, ou for mais onerosa, que ela, não valerá senão até ao limite da obrigação afiançada.
Art. 1488. As obrigações nulas não são suscetíveis de fiança, exceto se a nulidade resultar apenas de incapacidade pessoal do devedor.
Parágrafo único. Esta exceção não abrange o caso do art. 1.259.
Art. 1489. Quando alguém houver de dar fiador, o credor não pode ser obrigado a aceitá-lo se não for pessoa idônea, domiciliada no município, onde tenha de prestar a fiança, e não possua bens suficientes para desempenhar a obrigação.
Art. 1490. Se o fiador se tornar insolvente, ou incapaz, poderá o credor exigir que seja substituído.
Efeitos da Fiança
Art. 1491. O fiador demandado pelo pagamento da dívida tem direito a exigir, até a contestação da lide, que sejam primeiro excutidos os bens do devedor.

Parágrafo único. - O fiador, que alegar o benefício de ordem a que se refere este artigo, deve nomear bens do devedor, sitos no mesmo município, livres e desembargados, quantos bastem para solver a débito (art. 1.504).
Art. 1492. Não aproveita este benefício ao fiador:
I - Se ele o renunciou expressamente.
II - Se se obrigou como principal pagador, ou devedor solidário.
III - Se o devedor for insolvente, ou falido.
Art. 1493. A fiança conjuntamente prestada a um só débito por mais de uma pessoa, importa o compromisso de solidariedade entre elas, se declaradamente não se reservaram o benefício da divisão.
Parágrafo único. Estipulado este benefício, cada fiador responde unicamente pela parte que, em proporção, lhe couber no pagamento.
Art. 1494. Pode também cada fiador taxar, no contrato, a parte da dívida que toma sob sua responsabilidade, e, neste caso, não será obrigado a mais.
Art. 1495. O fiador, que pagar integralmente a dívida, fica sub-rogado nos direitos do credor; mas só poderá demandar a cada um dos outros fiadores pela respectiva quota.
Parágrafo único. A parte do fiador insolvente distribuir-se-á pelos outros.
Art. 1496. O devedor responde também ao fiador por todas as perdas e danos que este pagar, e pelos que sofrer em razão da fiança.
Art. 1497. O fiador tem direito aos juros do desembolso pela taxa estipulada na obrigação principal, e, não havendo taxa convencionada, aos juros legais da mora.
Art. 1498. Quando o credor, sem justa causa, demorar a execução iniciada contra o devedor, poderá o fiador, ou o abonador (art. 1.482), promover-lhe o andamento.
Art. 1499. O fiador, ainda antes de haver pago, pode exigir que o devedor satisfaça a obrigação, ou o exonere da fiança, desde que a dívida se torne exigível, ou tenha decorrido o prazo dentro no qual o devedor se obrigou a desonerá-lo.
Art. 1500. O fiador poderá exonerar-se da fiança que tiver assinado sem limitação de tempo, sempre que lhe convier, ficando, porém, obrigado por todos os efeitos da fiança, anteriores ao ato amigável, ou à sentença que o exonerar.

Art. 1501. A obrigação do fiador passa-lhe aos herdeiros; mas a responsabilidade da fiança se limita ao tempo decorrido até a morte do fiador, e não pode ultrapassar as forças da herança.
Extinção da Fiança
Art. 1502. O fiador pode opor ao credor as exceções que lhe forem pessoais, e as extintivas da obrigação que compitam ao devedor principal, se não provierem simplesmente de incapacidade pessoal, salvo o caso do art. 1.259.
Art. 1503. O fiador, ainda que solidário com o principal devedor (arts. 1.492 e 1.493), ficará desobrigado:
I - Se, sem consentimento seu, o credor conceder moratória ao devedor.
II - Se, por fato do credor, for impossível a sub-rogação nos seus direitos e preferências.
III - Se o credor, em pagamento da dívida, aceitar amigavelmente do devedor objeto diverso do que este era obrigado a lhe dar, ainda que depois venha a perdê-lo por evicção.
Art. 1504. Se, feita a nomeação nas condições do art. 1.491, parágrafo único, o devedor, retardando-se a execução, cair em insolvência, ficará exonerado o fiador, provando que os bens por ele indicados eram, ao tempo da penhora, suficientes para a solução da dívida afiançada."
"Art. 37. No contrato de locação, pode o locador exigir do locatário as seguintes modalidades de garantia:
(...)
II - fiança; (...)"

199. **SEGURO DE FIANÇA LOCATÍCIA** - Nascido na legislação anterior, mas sem aplicação efetiva por falta de regulamentação e interesse das seguradoras, somente na atual lei inquilinária é que teve desenvolvimento com a entrada do mercado da Companhia União de Seguros, depois seguida por outras empresas congêneres. É a modalidade mais democrática de garantia, visto que depende tão-somente da capacidade do pretendente a locatário de pagar um certo valor locativo, através do qual é dimensionado o prêmio a ser pago à seguradora. Nesse caso, temos uma situação diversa das usuais em que é segurado aquele que paga o prêmio e que vai obter a cobertura do sinistro, se ocorrente, nos termos da reparação contratada na apólice. No seguro locatício, o locatário que paga o prêmio não é o segurado. Segurado é o locador, a quem competirá receber da seguradora o aluguel ou aluguéis não satisfeitos pelo pagador do prêmio, o locatário que utiliza o imóvel objeto da

locação, quando então estará consubstanciado o sinistro, que é exatamente o não-pagamento do aluguel, a cuja cobertura securitária obrigou-se a companhia de seguros com o recebimento do prêmio, que pode ser pago à vista ou em poucas parcelas. Sobre isso, aliás, existem administradoras de imóveis oferecendo o pagamento desse seguro em doze parcelas. A questão é saber se isso decorre de ação de fomento das seguradoras ou das administradoras e se, num ou noutro caso, implica ou não maior custo para o usuário que é o locatário. Esse seguro é feito por um ano, o que equivale a dizer que o locatário terá de efetuar dois pagamentos mensais: o valor do aluguel ao locador e o valor da parcela do prêmio, à seguradora. Com isso, fica evidente a maior necessidade do pagamento à vista desse prêmio, restando como pior alternativa o pagamento em parcelas, e menos ainda se for feita em 12 meses, pois assim, além de prováveis custos financeiros acrescidos ao prêmio, estará criando a permanência de dois compromissos mensais: o aluguel e o seguro. De qualquer forma, como antes enunciado, ainda é a forma mais democrática e social de garantia que se pode dar ao locador. O locatário não precisa mais tornar-se um pedinte na obtenção de fiança que ninguém aprecia oferecer, e até por ser consabido que mesmo pessoas de boas posses tinham dificuldades na locação de imóvel de maior padrão, exatamente por não disporem de fiador ou terem que se submeter ao constrangimento de pedi-la. O reparo que faço é no respeitante à nomenclatura adotada pela lei. O instituto da fiança foi antes analisado e por ele se constata que se trata de contrato acessório de âmbito pessoal obrigacional, contrariamente ao que ocorre com o pagamento de seguro às companhias seguradoras, que existem para esse fim específico e que nesse agir traduzem o próprio sentido de sua atividade. Ou seja, angariar e cobrar prêmios com a contrapartida da cobertura securitária avençada, quando da ocorrência do sinistro. Fica evidente a ausência da relação pessoal, mesmo porque essas empresas não são pessoas, senão jurídicas, sociedades que adotam, não raro, denominações sociais em razão do modelo societário adotado, de regra, o de sociedades anônimas. E nessa atividade não existe fiança, instituto civil que é. Existe tão-somente atividade comercial no objetivo de manutenção dos seguros angariados em anos anteriores e no fomento de novas angariações, qualquer que seja o ramo de seguro a que se dediquem essas seguradoras (seguros de vida, veículos, aéreos, terrestres, marítimos, locatício, etc.), ainda que quase todas em geral apresentem variado portfólio de opções securitárias, algumas, inclusive oferecendo cobertura contra sinistros de pernas, mãos, seios e até "bumbum". Portanto, entendo que a melhor nomenclatura seria seguro locatício, pura e simplesmente, como real e materialmente o é, sem qualquer inferência à fiança, inexistente como demonstrado.

"Art. 37. No contrato de locação, pode o locador exigir do locatário as seguintes modalidades de garantia:
(...)
III - seguro de fiança locatícia. (...)"

200. NULIDADE DE MAIS DE UMA GARANTIA NA MESMA LOCAÇÃO - É vedada, sob pena de nulidade, mais de uma das modalidades de garantia num mesmo contrato de locação. Esse comando objetiva evitar a duplicidade ou multiplicidade de garantias na mesma relação locatícia consubstanciada num único ato contratual. Não se justifica que sob o manto de agregar segurança ao ato de entrega do imóvel a terceiro, o locador venha a exigir, por exemplo, caução e fiança, ou fiança e seguro locatício, ou caução e seguro locatício, pois cada uma dessas modalidades é bastante, por si mesma, para garantir o principal que é o pagamento do aluguel e encargos da locação, se estipulados esses últimos. A segurança está calcada em uma das garantias legais postas à disposição do locador, cabendo-lhe optar por aquela que lhe pareça a mais forte ou adequada para o seu caso, sem esquecer que, embora exista o problema habitacional a gerar sempre maior necessidade de imóveis para morar, problema maior existe para quem coloca o imóvel para alugar e não aluga, quer porque o preço esteja alto, fora do mercado, ou porque o nível de exigência para as garantias seja também exagerado para o momento presente, então sob enfoque. Se existe dificuldade em angariar bom inquilino, bom mesmo será negociar para manter o locatário no imóvel. Se existe dificuldade na obtenção de cliente que possa pagar o aluguel e os encargos, talvez seja caso de revisão desses valores, pois ninguém deixa de alugar a moradia que precisa, estando ela adequada em termos de preço e condições. Vetores estes, aliás, que precisam ser flexibilizados em tempos difíceis, quando o emprego é escasso, bons empregos mais escassos ainda, e o desemprego e a defasagem salarial daqueles que conseguem mantê-los, constituem imensa realidade nacional. Por tudo que se pode acrescer, conjunturalmente, em dada época, então, mais se justifica a vedação cominada com pena de nulidade na exigência de mais de uma modalidade de garantia pelo locador, no mesmo contrato de locação.

> *"Art. 37. (...) Parágrafo único. É vedada, sob pena de nulidade, mais de uma das modalidades de garantia num mesmo contrato de locação."*

201. **CAUÇÃO PODERÁ SER EM BENS MÓVEIS E IMÓVEIS** - O preceito legal contido neste artigo 38 especifica a modalidade caução de garantia para esclarecer que pode ela ser de bens móveis e imóveis. Ou seja, pode ser de bens móveis, de bens imóveis, ou de ambos, móveis e imóveis, pois regido o comando pela preposição "e", que não afasta a caução de bens imóveis cumulada com a de bens móveis. Alhures já foi dito que pode ser, genericamente, real ou fidejussória. E este artigo, em seus parágrafos, cuida de efetivar o seu detalhamento, quando se trate de caução em bens móveis, em bens imóveis, em dinheiro, e em títulos e ações, para deixar claro que não se trata de cumulação de modalidades de garantias, mas pura e simplesmente modalidades ou tipos da modalidade caução.

    > *"Art. 38. A caução poderá ser em bens móveis e imóveis.(...)"*

202. **CAUÇÃO EM BENS MÓVEIS** - Quando se trate de aceitação por parte do locador da modalidade caução de garantia e esta do tipo bens móveis, o § 1º determina que ela deve ser registrada no respectivo Cartório de Títulos e Documentos. Essa exigência do comando legal se justifica por duas razões. A primeira é que a publicidade do ato corporifica a modalidade adotada pelo locador e em resguardo do seu próprio interesse, na eventual necessidade de execução da garantia. A segunda pertine com a primeira na medida em que ninguém poderá argüir desconhecimento da caução prestada, caso envolvido em posterior negociação objeto da garantia. A este terceiro, envolvido numa eventual negociação, somente caberá o instrumental de uma ação pessoal, afastada que estará, pelo registro que a tornou pública, a própria caução que garante o locador.

    > *"Art. 38. (...) § 1º. A caução em bens móveis deverá ser registrada em Cartório de Títulos e Documentos; a em bens imóveis deverá ser averbada à margem da respectiva matrícula. (...)"*

203. **CAUÇÃO EM BENS IMÓVEIS** - Como na situação anterior que vincula a caução de bens móveis ao registro no Cartório de Títulos e Documentos, a aceitação por parte do locador da modalidade caução de garantia e esta do tipo bens imóveis, o mesmo § 1º determina que ela seja registrada à margem da respectiva matrícula do imóvel, existente no Ofício Imobiliário, os Registros de Imóveis (ou os antigos Cartórios de Registro de Imóveis), e que podem estar divididos territorialmente em cada município por circunscrições

denominadas zonas (Registro de Imóveis da 1ª Zona, da 2ª Zona, da 3ª Zona, e assim por diante), como é o caso das grandes cidades. Essa exigência do comando legal se justifica por duas razões. A primeira é que a publicidade do ato corporifica a modalidade adotada pelo locador e em resguardo do seu próprio interesse, na eventual necessidade de execução da garantia. A segunda pertine com a primeira na medida em que ninguém poderá argüir desconhecimento da caução prestada, caso envolvido o imóvel caucionado em posterior negociação, e o conseqüente desaparecimento do objeto da garantia. A este terceiro, envolvido numa eventual negociação, somente caberá o instrumental de uma ação pessoal, afastada que estará, pelo registro que a tornou pública, a própria caução que garante o locador. A matrícula, conforme alhures explicado, é uma ficha na qual são registradas (desde a sua abertura) todos os atos envolvendo o imóvel, a partir da compra e venda até os gravames de usufruto, hipoteca, penhor, penhora, servidão, etc, e onde cada qual vai sendo registrado como R1, R2, R3, etc., onde R é registro e o número, a seqüência ordinal na qual vão sendo prenotados e registrados nesse Ofício.

"Art. 38. (...) § 1º. A caução em bens móveis deverá ser registrada em Cartório de Títulos e Documentos; a em bens imóveis deverá ser averbada à margem da respectiva matrícula. (...)"

204. CAUÇÃO EM DINHEIRO = MÁXIMO TRÊS MESES DE ALUGUEL - Este o limite máximo permitido para o locador exigir do locatário, quando for o caso de eleger a caução em dinheiro como tipo da modalidade de garantia da relação locatícia, no respectivo contrato. O § 2º do artigo 38 não deixa margem à duvida de qualquer ordem, na clareza de sua redação ao dispor que a caução em dinheiro não poderá exceder ao equivalente a três meses de aluguel. Pode ser qualquer valor, desde que limitado ao montante de três meses do valor locativo pactuado inicialmente. É o tipo menos usado dessa modalidade porquanto ao locador é vedado utilizar esse dinheiro, devendo deixá-lo indisponível, com rendimentos em favor do locatário. Quando usado, não raro fica criado o problema de descontentamento no acerto de contas, ao findar a locação, visto que ao locatário assiste o direito de pensar e crer que está com três de aluguel adiantado e ao locador, do mesmo modo, mas inversamente, que o locatário não pode atrasar o pagamento dos últimos três meses da locação porque a garantia abarca também os reparos que porventura venha a necessitar o imóvel, na efetiva devolução. Se houve esse atraso, o problema está criado. Se não houve, o

problema pode existir no outro pólo da relação, nos casos em que a caução em dinheiro foi gasta pelo locador que, por isso mesmo, não pode dar suporte a esses gastos de fim de locação, tornando-se ele devedor do locatário que efetuou o pagamento do aluguel até o último mês da locação, e isso enquanto credor dos reparos exigidos no imóvel. Não raro, o litígio vem ao Judiciário. No entanto, esta modalidade de garantia, do tipo caução em dinheiro, se utilizada segundo os ditames legais, nenhum problema trará para o locador ou para o locatário.

"Art. 38. (...) § 2º. A caução em dinheiro, que não poderá exceder o equivalente a três meses de aluguel, (...)"

205. CAUÇÃO EM DINHEIRO = DEPÓSITO CADERNETA DE POUPANÇA - Na conformidade do preceito contido na segunda parte do § 2º do artigo 38, a caução em dinheiro recebida pelo locador somente pode ter um destino: o depósito em caderneta de poupança autorizada e regulamentada pelo Poder Público, e para reverter em benefício do locatário todas as vantagens dela decorrentes por ocasião do levantamento da soma respectiva. Em outras palavras, o depósito da caução recebida deve ser efetuada pelo locador tão logo a receba porque é desse momento que começa a correr contra si a obrigação de efetuar o depósito. Se não o efetivar, responderá pelas vantagens que não forem creditadas na conta que, embora em seu nome e titularidade, correspondem a crédito do locatário com o qual responderá perante o locador pelo débito que exista ao final da locação, sejam de aluguéis, encargos ou reparos no imóvel. Sob outro ângulo, procedendo no imediato depósito da caução recebida, o locador estará afastando, de pronto, a responsabilidade por todas as vantagens decorrentes da caderneta de poupança que não forem creditados pela efetuação do depósito posterior ou de sua não-efetivação.

"Art. 38. (...) § 2º. A caução em dinheiro, que não poderá exceder o equivalente a três meses de aluguel, será depositada em caderneta de poupança, autorizada pelo Poder Público e por ele regulamentada, revertendo em benefício do locatário todas as vantagens dela decorrentes por ocasião do levantamento da soma respectiva. (...)"

206. CAUÇÃO EM TÍTULOS E AÇÕES - É a disposição contida no § 3º do artigo 38. Quando se trate desse tipo de caução, cuidado especial de vigilância precisa ser adotado por parte de quem a recebe e na exata medida em que a concordata, falência ou a liquidação das sociedades que emitiram os títulos ou as ações, tornam

insubsistente a caução, que por isso mesmo torna-se incapaz de garantir a locação, como incapazes foram essas sociedades de garantir a própria emissão. Nesse caso, a lei prevê a substituição desse tipo de garantia por outro tipo ou modalidade, podendo manter a caução em títulos e ações, procedendo as respectivas substituições ou oferecendo outro tipo ou outra modalidade de garantia, no prazo de trinta dias, situação em que ao locatário somente cabe cumprir a exigência, pois o contrato perdeu a garantia inicial pactuada e, caso não a cumpra, pode o locador acionar a retomada jurídica, através da ação própria, a ação de despejo, com fundamento em infração legal.

"Art. 38. (...) § 3º. A caução em títulos e ações deverá ser substituída, no prazo de trinta dias, em caso de concordata, falência ou liquidação das sociedades emissoras."

207. GARANTIA ATÉ A EFETIVA DEVOLUÇÃO DO IMÓVEL - Neste artigo 38, a lei esclarece, em definitivo, que a garantia do contrato de locação, qualquer que se seja a sua modalidade, se estende até a efetiva devolução do imóvel. Vale dizer, até o ato em que o locador dá por recebido o imóvel. Nesse ponto, aliás, é que surgem os maiores conflitos. E não raro acontece de o locatário desocupar o imóvel, e o locador não lhe assinar a devolução por acreditar que a pintura e/ou reparos que foram procedidos para a entrega não estão de acordo com o vistoria feita no início da locação. E tal situação concorre para a pretensão do locador de continuar a correr o valor locativo enquanto ele não aceitar como bom o estado do imóvel. E aqui, dúvida não existe. É incorreto o posicionamento do locador, caso esteja a exigir mais do que entregou. Especialmente com relação à pintura, que não precisa ser refeita, caso apenas apresente o desgaste normal de uso. Não estará como a recebeu o locatário, mas incumbe ao locador fazê-la nova, se entender que ao próximo locatário deve oferecer o imóvel repintado. Torna-se incorreto também o posicionamento do locatário quando tenha prejudicado a pintura com furos, riscos, ou mesmo com garatujas dos "pimpolhos", ou não procedido com a devida correção os reparos que lhe incumba fazer na desocupação e pretenda fazer a entrega para livrar-se do aluguel, enquanto o prazo para a realização desses serviços ainda não transcorreu. De qualquer forma, tem sido sentida a precariedade dessa assertiva, talvez até abuso de muitos locadores, na sistemática insistência de que o imóvel não está a contento. E isso pode estar assentado nas consabidas causas pelas quais as relações pessoais andam, de há muito,

prejudicadas pela própria convulsão social que envolve quase todas as relações interpessoais, e na medida em que quase todos têm problemas a resolver, e que não se resolvem pela ausência de mediano (ao menos) ou pleno emprego, pela falta de crescimento e desenvolvimento econômicos. De qualquer forma, um erro não justifica o outro, e a melhor forma social e jurídica de evitar ou amenizar futuros e certos problemas em relação a esse tópico é a vistoria prévia por parte do locatário, na qual deve ser minucioso, até chato, na especificação e detalhamento do estado em que se encontra o imóvel, por ocasião do seu recebimento. Ao locador assiste estar junto nessa ocasião, e quase nunca está. Talvez por ser verdade que a maioria dos imóveis estão em oferta pelas administradoras de imóveis, escolhidas e nomeadas pelos locadores e estas, ainda que tenham a sua principal clientela no segmento dos locadores, não devem esquecer que estes, sem os locatários, não existem. E nesse ponto afirmo a necessidade de maior atenção para a figura do inquilino locatário, pois este, afinal, é o que produz e paga o rendimento que o imóvel proporciona, para manter e impulsionar os negócios da própria administradora. Assim, não valeria a situação (real) em que, juntamente com o contrato, lhe seja apresentada pela administradora uma vistoria previamente feita pelo locador ou por ela mesma, para que o locatário a firme, antes da sua real e efetiva comprovação na vistoria do imóvel nesse específico fim, pois antes somente o visitou, sem tratar do registro do estado em que se encontra. Em tal ponto, deve ele ser cordial e firme no posicionamento de assinar essa vistoria somente depois de tê-la procedido. Coisa, aliás, que a administradora deveria apreciar, pois denota a responsabilidade com que trata o locatário de seus atos e ações. Entretanto, abstraídos os problemas que a locução em exame comporta, cujo objetivo outro não é senão o de aplainar, retirar arestas, desse que é, normal e corriqueiramente, foco de conflito no findar da locação, resta como importante na disposição legal, o princípio, o norte, ao estabelecer que a garantia, qualquer que seja a sua modalidade (e nessas o seu tipo) se estende até a efetiva devolução do imóvel. Às partes envolvidas, inclusive intervenientes garantidores, compete agir para que seja ela a melhor possível.

"*Art. 39. Salvo disposição contratual em contrário, qualquer das garantias da locação se estende até a efetiva devolução do imóvel.*"

208. **NOVO FIADOR OU SUBSTITUIÇÃO DA MODALIDADE DE GARANTIA** - Trata este comando legal de garantir o contrato de

locação nos casos em que o contrato acessório de garantia restar desvirtuado ou inexistente em razão de causas supervenientes, no transcurso da relação locatícia. Para isso, é objeto de análise cada um dos incisos do artigo, em verbete ou locução própria. Sob este comando, a locação mantém a garantia, sem solução de continuidade, até o seu final.

"Art. 40. O locador poderá exigir novo fiador ou a substituição da modalidade de garantia, nos seguintes casos:"

209. I - MORTE DO FIADOR - Morto o fiador, extingue-se a fiança, razão pela qual pode o locador exigir, e o locatário terá de cumprir com a apresentação de novo fiador ou na substituição da modalidade de garantia, se esta for o opção eleita pelo locador, nos termos do *caput*. Fato relevante é que o locatário terá de proceder outra vez a apresentação e análise de cadastro de novo fiador ou, de comum acordo, com o locador apresentar outra modalidade de garantia, a caução (em qualquer de seus tipos) ou seguro locatício (na lei denominado de seguro de fiança locatícia).

"Art. 40. (...) I - morte do fiador;"

210. II - AUSÊNCIA, INTERDIÇÃO, FALÊNCIA OU INSOLVÊNCIA DO FIADOR - De forma assemelhada com a morte do locador, também a ausência, a interdição, a falência ou a insolvência do fiador, estas, desde que declaradas judicialmente, são causas extintivas da garantia acessória do contrato de locação, e por isso mesmo tornam possível a exigência do locador na apresentação de novo fiador ou a substituição da modalidade de garantia. No caso de morte ou nos casos ora referidos, o locatário terá novamente de proceder à apresentação para análise de cadastro do novo fiador ou, de comum acordo, com o locador apresentar outra modalidade de garantia, a caução (em qualquer de seus tipos) ou o seguro locatício (na lei denominado de seguro de fiança locatícia). Relevante notar que a ausência, a interdição, a falência ou a insolvência do fiador somente produzem efeitos jurídicos depois de declaradas judicialmente. Por isso mesmo, para a incidência da hipótese legal em análise, a situação não se torna diversa, havendo a necessidade de o locador comprovar uma ou outra hipótese, pertinente ao caso concreto.

"Art. 40. (...) II - ausência, interdição, falência ou insolvência do fiador, declaradas judicialmente;"

211. III - ALIENAÇÃO-GRAVAÇÃO DOS BENS IMÓVEIS DO FIADOR OU MUDANÇA DE RESIDÊNCIA SEM COMUNICAÇÃO AO LOCADOR - Neste inciso III, diferentemente dos anteriores,

somente existe causa extintiva da garantia com a alienação ou a gravação de todos os bens do fiador. Na segunda parte do inciso, fica preceituada a hipótese em que o fiador mude de residência sem comunicação ao locador. Ora, isso não é causa de extinção da garantia oferecida, e simplesmente porque não terá alienado ou gravado todos os seus bens imóveis para proceder a sua mudança. E se assim o fez, não se trata da incidência desta parte da disposição, mas da primeira parte em que diz da alienação e da gravação de todos os bens. Por certo que não se desconhece a necessidade do endereço atualizado do fiador, especialmente para o caso em que deva ser citado para responder ação de cobrança de locativos, mas reafirmo que isso não é causa extintiva da garantia. De qualquer modo, a incidência dessa ocorrência gera, segundo o comando legal, a possibilidade de exigência de novo fiador ou substituição da modalidade de garantia, a meu ver incabível. Por outro lado, não há notícias de tais ocorrências, ao menos usualmente, provavelmente pelo absurdo que seria exigir um novo fiador que o locador desconhece, simplesmente porque aquele que conhece mudou de endereço sem lhe comunicar. O mais normal seria verificar no Registro de Imóveis se o imóvel ou imóveis, cujas matrículas possui por reprodução reprográfica, ainda estão registrados como propriedades e domínios do fiador. Se continuarem de igual modo na matrícula atualizada, não existe razão jurídica para exigir novo fiador ou nova modalidade de garantia, apesar da disposição apontando nessa direção.

"Art. 40. (...) III - alienação ou gravação de todos os bens imóveis do fiador ou sua mudança de residência sem comunicação ao locador;"

212. IV - EXONERAÇÃO DO FIADOR - Esta sim, como as dos incisos I, II, e primeira parte do III, é causa de extinção da garantia locatícia. Se o fiador restou exonerado da fiança, obviamente que assiste ao locador o direito de exigir novo fiador ou a substituição da modalidade de garantia. E essa opção é sua, conforme o comando do *caput*. Torna-se então significativo lembrar que a exoneração da fiança, de praxe declarada judicialmente, não afasta a exoneração extrajudicial que o locador faça ao fiador. Não poderá, no entanto, vir a procedê-la por manifestação unilateral. Ao fazê-la de forma espontânea, deverá ela ser aceita pelo fiador, para que ocorra a exoneração. E a aceitação, como o encargo assumido, deve ser formalmente firmada, igualmente como o foi no contrato de locação. Somente desse modo pode ocorrer a caracterização documen-

tal da exoneração extrajudicial da fiança, e no exato sentido de evitar prejuízo às partes envolvidas.
"Art. 40. (...) IV - exoneração do fiador;"

213. **V - PRORROGAÇÃO DA LOCAÇÃO POR PRAZO INDETERMINADO, SENDO A FIANÇA AJUSTADA POR PRAZO CERTO** - Trata-se de outra causa de extinção da garantia que encontra real substrato fático nas tratativas que envolvem a locação de imóveis urbanos. A fiança concedida por prazo certo deixa de existir no momento em que a locação assume prazo indeterminado exatamente porque extrapolado aquele prazo inicialmente ajustado no contrato de locação. Como exemplo, pode-se verificar que num contrato com prazo de trinta meses, cuja fiança seja fixada por esse prazo certo, haverá necessário descompasso a justificar a exigência de novo fiador ou substituição da modalidade de garantia, na exata medida em que o contrato pode prosseguir por prazo indeterminado, consoante o comando legal do artigo 46, § 1°, enquanto a fiança tem data fixada para o seu exaurimento, a sua extinção. Trata-se de mais um caso típico de causa extintiva da fiança e da acessória garantia contratual, estando corretamente fixada pela disposição legal a exigibilidade por parte do locador, para assegurar-lhe o direito que tinha inicialmente ao firmar o contrato de locação. A resistência por parte do locatário, como nas outras causas extintivas da fiança, gera o direito de retomada a ser exercido pelo locador com o manejo da ação de despejo, fundada em infração legal.
"Art. 40. (...) V - prorrogação da locação por prazo indeterminado, sendo a fiança ajustada por prazo certo;"

214. **VI - DESAPARECIMENTO DOS BENS MÓVEIS** - Pela primeira vez, surge a disposição legal atinente com a hipótese na modalidade caução de garantia locatícia, do tipo bens móveis (Art. 38, § 1°), visto que os anteriores têm estrita relação e direta vinculação com a modalidade fiança de garantia. E o próprio nome já indica à evidencia tratar-se de causa típica de extinção da caução. Se está ela lastreada em bens móveis, e eles desaparecem por perecimento, caso fortuito ou força maior, certamente que não pode garantir mais nada, inclusive a locação. Portanto, bem apanhada a hipótese legal, cuja incidência faz emergir para o locador o direito de exigir a substituição da modalidade de garantia, inclusive fiança ou seguro locatício, ou manter a modalidade caução, em conseqüência de que o *caput* não determina a troca da modalidade de garantia, mas tão-somente a faculta ao locador na própria acepção do comando "poderá". Portanto, faculdade daquele que usufrui da garantia, sem

qualquer possibilidade de aí verificar-se comando cogente, obrigatório ao locador ou ao locatário. Nesse caso, se usar a faculdade (de resto extensiva a todos os incisos), cabe ao locador exigir novos bens móveis, em substituição aos desaparecidos, ou exigir outro tipo de caução, como títulos e ações, dinheiro, etc.

"Art. 40. (...) VI - desaparecimento dos bens móveis;"

215. **VII - DESAPROPRIAÇÃO OU ALIENAÇÃO DO IMÓVEL -** Neste último inciso do artigo 40, temos o fecho dos casos elencados no seu *caput*, e com uma causa de extinção da garantia que pode ser aplicável tanto à fiança quanto à caução de bens imóveis. Àquela porque o fiador tem que comprovar a propriedade de um ou dois imóveis, conforme o valor do aluguel e encargos, da renda que comprove (normalmente equivalente a três o valor da obrigação do locatário), e o nível de exigência para a garantia. E a esta última (a caução), por ser de bens imóveis, ambas passíveis, num caso ou noutro, de desapropriação que proceda o Poder Público, na forma da lei, ou de alienação por parte do fiador, se fiança for, ou por parte do caucionante, se de caução se tratar. Portanto, extinta a garantia na modalidade fiança ou caução, por desapropriação ou por alienação do imóvel que consistia o seu objeto, é de todo o direito do locador exigir um novo fiador ou a substituição da modalidade de garantia, ainda que sob a forma legal facultativa, por não ser imperativo o comando contido no *caput* desse artigo 40.

"Art. 40. (...) VII - desapropriação ou alienação do imóvel."

216. **SEGURO LOCATÍCIO ABRANGE TOTALIDADE DAS OBRIGAÇÕES -** E não podia ser diferente. Se a modalidade de garantia criada sob o nome de seguro de fiança locatícia não alcançasse a totalidade das obrigações do locatário, não seria uma garantia. Seria tão-só uma meia garantia ou uma garantia parcial. E desta, a parcial, nem locador nem locatário precisam. É, ao contrário, de sua essência que seja inteira, integral, ou não se tratará de garantia, senão parcial, se assim puder ser denominada. Até porque, assim é com todas as demais modalidades de garantia sobre as quais não se estipule o contrário. O comando legal, neste último aspecto, é cogente, imperativo, pois nada pode ser estipulado em contrário. O seguro em questão nasceu para garantir a totalidade das obrigações. E isso constitui mais uma razão para que assim dispusesse o artigo em exame, pois, de modo contrário, seria natimorto, e na exata perspectiva de que ninguém se disporia a aceitar esse tipo de garantia (?). Aliás, sendo como é, já teve ele dificuldade em sua implantação, nascido que foi na legislação urbana anterior (Lei 6.649/79), e somente nesta legislação em exame é que começou a

andar. E de modo tal que ainda não se pode afirmar a sua definitiva implantação. Mas que certamente se dará. Tanto pelo potencial que tem e pelas vantagens que oferece, como pelo seu custo que tende a se reduzir, na proporção direta em que aumente a base de captação no mercado segurador nacional.

"*Art. 41. O seguro de fiança locatícia abrangerá a totalidade das obrigações do locatário.*"

217. INEXISTÊNCIA DE GARANTIA = ALUGUEL MENSAL ANTECIPADO - Apesar das considerações que envolvem a locação e as suas garantias, pode-se dar o caso de que exista, fática e juridicamente, sem que esteja ela assegurada por qualquer das modalidades de garantia legalmente previstas. Nesse caso, foi sábio o legislador porque entendeu que não se justificaria vedar a cobrança de aluguel antecipado, como é de regra, até porque ninguém recebe o salário no início do mês, antes de ter trabalhado o mês inteiro, quando o contrato esteja a descoberto ao longo da locação. Em caso tal, e somente nesse, além do aluguel por temporada, objeto de outros verbetes ou locuções, é que o locador recebe legalmente a faculdade de cobrar antecipadamente o aluguel e os encargos da locação. A antecipação fica restrita, no entanto, até o sexto dia útil do mês vincendo (aquele que se inicia). O aluguel do mês de outubro e respectivos encargos, por exemplo, o locador poderá cobrá-los até o dia 8, por serem sábado e domingo os dias 3 e 4, considerados dias não-úteis para esse fim legal. Por outro lado, a acepção "até o sexto dia útil" não significa que possa o locador efetuar a cobrança no dia 1º dum mês qualquer. Há de cobrá-lo no sexto dia útil, salvo se antes dele puder e quiser o locatário satisfazer as obrigações, entre o 1º e o 6º dia útil. A faculdade de cobrar antecipadamente, nesse caso, é do locador, e a acepção "até o sexto dia útil" está posta em favor do locatário, que deve usá-la sempre que necessário, pois não teria função, caso não fosse o objetivo legal de limitar essa antecipação ao sexto dia útil. O legislador não disse "no sexto dia útil" simplesmente para não afastar eventuais contratações anteriores a esse dia, caso possível para o locatário que receba o seu salário antes dessa data. De outra banda, a faculdade legal se justifica também ainda pelo fato de que a antecipação de um mês torna-se insignificante perante o transcurso da relação locatícia, e ainda pela circunstância de que somente trará problemas para o locatário no primeiro mês da locação, na antecipação, visto que nos demais e em quaisquer casos, está obrigado ao pagamento mensal do aluguel e dos encargos.

"Art. 42. Não estando a locação garantida por qualquer das modalidades, o locador poderá exigir do locatário o pagamento do aluguel e encargos até o sexto dia útil do mês vincendo."

2.8. Das penalidades criminais e civis

218. SEÇÃO VIII - Capítulo I, Artigos 42 ao 44. Trata das Penalidades Criminais e Civis.

219. PENALIDADES CRIMINAIS E CIVIS - Esta nova legislação vige acrescida de penalidades criminais. Nas hipóteses legais das quais faz previsão, está a contravenção penal, o crime de ação pública e a própria ação civil referente à multa indenizatória por descumprimento de qualquer uma das disposições aqui contidas, que já era objeto da legislação anterior, revogada pela atual, independentemente da ação penal própria. O seu significado, a meu ver, vai além da mera punição quando da ocorrência dos fatos que geram a incidência da contravenção ou do crime de ação pública. E nesse passo é, na verdade, de ordem preventiva na medida em que não adianta a lei fazer restrição ou vedação a qualquer ato para o qual não haja a respectiva contrapartida equivalente à penalidade cabível para o caso. Assim, se a lei prevê que tal ou qual não deve ser feito, há que prever pena para o caso de seu não-cumprimento. Em caso contrário, esbarra-se no lugar comum. A lei diz que não pode, mas por ser mínima a penalidade ou a multa prevista, as pessoas não cuidam de cumpri-la exatamente por essa razão. Portanto, se o objetivo do legislador é a paz social, deve ter sempre presente a respectiva penalidade, em caso de descumprimento da disposição legal. E no caso em apreço, verifica-se significativa redução da ocorrência das ações que objetivavam a multa por descumprimento do prazo de manutenção da desocupação do imóvel, pelo prazo 180 dias, após a retomada, de modo especial. E isso decorre, a meu sentir, pela inclusão de sanções penais, antes não previstas, e a majoração das multas civis, que funcionam como prevenção nessa menor incidência de causas.

220. CONTRAVENÇÃO PENAL - Na disposição do artigo 43, constituem contravenção penal as situações previstas em cada um dos incisos de I a III, punível, por sua vez, alternativamente, com prisão simples de cinco dias a seis meses ou de multa variável de três a doze meses do valor do último aluguel atualizado, que reverte em favor do locatário pelos descumprimentos por parte do locador. Então, não vale aqui pretender o locatário a prisão simples pela

contravenção e a multa de três a doze meses do valor do aluguel. É uma coisa ou outra. Se escolhe a prisão simples do locador, não pode pedir a multa civil indenizatória. Se escolhe esta, não pode pedir aquela. É a interpretação exsurgente do comando legal que usa a conjunção alternativa "ou" para referir a punição com prisão simples ou multa. Relevante notar o significado econômico de três a doze meses de aluguel revertidos de forma atualizada em favor do locatário, situação que ao locador torna-se de vital importância afastar, com o cumprimento integral da preceituação legal. As hipóteses de incidência de seus incisos são abordadas em verbetes ou locuções próprias.

"Art. 43. Constitui contravenção penal, punível com prisão simples de cinco dias a seis meses ou multa de três a doze meses do valor do último aluguel atualizado, revertida em favor do locatário: (...)"

221. I - EXIGIR QUANTIA ALÉM DO ALUGUEL E ENCARGOS - Na completude do comando legal "exigir, por motivo de locação ou sublocação, quantia ou valor além do aluguel e encargos permitidos". Essa disposição tem estrita vinculação com o artigo 23 ao tratar das obrigações do locatário combinado com o artigo 14 que diz aplicável às sublocações as disposições atinentes com a locação, no que couber. E, nesse caso, é perfeitamente cabível, por referir-se o comando legal às quantias devidas a um ou a outro título. Portanto, ao locador, além de ser vedada a cobrança de valor além do aluguel e encargos da locação ou da sublocação, devidamente caracterizadas no contrato ou na disposição legal específica, por este inciso fica ele tipificado como contraventor penal, e sujeito por isso mesmo à opção do locatário em exigir a sua prisão simples ou a multa indenizatória variável, referida no *caput*.

"Art. 43. (...) I - exigir, por motivo de locação ou sublocação, quantia ou valor além do aluguel e encargos permitidos;"

222. II - EXIGIR MAIS DE UMA MODALIDADE DE GARANTIA - Aqui também se vincula este comando ao artigo 37, parágrafo único, que veda, sob pena de nulidade, a exigência de mais de uma modalidade de garantia num mesmo contrato de locação. Portanto, esse comando cogente trata de dispor sobre as conseqüências materiais decorrentes desse ato, no âmbito penal, a contravenção, ou a multa, no campo civil, alternativamente. De qualquer sorte, convém lembrar que, além disso, preexiste a nulidade civil de ambas as garantias exigidas. Ou, em outras palavras, não adianta em nada ao locador exigir mais de uma garantia, pois está ela vedada por

aquela disposição legal, e a primeira conseqüência disso é a nulidade, além das cominações prescritas por este inciso, a contravenção penal ou a multa indenizatória civil. De forma correlata, como no inciso I, ainda que apenas em parte, está vinculado com o artigo 14, que diz aplicáveis às sublocações as disposições atinentes com a locação, no que for cabível.

"Art. 43. (...) II - exigir, por motivo de locação ou sublocação, mais de uma modalidade de garantia num mesmo contrato de locação;"

223. **III - COBRAR ANTECIPADAMENTE O ALUGUEL** - Ao teor do que antes afirmado, o locador não pode cobrar antecipadamente o aluguel senão na circunstância de que o contrato de locação não esteja coberto por qualquer uma das modalidades de garantias legalmente previstas. E assim mesmo, até o sexto dia útil do mês vincendo, nos termos do artigo 42. Nesse caso, a antecipação somente pode ser mensal, diferentemente da locação para temporada, cuja antecipação pode ser maior, de acordo com o seu prazo e os termos e condições desse mercado, na ocasião sob ótica. Segundo a disposição do *caput*, trata-se de contravenção penal punível com prisão simples de cinco dias a seis meses ou multa de três a doze meses do valor do último aluguel atualizado, para reverter em favor do locatário, em tudo desinteressante para o locador, cujo interesse maior deve ser o de evitar a sua incidência, sob pena de reais e materiais aborrecimentos, além daqueles que decorrem do processo, penal ou civil.

"Art. 43. (...) III - cobrar antecipadamente o aluguel, salvo a hipótese do art. 42 e da locação para temporada."

224. **CRIME DE AÇÃO PÚBLICA** - Contrariamente ao crime de ação privada, onde o particular tem o poder de fazer ou não a queixa e, após isso, evitar que a ação continue, seja por desistência expressa ou tácita, desinteresse processual, perdão, transação ou negociação, judicial ou extrajudicial, o crime de ação pública não admite essas possibilidades, devendo continuar após iniciada, até sentença final com trânsito em julgado. Neste caso, não é relegado ao interesse do particular o *jus puniendi*, típico da atuação estatal, pois é ao Estado que incumbe promover a ação penal através de ato do Ministério Público, em peça jurídica que se chama denúncia, para ser apreciada e recebida pelo juiz, e pela qual a ação pública tem o seu curso, ou que pára por aí, para depois ser arquivada, se não for recebida pelo juiz, sem recurso de qualquer dos interessados. Nessa situação, a única ação que compete ao particular prejudicado pela

incidência de uma das hipóteses elencadas neste artigo 43, nos seus incisos I a IV, é a representação perante o Ministério Público, que pode ser traduzida, de forma singela, em levar a notícia da ocorrência do crime de ação pública, para que o seu agente, o Promotor de Justiça, proceda à denúncia. Essa modalidade de punição trazida para o âmago da legislação inquilinária é de todo conveniente na medida em que se torna remédio preventivo a evitar a realização de atos contrários à lei e que redundam em prejuízos sociais incalculáveis para locatários desavisados ou com menor poder de fogo perante locadores experimentados na prática desses atos que a lei, até então, embora vedasse, não apresentava punição compatível para o descumprimento em questão. Portanto, uma coisa é certa, a lei, nesse aspecto, em nada prejudica aqueles locadores que sempre tiveram a lisura e a licitude na pauta de suas ações, no correto agir no trato das relações locatícias que mantém com locatários, ao longo do tempo. Contrariamente, desestimula com a previsão efetiva de punição para aqueles cuja ação seja contrária ao comando legal que objetiva, querendo-se ou não, a paz social, em sentido amplo. A punibilidade, por sua vez, não é desprezível. A detenção é de três meses a um ano, circunstância vivencial a que ninguém quer ou deseja se submeter, por simples atos decorrentes de uma relação locatícia.

"*Art. 44. Constitui crime de ação pública, punível com detenção de três meses a um ano, que poderá ser substituída pela prestação de serviços à comunidade: (...)*"

225. PRESTAÇÃO DE SERVIÇOS À COMUNIDADE - Esta é a alternativa para a punibilidade decorrente de crime de ação pública punível com a detenção que menciona o *caput* do artigo 44. Constatada a ocorrência de qualquer uma das hipóteses previstas em seus incisos e havendo a condenação na pena de detenção, poderá ela ser substituída pela prestação de serviços à comunidade, nos termos em que a fixar a sentença que conceder essa comutação. E esse destaque da parte final do *caput* do artigo, em locução própria, tem por objetivo mostrar a relevância dessa alternativa. Não se pode descurar que qualquer um, por mais cioso que seja, possa, num momento ou noutro, cometer um deslize que o leve a caracterizar a tipificação (ou a praticar o tipo penal descrito pela lei) de um dos crimes previstos nos incisos I a IV deste artigo. E aí teríamos a detenção como punibilidade para quem simplesmente errou no âmbito obrigacional, sem a incidência de dolo, ou a intenção efetiva e real, de cometer o crime. Portanto, a substituição pela

prestação de serviços à comunidade se afigura para o caso como a melhor solução para ambas as partes e para a paz social.
"Art. 44. Constitui crime de ação pública, punível com detenção de três meses a um ano, que poderá ser substituída pela prestação de serviços à comunidade: (...)"

226. I - RECUSA DE FORNECER RECIBO DISCRIMINADO NAS HABITAÇÕES COLETIVAS - A obrigação de fornecer recibo é comum a todos os atos de recebimento, seja de dinheiro ou de coisas. Como também é comum a pouca importância que as pessoas dão a essa obrigação legal, e aquele que paga nem sempre está disposto a criar polêmica sobre o direito que tem de receber o competente recibo, ou até porque desconheça a obrigação que tem aquele que recebe, é que a lei, pela amplitude e implicações legais, jurídicas e fiscais, determina de forma imperativa a obrigatoriedade de fornecimento de recibo por parte do locador, no teor e texto do artigo 22, VI. E este inciso do artigo 44 traz a recusa desse fornecimento como hipótese de prática de crime de ação pública, punível com detenção, como visto. A aplicação é aqui destinada especialmente para locador ou sublocador nas habitações coletivas multifamiliares, no sentido do fornecimento de recibo discriminado do aluguel e dos encargos. E nesse caso porque, nem sempre a situação aí está retratada em contrato escrito, com a discriminação das obrigações de cada uma das partes, e onde sobressai a possibilidade de o sublocador estar realizando arrecadação pela sublocação em valor maior que o dobro daquele que paga pela locação, situação vedada pelo artigo 21. Na tipificação desse crime, a ação é pública, a pena é da detenção, podendo ser substituída pela prestação de serviços à comunidade.
"Art. 44. (...) I - recusar-se o locador ou sublocador, nas habitações coletivas multifamiliares, a fornecer recibo discriminado do aluguel e encargos; (...)"

227. II - DEIXAR O RETOMANTE DE USAR O IMÓVEL OU NELE NÃO PERMANECER POR UM ANO - Neste inciso, o artigo 44 trata de prever a punição para aquele que faz pedido insincero. O artigo 47, III, possibilita a retomada do imóvel locado para uso próprio, do cônjuge ou companheiro, ou de ascendente ou descendente, bem como de seu cônjuge ou companheiro que não disponha de imóvel residencial próprio. Ora, retomado o imóvel e não sendo ele usado para o fim declarado em juízo, no prazo de 180 dias, ou nele não permanecendo pelo prazo mínimo de um ano aquele para quem foi pedido, isso está a caracterizar a falta de sinceridade do

pedido feito pelo locador. E a insinceridade está aqui a elencar hipóteses de prática de crime de ação pública, punível com detenção ou prestação de serviços à comunidade, caso substituída. A insinceridade, portanto, não é bom negócio, e o locador deve evitá-la, como tem feito a partir da vigência desta lei, e como alhures afirmado, de ampla repercussão na prevenção da prática desses abusos, antes tão comuns. E num prazo que é relativamente longo. São seis meses após a entrega do imóvel. E no caso deste inciso existem duas hipóteses vertentes da mesma situação de retomada para uso próprio ou das pessoas mencionadas no inciso III do artigo 47. Uma é a falta de uso pelo prazo de 180 dias após a entrega do imóvel. A outra é que, sendo ocupado dentro desse prazo de seis meses, lá não permaneça a pessoa para quem foi pedido o imóvel pelo prazo mínimo de um ano. O crime se consuma pela não-ocupação em 180 dias contados da entrega ou pela não-permanência no imóvel pelo prazo mínimo de um ano.

"Art. 44. (...) II - deixar o retomante, dentro de cento e oitenta dias após a entrega do imóvel, no caso do inciso III do art. 47, de usá-lo para o fim declarado ou, usando-o, não o fizer pelo prazo mínimo de um ano; (...)"

228. **III - NÃO INICIAR DEMOLIÇÃO OU REPARAÇÃO NO IMÓVEL** - De igual forma como o inciso II do *caput*, este também objetiva a punição do pedido insincero, seja do proprietário locador, promissário comprador ou promissário cessionário, seja pela incidência do artigo 9º, IV, para a realização de reparações urgentes determinadas pelo Poder Público, por aquela do art. 47, IV, para demolição ou realização de obras aprovadas pelo Poder Público que aumentem a área construída, ou pela ocorrência da situação prevista no art. 52, I, a realização de obras determinadas pelo Poder Público que impliquem transformação radical do imóvel, ou ainda por aquela prevista no art. 53, II, quando haja pedido do imóvel para demolição, edificação licenciada ou reforma com aumento mínimo de 50% de área útil construída. Portanto, em qualquer uma das hipóteses a que faz remissão este inciso, estará caracterizada a insinceridade do pedido e conseqüentemente tipificado o crime de ação pública punível com detenção ou prestação de serviços à comunidade, caso venha ser aquela substituída por esta, conforme o teor da sentença que fixar a pena. O crime se consuma por não iniciar as obras dentro de 60 dias da entrega do imóvel.

"Art. 44. (...) III - não iniciar o proprietário, promissário comprador ou promissário cessionário, nos casos do inciso IV

do art. 9º, inciso IV do art. 47, inciso I do art. 52 e inciso II do art. 53, a demolição ou a reparação do imóvel, dentro de sessenta dias contados de sua entrega; (...)"

229. **IV - EXECUTAR O DESPEJO SEM OBSERVÂNCIA DO § 2º DO ART.65** - Não se trata aqui de pedido insincero, mas de uso da força coercitiva do direito, sem a observância do direito alheio que lhe é correlato e restritivo. A execução do despejo é direito assegurado ao locador pela resultante de obrigações não cumpridas pelo locatário e é isso que ocorre após a sentença transitada em julgado, caso o locatário não tenha voluntariamente desocupado o imóvel, e quando ocorre o chamado despejo compulsório, contra a vontade do locatário. No entanto, esse direito fica restringido até o trigésimo dia quando incidente a hipótese de falecimento do cônjuge, ascendente, descendente ou irmão de qualquer das pessoas que habitem o imóvel objeto da execução do despejo, conforme o comando imperativo contido no artigo 65, § 2º. Portanto, nesse caso, a consumação do crime de ação pública punível com detenção, se não substituída pela prestação de serviços à comunidade, ocorre quando seja executado o despejo antes do trigésimo dia, estando presente a incidência de uma das hipóteses ali elencadas.

    "Art. 44 (...) IV - executar o despejo com inobservância do disposto no § 2º do art. 65."

230. **RECLAMAR MULTA DE 12 A 24 MESES DE ALUGUEL ATUALIZADO** - No mesmo sentido, mas diferentemente da contravenção penal, as hipóteses de cometimento de fatos geradores da ação penal pública, além da própria ação penal, implicam também uma maior importância do valor da multa indenizatória civil, a ser exercida em outro processo, no âmbito civil. Neste caso, se ocorrer qualquer das hipóteses previstas no artigo 44, em seus respectivos incisos, pode o prejudicado buscar em juízo a multa equivalente a um mínimo de doze (12) até um máximo de vinte e quatro (24) meses do valor do último aluguel atualizado ou daquele que esteja sendo cobrado do novo locatário, caso realugado o imóvel. Isso enquanto para a contravenção penal, prevista no artigo 43, a multa indenizatória civil está prevista entre três (3) e doze (12) meses do aluguel atualizado. E este processo civil indenizatório, com fundamento nesta disposição especial esparsa, cujo pedido é a multa legal aqui estipulada, poderá ser iniciado tão logo seja consumado o crime de ação pública, independentemente da sentença na ação penal pública que tem curso no juízo criminal (pois outro é o seu objetivo), enquanto aquele somente pode ter a sua

solução no juízo civil, nos estritos termos do comando legal contido neste parágrafo. Vale referir que a decisão terminativa de um juízo não vincula a decisão que o outro venha a proferir, salvo no que respeita aos fatos, em caso de expressa condenação no juízo criminal, mas ainda assim sob a ótica e efeitos da ponderação do juízo civil na fixação dos efeitos indenizatórios civis.

"Art. 44. (...) - Parágrafo único. Ocorrendo qualquer das hipóteses previstas neste artigo, poderá o prejudicado reclamar, em processo próprio, multa equivalente a um mínimo de doze e um máximo de vinte e quatro meses do valor do último aluguel atualizado ou do que esteja sendo cobrado do novo locatário, se realugado o imóvel."

2.9. Das nulidades

231. SEÇÃO IX - Capítulo I, Artigo 45. Trata das Nulidades.

232. NULIDADES - Nesta seção IX e com o clausulamento imperativo do artigo 45, encerra-se o primeiro capítulo desta lei no que concerne com as disposições gerais sobre a locação urbana, que por sua vez, é a primeira parte da legislação e no segmento que cuida de ditar as regras de direito material, aquele que diz sobre o que se pode ou não fazer e o jeito certo pelo qual se pode e deve ser implementado esse direito, para seguir-se, no Capítulo II, as disposições especiais desse mesmo direito material, mas sem que se trate ainda do instrumental do processo, a ser tratado na segunda parte, nos procedimentos. E é de importância vital na perspectiva de que nada adiantaria um correto e adequado disciplinamento sobre as relações que devem ocorrer nas locações de imóveis urbanos se, por outro lado, o seu descumprimento não acarretar para o faltoso qualquer punição, por mínima que seja. E esse coroamento se dá com a cominação de nulidade de todas as cláusulas do contrato de locação que objetivem afastar os objetivos constantes desta lei, de pleno direito. Notadamente, em cláusulas que proíbam a prorrogação prevista no artigo 47 ou que vise a afastar o direito à renovação, na hipótese do artigo 51, ou que imponham obrigações pecuniárias para que tal se faça. Portanto, neste final da primeira parte, é de todo significativo o entendimento de que não adianta em nada a pretensão de furtar-se, esgueirar-se, desviar-se do comando legal ou simplesmente tangenciá-lo, pois o resultado será negativo, além de pernicioso para quem se utilizar desses expedientes, visto que a lei não apresenta qualquer problema maior na sua estruturação técnica, serem mínimas as suas lacunas, supríveis em

juízo, quando for este o caso em exame, além de punível a sua desobediência com sanções materiais civis, nos casos em que comina de nulidade, sanções contravencionais, sanções penais, e a conseqüente multa indenizatória civil. Portanto, necessário afastá-las, nulas que são de pleno direito as cláusulas impostas nos contratos de locação, de forma adesiva ou não, desde que impliquem contrariedade ao que dispõe esta atual lei inquilinária.

"Art. 45. São nulas de pleno direito as cláusulas do contrato de locação que visem a elidir os objetivos da presente Lei, notadamente as que proíbem a prorrogação prevista no art. 47, ou que afastem o direito à renovação, na hipótese do art. 51, ou que imponham obrigações pecuniárias para tanto."

2.10. Disposições especiais materiais da locação em geral

233. CAPÍTULO II - Contém as disposições especiais, ainda em âmbito material, em três seções, dos artigos 46 ao artigo 57.

234. DISPOSIÇÕES ESPECIAIS MATERIAIS - O disciplinamento contido nestas disposições especiais tem por objetivo complementar as disposições gerais legislada nos artigos 1º ao 45, envolvendo a locação de imóveis urbanos e seus desdobramentos. As situações que particularizam o conflito, na perspectiva de uma ou de outra ação, são disciplinadas no Título II, dos Procedimentos, em Disposições Gerais (Capítulo I), seguindo-lhes as Ações de Despejo (Capítulo II), a Ação de Consignação de Aluguel e Acessórios da Locação (Capítulo III), a Ação Revisional de Aluguel (Capítulo IV) e a Ação Renovatória (Capítulo V), nos artigos 57 ao 75.

2.11. Da locação residencial

235. SEÇÃO I - Capítulo II, Artigos 46 e 47. Trata da Locação Residencial.

236. LOCAÇÃO RESIDENCIAL - É aquela realizada entre o locador, pessoa física ou jurídica, e a pessoa física do locatário, de imóvel com finalidade residencial para o seu uso exclusivo, se for só, ou para uso conjunto com os seus familiares, caso contrário. O destaque tem sentido na medida em que as disposições especiais para a locação não-residencial abrangem conceito diverso, além de maior amplitude no gênero da ocupação (que pode ser residencial, inclusive). Por isso mesmo, difere daquela que é exclusivamente exer-

cida para fins residenciais, e cuja diferenciação alcança não apenas a relação jurídica locatícia material, mas também a relação jurídica locatícia processual, com efeitos diversos.

237. RESOLUÇÃO DO CONTRATO = FIM DO PRAZO ESTIPULADO - É quando se resolve o contrato, quando ele termina com a intervenção de outro comando que não a consentida vontade das partes. Este o significado dessa acepção jurídica. Quando as partes acordam terminar o contrato, o resultado pode ser o mesmo, mas tem nome diverso. Trata-se aí do distrato, da rescisão ou da resilição. Para o artigo 46 em exame, verifica-se não a intervenção do Judiciário, já na solução do conflito, mas a intervenção do legislador na prévia definição legal para a situação que menciona. Por isso, nas locações ajustadas por escrito e por prazo igual ou superior a trinta meses, a resolução do contrato ocorrerá findo o prazo estipulado, independentemente de notificação ou aviso. Como destaque, os elementos que integram a definição: ajuste por escrito; prazo igual ou superior a 30 meses; e desnecessidade de notificação ou aviso. Conseqüência fática e jurídica: o contrato termina pelo simples transcurso do tempo. Se o locatário desocupa o imóvel ou não, logo após a expiração do contrato, é circunstância que merece atenção do locador, na preservação de seu interesse, como se vê nos parágrafos 1º e 2º deste artigo.

"Art. 46. Nas locações ajustadas por escrito e por prazo igual ou superior a trinta meses, a resolução do contrato ocorrerá findo o prazo estipulado, independentemente de notificação ou aviso."

238. PRORROGAÇÃO DA LOCAÇÃO POR PRESUNÇÃO LEGAL - É o primeiro aspecto a merecer especial interesse do locador, pois este parágrafo em parte modifica o comando do *caput*, se lhe falecer atenção. Ao fim do prazo ajustado no contrato, pelo que dispõe o *caput*, o locatário deve desocupar o imóvel, mas se não o fizer e o locador não tiver a intenção de continuar com o contrato, precisa exercer oposição a essa continuidade. Em caso contrário, se o locatário continuar na posse do imóvel por mais de 30 dias, sem oposição do locador, presumir-se-á prorrogada a locação por prazo indeterminado, com a manutenção das demais cláusulas e condições do contrato. É caso de presunção legal que beneficia diretamente o locatário, mas pela inação do locador que não se utilizou da prerrogativa de retomar o imóvel ao término do prazo contratual, se igual ou superior a 30 meses, na ocorrência de sua resolução. E se quiser fazê-lo, há que se utilizar do único meio capaz de retomar

o imóvel (art.5°): a ação de despejo, e que precisa ser ajuizada dentro do prazo decadencial (de perda do direito) de trinta dias, contados da resolução legal.

> *"Art. 46. § (...) 1º. Findo o prazo ajustado, se o locatário continuar na posse do imóvel alugado por mais de trinta dias sem oposição do locador, presumir-se-á prorrogada a locação por prazo indeterminado, mantidas as demais cláusulas e condições do contrato.*

239. **DENÚNCIA DO CONTRATO PELO LOCADOR NA PRORROGAÇÃO** - Após o exame do parágrafo que prorroga a locação, caso não exercida oposição com a prerrogativa legal de retomada do imóvel, verifica-se a prorrogação da locação por prazo indeterminado, situação na qual o locador pode denunciar (o contrário de anunciar, dizer que não quer mais) o contrato a qualquer tempo, desde que conceda o prazo de 30 dias para a desocupação. A retomada, portanto, pode ser livremente exercida em denúncia vazia (ou desprovida de qualquer fundamento, jurídico ou não, que a justifique - por isso vazia), mas que já impõe uma condição. E trata-se ela da necessidade de notificação prévia ao locatário, para cientificá-lo da denúncia e para que desocupe o imóvel em 30 dias, voluntariamente. Caso não desocupe nesse prazo, o ajuizamento da ação de despejo é a conseqüência, cujo desfecho judicial é a sentença de procedência, que fixa o prazo para desocupação (variável conforme o caso e a situação processual), e cuja desobediência acarreta o desapossamento compulsório do imóvel, inclusive com o uso de força, se houver resistência do locatário ao cumprimento do mandado, pelo oficial de justiça designado.

> *"Art. 46. (...) § 2º. Ocorrendo a prorrogação, o locador poderá denunciar o contrato a qualquer tempo, concedido o prazo de trinta dias para desocupação."*

240. **PRORROGAÇÃO AUTOMÁTICA DA LOCAÇÃO E SUA RETOMADA** - Neste artigo 47, verifica-se a hipótese legal de prorrogação que ocorre por si mesma e sob o contexto das condições em que foram celebradas. E tal ocorre quando a locação é ajustada verbalmente ou por escrito e com prazo inferior a 30 meses, caso em que se prorroga automaticamente, somente podendo ser retomado o imóvel nas situações que menciona em seus incisos, parágrafos e alíneas, vistos individualmente em locução ou verbete próprio. A meu ver, constitui-se a locação sob ótica em recurso que deve ser evitado, e sob duplo enfoque. O primeiro respeita à forma verbal. Principalmente pela dificuldade na obtenção da prova judi-

cial, caso necessária. O segundo na medida que a contratação verbal ou escrita por prazo inferior a 30 meses traz no seu bojo outras implicações que não atingem ao que contratou por 30 meses, como a generalidade dos casos. A particularização, entretanto, é benéfica para deixar cogentemente explicitada a forma de resolver-se uma dada questão, sob a forma de consulta ou aplicação, perante o caso concreto em exame pelo operador de mercado, pelo lidador ou pelo aplicador do direito.

"Art. 47. Quando ajustada verbalmente ou por escrito e com prazo inferior a trinta meses, findo o prazo estabelecido, a locação prorroga-se automaticamente, por prazo indeterminado, somente podendo ser retomado o imóvel: (...)"

241. I - RETOMADA NOS CASOS DO ART. 9º - Estes casos de retomada referidos neste inciso I do artigo 47 já estão abordados individualmente nas locuções ou verbetes de números 76 ao 79. São quatro, que se reproduzem na forma de simples enunciado, a retomada por mútuo acordo (inc. I); a retomada em decorrência da prática de infração legal ou contratual (inc. II); a retomada em decorrência da falta de pagamento do aluguel e demais encargos (inc. III); e a retomada para a realização de reparações urgentes determinadas pelo Poder Público, que não possam ser normalmente executadas com a permanência do locatário no imóvel ou, podendo, ele se recuse em consenti-las.

"Art. 47. (...) I - nos casos do art. 9º; (...)"

242. II - RETOMADA POR EXTINÇÃO DO CONTRATO DE TRABALHO - Este é caso de retomada específica na ocorrência de demissão de empregado, causa de extinção do seu contrato de trabalho, e quando a ocupação do imóvel pelo locatário estiver relacionada com o seu emprego, e sob a égide da hipótese abrangente do *caput* (art.47) de prorrogação automática da locação, se contratada de forma escrita ou verbal por prazo inferior a 30 meses, ao fim do qual a retomada somente pode ser exercida num dos casos ora enfocados, faltantes ainda os incisos III ao V.

"Art. 47. (...) II - em decorrência de extinção do contrato de trabalho, se a ocupação do imóvel pelo locatário estiver relacionada com o seu emprego; (...)"

243. III - RETOMADA PARA USO PRÓPRIO, DE ASCENDENTE OU DESCENDENTE - No caso vertente, a retomada pode ser exercida com fundamento em pedido para uso próprio; para uso de seu cônjuge ou companheiro; ou para uso residencial de ascendente ou descendente que não disponha, assim o seu cônjuge ou companhei-

ro, de imóvel residencial próprio. De igual forma, como os demais incisos deste artigo, trata-se de mais um caso de retomada fundada em denúncia cheia (com fundamento específico), em oposição à denúncia vazia (ausente de fundamento, senão a vontade do locador). Perceba-se que o pedido para uso próprio do locador, de seu cônjuge ou companheiro, pode ser tanto de imóvel residencial como de não-residencial, ao passo que, para ascendente ou descendente, o pedido precisa ser para uso residencial e sob a condição de que, um ou outro, não disponha de imóvel residencial próprio, bem como os respectivos cônjuges ou companheiros. Para os segundos, portanto, somente é cabível o pedido de retomada em se tratando de imóvel residencial o objeto da locação. Indispensável a sinceridade do pedido.

"Art. 47. (...) III - se for pedido para uso próprio, de seu cônjuge ou companheiro, ou para uso residencial de ascendente ou descendente que não disponha, assim como seu cônjuge ou companheiro, de imóvel residencial próprio; (...)"

244. **IV - RETOMADA PARA DEMOLIÇÃO E EDIFICAÇÃO LICENCIADA OU OBRAS APROVADAS PELO PODER PÚBLICO -** No comando deste inciso, têm-se, na verdade, duas hipóteses legais e a segunda com duas possibilidades de segmentação. A primeira se dá se o pedido for feito para demolição e a ele já estiver agregado o licenciamento para a edificação que no terreno será construída, após a demolição do imóvel locado. A demolição, pura e simples, por vontade unilateral do locador, não justifica ou fundamenta o pedido de despejo do locatário, ainda que sob a locação seja nos moldes das circunstâncias referidas na cabeça do artigo 47. Então, o pedido não é para demolição, mas para demolição e edificação licenciada, nos estritos termos da disposição legal. A segunda hipótese ocorre quando o pedido é feito para a realização de obras aprovadas pelo Poder Público que aumentem a área construída em, no mínimo, vinte por cento (este o primeiro segmento da segunda hipótese) ou, se o imóvel for destinado à exploração de hotel ou pensão, em cinqüenta por cento. Portanto, o pedido para a realização de obras de reformas no imóvel locado precisam estar aprovadas pela Municipalidade e se representarem um acréscimo mínimo de 20% de área construída no imóvel, ou de 50%, se forem essas obras destinadas à exploração de hotel ou pensão. Fora disso, como visto, descabe o pedido de retomada. Como no inciso III, é indispensável a sinceridade do pedido.

"Art. 47. (...) IV - se for pedido para demolição e edificação licenciada ou para a realização de obras aprovadas pelo Poder

Público, que aumentem a área construída em, no mínimo, vinte por cento ou, se o imóvel for destinado a exploração de hotel ou pensão, em cinqüenta por cento; (...)"

245. **V - RETOMADA POR VIGÊNCIA ININTERRUPTA DA LOCAÇÃO POR MAIS DE CINCO ANOS** - Mais uma hipótese de retomada. Esta não está fundada em fatos, mas no simples transcurso do tempo, de forma ininterrupta da locação ajustada de modo verbal ou escrito e de prazo inferior a trinta meses. Esse lapso temporal de fluência do contrato (verbal ou escrito) precisa apenas ultrapassar os cinco anos. Nada mais para incidir o fato gerador que possibilita a retomada, com suporte nesta disposição.
    "Art. 47. (...) V - se a vigência ininterrupta da locação ultrapassar cinco anos."

246. **COMPROVAÇÃO JUDICIAL DA NECESSIDADE** - Tal ocorre pelo preceito deste § 1º, quando se tratar de situações que envolvam o inciso III deste artigo 47, e na forma das condicionantes referidas nas alíneas a) e b), nas locuções a seguir. É garantia de saúde (saudabilidade ou sanidade) nas relações locatícias e nas próprias relações entre locadores e locatários, vez que com tais disposições passa a existir a natural separação do joio e do trigo, na medida em que resta caracterizado o agir incorreto ou inadequado daquele que, com hábito, pratica atos contrários ao que determina a legislação inquilinária vigente, sabida e notoriamente, mais rígida e eficaz do que as legislações anteriores.
    "Art. 47. (...) § 1º. Na hipótese do inciso III, a necessidade deverá ser judicialmente demonstrada, se: (...)"

247. **RETOMANTE EM IMÓVEL PRÓPRIO E RETOMADA ANTERIOR** - Esta a primeira hipótese na qual deve a necessidade ser judicialmente comprovada. É o caso do locador retomante que na sua inicial (da ação de despejo) alega necessidade de usar o imóvel locado e esteja ocupando com a mesma finalidade outro imóvel de sua propriedade na mesma localidade ou, residindo ou utilizando imóvel alheio, já tiver anteriormente efetuado a retomada desse imóvel. Portanto, duas são as hipóteses neste comando. Uma, a do locador ocupando imóvel de sua propriedade situado na mesma localidade com a mesma finalidade daquele que alega necessitar no pedido de despejo. Note-se que o imóvel pode ser residencial ou não-residencial. E aqui ocorrem dois desdobramentos para a incidência desse comando. O primeiro somente pode ocorrer quando o locador pedir imóvel residencial e estiver ocupando imóvel residencial, e o segundo, quando pedir imóvel não-residencial e estiver

ocupando imóvel não-residencial, sendo ambos de sua propriedade e na mesma localidade, em qualquer dos casos. Vale dizer, *a contrario sensu*, que se estiver ocupando imóvel residencial e pedir imóvel não-residencial, ambos próprios, na mesma localidade, ou vice-versa, não tem incidência esta disposição, dirigido que é para ao caso de idêntica ocupação (destinação ou finalidade - residencial ou não-residencial) entre o que o ocupa e o que alega necessitar no pedido de retomada. A segunda, ou a outra hipótese, condiz com a parte final da alínea, que alcança a situação do locador que reside ou utiliza imóvel alheio e já tiver retomado o imóvel anteriormente. Aqui não trata a disposição de aclarar se tem ele ou não outro imóvel próprio na mesma localidade, pois o que interessa é que já tenha retomado o imóvel em ocasião anterior. Sim, pois se já retomou anteriormente o imóvel locado, porque reside ou utiliza imóvel alheio (fundamento do pedido)? Para ambas, como visto, sobressai imperativa a realidade da comprovação judicial da necessidade. E o objetivo é um só. Identificar se existe ou não sinceridade no pedido. Até porque punível a insinceridade. Se não for sincero o retomante, não conseguirá demonstrar em juízo a necessidade, e a conseqüência é a improcedência da ação e a caracterização da insinceridade nessa ação. Se for sincero o pedido, e a necessidade restar demonstrada judicialmente, apesar da aparente impossibilidade que lhe empresta a disposição, não existe dúvida de que o seu pedido de retomada será julgado procedente. O objetivo legal é do exercício de controle dessas retomadas com as próprias condições que a lei impõe, dando maior segurança para os bons locadores e para os locatários e, de sobra, impedindo que locadores mal-intencionados burlem a lei, em detrimento daqueles que mantêm o imóvel e fazem da locação urbana um segmento econômico de real significado para o país. Ainda que às vezes com aluguel defasado, coisa que não tem mais sentido de ocorrer com a possibilidade da ação de revisão do aluguel por desequilíbrio econômico, independentemente daquela prevista nesta lei.

> "*Art. 47. (...) § 1º. a) o retomante, alegando necessidade de usar o imóvel, estiver ocupando, com a mesma finalidade, outro de sua propriedade situado na mesma localidade ou, residindo ou utilizando imóvel alheio, já tiver retomado o imóvel anteriormente; (...)*"

248. ASCENDENTE OU DESCENDENTE EM IMÓVEL PRÓPRIO - É outro caso de necessária comprovação da sinceridade do pedido de retomada. E a disposição não deixa dúvida quando diz que a

necessidade deverá ser judicialmente demonstrada na hipótese do inciso III, *b*, se o ascendente ou descendente, beneficiário da retomada, residir em imóvel próprio, conforme a preceituação do § 1º do artigo 47. A lei admite essa demonstração para não afastar de pronto o que parece realmente ser indevido. Se o beneficiário reside em imóvel próprio, por qual razão haveria de ser a ele destinado outro imóvel? E justamente aquele ocupado pelo inquilino? No entanto, existem razões fáticas que recomendam a prudência e a cautela observadas pelo legislador nessa possibilidade. E isso é bom porquanto o locador não ficará privado de seu imóvel quando efetiva e fundamentadamente dele careça para ascendente ou descendente, pelas condições de localização, pelo tamanho de um e de outro imóvel, número de dependências, maior ou menor incidência de sol, excesso de umidade, proximidades de recursos, hospitais, escolas, etc., pois submetidas ao crivo do juízo que examina o pedido de retomada. Nesse passo, a retomada somente pode ser motivada e ainda mediante a comprovação em juízo da sinceridade do pedido, que julgará procedente ou não a ação ao teor da instrução processual e das provas que aí forem produzidas. O fato de o ascendente ou descendente residir em imóvel próprio não quer dizer, necessariamente, que o pedido seja insincero, devendo apenas o locador fazer prova da sinceridade em juízo. Feito isso, a procedência da ação de retomada é praticamente certa.

"Art. 47. (...) § 1º. b) o ascendente ou descendente, beneficiário da retomada, residir em imóvel próprio. (...)"

249. **PROVA DA PROPRIEDADE, PROMESSA DE COMPRA OU CESSÃO** - A esta prova deve estar agregada o caráter de irrevogabilidade da contratação, a imissão na posse e o respectivo título registrado junto à matrícula do imóvel. Este § 2º retoma as hipóteses dos incisos III e IV, deste artigo 47, com a finalidade objetiva de controle legal da sinceridade do pedido de retomada, quando o retomante faz o pedido para uso próprio, de ascendente ou descendente que não disponham de imóvel próprio, como no caso da locução de nº 243, ou para demolição e edificação (caso do nº 244). Nessas situações, portanto, o pedido de retomada já deve instruir a inicial com a prova da propriedade (a matrícula do imóvel com o registro da aquisição do imóvel, devidamente atualizada), da condição de promissário comprador com a juntada do contrato de promessa de compra e venda, ou de promissário cessionário mediante a juntada do contrato de cessão de direitos e ações e do contrato do qual é emergente, e desde que, em cada qual, esteja

clausulada a irrevogabilidade do ato, a imissão da posse (precária ou plena), e o título registrado junto à matrícula desse imóvel. Para qualquer deles, então, necessário o título e a matrícula. Se propriedade, contrato de compra e venda (a chamada "escritura pública de compra e venda" ou "escritura definitiva"), se promessa ou cessão, o respectivo contrato, e a matrícula do imóvel na qual assentado o registro da propriedade, da promessa ou cessão, no Registro de Imóveis competente para a situação do imóvel em questão.

"Art. 47. (...) § 2º. Nas hipóteses dos incisos III e IV, o retomante deverá comprovar ser proprietário, promissário comprador ou promissário cessionário, em caráter irrevogável, com imissão na posse do imóvel e título registrado junto à matrícula do mesmo."

2.12. Da locação para temporada

250. SEÇÃO II - Capítulo II, Artigos 48 ao 50. Trata da Locação para Temporada.

251. LOCAÇÃO PARA TEMPORADA, DEFINIÇÃO LEGAL - O texto conceitual do artigo 48 é por demais preciso no alinhamento dos elementos que o compõem. Assim, considera-se locação para temporada aquela destinada à residência temporária do locatário, para prática de lazer, realização de cursos, tratamento de saúde, feitura de obras em seu imóvel, e outros fatos que decorram tão-somente de determinado tempo, e contratada por prazo não superior a noventa dias, esteja ou não mobiliado o imóvel. O primeiro deles é a residência temporária do locatário, desimportando para que fim se destine. Embora o conceito alinhe a destinação para a prática de lazer, a realização de cursos, os tratamentos de saúde ou a feitura de obras no imóvel do locatário, essa lista é meramente enunciativa de exemplos, pois a própria complementação refere outros fatos que necessitem apenas de determinado tempo. O segundo elemento é exatamente o decurso de tempo, pois somente se configura a locação para temporada se a contratação for feita por prazo não superior a noventa dias, esteja ou não mobiliado o imóvel. Portanto, os únicos elementos significativos que envolvem o conceito de locação para temporada é a temporariedade da residência do locatário, por sua vez, limitada a noventa dias. Se a necessidade temporária for de prazo superior a noventa dias, por certo que não se tratará de locação para temporada.

"Art. 48. Considera-se locação para temporada aquela destinada à residência temporária do locatário, para prática de

lazer, realização de cursos, tratamento de saúde, feitura de obras em seu imóvel, e outros fatos que decorram tão-somente de determinado tempo, e contratada por prazo não superior a noventa dias, esteja ou não mobiliado o imóvel. (...)"

252. IMÓVEL MOBILIADO = DESCRIÇÃO DOS MÓVEIS E UTENSÍLIOS - Este parágrafo único do artigo 48 impõe a obrigatoriedade de constar no contrato a descrição dos móveis e utensílios que o guarnecem, bem como o estado em que se encontram, no caso de a locação para temporada envolver imóvel mobiliado. A obrigação imposta de forma imperativa é de todo procedente, pois embora possa ser tida por uma chatice relacionar móveis e utensílios, é todo importante na medida em que o seu número, as respectivas identificações o seu estado será revisado na entrega do imóvel. E isso não pode ficar à alçada unilateral do locador. Se estiver constante no contrato, o locatário fará a pronta conferência, apontando o que não estiver de acordo com o que nele consta. Por outro lado, essa relação não precisa estar, necessariamente, embutida no contrato. Pode estar em rol apartado, desde que o contrato o mencione como parte dele integrante e sejam juntamente apresentados. As palavras fundamentais aqui são a descrição e o estado em que se encontram móveis e utensílios. Secundariamente, o seu número, pois que a qualidade pode (ou deve, se for o caso) já estar inserta na descrição.

    "Art. 48. (...) - Parágrafo único. No caso de a locação envolver imóvel mobiliado, constará do contrato, obrigatoriamente, a descrição dos móveis e utensílios que o guarnecem, bem como o estado em que se encontram."

253. ALUGUEL E ENCARGOS ANTECIPADOS C/C GARANTIA - Na locação para temporada, o locador poderá receber de uma só vez e antecipadamente os aluguéis e encargos, e exigir qualquer das modalidades de garantias previstas no artigo 37 para atender as demais obrigações do contrato. Em outras palavras, nessa modalidade de locação cuja nota marcante é a temporariedade e o prazo curto, o locador pode cumular com a antecipação do aluguel e encargos de uma só vez, uma das garantias do artigo 37, fiança, caução ou seguro locatício, para atender as demais obrigações do contrato. E quais seriam elas, essas demais obrigações do contrato, se aluguel e encargos foram pagos de uma só vez, antecipadamente? São aquelas decorrentes da posse e uso do imóvel. Por isso a relação do estado do imóvel, no caso de qualquer locação, por isso a descrição e estado dos móveis e utensílios na locação para temporada. Ainda que para temporada, o locatário está obrigado ao uso

correto e adequado do imóvel e nesse pequeno prazo de 90 dias, se utilizá-lo de modo a danificar a pintura ou qualquer de suas partes, estará, necessariamente, obrigado a reparar o imóvel para proceder a entrega do mesmo modo como o recebeu. A antecipação, portanto, não exime o locatário de prestar garantias, qualquer que lhe seja a exigida pelo locador, porém, na forma e modalidades do artigo 37. Até porque, pode a locação para temporada ser prorrogada por tempo indeterminado.

"Art. 49. O locador poderá receber de uma só vez e antecipadamente os aluguéis e encargos, bem como exigir qualquer das modalidades de garantia previstas no art. 37 para atender as demais obrigações do contrato."

254. PRORROGAÇÃO POR TEMPO INDETERMINADO DA LOCAÇÃO PARA TEMPORADA - O decurso do tempo, consabidamente, faz conseqüências e produz efeitos. No mundo jurídico não é diferente. Aqui, neste artigo 50 da atual Lei Inquilinária, temos o caso de presunção legal de prorrogação por tempo indeterminado da locação para temporada, caso incidentes as circunstâncias fáticas que lhe é geradora, conforme a definição legal. Nesse comando, se findo o prazo ajustado, o locatário permanecer no imóvel sem oposição do locador, por mais de trinta dias, será presumida e, por isso mesmo, prorrogada a locação por tempo indeterminado, não mais sendo exigível o pagamento antecipado do aluguel e dos encargos. Seus elementos estão ordenados. O primeiro é o fim do prazo ajustado, seja de dez, quinze, trinta, sessenta ou noventa dias, o seu limite. Por segundo, surge a permanência do locatário no imóvel após esse prazo. Como terceiro e último elemento caracterizador da prorrogação presumida, surge a ausência de oposição do locador, no prazo de trinta dias a contar do fim do prazo fixado no contrato de locação para temporada. Em tal situação está prorrogada a locação para viger por tempo indeterminado. Produzida essa conseqüência, seu efeito primeiro é aquele que impede o locador de exigir o pagamento antecipado do aluguel e dos encargos, por pura e simples preceituação legal exsurgente da prorrogação. E outro ainda advém, a ser abordado em locução própria.

"Art. 50. Findo o prazo ajustado, se o locatário permanecer no imóvel sem oposição do locador por mais de trinta dias, presumir-se-á prorrogada a locação por tempo indeterminado, não mais sendo exigível o pagamento antecipado do aluguel e dos encargos."

255. **DENÚNCIA DO CONTRATO NA PRORROGAÇÃO DA LOCAÇÃO PARA TEMPORADA** - Este o segundo e importante efeito decorrente da prorrogação da locação para temporada para locação por tempo indeterminado. O prazo da locação original (para temporada) que tinha por limite o prazo de 90 dias, agora passa a ser de trinta (30) meses a contar do seu início, para que o locador possa denunciar o contrato. Outras situações para a denúncia do contrato, somente se corporificam-se configurada uma das hipóteses do artigo 47 (I, nos casos do artigo 9º; II, em extinção do contrato de trabalho; III, se for para uso próprio, etc, IV, se for para demolição e edificação, etc; V, se a vigência ultrapassar cinco anos; § 1º, se demonstrada judicialmente a necessidade; e § 2º, prova da propriedade, promessa de compra ou cessão). Ou seja, hipóteses que representam denúncia cheia, motivada, contrariamente ao que constitui a regra geral, que é a denuncia vazia, ou a desprovida de fundamento. Se não for esse o interesse, aconselhável é a contratação pelo prazo de 30 meses, na típica locação residencial, com cláusula específica de que o contrato pode ser desfeito sem ônus para qualquer das partes, independentemente do transcurso do tempo contratado, mediante distrato consensual da locação. Caso prevaleça o interesse na antecipação do aluguel e encargos, típicos da locação para temporada, por óbvio que não existe outra solução, senão a legalmente preceituada, pois é justamente a atipicidade na modalidade de residência temporária que justifica a diferença legal de tratamento para uma e outra situação. Se a locação for para uso permanente (em tese), muda o critério de enquadramento legal de uma e de outra situação, que são essencialmente iguais, mas diferentes pela sua própria natureza temporal. Por isso, restando inexistente o critério que diferencia essa locação daquela ordinariamente usual e típica, nada mais normal que a lei tenha feito incidir a ausência de oposição do locador para igualar aquela locação que deixou de ser desigual, pelo decurso de tempo, e da alçada do locador.

"Art. 50. (...) Parágrafo único. Ocorrendo a prorrogação, o locador somente poderá denunciar o contrato após trinta meses de seu início ou nas hipóteses do art. 47."

2.13. Da locação não-residencial

256. SEÇÃO III - Capítulo II, Artigos 51 ao 57. Trata da Locação Não-Residencial.

257. LOCAÇÃO NÃO-RESIDENCIAL - *A contrario sensu*, trata-se daquela locação que não é destinada à residência do locatário, conquanto o artigo 55 considere como não-residencial a locação feita por pessoa jurídica e quando o imóvel se destine ao uso de seus titulares, diretores, sócios, gerentes, executivos ou empregados (por óbvio, para residência). A grosso modo ou depuradamente, portanto, se pode afirmar que é aquela locação realizada entre o locador, pessoa física ou jurídica, e a pessoa jurídica ou física do locatário, de imóvel com precípua finalidade não-residencial e para o uso exclusivo da consecução dos objetivos sociais da atividade que desempenhe, ainda que não se destine exclusivamente para o regular exercício dessas atividades, em sentido estrito, pois pode, como visto, ser destinado para a residência de pessoas ligadas às atividades da pessoa jurídica locatária, ou da pessoa física, por ficção jurídica a ela equiparada (como no caso da chamada firma individual). Nesta seção III, portanto, temos o destaque nas disposições especiais para a locação não-residencial que abrange conceito diverso da locação residencial, além de potencializar a amplitude no gênero da ocupação (residencial, inclusive). Por isso mesmo, difere daquela que é exclusivamente exercida para fins residenciais, cuja diferenciação alcança não apenas a relação jurídica locatícia material, mas substancialmente a relação jurídica locatícia processual, e com efeitos diversos no que respeita à tipicidade jurídico-legal, de sua própria natureza.

258. DIREITO À RENOVAÇÃO DO CONTRATO - O direito à renovação do contrato de locação quando se trate de imóveis destinados ao comércio é instituto típico da locação comercial, incorporada que foi pela legislação inquilinária urbana atual, e com a revogação dos diplomas legais que ao instituto se referiam, para prevalecer tão-só o que nesta lei está preceituado. Este direito à renovação está calcado em três pressupostos intrínsecos (que se desdobram, ampliando esse número), sem os quais não existe ou não cabe a pretensão renovatória. E isso exsurge do *caput*, ao dispor que assiste direito à renovação do contrato, por igual prazo, desde que, cumulativamente, (I) o contrato a renovar tenha sido celebrado por escrito e com prazo determinado; (II) o prazo mínimo do contrato a renovar ou a soma dos prazos ininterruptos dos contratos escritos seja de cinco anos; e (III) o locatário esteja explorando seu comércio, no mesmo ramo, pelo prazo mínimo e ininterrupto de três anos. Portanto, não basta um dos pressupostos. A lei exige a sua cumulação, ou seja, todos eles reunidos na mesma situação contratual

una ou encadeada que objetive o direito à renovação. Serão abordados, cada um, em locução própria, em apartado.

"*Art. 51. Nas locações de imóveis destinados ao comércio, o locatário terá direito a renovação do contrato, por igual prazo, desde que, cumulativamente: (...)*"

259. I - CONTRATO POR ESCRITO E PRAZO DETERMINADO - É o primeiro dos pressupostos a ensejar a pretensão de renovação do contrato de locação de imóvel destinado a uso comercial. E na verdade, constituem dois pressupostos, alinhados num único elemento legal pela sua própria ligação e natureza entrelaçada. O contrato deve ter sido celebrado por escrito. O contrato verbal, portanto, não vale para este fim. E nele deve estar consignado, pactuado, contratado, prazo determinado. Vale dizer, prazo certo, do qual não se duvida, do qual somente o decurso do tempo pode preenchê-lo, ou não, conforme a situação concreta sob ótica. No contrato precisa constar, explicitamente, que o prazo se inicia em tal data e termina em outra data tal e qual. Certeza na evidenciação do direito é o que objetiva o comando legal definidor desse pressuposto primeiro, iniciante e gerador dos que se lhe seguem, em conseqüência, por congêneres e intimamente vinculados entre si.

    "*Art. 51. (...) I - o contrato a renovar tenha sido celebrado por escrito e com prazo determinado; (...)*"

260. II - PRAZO MÍNIMO DE CINCO ANOS, ESCRITOS E ININTERRUPTOS - O segundo pressuposto ou requisito para o exercício do direito à renovação consiste em prazo mínimo de cinco anos. A esse prazo mínimo, que pode ser do próprio contrato escrito a renovar (com esse prazo) ou da soma dos prazos dos vários contratos escritos, soma-se outra segmentação do pressuposto que é a ausência de interrupção. Portanto, neste pressuposto atinente com o decurso de tempo verifica-se, em realidade, ou três pressupostos num único ou um pressuposto temporal qualificado pela exigência de que o contrato ou contratos sejam de modalidade escrita (como, aliás, já exige o pressuposto primeiro, na sua primeira parte) e pelo fato de que sejam ininterruptos no exaurimento desse lapso qüinqüenal, legalmente preceituado para o exercício do direito à renovação. Nesse passo, existente o primeiro, soma-se o decurso ininterrupto de cinco anos, e este, por si só, estará pronto para juntar-se ao terceiro pressuposto, sem o qual, cumulativamente, não há direito à renovação.

    "*Art. 51. (...) II - o prazo mínimo do contrato a renovar ou a soma dos prazos ininterruptos dos contratos escritos seja de cinco anos; (...)*"

261. **III - EXPLORAÇÃO MÍNIMA DE TRÊS ANOS, ININTERRUPTOS, NO MESMO RAMO DE COMÉRCIO** - Como nos anteriores, também presente neste inciso o requisito temporal e a condição de ininterruptabilidade. Para completar os três pressupostos com este inciso III do artigo 51, necessário se torna que o locatário esteja explorando seu comércio pelo prazo mínimo e ininterrupto de três anos, no mesmo ramo. A sua segmentação pode ser disposta simplesmente pela exploração do mesmo ramo de comércio, pelo prazo mínimo de três anos e pela forma ininterrupta no exaurimento desse lapso de tempo. Preenchido este último pressuposto gerador do direito à renovação, o seu exercício redundará na quase certeza da procedência da ação, salvo circunstâncias outras que advenham da instrução do processo, em sentido contrário a esses requisitos.

> *"Art. 51. (...) III - o locatário esteja explorando seu comércio, no mesmo ramo, pelo prazo mínimo e ininterrupto de três anos.(...)"*

262. **EXERCÍCIO DO DIREITO POR CESSIONÁRIOS OU SUCESSORES** - Esse direito à renovação do contrato de locação comercial por parte do locatário poderá ser exercido por cessionários ou sucessores da locação, conforme explicita o § 1º deste artigo 51. E não podia ser diferente. Se o direito à renovação está calcado sobre pressupostos fáticos e jurídicos enfeixados num único instituto (direito à renovação) nada mais justo que a lei esclareça com precisão e estenda esse direito ao cessionário da locação, que é aquele que, por qualquer razão (geralmente negocial), assume a posição do locatário sainte da locação que, afinal, se mantém exatamente por causa desse ato praticado entre o locatário cedente e o compromitente cessionário. De igual sorte, este parágrafo dispõe que o exercício do direito à renovação da locação é assegurado também aos sucessores da locação. E nesse caso temos a potencialidade para duas vertentes. Pode se dar tanto em razão de sucessão negocial, por sua vez mais abrangente que a simples cessão da locação por ato simples entre locatário e compromitente cessionário, como dispõe a primeira parte do comando deste parágrafo, quanto por sucessão hereditária, do direito sucessório civil. De qualquer forma, seja uma ou outra, a sucessão negocial mais ampla que a simples cessão da locação, por ato entre vivos, ou aquela sucessão decorrente de *causa mortis*, ocasionam idêntico resultado na certeza do direito à renovação, originariamente do locatário. Ou, derivadamente, do cessionário ou sucessores.

> *"Art. 51. (...) § 1º. O direito assegurado neste artigo poderá ser exercido pelos cessionários ou sucessores da locação; no*

caso de sublocação total do imóvel, o direito a renovação somente poderá ser exercido pelo sublocatário. (...)"

263. **DIREITO À RENOVAÇÃO POR SUBLOCATÁRIO, EM SUBLOCAÇÃO TOTAL** - Nesta locução, resta abordar a segunda parte do inciso § 1º deste artigo 51, por sua vez, atinente com a sublocação total do imóvel. Em caso tal, se depreende cabalmente que o direito à renovação não poderia caber ao locatário, vez que este procedeu à sublocação total do imóvel. Desse modo, não lhe cabe o direito de ter assegurado direito à renovação exatamente pelo fato de que está distante, nada mais tem a ver com o imóvel, pois a única relação que mantinha como imóvel deixou de existir com a sublocação total e conseqüente entrega da posse do imóvel locado. Assim, é a este sublocatário que cabe o direito à renovação do contrato. E somente a este, privado que está o locatário do seu exercício, nos termos da correta e arejada disposição legal contida na parte final do parágrafo. O direito, originariamente do locatário, deixa de existir na medida em que restou deslocada a sua titularidade com a sublocação, passando este a exercer o direito à renovação em razão da direta vinculação com o imóvel objeto da locação. Ainda que de forma derivada, é somente a ele que compete a titularidade do seu exercício.

"Art. 51. (...) § 1º. O direito assegurado neste artigo poderá ser exercido pelos cessionários ou sucessores da locação; no caso de sublocação total do imóvel, o direito a renovação somente poderá ser exercido pelo sublocatário. (...)"

264. **DIREITO À RENOVAÇÃO POR LOCATÁRIO OU SOCIEDADE** - Este § 2º trata de outra situação de derivação do direito original do locatário ao exercício do direito à renovação da locação comercial. Nessa visualização do direito, e quando o contrato autorizar que o locatário utilize o imóvel para as atividades de sociedade de que faça parte e que a esta passe a pertencer o fundo de comércio, o direito à renovação poderá ser exercido pelo locatário ou pela sociedade. Aqui verifica-se o caso de concorrência do exercício ao direito legislado. Apenas o submete ao caso específico, porém comum, em que o locatário aluga o imóvel para nele instalar empresa comercial ou civil com fins lucrativos que ainda não está constituída legalmente, ocasião em que exige do locador a autorização para o funcionamento da sociedade da qual vai participar. A lei, no entanto, exige mais para caracterizar a concorrência do direito ao impor a condição legal de que o fundo de comércio passe a pertencer à sociedade. Sendo esta a situação concreta em exame,

e existente a autorização no contrato de locação inicialmente firmado com o locatário e o fundo de comércio transferido para a sociedade, resta o direito parcialmente derivado para garantir a concorrência desse direito à renovação da locação tanto ao locatário (pessoa física) como à sociedade instalada no imóvel, da qual faça parte o locatário.

> *"Art. 51. (...) § 2º. Quando o contrato autorizar que o locatário utilize o imóvel para as atividades de sociedade de que faça parte e que a esta passe a pertencer o fundo de comércio, o direito a renovação poderá ser exercido pelo locatário ou pela sociedade. (...)"*

265. **SÓCIO SOBREVIVENTE SUB-ROGADO NO DIREITO À RENOVAÇÃO** - Outro caso de derivação do direito originário. Neste enfoque da locatária sociedade comercial que se dissolve pela morte de um dos dois sócios. E se afirma ser de apenas de dois sócios (que a lei não diz) a sociedade comercial dissolvida porquanto a preceituação legal destina ao sócio sobrevivente a sub-rogação no direito à renovação. Trata-se, à evidência, de sociedade comercial composta de duas pessoas, cujos atos constitutivos (geralmente nominados de contratos sociais, para as sociedades por cotas de responsabilidade limitada, a sua imensa generalidade, ou os estatutos sociais, para as sociedades anônimas - com casos mais raros de restarem apenas dois sócios), não sendo o caso de pensar-se em sociedades cooperativas, por ter cunho social a participação de lucros existentes, ou das sociedades civis com ou sem fins lucrativos, por não se constituírem em sociedades comerciais, conforme expressa o comando legal contido neste parágrafo. De qualquer modo, ainda não é o bastante para que o sócio sobrevivente possa exercer o direito à renovação. Esse direito somente se completa sob o pressuposto de que continue no mesmo ramo de negócio exercido pela sociedade comercial dissolvida. Se assim for, fica ele, sócio sobrevivente, sub-rogado no direito à renovação do contrato de locação comercial firmada pela sociedade comercial dissolvida por morte de um de seus dois integrantes. Situação, aliás, cujos atos constitutivos geralmente prevêem nesse sentido da dissolução, e só eventualmente, na sua continuidade, com a integração de herdeiro ou sucessor, se existentes.

> *"Art. 51. (...) § 3º. Dissolvida a sociedade comercial por morte de um dos sócios, o sócio sobrevivente fica sub-rogado no direito a renovação, desde que continue no mesmo ramo. (...)"*

266. **DIREITO À RENOVAÇÃO POR INDÚSTRIAS E SOCIEDADES CIVIS** - Neste § 4º do artigo 51, temos o caso de extensão do direito à renovação para as locações celebradas por indústrias e sociedades civis com fins lucrativos. Não havia motivos, em verdade, para ser diversa a disposição legal. Trata-se nesta seção da locação não-residencial, que pode ser comercial, industrial, sociedade civil com fim lucrativo, ou mesmo para sociedades benemerentes, cooperativas, sociedades civis sem fins lucrativos, filantrópicas, de utilidade pública, etc. Portanto, às indústrias e sociedades civis com fins lucrativos está estendido o direito à renovação da locação. Preciso, no entanto, que sejam regularmente constituídas. Ou seja, com atos constitutivos devidamente registrados nos órgãos competentes. Mas o exercício desse direito somente se completa, de igual modo como aos demais casos, se ocorrentes os pressupostos previstos neste artigo 51 (nos incisos I, II e III), cumulativamente, segundo a expressão e teor do seu *caput* (ver locuções 249 a 251).

> *"Art. 51. (...) § 4º. O direito a renovação do contrato estende-se às locações celebradas por indústrias e sociedades civis com fim lucrativo, regularmente constituídas, desde que ocorrentes os pressupostos previstos neste artigo. (...)"*

267. **DECADÊNCIA DO DIREITO À RENOVAÇÃO** - À previsão legal de um direito legislado com a cominação de decadência sempre lhe corresponde (ou deve corresponder) a fixação de um tempo legalmente definido para o seu exercício. Vale dizer, o direito é garantido por lei para aquele a quem é assegurado, mas também é garantido um prazo para aquele que vai suportá-lo. E isso para que esse direito não se transforme numa espada sobre a cabeça daquela pessoa que deve suportá-lo, caso não souber quando e como deve ser ele exercido por aquele que detém o direito legal. Se o que tem o direito não exercê-lo no prazo legal, resta, por conseqüência, desobrigado o que devia suportá-lo. Ou seja, são categorias de direito que não se perenizam no tempo, como a maioria, e nem poderiam, porquanto a dinâmica social comanda a dinâmica jurídica na medida em que esta decorre do agir social que a compõe, e também pela própria dinâmica da vida que afeta a todos nós, queiramos ou não, circunstâncias que o próprio direito reconhece, não admitindo o seu exercício ao talante daquele a quem é assegurado ou garantido. E aqui temos um caso de decadência, explicitamente considerado, como todos devem ser. Este § 5º, portanto, ao finalizar as disposições do artigo 51, comina de decadência o exercício do direito à renovação, fixando-lhe o interregno de tempo no qual

pode ele ser exercido. Prazo de decadência, por isso mesmo, é aquele lapso temporal que vai de tal data (ou de tal fato) até outra data, e pelo espaço de tempo que a lei fixar. Neste contexto, temos que do direito à renovação decai aquele que não propuser a ação no interregno de um ano, no máximo, até seis meses, no mínimo, anteriores à data da finalização do prazo do contrato em vigor. O prazo máximo é de um ano. O mínimo, de seis meses. O fato que o baliza para situá-lo no tempo é o fim do prazo do contrato em vigor. A nota vital e marcante é a anterioridade na propositura da ação, no interregno máximo de um ano e mínimo de seis meses, anteriores ao fim do contrato. O não-exercício, ou o exercício fora do prazo (um dia depois que seja) da ação de renovação do contrato (a ação renovatória) significa perda do direito à renovação da locação. A atenção do locatário, portanto, precisa, com redundância, ser tecnicamente precisa, ou o seu direito não existe.

"Art. 51. (...) § 5º. Do direito a renovação decai aquele que não propuser a ação no interregno de um ano, no máximo, até seis meses, no mínimo, anteriores à data da finalização do prazo do contrato em vigor."

268. **CAUSAS QUE DESOBRIGAM O LOCADOR À RENOVAÇÃO** - Este artigo 52, alinha a partir de seu *caput*, o comando cogente de que o locador não estará obrigado a renovar o contrato se ocorrerem as circunstâncias elencadas nos seus incisos I e II e §§ 1º ao 3º, ocorrências tais que para surtir o efeito aqui preceituado há de estar devidamente caracterizado e ser cabalmente comprovado, caso necessário. Nesse passo, serão analisadas cada uma delas nas locuções que se seguem (nºs 269 a 272), bem como as situações que a lei impõe para a desconsideração de uma ou de outra dessas causas, nos casos e condições que enuncia.

"Art. 52. O locador não estará obrigado a renovar o contrato se: (...)"

269. **OBRAS DETERMINADAS PELO PODER PÚBLICO QUE IMPORTEM EM RADICAL TRANSFORMAÇÃO** - Neste inciso I, o legislador esclarece que o locador não estará obrigado a renovar o contrato se, por determinação do Poder Público, tiver que realizar no imóvel obras que importarem na sua radical transformação; ou para fazer modificação de tal natureza que aumente o valor do negócio ou da propriedade. Portanto, primeira circunstância fática a observar é que as obras que diz ter que realizar o locador estejam determinadas pelo Poder Público. Ou seja, não se trata de iniciativa do locador na obtenção de licenciamento para obra tal ou qual, mas

de ato que decorre do poder de império do Poder Público, que pode ser, propriamente, o ente municipal, mesmo estadual ou federal, ao teor da discricionariedade do ato administrativo e na conformidade da necessariedade da obra que determina seja realizada no imóvel objeto da locação em causa. No entanto, tal não basta. Preciso será que a obra determinada pelo Poder Público importe ou implique a radical transformação do imóvel. Somente assim estará exonerado, excluído, o locador da obrigatoriedade de curvar-se ao direito à renovação do locatário, da locação em curso.

"Art. 52. (...) I - por determinação do Poder Público, tiver que realizar no imóvel obras que importarem na sua radical transformação; ou para fazer modificação de tal natureza que aumente o valor do negócio ou da propriedade; (...)"

270. OBRAS DE MODIFICAÇÃO QUE AUMENTEM O VALOR DO NEGÓCIO OU DA PROPRIEDADE - Esta parte final do inciso I é praticamente igual à sua primeira parte. O destaque somente tem sentido na exata medida em que se trata, na verdade, de outra hipótese, ainda que diretamente vinculada à primeira, mas que de radical transformação no imóvel não se cuida, embora modificação bastante para elidir a obrigatoriedade do locador na renovação do contrato. Por isso, como na locução anterior, o primeiro passo é observar se as obras que diz ter que realizar o locador estejam determinadas pelo Poder Público. Ou seja, não se trata de iniciativa do locador na obtenção de licenciamento para obra tal ou qual, mas de ato que decorra do poder de império do Poder Público, que pode ser, propriamente, o ente municipal, mesmo estadual ou federal, ao teor da discricionariedade do ato administrativo e na conformidade da necessariedade da obra que determina seja realizada no imóvel objeto da locação em causa. Entrementes, isso não é tudo, não basta para a incidência do comando contido no inciso. Preciso será que a obra determinada pelo Poder Público importe ou implique modificação de tal natureza que aumente o valor do negócio ou da propriedade. Somente assim estará exonerado, excluído, o locador da obrigatoriedade de curvar-se ao direito à renovação do locatário, da locação em curso. Por outro lado, nesta segunda parte do inciso em exame, não hesito em considerar que ela é alcançada pelo expresso comando que o inicia pela acepção "por determinação do Poder Público", pois seguido da conjunção alternativa "ou", logo depois de "radical transformação;" (com ponto e vírgula - a meu ver sem cabimento). Fosse a idéia do legislador possibilitar ao locador fazer modificação de tal natureza que aumente o valor do

negócio ou da propriedade, por iniciativa própria, sem que houvesse a determinação cogente do Poder Público, por certo que teria posto o dispositivo em outro inciso, como, aliás, recomenda a técnica legislativa. Assim, em caso de radical transformação do imóvel (locução nº 269) ou modificação que aumente o valor do negócio ou da propriedade, por determinação do Poder Público, estará o locador desobrigado de renovar o contrato com o locatário.
"Art. 52. (...) I - (...) ou para fazer modificação de tal natureza que aumente o valor do negócio ou da propriedade; (...)"

271. SE O IMÓVEL VIER A SER UTILIZADO PELO LOCADOR - Trata o inciso II deste artigo 52 de mais uma causa que desobriga o locador de renovar o contrato de locação. E nesse caso, tal se dá quando ele próprio venha a utilizar o imóvel. Relevante aqui referir as reservas contidas no § 1º, por sua vez, atinentes tanto com a primeira como com a segunda parte do inciso, esta pertinente com a situação em que não venha ele próprio a utilizar o imóvel, mas quando utilizá-lo para transferência de fundo de comércio existente há mais de um ano, sendo detentor da maioria do capital o locador, seu cônjuge, ascendente ou descendente, examinada na locução seguinte.
"Art. 52. (...) II - o imóvel vier a ser utilizado por ele próprio ... (...)"

272. TRANSFERÊNCIA DE FUNDO DE COMÉRCIO EXISTENTE HÁ MAIS DE UM ANO - Esta causa que desobriga o locador de renovar a locação do imóvel com o locatário está diretamente ligada ao critério jurídico de âmbito comercial que privilegia os atos e as práticas de comércio atinentes com o fundo de comércio. Portanto, sendo este o caso em que o locador precise utilizar o imóvel objeto da locação para transferência desse fundo de comércio, a lei impõe algumas condicionantes. A primeira diz com o prazo de sua existência. No caso, mais de um ano (um ano e dia já serve, desde que juridicamente caracterizados). A segunda, com a qualidade que deve possuir o locador de ser o detentor da maioria do capital desse fundo de comércio. Nesse ponto, o regramento legal estende a desoneração na obrigatoriedade de renovar a locação se o detentor da maioria do capital for o cônjuge do locador, um ascendente ou um descendente seu. No mais, torna-se significativo não olvidar as reservas que sobre este inciso II dispõe o § 1º, analisados nos verbetes seguintes.
"Art. 52. (...) II - (...) ou para transferência de fundo de comércio existente há mais de um ano, sendo detentor da maioria do

capital o locador, seu cônjuge, ascendente ou descendente. (...)"

273. **NO INCISO II, IMÓVEL NÃO PODERÁ SE DESTINAR AO MESMO RAMO DO LOCATÁRIO** - Quando se der o caso de o locador estar desobrigado de renovar a locação por incidência fundamentada no inciso II, o imóvel não poderá ser destinado ao uso do mesmo ramo do locatário, quer o utilize para si próprio ou para a transferência de fundo de comércio existente há mais de um ano. Esse cuidado legal é de todo significativo para o locatário, pois lhe rende a certeza de que o locador não poderá usurpar o trabalho que exerceu na angariação e atendimento da clientela que, nesse ponto da relação locatícia (quase cinco anos), já guarda senão fidelidade ao estabelecimento, ao menos relação de conhecimento que imprime maior desenvoltura na decisão para a realização dos negócios aí desenvolvidos. Por isso, para preservar o desempenho do locatário, o locador não poderá usar o imóvel para exercer o mesmo ramo de comércio até então aí exercido. Outro deve ser o ramo de comércio (ou negócios), e no exato sentido de evitar provável e certa indenização (§ 3º, locução nº 276), caso não configurado o regular exercício da disposição legal aqui contida. Outra situação se desdobra deste inciso em sua segunda parte, a partir do acréscimo da acepção "salvo", vista em destaque, a seguir, quando o locador poderá utilizar o imóvel no mesmo ramo de comércio do locatário.

"Art. 52. (...) § 1º. Na hipótese do inciso II, o imóvel não poderá ser destinado ao uso do mesmo ramo do locatário, (...)"

274. **NO INCISO II, IMÓVEL PODERÁ SE DESTINAR AO MESMO RAMO DO LOCATÁRIO SE ENVOLVER FUNDO DE COMÉRCIO** - Neste destaque, assim como preservado o direito do locatário na primeira parte do comando, aqui a preservação dá-se pelo direito do locador que tenha locado o imóvel envolvendo fundo de comércio, as instalações e pertences. Sim, porque não pode ser privado de voltar a usar o que antes já possuía, ao resolver não renovar a locação e passar ele mesmo a utilizar o imóvel e, claro, sendo este o caso, a exercer o mesmo ramo de comércio do locatário, que apenas deu continuidade ao que no imóvel já fora implantado pelo locador. Para evitar dissabores, é de todo necessário que a situação esteja bem caracterizada no contrato de locação do imóvel, para nele constar que a locação envolve também o fundo de comércio, as instalações e os pertences. Assim procedendo o locador, o prejuízo resta afastado e o seu direito plenamente assegurado.

"Art. 52. (...) § 1º. Na hipótese do inciso II, o imóvel não poderá ser destinado ao uso do mesmo ramo do locatário, salvo se a locação também envolvia o fundo de comércio, com as instalações e pertences. (...)"

275. **LOCAÇÕES DE ESPAÇO EM *SHOPPING CENTERS*, IMPOSSIBILIDADE DE RECUSA À RENOVAÇÃO COM BASE NO INCISO II** - Este § 2º do artigo 52 não deixa margem a qualquer dúvida sobre a impossibilidade de o locador recusar a renovação com fundamento no inciso II nas locações de espaço em *shopping centers*. Com isso, o legislador deixa claro que locação de espaço em *shopping centers* não é a mesma coisa que a locação de imóvel, tipicamente considerado para os fins desta lei. Este espaço é um imóvel, sabidamente, porém, de um tipo que não está ainda enquadrado senão nele mesmo, e a partir da sua própria concepção jurídica. E essa concepção não permite o seu enquadramento como um imóvel no qual exista condomínio tradicional ou no condomínio horizontal (ou vertical) ou tampouco de que seja ele um bem uno destinado exclusivamente ao uso de seu idealizador. Em outras palavras, construtivamente é um imóvel comum, embora normalmente de proporções agigantadas, cuja realização construtiva exija os cuidados especiais e específicos necessários para as obras de grande porte e de amplo fluxo de público. É a sua concepção jurídica, no entanto, que o faz um imóvel incomum, na medida em que lá não existem unidades autônomas ou áreas comuns, como no condomínio vertical, regido por lei especial, tratando-se, de regra, de imóvel único, onde as partes de circulação e os espaços destinados à locação podem variar no tempo, consoante a vontade e os interesses do empreendedor, na conformidade da conjuntura econômica temporal que enfrentar. Por outro lado, essa locação de espaço de *shopping centers* torna-se uma locação complexa, que refoge um pouco do âmbito estrito da legislação inquilinária comum, porquanto depende dos elementos que integram o contrato, tais como a publicidade institucional, a forma de modalidade ou possibilidade de publicidade cooperativada, a publicidade específica nesse espaço, ou o sistema de cobrança da locação, se por metro quadrado de espaço a preço fixo, se por preço fixo mais percentual (variável ou fixo) sobre as vendas realizadas mensalmente. Sistema esse que varia, inclusive, no que respeita ao tamanho médio do espaço locado, sua localização ou situação no empreendimento como loja âncora (a que escora, a que segura, a que ponteia), por exemplo, até porque está, de regra, localizada nas extremidades da

construção, nas pontas ou cantos, conforme a sua configuração de planta baixa ou física, o tamanho e a situação do empreendimento dentro da cidade ou município. Portanto, perfeito o discernimento do legislador ao não confundir o locador de um imóvel comercial qualquer com o locador de espaço em *shopping centers*, que outro não é senão o empreendedor, geralmente titular de todos os espaços locados ou a locar. Nesse teor legislado, não vale, não tem incidência, o comando do inciso II do artigo 52 ao locador desses espaços que, por isso mesmo, não pode recusar a renovação do contrato.

"*Art. 52. (...) § 2º. Nas locações de espaço em* shopping centers, *o locador não poderá recusar a renovação do contrato com fundamento no inciso II deste artigo. (...)*"

276. DIREITO DO LOCATÁRIO À INDENIZAÇÃO - Contém este § 3º do artigo 52, o disciplinamento legal do direito de indenização do locatário, nos casos em que não houver a renovação do contrato, seja em razão de proposta de terceiro em melhores condições ou porque o locador não deu o destino alegado ou não iniciou as obras determinadas pelo Poder Público ou as que declarou pretender realizar, hipóteses que serão objeto de análise em locuções próprias. Nesta locução, importa tratar do direito do locatário à indenização. Nos exatos termos da lei, ela implica ressarcimento dos prejuízos e dos lucros cessantes que tiver que arcar com a mudança, perda do lugar e desvalorização do fundo de comércio. São duas, portanto, as espécies indenizatórias, os danos emergentes e os lucros cessantes. Os fundamentos, por sua vez, são a mudança, a perda do lugar e a desvalorização do fundo de comércio. Note-se que a indenização incide sobre cada um dos fundamentos, não bastando pensar-se, por exemplo, somente na mudança, que implicaria, *a priori*, a quantia gasta com a remoção e o transporte. Então, tudo que for gasto ou que for necessário gastar para proceder à mudança, seja em preparo da remoção das instalações e pertences, na remoção e no transporte, propriamente ditos, como na sua reinstalação, implicam danos emergentes, aos quais devem ser acrescidos os lucros cessantes, com fulcro na perda do lugar e na desvalorização do fundo de comércio. Trata-se, a meu ver, de adequada indenização porquanto dentro do critério legal, doutrinário e jurisprudencial de que ela deve ser a mais ampla possível, considerados o universo e as partes envolvidas. E no caso, com real fundamento econômico na sua primeira parte que condiz com o fato de o locador não renovar o contrato em razão de proposta de terceiro, em melhores condições. Ora, se a locação nova é mais

vantajosa para o locador, nada mais natural que, por essa mesma razão, suporte os ônus que deu causa com a recusa. Se for uma das outras causas, o suporte é outro, mas não menos importante, na medida em que calcada na responsabilidade civil objetiva daquele que recusa a renovação, e para atingir o mesmo efeito, reparativo ressarcitório, em prol do locatário, enquanto punitivo para o locador.

"Art. 52. (...) § 3º. O locatário terá direito a indenização para ressarcimento dos prejuízos e dos lucros cessantes que tiver que arcar com a mudança, perda do lugar e desvalorização do fundo de comércio, (...)"

277. NÃO-RENOVAÇÃO POR MELHOR PROPOSTA DE TERCEIRO - É uma hipótese legal de não-renovação da locação pelo locador. E nesse aspecto, torna-se direito do locador, visto que a lei não poderia impedir que este, perante proposta de terceiro, em melhores condições, optasse pelo locatário, com proposta inferior. O contraponto ou a contrapartida resulta na reparação que deve fazer ao locatário, pela decisão tomada. Portanto, esse é o ponto nodal da questão. Exercer ou não o direito de não renovar a locação em razão da melhor proposta de terceiro? Necessário o cotejo entre a proposta e a avaliação que faça dos ônus que a decisão irá lhe causar, pois mais que provável a exigência de reparação por parte do locatário, extrajudicial ou judicialmente, quando será praticamente certa a procedência da ação ajuizada, com a condenação líquida para pronta execução (após trânsito em julgado) ou remetida a sua apuração para liquidação de sentença. De qualquer forma, para deliberar sobre isso, bom mesmo para o locador será a adequada utilização do bom-senso, em níveis acima da média geral.

"Art. 52. (...) § 3º. O locatário terá direito a indenização para ressarcimento dos prejuízos e dos lucros cessantes que tiver que arcar com a mudança, perda do lugar e desvalorização do fundo de comércio, se a renovação não ocorrer em razão de proposta de terceiro, em melhores condições, (...)"

278. SE LOCADOR NÃO DER O DESTINO AO IMÓVEL OU NÃO INICIAR AS OBRAS - Esta parte final do § 3º do artigo 52 explicita e conclui as causas que obrigam o locador a indenizar o locatário pela ação deliberada de não renovar a locação. E tal ocorre quando não der o destino alegado para o retomada do imóvel. Ocorre ela, por outro lado, quando não iniciar as obras determinadas pelo Poder Público que, por sua vez, constituiu fundamento para a ação de retomada. Ou ainda, quando não iniciar as obras que

declarou pretender realizar, igualmente como fundamento da ação que retomou o imóvel. Para qualquer dessas situações ou hipóteses legais, o prazo legal é de três meses, contados da entrega do imóvel. Portanto, passado esse prazo, sem que tenha dado o destino alegado ou não iniciado as obras, está deflagrada a potencial capacidade de o locatário obter a indenização para ressarcimento dos prejuízos e dos lucros cessantes que tiver arcado com a mudança, perda do lugar e a desvalorização do fundo de comércio, por não ter ocorrido a renovação da locação com o locador, fundado em uma dessas hipóteses. Ao locador, portanto, que não deseje arcar com tais ônus, somente resta cumprir a lei nos seus estritos ditames. Em caso contrário, como alhures afirmado, parece-me inevitável a condenação judicial à reparação legalmente devida ao locatário.

"Art. 52. (...) § 3º. O locatário terá direito a indenização para ressarcimento dos prejuízos e dos lucros cessantes que tiver que arcar com a mudança, perda do lugar e desvalorização do fundo de comércio, (...) ou se o locador, no prazo de três meses da entrega do imóvel, não der o destino alegado ou não iniciar as obras determinadas pelo Poder Público ou que declarou pretender realizar."

279. RESCISÃO DAS LOCAÇÕES DE IMÓVEIS DE USO ESPECIAL - Este artigo 53 cuida de disciplinar os casos de rescisão das locações de imóveis enquadrados em qualidades especiais de ocupação, como são as situações de hospitais, unidades sanitárias oficiais, asilos, estabelecimentos de saúde, estabelecimentos de ensino autorizados e fiscalizados pelo Poder Público e as entidades religiosas devidamente registradas. Se a locação estiver num desses casos, a sua rescisão somente pode ocorrer se configuradas uma das hipóteses do artigo 9º (inciso I), já abordadas nas locuções nos 76 a 79, ou quando o locador pedir o imóvel para demolição, edificação ou reforma com aumento de 50% de área útil (inciso II). Note-se que, nesse caso, o locador, na condição de proprietário, promissário comprador ou promissário cessionário, deve comprovar o caráter irrevogável do negócio, estar imitido na posse do imóvel, estar com o título registrado, que tenha quitado o preço da promessa ou, não o tendo feito, esteja autorizado pelo proprietário para pedir o imóvel para demolição, edificação licenciada ou reforma que resulte em acréscimo mínimo de 50% de área útil ao imóvel. Os imóveis que integram este disciplinamento, pela sua peculiaridade e caráter especial claramente evidenciado pelo regramento legal, constam como verbete ou locução próprios para melhor localização e con-

sulta, ainda que a esta locução se reporte cada um ou cada uma delas.

280. HOSPITAIS - São os primeiros imóveis que a lei considera, a meu sentir, como especiais, e para restringir as rescisões apenas aos casos e situações que menciona no inciso I, por sua vez, restritos às hipóteses do artigo 9º e de demolição, edificação ou reforma, nas condições especificadas pelo inciso II, como explicitado na locução nº 279. A definição alcança hospitais privados ou públicos, visto que a lei não especializa um ou outro, e assim tornando a expressão ampla e irrestrita para alcançar qualquer hospital.

281. UNIDADES SANITÁRIAS OFICIAIS - Pela ordem posta na lei, é a segunda das categorias de imóveis de ocupações qualificadas e definidas como especiais para fins de rescisão da locação. Nesta acepção, a lei é clara ao impedir que unidades sanitárias particulares tenham ou venham a usufruir da condição que a lei objetiva. Ainda que não compreenda inteiramente em que consistiria, exatamente, essa discriminação legal, somente as unidades sanitárias oficiais estão cobertas pela rescisão devidamente motivada, consoante ao que foi exposto na locução nº 279. E qual seria, realmente, para os fins preceituados na lei de locação de imóveis urbanos, a diferença entre unidades sanitárias oficiais e unidades sanitárias particulares ou não-oficiais?

282. ASILOS - É a terceira categoria de ocupação de imóveis visados pelo artigo. E bem se compreende, como as demais, o amplo valor social da disposição legal, especialmente num país em que é muito difícil para o indivíduo conseguir trabalho depois dos quarenta anos, o que facilita, sobremaneira, a marginalização e a conseqüente procura por estes lares coletivos, sempre às voltas com grandes dificuldades financeiras e pela exata razão de que são carentes de atenção e de recursos públicos, pois os recolhidos em regra possuem pouco ou quase nenhum recurso. De outro lado, no entanto, estão os que prestam bom ou excelente atendimento e conseguem equilibrar as despesas com as receitas advindas de associações comunitárias, empresas e comunidades em geral. Num ou noutro caso, portanto, de suma importância a exigência legal de rescisão da locação, devidamente motivada, conforme já enunciado na locução nº 279.

283. ESTABELECIMENTOS DE SAÚDE - Os imóveis que abrigam estabelecimentos de saúde constituem a quarta referência legal do *caput* do artigo 53, somente podendo ocorrer a rescisão de forma

motivada, quer pelas hipóteses do artigo 9º ou para demolição, edificação ou reforma, nos moldes como o define o inciso II. A lei não diferencia os estabelecimentos de saúde. Por isso, podem ser tanto públicos quanto privados.

284. ESTABELECIMENTOS DE ENSINO AUTORIZADOS E FISCALIZADOS PELO PODER PÚBLICO - Trata-se aqui da quinta categoria de locações enunciados por este artigo, conforme já abordado na locução nº 279, para a rescisão da locação, apenas motivadamente. Saliento que a lei é específica. Os estabelecimentos de ensino devem ser autorizados e fiscalizados pelo Poder Público. Primeira condição, portanto, é a autorização do Poder Público para funcionamento. Como segunda, vige a condição de que devem sofrer a fiscalização do Poder Público. Nesse passo, somente esses estão cobertos pelo disciplinamento do artigo 53. As escolas particulares de idiomas, por exemplo, ainda que autorizadas para funcionar, não se enquadram na disposição aqui analisada, caso não sofram, sobre o idioma ou idiomas ministrados, a fiscalização do Poder Público.

285. ENTIDADES RELIGIOSAS DEVIDAMENTE REGISTRADAS - É a sexta e última categoria de locações que a lei considera no artigo 53 para exigir a sua denúncia motivada. E decorre de acréscimo produzido pela Lei nº 9.256, de 09.01.96, modificando a redação original, e já integrada no texto atual. No entanto, não se cuida de qualquer entidade religiosa, mas sim de qualquer entidade religiosa devidamente registrada. Ou seja, estando ela registrada nos órgãos pertinentes, está coberta por esta preceituação.

"Art. 53. Nas locações de imóveis utilizados por hospitais, unidades sanitárias oficiais, asilos, estabelecimentos de saúde, e de ensino autorizados e fiscalizados pelo Poder Público, bem como por entidades religiosas devidamente registradas, o contrato somente poderá ser rescindido: (Redação dada ao caput pela Lei nº 9.256, de 09.01.96)

I - nas hipóteses do art. 9º;

II - se o proprietário, promissário comprador ou promissário cessionário, em caráter irrevogável e imitido na posse, com título registrado, que haja quitado o preço da promessa ou que, não o tendo feito, seja autorizado pelo proprietário, pedir o imóvel para demolição, edificação licenciada ou reforma que venha a resultar em aumento mínimo de cinqüenta por cento da área útil."

286. **LOJISTAS E EMPREENDEDORES DE *SHOPPING CENTERS*** - O artigo 54 põe em evidência as relações entre lojistas e empreendedores de *shopping centers* para dispor que prevalecerão as condições livremente pactuadas nos contratos de locação respectivos e as disposições procedimentais previstas na lei ora em exame. *Mutatis mutandis*, é a reiteração do artigo 17 que afirma livre a convenção do aluguel. Em outras palavras, é a liberdade de contratar vista sob o enfoque de pessoas mais esclarecidas no sentido de possuírem maior grau de informação negocial, como é o caso de lojistas de *shopping centers*, pois aqui não existe a restrição do precitado artigo 17 no que respeita aos critérios de reajustes, previstos em legislação específica. Sobre a possibilidade de discernimento e avaliação de contratar ou não com o empreeendedor, ninguém há de duvidar da maior capacidade deste com relação a um locatário residencial qualquer. Até porque, parte de um pressuposto negocial com o qual aquele não conta, senão com o seu emprego ou trabalho. De qualquer forma, essas relações entre lojistas e empreendedores não podem evitar ou afastar as disposições procedimentais previstas nesta lei (artigos 58 a 75), pois são elas que cuidam das relações de direito processual locatício, quando se dá o caso de conflito entre locatário e locador (ou lojista e empreendedor).

> *"Art. 54. Nas relações entre lojistas e empreendedores de* shopping center, *prevalecerão as condições livremente pactuadas nos contratos de locação respectivos e as disposições procedimentais previstas nesta Lei.(...)"*

287. **LOCATÁRIO EM *SHOPPING CENTER*, COBRANÇAS VEDADAS** - Este comando objetiva esclarecer quais despesas o empreendedor está vedado de cobrar do locatário em *shopping center*. Não pode ele cobrar as despesas referidas nas alíneas *a*, *b*, e *d* do par. único do artigo 22 (§ 1º, *a*). E são elas, obras de reformas ou acréscimos que interessem à estrutura integral do imóvel (a); pintura das fachadas, empenas, poços de aeração e iluminação, bem como das esquadrias externas (b); e indenizações trabalhistas e previdenciárias pela dispensa de empregados, ocorridas em data anterior ao início da locação. E nessa última parte, desimporta se tais despesas decorrem de dispensa ocorridas em data anterior à locação, ou posterior, tanto faz, pois a vedação é total em relação a essa despesa referida (alínea *d*, art. 22) pela disposição legal. São vedadas, igualmente, a cobrança de despesas com obras ou substituições de equipamentos que impliquem a modificação do projeto ou do memorial

descritivo da data do "habite-se", bem como aquelas relativas a obras de paisagismo nas partes de uso comum. Sobressai, como visto, uma relação em que fica mais afastada a ingerência estatal, no dimensionamento que se pode fazer entre locação residencial, locação não-residencial e nesta, a locação de espaço em *shopping center*. É relação mais complexa, porém, mais dirigida e por isso mesmo, capaz de justificar o interesse legal nessa maior gestão privada na contratação, restringindo-se a intervir apenas no essencial.

"*Art. 54. (...) § 1º. O empreendedor não poderá cobrar do locatário em* shopping center*:*
a) as despesas referidas nas alíneas a, b, e d do parágrafo único do art. 22; e
b) as despesas com obras ou substituições de equipamentos, que impliquem modificar o projeto ou o memorial descritivo da data do habite-se e obras de paisagismo nas partes de uso comum. (...)"

288. DESPESAS PREVISTAS EM ORÇAMENTO - As despesas que o empreendedor cobrar do locatário devem estar previstas em orçamento. É a regra geral que nesse ponto tem aplicação, pois não se justifica a cobrança sem uma previsão de custos. A exceção corre por conta de casos de urgência ou força maior, devidamente demonstradas, casos em que pode o empreendedor cobrar despesas não previstas em orçamento. Portanto, não adianta a ocorrência de urgência ou força maior. É preciso que ela seja demonstrada pelo empreendedor para justificar a cobrança fora do orçamento. Por outro lado, a cada sessenta (60) dias pode o locatário, por si mesmo ou por sua entidade representativa de classe, exigir a comprovação tanto daquelas previstas em orçamento quanto das que tenham sido exigidas e demonstradas em razão de urgência ou força maior. E é óbvio, sem olvidar as despesas que o empreendedor está proibido de cobrar do locatário, vistas na locução nº 287.

"*Art. 54. (...) § 2º. As despesas cobradas do locatário devem ser previstas em orçamento, salvo casos de urgência ou força maior, devidamente demonstradas, podendo o locatário, a cada sessenta dias, por si ou entidade de classe exigir a comprovação das mesmas.*"

289. EXTENSÃO DA DEFINIÇÃO DE LOCAÇÃO NÃO-RESIDENCIAL - Este artigo 55 completa o que antes já fora enfeixado na locução nº 257. Nesse sentido, a lei procurou estender a definição de locação não-residencial quando se trate de locação destinada ao

uso de pessoas ligadas a atividades não caraterizadas como tipicamente residenciais. Para isso, considera locação não-residencial quando o locatário for pessoa jurídica e o imóvel se destinar ao uso de seus titulares, de seus diretores, sócios, gerentes, executivos ou empregados. Pessoas, enfim, que só se qualificam desse modo em razão direta da atividade não-residencial que justifica a locação em causa, ainda que destinada à locação para uso típico residencial. Portanto, a ordem física das coisas ou das situações não mudam pela simples vontade do legislador. O que a lei faz é apenas uma extensão do conceito de locação não-residencial para uma locação residencial, quando a ela esteja atrelada uma pessoa jurídica como locatário, e o imóvel tenha como destino uma das pessoas que refere, por vínculo ou causação direta da atividade ou do objetivo social, próprios das iniciativas do comércio, indústria, das sociedades civis, etc.

"Art. 55. Considera-se locação não residencial quando o locatário for pessoa jurídica e o imóvel destinar-se ao uso de seus titulares, diretores, sócios, gerentes, executivos ou empregados."

290. CESSAÇÃO DA LOCAÇÃO NÃO-RESIDENCIAL - O objetivo deste artigo 56 não difere praticamente em nada do artigo 46, que dispõe sobre a resolução da locação residencial. Sua clareza solar não admite dúvidas. O contrato por prazo determinado cessa, de pleno direito, findo o prazo estipulado, independentemente de notificação ou aviso. O único reparo pertine com o início do *caput* ao dispor que "Nos demais casos de locação não residencial ..." quando o correto deveria ser "Na locação não residencial, o contrato por prazo ...etc." E assim é, porquanto não existem outros casos anteriormente dispostos que contrariem este comando da locação não-residencial. Nesse passo, aliás, bom mesmo é desprezar a expressão "Nos demais casos de", substituindo-a apenas pela conjunção "Na", e com isso ganhando tempo na evitação da procura de outros casos, inexistentes a partir do artigo 51. A locução nº 237 (art.46) tem aplicação para a locação residencial. Esta, para a locação não-residencial. Portanto, a cessação ocorre no fim do prazo estipulado, e sem que o locador tenha de notificar ou avisar o locatário. Se não quiser a prorrogação, deve o locador exercer a retomada antes de completados trinta dias da cessação.

"Art. 56. Nos demais casos de locação não residencial, o contrato por prazo determinado cessa, de pleno direito, findo o prazo estipulado, independentemente de notificação ou aviso. (...)"

291. **PRESUNÇÃO LEGAL DE PRORROGAÇÃO DA LOCAÇÃO NÃO-RESIDENCIAL** - Trata este parágrafo único do artigo 56 de idêntico comando contido no § 1º do artigo 46. O que muda é o seu âmbito de aplicação. Aquele para locação residencial; este para não-residencial. Nesse passo, idêntico também é de ser o conteúdo que o integra. E é o primeiro aspecto a merecer especial interesse do locador, pois é parcialmente modificativo do comando do *caput*, se lhe falecer atenção. Findo o prazo estipulado no contrato, o locatário deve desocupar o imóvel ante a cessação de pleno direito da locação, mas se não o fizer e o locador não tiver a intenção de continuar com o contrato, precisa exercer oposição a essa continuidade. Em caso contrário, se o locatário permanecer na posse do imóvel por mais de 30 dias, sem oposição do locador, presumir-se-á prorrogada a locação nas condições ajustadas, mas sem prazo determinado. É caso de presunção legal que beneficia diretamente o locatário, decorrente da inação do locador que não se utilizou da prerrogativa de retomar o imóvel ao término do prazo contratual, na ocorrência de sua cessação. E se quiser fazê-lo, há que se utilizar do único meio capaz de retomar o imóvel (art.5º): a ação de despejo, e que precisa ser ajuizada dentro do prazo decadencial (de perda do direito) de trinta dias, contados da cessação da locação.

"*Art. 56. (...) Parágrafo único. Findo o prazo estipulado, se o locatário permanecer no imóvel por mais de trinta dias sem oposição do locador, presumir-se-á prorrogada a locação nas condições ajustadas, mas sem prazo determinado.*"

292. **DENÚNCIA DA LOCAÇÃO NÃO-RESIDENCIAL NA PRORROGAÇÃO** - Esta disposição equivale ao comando contido no § 2º do artigo 46, para a locação residencial, e objeto da locução nº 249. E dela não difere quase nada. Portanto, após o exame do parágrafo único do artigo 56 que prorroga a locação, caso não exercida a oposição com a prerrogativa legal de retomada do imóvel, verifica-se a prorrogação da locação não-residencial por prazo indeterminado, situação que o locador pode reverter denunciando (o contrário de anunciar, dizer que não quer mais) por escrito o contrato, desde que conceda o prazo de 30 dias para a desocupação. A expressão "a qualquer tempo" foi retirada deste comando, mas não significa que não vigore. Como na locação residencial, a denúncia pode ser feita a qualquer tempo. A retomada, portanto, pode ser livremente exercida em denúncia vazia (ou desprovida de qualquer fundamento, jurídico ou não, que a justifique - por isso vazia), mas que já impõe uma condição. E trata-se ela da necessidade de noti-

ficação prévia ao locatário, para cientificá-lo da denúncia e para que desocupe o imóvel em 30 dias, voluntariamente. Caso não desocupe nesse prazo, o ajuizamento da ação de despejo é a conseqüência, cujo desfecho judicial é a sentença de procedência, que fixa o prazo para desocupação (variável conforme o caso e a situação processual), e cuja desobediência acarreta o desapossamento compulsório do imóvel, inclusive com o uso de força, se houver resistência do locatário ao cumprimento do mandado, pelo oficial de justiça designado.

"*Art. 57. O contrato de locação por prazo indeterminado pode ser denunciado por escrito, pelo locador, concedidos ao locatário trinta dias para a desocupação.*"

3. Dos procedimentos

293. TÍTULO II - Trata-se da segunda parte da lei, composta que é de três títulos: Da locação - relações de âmbito material, em dois capítulos, disposições gerais e especiais (I), dos procedimentos (II) para as relações de cunho processual, e das disposições finais e transitórias (III).

294. PROCEDIMENTOS - Engloba as disposições de âmbito processual do artigo 58 ao artigo 75. Nesta parte, portanto, o objetivo é esmiuçar, o mais possível na sua segmentação, as disposições legais que tratam das relações que decorrem do conflito ou de sua evitação na locação de imóveis urbanos, seus normais ou anormais desdobramentos. Este o desiderato na análise e comentário dos Procedimentos, das Disposições Gerais (Capítulo I), das Ações de Despejo (Capítulo II), da Ação de Consignação de Aluguel e Acessórios da Locação (Capítulo III), da Ação Revisional de Aluguel (Capítulo IV), e da Ação Renovatória (Capítulo V).

295. TÍTULO II, CAPÍTULO I - Em apenas um artigo (58), acrescido de quatro incisos, este capítulo cuida das disposições gerais que envolvem e disciplinam os procedimentos no manejo das ações decorrentes de conflitos havidos nas relações materiais locatícias.

3.1. Disposições gerais procedimentais

296. DISPOSIÇÕES GERAIS PROCEDIMENTAIS - Estas disposições gerais de procedimentos correspondem a uma introdução para o correto e adequado manejo das ações que envolvem todos os atos conseqüentes à ruptura ou conflito nas relações jurídicas materiais pertinentes à locação urbana. O disciplinamento desses atos gerais, portanto, nada mais é senão uma preparação para o enfrentamento das disposições típicas e próprias de cada uma das ações abordadas individualmente pela lei, em seus respectivos capítulos, base sem a qual aquelas restariam sem maior potencial ou com maiores pro-

babilidades de equívocos no trato específico dos preceitos que lhe são próprios. Num ou noutro caso, a questão resta superada, salvantes apenas as situações concretas em que a lei, por si só, não consiga satisfazer as partes integrantes da relação, quando alternativa não resta a não ser a dedução em juízo do direito pleiteado ou da pretensão resistida.

297. **PRESSUPOSTOS GENÉRICOS PARA AS AÇÕES LOCACIONAIS IMOBILIÁRIAS** - O artigo 58 dita as normas criadas pelo legislador para as situações que envolvam as espécies de ações que menciona: ações de despejo; ações de consignação em pagamento de aluguel e acessórios da locação, ações revisionais de aluguel e ações renovatórias de locação. Portanto, para todas essas situações, ou cada uma delas em particular, devem estar presentes estes requisitos ou pressupostos como observações típicas, pois imperativamente fixadas pelo comando legal e das quais, por isso mesmo, não se pode descurar ou proceder desvios, quaisquer que sejam. A disposição ressalva somente os casos previstos no parágrafo único do artigo 1º (*Parágrafo único. Continuam regulados pelo Código Civil e pelas leis especiais: a) as locações:1. de imóveis de propriedade da União, dos Estados e dos Municípios, de suas autarquias e fundações públicas;2. de vagas autônomas de garagem ou de espaços para estacionamento de veículos;3. de espaços destinados à publicidade;4. em apart-hotéis, hotéis-residência ou equiparados, assim considerados aqueles que prestam serviços regulares a seus usuários e como tais sejam autorizados a funcionar; b) o arrendamento mercantil, em qualquer de suas modalidades.*). Pela sua divisão e relativa extensão, serão abordados individualmente a partir dos respectivos incisos.

> "*Art. 58. Ressalvados os casos previstos no parágrafo único do art. 1º, nas ações de despejo, consignação em pagamento de aluguel e acessório da locação, revisionais de aluguel e renovatórias de locação, observar-se-á o seguinte: (...)*"

298. **I - PROCESSOS TRAMITAM DURANTE AS FÉRIAS FORENSES** - Surge este comando do entendimento do legislador de que as ações ajuizadas com base nas locações de imóveis urbanos não podem parar durante as férias forenses. E um tal posicionamento evidencia o reconhecimento legal da tamanha importância e significado que detém este segmento econômico e social que, assim como a fábrica ou a indústria da construção civil, não pode parar certas etapas do processamento depois que foram iniciadas. O contrário seria a geração de prejuízos para uma ou outra parte que vai

a juízo com o objetivo de reparar direito descurado ou não satisfeito, para que seja ele declarado e após proferida a condenação, ou para que seja tornada subsistente a pretensão resistida, ante a exigência de pseudodireito, ou falso direito. De outra banda, trata-se de comando tipicamente processual trazido diretamente do Código de Processo Civil, artigo 174, calcado que está no inciso III, que assevera que assim se procede em todas as causas que a lei federal determinar. E este o caso desta lei em exame, cujo objeto ora é examinado neste inciso I, primeira parte, do artigo 58, e cujo teor é aqui reproduzido para que bem melhor seja compreendido e utilizado.

"Código de Processo Civil. Art. 174. Processam-se durante as férias e não se suspendem pela superveniência delas: I - os atos de jurisdição voluntária bem como os necessários à conservação de direitos, quando possam ser prejudicados pelo adiamento; (...); III - todas as causas que a lei federal determinar."

299. I - E NÃO SE SUSPENDEM PELA SUPERVENIÊNCIA DAS FÉRIAS - Este destaque tem apenas função de consulta, pois o que foi abordado em relação à tramitação dos processos durante as férias forenses tem igual validade no que respeita a esta locução. Ou seja, os processos que envolvem as ações pertinentes às locações de imóveis tanto tramitam durante as férias forenses, como também não se suspendem com a superveniência das férias, quando já se tenha iniciado um procedimento qualquer relacionado com a matéria analisada, ações de despejo, ações de consignação de aluguel e acessórios da locação, ações revisionais de aluguel e as renovatórias da locação. As ações preparatórias ou incidentais que lhe forem dependentes ou correlatas, por certo que também tramitam durante as férias e não se suspendem com a superveniência delas, a partir do princípio de que o acessório segue o principal.

"Art. 58. (...) I - os processos tramitam durante as férias forenses e não se suspendem pela superveniência delas; (...)"

300. II - COMPETÊNCIA DO FORO DA SITUAÇÃO DO IMÓVEL - A regra geral é a competência do foro da situação do imóvel locado, para conhecer e julgar as ações antes referidas. Diversamente será, no entanto, se o contrato de locação contiver foro eleito pelas partes, ou foro de eleição.

301. II - COMPETÊNCIA DO FORO DE ELEIÇÃO - Pode se dar que a competência para conhecer a julgar, geral e originariamente, correspondente ao da situação do imóvel, reste excepcionado no contrato pela eleição que façam as partes. Feito isso, não prevalece

o foro de situação, mas sim aquele que as partes, de comum e consentido acordo, realizaram. Por outro lado, não custa lembrar que o foro de eleição estará subordinado ao que prevê o Código de Defesa do Consumidor, caso a sua eleição seja imposta (e aí já será foro de adesão) e seu objetivo seja o de dificultar ou impedir a defesa do direito legalmente previsto. Nesse caso, a jurisprudência é quase uníssona em desconsiderá-lo, fazendo prevalecer o foro da situação do imóvel locado.

"Art. 58. (...) II - é competente para conhecer e julgar tais ações o foro do lugar da situação do imóvel, salvo se outro houver sido eleito no contrato; (...)"

302. **III - VALOR DA CAUSA IGUAL A 12 MESES DE ALUGUEL -** O valor da causa é exigência legal na petição inicial de qualquer ação. Nos casos das ações aqui mencionadas, a disposição legal liquidou com as dúvidas existentes até o seu o advento, especialmente com relação à consignação em pagamento. Deve então, por isso mesmo, corresponder a doze meses do aluguel atual na ocasião do ajuizamento. A exceção corre por conta da situação referida no inciso II do artigo 47, quando a retomada do imóvel envolva relação de emprego, ou, mais precisamente, *"II - em decorrência de extinçao do contrato de trabalho, se a ocupaçao do imóvel pelo locatário estiver relacionada com o seu emprego;"*. Nesse caso, o valor da causa deve corresponder a três (3) salários vigentes no ajuizamento da ação.

"Art. 58. (...) III - o valor da causa corresponderá a doze meses de aluguel, ou, na hipótese do inciso II do art. 47, a três salários vigentes por ocasião do ajuizamento; (...)"

303. **IV - CITAÇÃO, INTIMAÇÃO OU NOTIFICAÇÃO PELO CORREIO -** A presente disposição apresenta a particularidade de que as partes podem fazer previsão de uma maior celeridade processual em caso de conflito sobre a relação locatícia. Nesse ponto, o comando legal relega ao contrato a definição sobre a citação, a intimação e a notificação. Se aí estiverem autorizadas, serão feitas por correspondência com aviso de recebimento (ou em outras palavras, pelo Correio, pois que não se justificaria pensar em aviso de recebimento por outro meio, por certo possível, mas de todo menos vantajoso), como aliás já possibilita o CPC (Código de Processo Civil). Igual circunstância com relação à notificação, que são aquelas de âmbito material referidas ao longo do texto legal e preparatórias para os atos da relação processual locatícia, de regra, para fins de constituir prazo para a ação de despejo, caso não atendida

voluntariamente, no prazo legal concedido. A autorização, portanto, para a prática desses atos do modo como definidos legalmente, está na alçada das partes. É de todo significativo, então, que tal seja observado quando da firmatura de um contrato de locação, por locadores e locatários. No entanto, esse critério não substitui as normas de formalização desses atos previstas no CPC, que serão, igualmente utilizados, caso necessários.

"Art. 58. (...) IV - desde que autorizado no contrato, a citação, intimação ou notificação far-se-á mediante correspondência com aviso de recebimento, (...)"

"CPC - Art. 213. Citação é o ato pelo qual se chama a juízo o réu ou o interessado a fim de se defender. Art. 234. Intimação é o ato pelo qual se dá ciência a alguém dos atos e termos do processo, para que faça ou deixe de fazer alguma coisa."

304. **IV - CITAÇÃO, INTIMAÇÃO, NOTIFICAÇÃO P/ TELEX OU FAC-SÍMILE** - O mesmo critério aplicável à pessoa física vale para a pessoa jurídica ou firma individual (que é a pessoa física a ela equiparada) e nesse caso acrescido da possibilidade de que a citação, a intimação ou a notificação se faça também por telex ou fac-símile, ou, ainda, pelas demais formas previstas no CPC, caso necessárias, como visto na locução nº 303, casos em que o requisito primeiro é que tal esteja autorizado no contrato de locação firmado pelas partes.

"Art. 58. (...) IV - desde que autorizado no contrato, a citação, intimação ou notificação far-se-á mediante correspondência com aviso de recebimento, ou, tratando-se de pessoa jurídica ou firma individual, também mediante telex ou fac-símile, ou, ainda, sendo necessário, pelas demais formas previstas no Código de Processo Civil; (...)"

305. **V - RECURSOS COM EFEITO SOMENTE DEVOLUTIVO** - Os recursos aforados contra as sentenças prolatadas nas ações mencionadas (despejo, consignação de aluguel, revisional de aluguel e renovatória de locação) serão recebidas somente com efeito devolutivo. Ou seja, não param ou suspendem os efeitos emergentes da sentença. O efeito suspensivo sim. Mas este não tem mais cabimento legal, em se tratando dessas ações. Como visto, o objetivo do legislador foi oportunizar celeridade processual na solução do conflito que envolve as relações locatícias, evitando-se delongas protelativas que apenas eram utilizadas pelo simples fato de que o recurso era cabível e por isso mesmo a parte vencida poderia ganhar mais tempo para o cumprimento da obrigação ou condenação

judicial, enquanto, com isso, vinha a prejudicar, transversa ou dolosamente, o vencedor da demanda.

"*Art. 58. (...) V - os recursos interpostos contra as sentenças terão efeito somente devolutivo.*"

3.2. Das ações de despejo

306. TÍTULO II, CAPÍTULO II - Cuida do disciplinamento das Ações de Despejo nos artigos 59 ao 66.

307. AÇÕES DE DESPEJO - São o único meio legal de que dispõe o locador para retomar o imóvel, quando não haja a desocupação voluntária por parte do locatário, consoante prescreve o artigo 5°, salvante apenas a situação de desapropriação, com a imissão do expropriante na posse do imóvel, independentemente de qual seja o fundamento do término da locação. Conforme se viu até aqui, a retomada está fundada na denúncia do contrato de locação, que pode ser vazia ou imotivada, ou, ao contrário, cheia ou motivada, tendo por parâmetros as hipóteses e os prazos estudados na primeira parte. Importante é salientar que a ação de despejo somente se faz necessária quando está ocorrendo ou quando já ocorreu o conflito na relação locatícia material, aquela que orienta e disciplina o direito de cada uma das partes envolvidas, antes do seu surgimento. Despejo, ou a sua ação, portanto, é o desapossamento compulsório do imóvel, a retomada desse imóvel em posse do locatário para retornar à posse do titular constante do contrato de locação, ou de quem, então, o represente. E com a petição inicial da ação de despejo é onde, exatamente, inicia o processo que objetiva e cumpre esse desiderato legal.

308. RITO ORDINÁRIO - Neste artigo 59, a lei prevê a aplicação do rito ordinário para as ações de despejo. O rito ordinário, por sua vez, integra o procedimento comum processual, que se completa com o procedimento sumário (ex-sumaríssimo), além do procedimento especial, aplicável ao que dispõe os artigos 890 a 1210 do CPC. Rito ordinário, portanto, é o mesmo que procedimento comum ordinário, como referido no Estatuto Processual (o CPC). Este rito, no entanto, resta excepcionado pelo que dispõe este artigo desta lei especial esparsa, nos seus parágrafos e incisos, modificando-o nas partes que menciona, e que serão objeto de análise própria na locuções seguintes.

"*Art. 59. Com as modificações constantes deste Capítulo, as ações de despejo terão o rito ordinário. (...)*"

309. LIMINAR PARA DESOCUPAÇÃO - O § 1º do artigo 59 dispõe sobre a concessão de liminar para desocupação em quinze dias, independentemente da audiência da parte adversa e desde que prestada caução no valor equivalente a três meses de aluguel, nas ações de despejo que tiverem por fundamento exclusivo (I) o descumprimento de mútuo acordo, o disposto no inciso II do art.47 (rescisão do contrato de trabalho) (II), o término do prazo da locação para temporada (III), a morte do locatário sem deixar sucessor legítimo (IV) ou a permanência do sublocatário no imóvel, quando extinta a locação celebrada com o locatário (V), por sua vez, analisados individualmente, em locuções próprias. A nota marcante é que a concessão da liminar se dá sem audiência da parte contrária, o locatário. Mas para isso o locador deve prestar a caução. Se não o fizer, não obterá a liminar de desocupação.

310. PRESTAÇÃO DE CAUÇÃO - Esta locução é separada para mera facilitação, pois, como visto, integra o comando do § 1º que concede a liminar de desocupação nos casos que menciona, desde que prestada a caução de três meses de aluguel. Por certo, que o atual e vigente nessa ocasião. Esta caução não pode ser outra senão a que a lei prescreve: Três meses de aluguel, em dinheiro, por certo, que será objeto de depósito judicial em conta com rendimentos, à disposição do Juízo. Seu alcance, no entanto, limita-se ao caso do locador pedir a liminar de desocupação fundado numa das hipóteses legalmente mencionadas neste artigo 59, § 1º. Embora aqui não seja a caução uma garantia da relação locatícia, como visto anteriormente, o objetivo legal deste comando é garantir a liminar que concede a desocupação sem audiência da parte contrária, e, assim mesmo, sob o enquadramento das hipóteses elencadas a seguir. E assim é, porque, existe a potencial possibilidade de reversão com a evidenciação de prejuízos decorrentes do ato, caso em que a caução depositada reverte em favor do locatário.

"Art. 59. (...) § 1º. Conceder-se-á liminar para desocupação em quinze dias, independentemente da audiência da parte contrária e desde que prestada a caução no valor equivalente a três meses de aluguel, nas ações que tiverem por fundamento exclusivo: (...)"

311. I - LIMINAR POR DESCUMPRIMENTO DE MÚTUO ACORDO - Trata-se de hipótese legal fulcrada no mútuo acordo firmado com fundamento o artigo 9º, I. Nesse caso, este § 1º apenas especifica que tal deve ter sido celebrado por escrito, devidamente assinado pelas partes e por duas testemunhas, e no qual haja sido acordado

um prazo mínimo de seis meses para a desocupação, contado da assinatura desse instrumento. Portanto, se esse mútuo acordo foi celebrado para pôr fim à locação, estando ou não em curso a ação de despejo, o seu descumprimento pelo locatário acarreta a possibilidade de ser desapossado do imóvel, mediante liminar concedida pelo juízo ao locador, independentemente de audiência prévia. O fundamento deve ser exclusivo. Se outro fundamento houver, além deste, já não cabe a concessão de liminar.

"Art. 59. (...) § 1º. I - o descumprimento do mútuo acordo (art. 9º, inciso I), celebrado por escrito e assinado pelas partes e por duas testemunhas, no qual tenha sido ajustado o prazo mínimo de seis meses para desocupação, contado da assinatura do instrumento; (...)"

312. II - LIMINAR POR RESCISÃO DO CONTRATO DE TRABALHO - Esta disposição procedimental (ou de processo, na ação de despejo) deste inciso II do § 1º do artigo 59 funda-se no que dispõe materialmente o artigo 47, inciso II (em decorrência de extinção do contrato de trabalho, se a ocupação do imóvel pelo locatário estiver relacionada com o seu emprego). Nessa situação, precisa ser feita a prova da rescisão. Ou, nos exatos termos do texto legal: havendo prova escrita da rescisão do contrato de trabalho ou sendo ela demonstrada em audiência prévia. Em outras palavras, ou de duas, uma. Ou o requerente da liminar tem e faz prova escrita da rescisão ou não tem e a demonstra em audiência prévia. São duas as situações processuais aplicáveis a cada caso em particular. Por isso, é recomendável ter logo à mão a prova da rescisão para evitar um trâmite judicial a mais. Até porque, na audiência a demonstração sofre o crivo da apreciação judicial, para a concessão da liminar, que não será concedida caso o juízo entenda não demonstrada a rescisão.

    "Art. 59. (...) § 1º. II - o disposto no inciso II do art. 47, havendo prova escrita da rescisão do contrato de trabalho ou sendo ela demonstrada em audiência prévia; (...)"

313. III - LIMINAR POR TÉRMINO DA LOCAÇÃO PARA TEMPORADA - É outra hipótese legal de concessão de liminar a deste inciso III, § 1º, artigo 59. Porém, a lei exige que a ação de despejo tenha sido proposta em até trinta dias após o vencimento do prazo do contrato. Se não for ajuizada a ação nesse interregno de tempo, decai o locador de obter a concessão de liminar. Por outro lado, só se dará se tiver, como exclusivo esse fundamento. Se assim não

for, trata-se de prorrogação da locação, conforme análise anterior, na locução n°254.

> "Art. 59. (...) § 1º. III - *o término do prazo da locação para temporada, tendo sido proposta a ação de despejo em até trinta dias após o vencimento do contrato;* (...)"

314. **IV - LIMINAR POR MORTE DO LOCATÁRIO SEM SUCESSOR LEGÍTIMO** - É a quarta hipótese de concessão de liminar para desocupação em quinze dias, sem audiência do adverso e com prestação de caução. Nesse enquadramento, se o locatário morrer sem deixar sucessor legítimo na locação, na conformidade do que dispõe o artigo 11, inciso I (nas locações com finalidade residencial, o cônjuge sobrevivente ou o companheiro e, sucessivamente, os herdeiros necessários e as pessoas que viviam na dependência econômica do de cujos, desde que residentes no imóvel), permanecendo no imóvel pessoas não autorizadas por lei. Então, somente os integrantes da denominada chamada "vocação hereditária" do direito sucessório civil, e as pessoas que vivam sob a dependência econômica do *de cujus*, juridicamente comprovadas, é que podem permanecer no imóvel como sucessor do locatário morto. Outras pessoas, as não autorizadas por lei, estas justificam a concessão de liminar consoante o comando do *caput*.

> "Art. 59. (...) § 1º. *IV - a morte do locatário sem deixar sucessor legítimo na locação, de acordo com o referido no inciso I do art. 11, permanecendo no imóvel pessoas não autorizadas por lei;* (...)

315. **LIMINAR POR PERMANÊNCIA DO SUBLOCATÁRIO QUANDO EXTINTA A LOCAÇÃO** - Quinta e última hipótese legal de concessão de liminar, independentemente de audiência da parte adversa e com prestação de caução, quando se trate da permanência do sublocatário no imóvel, quando extinta a locação celebrada com o locatário. Ou seja, a pessoa que permanece no imóvel não tem qualquer relação com aquele que é o titular do contrato (proprietário ou possuidor), visto que a sua relação existia com o locatário sublocador. Extinta a relação principal, não pode mais persistir a relação secundária da qual derivou. Essas as potenciais liminares dispostas no artigo 59 e seus incisos.

> "Art. 59. (...) § 1º. *V - a permanência do sublocatário no imóvel, extinta a locação, celebrada com o locatário.*"

316. **CIÊNCIA AOS SUBLOCATÁRIOS PARA ASSISTÊNCIA** - Neste § 2º do artigo 59 temos a figura jurídica da assistência em favor dos sublocatários. Conforme esse teor, qualquer que seja o funda-

mento da ação, ciência precisa ser dada aos sublocatários, que poderão intervir no processo como assistentes. A lei faculta, não obriga. A ciência da ação de despejo, independentemente de seu fundamento, é que é obrigatória exatamente para que possa o sublocatário, querendo, intervir no processo como assistente, nos termos em que prescreve o Código de Processo Civil, nos artigos 50 a 55.

> "Art. 59. (...) § 2º. Qualquer que seja o fundamento da ação dar-se-á ciência do pedido aos sublocatários, que poderão intervir no processo como assistentes."

317. **PROVA DA PROPRIEDADE OU COMPROMISSO REGISTRADO** - Esta a exigência do comando legal contido neste artigo 60, nas ações que tenham por fundamentos o inciso IV do artigo 9º, o inciso IV do artigo 47 e o inciso II do artigo 53, cuja petição inicial deverá ser instruída com a prova da propriedade do imóvel ou do compromisso registrado. A qualificação deste último, o compromisso, de que esteja registrado é da maior importância, pois evidencia que o instrumento tem caráter irrevogável e mais, pelo registro, tem características *erga omnes*, ou oponível a terceiros, e já se encontra, por isso mesmo, guarnecido de direito real, não sendo mais apenas direito pessoal decorrente de um contrato. Para lembrar, o inciso IV do art. 9º é para a realização de obras determinadas pelo Poder Público, o inciso IV do art. 47 no caso de demolição ou edificação licenciada ou realização de obras aprovadas pelo Poder Público e que aumentem a área construída, e o inciso II do art. 53 no caso de proprietário, promissário comprador ou cessionário pedir o imóvel para demolição, edificação ou reforma com aumento de 50% de área útil, situações antes abordadas no enfoque meramente material, esta última na locução nº 269.

> "Art. 60. Nas ações de despejo fundadas no inciso IV do art. 9º, inciso IV do art. 47 e inciso II do art. 53, a petição inicial deverá ser instruída com prova da propriedade do imóvel ou do compromisso registrado."

318. **CONCORDÂNCIA COM A DESOCUPAÇÃO, PRAZO DE SEIS MESES** - O artigo 61 ocupa-se em disciplinar a atuação processual nos casos em que as ações de despejo sejam fundadas no § 2º do artigo 46 (Ocorrendo a prorrogação, o locador poderá denunciar o contrato a qualquer tempo, concedido o prazo de trinta dias para desocupação) e nos incisos III (se for pedido para uso próprio, de seu cônjuge ou companheiro, ou para uso residencial de ascendente ou descendente que não disponha, assim como seu cônjuge ou

companheiro, de imóvel residencial próprio;) e IV (se for pedido para demolição e edificação licenciada ou para a realização de obras aprovadas pelo Poder Público, que aumentem a área construída em, no mínimo, vinte por cento ou, se o imóvel for destinado a exploração de hotel ou pensão, em cinqüenta por cento;) do artigo 47, se o locatário no prazo de resposta (na contestação da ação que lhe for ajuizada pelo locador) concordar com a desocupação do imóvel locado, o juiz acolherá essa manifestação como pedido e fixará prazo de seis meses para a desocupação, contados a partir da citação, e com a imposição de custas e honorários advocatícios de 20% sobre o valor da causa. Pela concordância que fizer o locatário, resta beneficiado pela permanência no imóvel por mais seis meses e, melhor, ficará isento de pagar os ônus da sucumbência (custas e honorários) impostos judicialmente na sentença que põe fim à relação locatícia.

319. ISENÇÃO DE CUSTAS E HONORÁRIOS ADVOCATÍCIOS - Tal ocorre por disposição legal contida na segunda parte do artigo 61. Quando for ajuizada a ação de despejo e o locatário concordar com a desocupação, o juiz lhe fixará prazo de seis meses para desocupação e a condenação nos ônus advindos da sucumbência (de vencido), custas e honorários advocatícios, dos quais ficará isento se a desocupação ocorrer dentro do prazo fixado. A parte final é condicionada, como se pode ver, se ... (cumprir o ajustado) o réu ficará isento dessa responsabilidade; caso contrário, será expedido mandado de despejo. Em outras palavras, se tal ocorrer, é de todo conveniente para o locatário não perder o que já obteve: o prazo de seis meses e o acréscimo da isenção dos ônus de sucumbência, como prêmio pelo cumprimento da obrigação judicial. Em caso contrário, há que pagar os ônus fixados e sofrer a despejo judicial compulsório, em tudo desinteressante.

"Art. 61. Nas ações fundadas no § 2º do art. 46 e nos incisos III e IV do art. 47, se o locatário, no prazo da contestação, manifestar sua concordância com a desocupação do imóvel, o juiz acolherá o pedido fixando prazo de seis meses para a desocupação, contados da citação, impondo ao vencido a responsabilidade pelas custas e honorários advocatícios de vinte por cento sobre o valor dado à causa. Se a desocupação ocorrer dentro do prazo fixado, o réu ficará isento dessa responsabilidade; caso contrário, será expedido mandado de despejo."

320. FALTA DE PAGAMENTO DE ALUGUEL E ACESSÓRIOS - O artigo 62 dita as regras para as ações de despejo fundadas na falta

de pagamento do aluguel e acessórios da locação. Desenvolve-se em seis incisos, quatro alíneas e parágrafo único, individualmente comentados.

"*Art. 62. Nas ações de despejo fundadas na falta de pagamento de aluguel e acessórios da locação, observar-se-á o seguinte: (...)*"

321. **I - RESCISÃO DA LOCAÇÃO C/C COBRANÇA DE ALUGUÉIS** - O inciso I do artigo 62 trata da cumulação do pedido rescisório da locação com a cobrança dos locativos e acessórios ou encargos da locação. A ação de despejo fundada em falta de pagamento gera o pedido de rescisão da locação que pode também ser cumulado, pedido juntamente, com a cobrança dos aluguéis e acessórios da locação. Portanto, ao atrasar o pagamento do valor locativo mensal, o locatário está sujeito à ação de despejo por parte do locador, que vai desapossá-lo do imóvel e nessa mesma ação vai sofrer ainda a ação de cobrança do aluguel ou aluguéis em atraso e os demais acessórios da locação.

322. **I - CÁLCULO DISCRIMINADO DO VALOR DO DÉBITO** - Na segunda parte, o mesmo inciso impõe a obrigação ao autor da ação, o locador que ajuíza a ação de despejo fundado em falta de pagamento, para que instrua a petição inicial com cálculo discriminado do valor do débito. E isso para que o locatário possa evitar a rescisão do contrato, podendo ver de imediato o quanto deve, independentemente de pedido de cálculo ao contador do foro, que sempre demanda tempo e prejuízo certo para o locador. Essa obrigação imposta ao locador, por isso mesmo, repercute em seu próprio benefício, independentemente de beneficiar a ambas as partes na solução do conflito com finalização mais rápida do processo.

"*Art. 62. (...) I - o pedido de rescisão da locação poderá ser cumulado com o de cobrança dos aluguéis e acessórios da locação, devendo ser apresentado, com a inicial, cálculo discriminado do valor do débito; (...)*"

323. **II - EVITAR A RESCISÃO DA LOCAÇÃO = EMENDA DA MORA** - O inciso II cuida de disciplinar a possibilidade do locatário em evitar a rescisão da locação. E isso consiste apenas numa única etapa. Suprir o exato motivo que deu causa e na qual se funda a ação: a falta de pagamento do aluguel e dos acessórios da locação. Não há alternativa. A única circunstância que evita a rescisão, nesse caso, é o pagamento. É claro que não mais apenas ele, mas também os efeitos derivativos do não-pagamento em tempo hábil. E são eles, pela ordem das alíneas do inciso: a) os aluguéis e

acessórios da locação que vencerem até a sua efetivação; b) as multas ou penalidades contratuais, quando exigíveis; c) os juros de mora; d) as custas e os honorários do advogado do locador, fixados em dez por cento sobre o montante devido, se do contrato não constar disposição diversa. Portanto, o valor agora é o somatório do aluguel e encargos não pagos no prazo, as multas ou penalidades contratuais, os juros de mora, as custas processuais e os honorários do advogado do locador, estes fixados pela lei em dez por cento (10%), se do contrato não constar disposição diversa. E quase sempre consta. De regra, fixados em vinte por cento (20%). Para pagar e evitar a rescisão da relação locatícia, o locatário deve requerer no prazo da contestação, que é de quinze dias contados a partir da citação (é o ato pelo qual toma ciência do processo ajuizado pelo locador) a autorização para pagamento do débito atualizado, independentemente de cálculo e mediante depósito judicial no qual incluídos os encargos ou penalidades especificadas nas alíneas supra referidas. Comparativamente com a legislação anterior, primeiramente mudou o nome desse ato de requerer o pagamento do débito. De purga da mora para emenda da mora. Foi imposta a obrigatoriedade da inicial vir instruída com o cálculo discriminado do débito. E o depósito judicial que é feito independentemente de cálculo (antes feito pelo contador) sob a responsabilidade do locatário.

"Art. 62. (...). II - o locatário poderá evitar a rescisão da locação requerendo, no prazo da contestação, autorização para o pagamento do débito atualizado, independentemente de cálculo e mediante depósito judicial, incluídos:

a) os aluguéis e acessórios da locação que vencerem até a sua efetivação;

b) as multas ou penalidades contratuais, quando exigíveis;

c) os juros de mora;

d) as custas e os honorários do advogado do locador, fixados em dez por cento sobre o montante devido, se do contrato não constar disposição diversa; (...)"

324. III - EMENDA DA MORA = DEPÓSITO JUDICIAL - Feito o pedido pelo locatário para pagar o débito e autorizada pelo juízo a agora denominada emenda da mora, deve ele efetuar o depósito no prazo de até quinze (15) dias contados da intimação do seu deferimento. Este o comando da primeira parte do inciso III do artigo 62. Se não o fizer, a ação toma o seu rumo em desfecho despejatório.

325. **III - COMPLEMENTO DO DEPÓSITO FEITO PELO LOCATÁRIO** - Na segunda parte do inciso III e após feito o depósito pelo locatário, se o locador alegar que a oferta não é integral (e raramente não o fazem), precisará justificar a diferença. Não basta alegar. Há que demonstrar explicitamente na petição que proceder o locador. Nesse caso, o locatário poderá complementar o depósito no prazo de dez (10) dias, contados da ciência dessa manifestação. A nota marcante aqui é a necessidade do complemento do depósito. Ainda que seja ele efetuado sob protesto para discussão no curso da lide. Preciso, no entanto, que tal seja explicitamente exposto de forma clara para que o juízo tenha conhecimento que ele é feito apenas para não gerar os efeitos da mora, ainda que parcial, mas que ocasiona, como a mora integral (ou do débito total), desfecho desfavorável para o locatário.

"*Art. 62. (...) III - autorizada a emenda da mora e efetuado o depósito judicial até quinze dias após a intimação do deferimento, se o locador alegar que a oferta não é integral, justificando a diferença, o locatário poderá complementar o depósito no prazo de dez dias, contados da ciência dessa manifestação; (...)*"

326. **IV - RESCISÃO PROSSEGUE PELA DIFERENÇA** - O inciso IV ocupa-se em disciplinar a situação em que o complemento do depósito não seja efetuado pelo locatário. Na sua disposição, o pedido de rescisão contido na ação de despejo prosseguirá pela diferença que o locador já apontara antes, logo após o depósito judicial feito pelo locatário. Em tal caso, o locador pode levantar a quantia depositada. Por isso, a necessidade de explicitar que o depósito complementar é feito somente para fins de evitação da mora, pois caso efetuado sem reservas ocasiona o entendimento de que é ele incontroverso. Ou seja, o locatário concorda com as diferenças apontadas pelo locador.

"*Art. 62. (...) IV - não sendo complementado o depósito, o pedido de rescisão prosseguirá pela diferença, podendo o locador levantar a quantia depositada; (...)*"

327. **V - DEPÓSITO DOS ALUGUÉIS VINCENDOS ATÉ A SENTENÇA** - Na literalidade do texto legal, os aluguéis que forem vencendo até a sentença deverão ser depositados à disposição do juízo, nos seus respectivos vencimentos. A lei está a declarar em determinação imperativa que, enquanto corre a ação de despejo cumulada (ou não) com a cobrança dos locativos, muda o endereço de pagamento do aluguel. Em vez de ser na casa do locatário, na casa do locador

ou na administradora que o represente, será no órgão financeiro arrecadador determinado pelo juízo condutor da ação de despejo. Não raro, em estabelecimento no próprio prédio ou próximo da edificação onde funciona o Foro. Esse o teor do inciso V, na sua primeira parte.

328. **V - LEVANTAMENTO DOS DEPÓSITOS INCONTROVERSOS** - Na segunda parte do inciso V, o comando legal reverte para o locador, esclarecendo e dispondo que esses aluguéis podem ser por ele levantados, desde que incontroversos. Aí está a necessidade de aclaramento pelo locatário quando efetuar um depósito. Seja do complemento das diferenças reclamadas pelo locador, após o depósito que emenda a mora, seja dos aluguéis vincendos até a sentença, deve sempre, por petição ao juntar a guia de recolhimento ao processo, deixar claro que o depósito é controverso. Ou seja, que não concorda com ele e somente o faz para evitar a caracterização da mora.

"Art. 62. (...) V - os aluguéis que forem vencendo até a sentença deverão ser depositados à disposição do juízo, nos respectivos vencimentos, podendo o locador levantá-los desde que incontroversos; (...)"

329. **VI - EXECUÇÃO DOS ALUGUÉIS** - O último inciso do artigo 62 versa sobre a situação em que ação de despejo cumula o pedido de rescisão da locação com a cobrança de aluguéis e acessórios da locação e ambos tenham sido acolhidos pelo juízo, tanto o pedido de rescisão quanto a cobrança dos locativos. Em caso tal, o locador não precisará esperar a desocupação do imóvel pelo inquilino para iniciar a execução do débito constante dos autos, como visto dos aluguéis vencidos quando do ajuizamento, dos que restaram vencidos durante o curso da ação, caso não depositados pelo locatário e desde que o locador tenha levado aos autos a cada mês a cópia de recibo discriminativo relativo a cada um deles, além, é lógico, dos consectários contratuais e legais, fixados pela sentença que acolheu a ambos os pedidos. Ou, em outras palavras, poderá executar exatamente os valores reconhecidos pela sentença como devidos pelo locatário e os ônus a que foi ele condenado.

"Art. 62. (...) VI - havendo cumulação dos pedidos de rescisão da locação e cobrança dos aluguéis, a execução desta pode ter início antes da desocupação do imóvel, caso ambos tenham sido acolhidos. (...)"

330. **EMENDA DA MORA NÃO SERÁ ADMITIDA** - A emenda (ou a antes denominada purga) da mora é faculdade legal posta à dis-

posição do locatário no exato sentido de reverter a circunstância de perda iminente do imóvel, quando proposta pelo locador a ação de despejo que objetiva esse desapossamento pelo fato de não ter ele, inquilino, efetuado o pagamento de suas obrigações decorrentes do pacto de locação. E assim é, porque o adimplemento das obrigações assumidas é condição *sine qua non* (sem a qual não) para a regular continuidade das contratações efetuadas. Em casos extremos, e isso ocorre, o pagamento não é feito. Nesse caso, ferido o direito do locador, vai ele a juízo, e o locatário então pode efetuar o pagamento que antes não fizera, se o requerer, como visto, no prazo da contestação. Esse benefício legal, no entanto, não será admitido se o locatário já houver utilizado essa faculdade por duas vezes nos doze meses imediatamente anteriores ao ajuizamento da ação. O benefício é pleno, porém, condicionado ao limite de duas vezes por ano, contados da propositura da última ação, e seu significado outro não é senão a evitação de abusos em desfavor do locador e privilégio incabível para o locatário.

"*Art. 62. (...) Parágrafo único. Não se admitirá a emenda da mora se o locatário já houver utilizado essa faculdade por duas vezes nos doze meses imediatamente anteriores à propositura da ação.*

331. **TRINTA DIAS PARA A DESOCUPAÇÃO VOLUNTÁRIA** - Este o prazo que o juiz deve fixar para a desocupação voluntária pelo inquilino, consoante o mandamento contido no *caput* do artigo 63. Esta a diretriz geral observada pelo juiz condutor do processo, quando julgada procedente a ação de despejo, regra esta que resta excepcionada pelas ressalvas expressas nos §§ 1º a 3º. Ausentes as circunstâncias que caracterizem essas causas excepcionadoras, prevalece o regramento legal de caráter geral que diz ser ele de trinta dias, por fixação do juiz da causa. Como já se viu (e ainda verá) a desocupação voluntária é de todo vantajosa para o locatário.

"*Art. 63. Julgada procedente a ação de despejo, o juiz fixará prazo de trinta dias para a desocupação voluntária, ressalvado o disposto nos parágrafos seguintes. (...)*"

332. **QUINZE DIAS PARA DESOCUPAÇÃO VOLUNTÁRIA** - Esse prazo disposto pelo *caput* resta reduzido para quinze dias se entre a citação e a sentença de primeira instância houver decorrido mais de quatro meses; ou o despejo houver sido decretado com fundamento nos incisos II e III do art. 9º ou no § 2º do art. 46 (9º - infração contratual ou legal ou falta de pagamento e 46, § 2º - denúncia vazia na prorrogação concedido prazo de trinta dias para

desocupação). Três, portanto, são as causas que reduzem o prazo geral de trinta para 15 dias. A primeira, por simples decorrência do tempo nos autos do processo, limitada entre a citação e a sentença de primeira instância (ou no foro de origem onde proposta ação pelo locador) em quatro meses. As duas seguintes, pelos fundamentos nos quais se funda a ação. No entanto, a cumulação da primeira circunstância (fática processual) com uma das seguintes que decorrem dos fundamentos não soma o prazo em favor do locador, pois que, afinal, ficaria reduzido a zero dia, ou no mesmo dia, o prazo para o locatário desocupar voluntariamente, por certo, incabível.

"Art. 63. (...) § 1º. O prazo será de quinze dias se:
a) entre a citação e a sentença de primeira instância houverem decorrido mais de quatro meses; ou
b) o despejo houver sido decretado com fundamento nos incisos II e III do art. 9º ou no § 2º do art. 46. (...)"

333. SEIS MESES A UM ANO, COINCIDENTES COM FÉRIAS ESCOLARES, PARA DESOCUPAÇÃO VOLUNTÁRIA - Aqui o § 2º trata de ajustar o interesse público típico da tutela estatal com a qual deve estar impregnada o ensino público, flexibilizando o interesse privado na condução de ação de despejo que se trate de estabelecimento de ensino autorizado e fiscalizado, frise-se, autorizado e fiscalizado, pelo Poder Público. Para isso a disposição legal prevê que o prazo de desocupação voluntária seja de um mínimo de seis meses ao máximo de um ano, para que o juiz o disponha de modo tal que a desocupação coincida com o período de férias escolares. O que não trará qualquer prejuízo para os alunos e tampouco para o locador que, por força da idéia do legislador, compulsoriamente, querendo ou não, contribui para minimizar os prejuízos que decorreriam de um desapossamento do imóvel em pleno andamento do ano letivo.

"Art. 63. (...) § 2º. Tratando-se de estabelecimento de ensino autorizado e fiscalizado pelo Poder Público, respeitado o prazo mínimo de seis meses e o máximo de um ano, o juiz disporá de modo que a desocupação coincida com o período de férias escolares. (...)"

334. UM ANO OU SEIS MESES PARA DESOCUPAÇÃO VOLUNTÁRIA - O prazo excepcionado por este § 3º aqui é de um ano. Isso em se tratando de hospitais, repartições públicas, unidades sanitárias oficiais, asilos, estabelecimentos de saúde e de ensino autorizados e fiscalizados pelo Poder Público, bem como por entidades religiosas devidamente registradas, e o despejo for decretado

com fundamento no inciso IV do art. 9º ou no inciso II do art. 53. Ou seja, o caso de reparações urgentes determinadas pelo Poder Público (IV, 9º) ou para demolição, edificação licenciada ou reforma com aumento mínimo de 50% de área útil. O prazo é de um ano para a desocupação voluntária, mas que resta excepcionado, como na hipótese do § 1º do artigo 63, aqui com prazo mais dilatado mas com a mesma proporção de 50% do prazo geral prevalecente, quando aqui fica reduzido para seis meses nos casos em que entre a citação e a sentença de primeira instância houver decorrido mais de um ano. O prazo é de um ano, reduzido para seis meses se entre a citação e a sentença já houver transcorrido mais de um ano (ano e dia, portanto, já basta).

"Art. 63. (...) § 3º. Tratando-se de hospitais, repartições públicas, unidades sanitárias oficiais, asilos, estabelecimentos de saúde e de ensino autorizados e fiscalizados pelo Poder Público, bem como por entidades religiosas devidamente registradas, e o despejo for decretado com fundamento no inciso IV do art. 9º ou no inciso II do art. 53, o prazo será de um ano, exceto nos casos em que entre a citação e a sentença de primeira instância houver decorrido mais de um ano, hipótese em que o prazo será de seis meses. (Redação dada pela Lei nº 9.256, de 09.01.96) (...)"

335. VALOR DA CAUÇÃO EM EXECUÇÃO PROVISÓRIA - O § 4º trata de disciplinar sobre a caução destinada a esse fim. Seu texto dispõe que a sentença que decretar o despejo fixará o valor da caução para o caso de ser executada provisoriamente. O comando diz, *a contrario sensu*, que a execução provisória da sentença não poderá ser implementada se não houver a fixação da caução pela sentença que decretou o despejo. Para isso, determina que a sentença a fixe. Se não o fizer, será caso de recurso voluntário de apelação, caso não solvida a questão em embargos de declaração, se interpostos no prazo legal.

"Art. 63. (...) § 4º. A sentença que decretar o despejo fixará o valor da caução para o caso de ser executada provisoriamente."

336. CAUÇÃO ENTRE DOZE E DEZOITO MESES DE ALUGUEL - O artigo 64, ao definir os parâmetros entre os quais deve se situar a fixação da caução a ser feita pelo juiz da causa na sentença que decretar o despejo, começa por salvar as hipóteses das ações fundadas nos incisos I, II e IV do artigo 9º, que vale aqui relembrar. A que decorre de mútuo acordo (I), de infração legal ou contratual

(II) e aquela para a realização de obras urgentes determinadas pelo Poder Público (IV). Em todos os demais casos, portanto, a execução provisória dependerá de caução não inferior a doze meses e nem superior a dezoito meses do aluguel, atualizado até data do depósito da caução. Esses os parâmetros, entre doze e dezoito meses. Outro, ainda, é a atualização monetária. O valor do aluguel deve ser atualizado até a data do depósito da caução. Se assim não for, não se tratará da caução fixada pelo juiz, de conformidade com os parâmetros legais antes citados, e tampouco caução capaz de possibilitar ou permitir a execução provisória.

"*Art. 64. Salvo nas hipóteses das ações fundadas nos incisos I, II e IV do art. 9º, a execução provisória do despejo dependerá de caução não inferior a doze meses e nem superior a dezoito meses do aluguel, atualizado até a data do depósito da caução. (...)*"

337. CAUÇÃO REAL OU FIDEJUSSÓRIA NOS AUTOS DA EXECUÇÃO - O § 1º trata de explicitar a espécie da caução, dispondo que pode ela ser real ou fidejussória. A real pertine com bens móveis ou imóveis, e a fidejussória envolvendo títulos de crédito, consoante análise feita no exame do artigo 38. O depósito da caução deve ser feita nos próprios autos da execução provisória. Representa garantia, dando guarida para o locatário, caso precipitada ou mesmo incabível, materialmente, a execução provisória. Situação que somente ele, locador, pode sopesar perante a situação concreta de despejo que esteja a enfrentar.

"*Art. 64 (...) § 1º. A caução poderá ser real ou fidejussória e será prestada nos autos da execução provisória.*"

338. CAUÇÃO REVERTERÁ EM FAVOR DO LOCATÁRIO - Neste parágrafo, o contraponto antes referido sobre o sopesamento que é de ser feito pelo locador, antes de proceder a execução provisória. E assim é, pois se ocorrer a reforma da sentença ou da decisão que concedeu liminarmente o despejo, o valor da caução reverterá em favor do réu, como indenização mínima das perdas e danos. Trata-se, à evidência de penalidade prévia de âmbito financeiro à conta do locador que foi afoito na executoriedade da decisão do juiz singular, quando dela recorra o locatário, sabendo-se que o recurso de sentenças não tem o condão de suspender o feito na origem, conforme o disciplinamento contido nas disposições gerais, artigo 58, V. Da concessão de liminar, por sua vez, o locatário poderá recorrer por agravo de instrumento, decisão à qual poderá ser ou não atribuído efeito suspensivo, e provido ou não o recurso, quando

de seu julgamento. Mas não é só. Portanto, ocorrendo a reforma da sentença ou da liminar, além de reverter a caução para o locatário, pode ainda reclamar, em ação própria, a diferença pelo que a exceder. Em outras palavras, se o valor da caução não for suficiente para cobrir as perdas e danos decorrentes do ato do locador, a diferença pode ser buscada em ação que venha o locatário a intentar contra o locador, em razão da responsabilidade objetiva deste para com aquele, pelo ato instaurado de afogadilho.

"Art. 64 (...) § 2º. Ocorrendo a reforma da sentença ou da decisão que concedeu liminarmente o despejo, o valor da caução reverterá em favor do réu, como indenização mínima das perdas e danos, podendo este reclamar, em ação própria, a diferença pelo que a exceder."

339. DESPEJO COMPULSÓRIO, COM FORÇA E ARROMBAMENTO - No artigo 65, temos o reverso, ora em prol do locador, ao teor e comando da idéia plasmada pelo legislador. E desse modo porque, se findo o prazo assinado pelo juiz para a desocupação, contado da data da notificação, sem que o locatário tenha realizado a desocupação voluntária, será efetuado o despejo, se necessário com emprego de força, inclusive arrombamento. A disposição não admite tergiversação ou interpretação permissiva. Ao contrário, é categórica, taxativa. Determinado o prazo e notificado, o locatário deve proceder a desocupação. Se não o fizer, será ela feita contra a sua vontade, com emprego de força e arrombamento, caso necessário.

"Art. 65. Findo o prazo assinado para a desocupação, contado da data da notificação, será efetuado o despejo, se necessário com emprego de força, inclusive arrombamento. (...)"

340. MÓVEIS E UTENSÍLIOS À GUARDA DE DEPOSITÁRIO - Procedido o despejo compulsório, com emprego de força pública ou não e com ou sem arrombamento do imóvel, dispõe o § 1º do artigo 65 que os móveis e utensílios serão entregues à guarda de depositário, se não os quiser retirar o despejado. Portanto, o fato de o locatário não se dispor a retirar o que lhe pertence do imóvel não causa embaraço para o cumprimento do ato judicial, pois que a lei já define para onde devem ser eles encaminhados. Nesse ponto, parece-me que, ante a prática inexistência de depositários para esse fim e dado que ao depositário judicial, nas comarcas onde exista, não será bastante para abranger esse tipo de depósito, a solução é recorrer às empresas de mudanças que contem com depósitos, que possam e queiram aceitar o encargo de depositário. De qualquer forma, ausente uma solução pela inexistência de deposi-

tário, ao juiz da causa competirá escolher e nomear alguém para fazer as suas vezes, ainda que de forma precária.
"Art. 65. (...) § 1º. Os móveis e utensílios serão entregues à guarda de depositário, se não os quiser retirar o despejado."

341. **IMPOSSIBILIDADE TEMPORAL DE EXECUÇÃO DO DESPEJO** - O § 2º cuida de disciplinar a única exceção legal de ser procedido o despejo pelo locador. Assim mesmo, de forma efémerica, meramente temporal. E isso ocorre quando do falecimento do cônjuge, de ascendente, de descendente ou irmão de qualquer das pessoas que habitem o imóvel, caso em que o despejo não poderá ser executado até o trigésimo dia seguinte ao evento. Por exemplo, se o falecimento ocorreu em 31 de janeiro, somente em 3 de março é que poderá ser executado o despejo, mas quando não se trate de ano bissexto. Quando for o caso, poderá ele ser executado a partir do dia 2 de março. A lei é clara ao dispor a contagem do prazo a partir do dia seguinte ao falecimento, bem como o seu final, até o trigésimo dia. Trinta dias é o interregno de tempo vedado para o fim legalmente declarado.
"Art. 65. (...) § 2º. O despejo não poderá ser executado até o trigésimo dia seguinte ao do falecimento do cônjuge, ascendente, descendente ou irmão de qualquer das pessoas que habitem o imóvel."

342. **IMISSÃO NA POSSE PELO LOCADOR POR ABANDONO DO IMÓVEL** - Para desfecho do capítulo que cuida do disciplinamento das ações de despejo, o artigo 66 nos traz o comando legal quando ocorra de o imóvel ser abandonado depois de ajuizada a ação de despejo. Sua abrangência alcança o imóvel, desimportando quem e porque lá se encontrava ou a que título. Poderia ser o locatário, o sublocatário ou qualquer outra pessoa. Basta que após o ajuizamento da demanda despejatória o imóvel seja abandonado, para que o locador possa imitir-se na sua posse. Mais não disse. Nem precisava.
"Art. 66. Quando o imóvel for abandonado após ajuizada a ação, o locador poderá imitir-se na posse do imóvel."

3.3. Da ação de consignação de aluguel e acessórios da locação

343. **TÍTULO II, CAPÍTULO III** - O objeto legal aqui é a Ação de Consignação de Aluguel e Acessórios da Locação, tratada no artigo 67, com oito incisos, quatro alíneas e parágrafo único.

344. **AÇÃO DE CONSIGNAÇÃO DE ALUGUEL E ACESSÓRIOS DA LOCAÇÃO** - Ao contrário das ações de despejo que são o único meio legal de que dispõe o locador para retomar o imóvel, o objetivo e o fundamento da ação de consignação do aluguel e acessórios da locação são exatamente o inverso. E inverso por duas razões. A primeira condiz com a posse do imóvel. Naquela, o objetivo é o desapossamento. Nesta, a permanência no imóvel e, claro, a continuidade normal da locação, neste ponto alterada por alguma circunstância fática entre o credor e o obrigado na relação locatícia. A segunda, por si só já antevista, diz com a titularidade da ação. Aquela, para o locador que não recebe o que lhe é devido pela locação. Aqui, para o locatário que, por qualquer razão, não consegue e quer cumprir com a obrigação a que está sujeito. O locador, autor na ação de despejo, é réu na ação de consignação de aluguel e acessórios da locação. O locatário, por sua vez, que era réu, aqui é autor. Importante, no entanto, é salientar que esta ação somente tem sentido se, efetivamente, o locador está, de alguma forma, obstruindo o recebimento da quantia a que tem direito, com o objetivo escuso de colocar em mora o locatário obrigado. E, caracterizada a mora, ajuizar o despejo. Em caso contrário, não é conveniente para o locatário, como se verá a seguir, pelo instrumental de resposta que dispõe o locador, inclusive o de pedir a rescisão da locação. Portanto, a consignação do aluguel e acessórios da locação, ou a sua ação, é o depósito judicial por parte do devedor com o exato objetivo de obter do juiz a declaração de quitação que não obteve pelos meios normais a que estão sujeitos os regulares pagamentos das obrigações, disciplinados em lei e por certo, especificamente, no contrato de locação em causa. Por outro lado, não deixa de ser uma manutenção compulsória no imóvel, por parte do locatário, se julgada procedente, caso a retomada seja o objetivo não declarado do locador, que evita o recebimento do pagamento do aluguel e acessórios da locação. Do mesmo modo que a ação de despejo (bem como as demais), com a petição inicial desta ação é onde, exatamente, inicia o processo que objetiva e cumpre o desiderato legal de desobrigar o locatário, por declaração judicial, da obrigação ou obrigações que não consegue quitar perante o locador.

345. **PAGAMENTO DO ALUGUEL E ACESSÓRIOS POR CONSIGNAÇÃO** - Como visto na locução anterior, a ação que dispõe o locatário para efetuar o pagamento que não consegue realizar ao locador é a ação de consignação de aluguel e acessórios da locação, cujas disposições específicas o artigo 67 remete para as observações constantes de seus incisos, individualmente analisados.

"Art. 67. Na ação que objetivar o pagamento dos aluguéis e acessórios da locação mediante consignação, será observado o seguinte: (...)"

346. **I - INICIAL ESPECÍFICA NO VALOR DOS ALUGUÉIS E ACESSÓRIOS** - Além dos requisitos do artigo 282 do CPC (Código de Processo Civil), a petição inicial desta ação deve especificar o valor do aluguel e acessórios da locação, cada um com os seus respectivos valores. E isso se justifica, igualmente como no caso de ação de despejo, exatamente para propiciar a ampla defesa, tanto para locatário (no despejo) como para o locador (na consignação). São reproduzidos os artigos do CPC, para facilitação da consulta, neste inciso I.

    "Art. 67. (...) I - a petição inicial, além dos requisitos exigidos pelo art. 282 do Código de Processo Civil, deverá especificar os aluguéis e acessórios da locação com indicação dos respectivos valores; (...)"

    "Código de Processo Civil - Art. 282. A petição inicial indicará: I - o juiz ou tribunal, a que é dirigida; II - os nomes, prenomes, estado civil, profissão, domicílio e residência do autor e do réu; III - o fato e os fundamentos jurídicos do pedido; IV - o pedido, com as suas especificações; V - o valor da causa; VI - as provas com que o autor pretende demonstrar a verdade dos fatos alegados; VII - o requerimento para a citação do réu."

347. **II - DEPÓSITO JUDICIAL DA QUANTIA OU EXTINÇÃO DO PROCESSO** - O locatário autor da consignação, depois de determinada pelo juiz a citação do réu locador, será intimado a efetuar o depósito judicial da importância indicada na petição inicial. Para isso, tem o prazo de vinte e quatro (24) horas. Se não efetuar o depósito especificado na inicial, nesse prazo, o processo será extinto, como penalidade legalmente aqui imposta pelo legislador.

    "Art. 67. (...) II - determinada a citação do réu, o autor será intimado a, no prazo de vinte e quatro horas, efetuar o depósito judicial da importância indicada na petição inicial, sob pena de ser extinto o processo; (...)"

348. **III – PEDIDO ENVOLVE A QUITAÇÃO DOS ALUGUÉIS ATÉ A SENTENÇA** - Este o comando do inciso III do artigo 67 com o fim de evidenciar que o pedido formulado na ação de consignação em pagamento envolve ou inclui a quitação das obrigações, os aluguéis, que vencerem durante a tramitação do feito até que seja proferida a sentença de primeira instância (o foro local), razão pela

qual cumpre ao locatário autor promover os depósitos judiciais nos respectivos vencimentos, da locação e acessórios pertinentes. E não podia ser diferente, pois não existe justificativa para que, em havendo recusa ou impedimento para que o locatário efetue, regularmente, o pagamento das obrigações que emergem do contrato, venha a juízo para elidir a mora e ficassem fora do processo judicial já instaurado as obrigações subseqüentes, da mesma relação jurídica locatícia.

> *"Art. 67. (...) III - o pedido envolverá a quitação das obrigações que vencerem durante a tramitação do feito e até ser prolatada a sentença de primeira instância, devendo o autor promover os depósitos nos respectivos vencimentos; (...)"*

349. IV – SEM CONTESTAÇÃO OU LOCADOR RECEBER OS VALORES – A primeira parte deste inciso cuida da situação processual em que não é oferecida contestação pelo réu locador ou se este receber os valores depositados pelo autor locatário. A conclusão é clara. Não existe razão para o litígio continuar. Se não ofereceu defesa na ação ou recebeu o que antes não quisera receber, significa, processualmente, que não mais existe óbice material na relação locatícia. Num ou noutro caso, o juiz acolherá o pedido com a declaração de quitação das obrigações objetos da ação, impondo ao causador do ajuizamento da ação os ônus do processo, como se vê na segunda parte deste inciso IV.

350. IV – CUSTAS E HONORÁRIOS DE 20% PELO RÉU LOCADOR – Quando o locador não tenha oferecido contestação na ação de consignação em pagamento do aluguel e acessórios ou citado, tenha ido a juízo para receber os valores depositados, o pedido é acolhido e são quitadas as obrigações por declaração judicial. Sendo assim, resta o locador condenado pelo juízo ao pagamento das custas processuais que tenha dispendido o locatário, bem como ao pagamento de honorários de vinte por cento (20%) sobre o valor dos depósitos.

> *"Art. 67. (...) IV - não sendo oferecida a contestação, ou se o locador receber os valores depositados, o juiz acolherá o pedido, declarando quitadas as obrigações, condenando o réu ao pagamento das custas e honorários de vinte por cento do valor dos depósitos; (...)"*

351. V – CONTESTAÇÃO NA CONSIGNAÇÃO DE ALUGUEL, MATÉRIA DE DIREITO E DE FATO – O inciso V cuida de disciplinar a contestação do locador. Além da defesa de direito que lhe possa caber, ficará ela adstrita no respeitante à matéria de fato a: não ter

havido recusa ou mora em receber a quantia devida; ter sido justa a recusa; não ter sido efetuado o depósito no prazo ou no lugar do pagamento; não ter sido o depósito integral. Não pode discutir outros fatos que não estes alinhados pela lei. Se não alegar ou não puder comprovar alguma dessas circunstâncias fáticas admitidas pelo texto legal, somente lhe resta a defesa de direito para ser apreciada pelo juízo condutor do processo.

> "Art. 67. (...) V - *a contestação do locador, além da defesa de direito que possa caber, ficará adstrita, quanto à matéria de fato, a:*
> *a) não ter havido recusa ou mora em receber a quantia devida;*
> *b) ter sido justa a recusa;*
> *c) não ter sido efetuado o depósito no prazo ou no lugar do pagamento;*
> *d) não ter sido o depósito integral; (...)"*

352. **VI – RECONVENÇÃO PARA DESPEJO E COBRANÇA** - O inciso VI dispõe que o réu locador poderá contestar a consignação proposta pelo autor locatário, podendo também promover a reconvenção com o pedido de despejo e a cobrança dos valores objeto da consignatória ou mesmo da diferença do depósito inicial se tiver alegado na resposta não ter isso ele depositado de forma integral. A ação intentada inicialmente, como visto, pode se tornar dúplice. Ou seja, o resultado não será apenas de quitação ou não das obrigações, que vai ocorrer igualmente na consignação. Mas vai além, porque é julgada também a reconvenção, o pedido de rescisão da locação e o conseqüente despejo e a cobrança dos valores objeto da consignação, se ambos os pedidos forem feitos. A reconvenção é uma outra ação dentro da que já foi ajuizada. No entanto, é admitida apenas em algumas ações, onde possível a apreciação dúplice e simultânea no mesmo processo, como no caso presente, em que a lei faz dela expressa previsão.

> "Art. 67. (...) VI - *além de contestar, o réu poderá, em reconvenção, pedir o despejo e a cobrança dos valores objeto da consignatória ou da diferença do depósito inicial, na hipótese de ter sido alegado não ser o mesmo integral; (...)"*

353. **VII - COMPLEMENTO DO DEPÓSITO INICIAL COM 10% DE ACRÉSCIMO** - Em caso de a contestação argüir matéria de fato atinente com o depósito não ser integral, o autor locatário poderá complementar o depósito inicial. Para isso, tem o prazo de cinco dias, contados da ciência do oferecimento da resposta do réu loca-

dor. E com acréscimo de dez por cento (10%) sobre o valor da diferença que for apontada.

354. **VII – QUITAÇÃO E ELISÃO DA RESCISÃO DA LOCAÇÃO –** Se for feito esse complemento do depósito, no prazo e com o acréscimo legal, o juiz declarará quitadas as obrigações do autor locatário, e por decorrência elidindo, impedindo, a rescisão da locação, pois que não existe mora a justificar o deferimento e a procedência do pedido reconvencional feito pelo locador. Mas isso impõe ao autor os ônus que a seguir se verá.

355. **VII - CUSTAS E HONORÁRIOS DE 20% PELO AUTOR LOCATÁRIO –** É isso que custa ao autor locatário, ou autor reconvindo, no caso de não ter feito o depósito integral e o locador tenha pedido a rescisão e a cobrança, além de ter contestado alegando que o depósito não foi integral. Ao complementar no prazo legal a diferença apontada pelo locador e com o acréscimo de 10% sobre a diferença, o locatário concorda que deveria ter feito o depósito a maior, e por isso obtém a quitação e o afastamento da rescisão da locação pedida pelo locador, mas deve pagar as custas e honorários de 20% sobre o valor dos depósitos.

> *"Art. 67. (...) VII - o autor poderá complementar o depósito inicial, no prazo de cinco dias contados da ciência do oferecimento da resposta, com acréscimo de dez por cento sobre o valor da diferença. Se tal ocorrer, o juiz declarará quitadas as obrigações, elidindo a rescisão da locação, mas imporá ao autor-reconvindo a responsabilidade pelas custas e honorários advocatícios de vinte por cento sobre o valor dos depósitos; (...)"*

356. **EXECUÇÃO NA RECONVENÇÃO DE RESCISÃO C/C COBRANÇA -** Este inciso VIII, praticamente, encerra as disposições atinentes com a ação de consignação de aluguel e acessórios da locação, no seu procedimento típico. Sua especificidade restringe-se à situação em que haja, na reconvenção feita pelo locador, a cumulação dos pedidos de rescisão e cobrança dos valores objeto da consignatória. Se assim for, a execução dos valores aí referidos somente poderá ter início após obtida a desocupação do imóvel, caso ambos tenham sido acolhidos pelo juízo condutor do processo. Ou, *a contrario sensu*, se por qualquer razão, a rescisão for afastada na reconvenção (porque não incidentes um dos comandos anteriores ou porque, ainda sem eles, o juízo entenda que não é caso de rescisão), é óbvio que a execução pode ser feita imediatamente, ligada que está apenas à cobrança de valores, porquanto, nessa

hipótese, a relação material locatícia continua. Por isso torna-se de todo lógico que a disposição impeça a execução dos valores da consignatória quando rescisão e cobrança tenham sido acolhidos, na exata medida em que faltarão locativos a depositar (no caso, executar) até final desocupação do imóvel pelo autor-reconvindo ou locatário.

> *"Art. 67. (...) VIII - havendo, na reconvenção, cumulação dos pedidos de rescisão da locação e cobrança dos valores objeto da consignatória, a execução desta somente poderá ter início após obtida a desocupação do imóvel, caso ambos tenham sido acolhidos. (...)"*

357. **LEVANTAMENTO DE QUANTIAS QUE NÃO PENDA CONTROVÉRSIA** - O levantamento de quantias sobre as quais não penda qualquer controvérsia é o tema de encerramento do artigo 67, parágrafo único, e também sobre a ação de consignação de aluguel e acessórios da locação. E se existir a controvérsia, ela deve partir de quem procede ou faz a resposta, pois o que aciona está certo do valor que pretende depositar ou já depositou. E o depósito tem destino certo, o locador, a quem compete levantar as quantias depositadas ou dizer sobre elas consoante a matéria de direito ou de fato, estas reduzidas ao que prescreve a lei nas alíneas do inciso V. É, portanto, ao réu locador que cabe levantar as quantias e a quem também cabe dizer se há ou não controvérsia, pois ele é quem decide da regularidade ou não do depósito, antes de o juiz proferir juízo de valor sobre o litígio, ou lavrar a sentença de procedência ou improcedência do feito ajuizado. E poderá levantá-las a qualquer tempo, mas sobre as que não existam controvérsias, ressalte-se. E o destaque tem ligação direta com a situação em que o autor locatário deposite valor maior do que entende devido com a precípua finalidade de evitar a mora e a conseqüente rescisão, mas que esclarece que o depósito é controverso para si, ainda que, assim feito, o locador entenda que tal depósito não tem qualquer controvérsia. E pode não ser, efetivamente, para ele, locador, mas o é para o autor da consignação. Nesse caso, o locador, ainda que concorde com as quantias depositadas, não pode levantá-las porque o autor espera o pronunciamento judicial para explicitar quem tem razão, autor ou réu locador.

> *"Art. 67. (...) Parágrafo único. O réu poderá levantar a qualquer momento as importâncias depositadas sobre as quais não penda controvérsia."*

3.4. Da ação revisional de aluguel

358. **TÍTULO II, CAPÍTULO IV** - Versa este capítulo sobre a Ação Revisional de Aluguel, nos artigos 68 ao 70, acrescidos de quatro incisos e quatro parágrafos.

359. **AÇÃO REVISIONAL DE ALUGUEL** - A ação revisional de aluguel ou ação de revisão de aluguel, como o próprio nome está a indicar, repercute na esfera de interesse daquele que está sofrendo o prejuízo de receber menos do que lhe é devido ou, inversamente, daquele que está pagando mais do que vale o aluguel em causa. A regra normal mais evidenciada e abrangente é a do locador que tem o valor do locativo ou aluguel defasado em relação ao aluguel reajustado segundo o indexador e a periodicidade fixados no contrato, em contraste ou cotejo com a desvalorização da moeda e o valor de mercado desse aluguel, em comparação mercadológica com os que lhe são assemelhados em termos de situação, localização na edificação, proximidade maior ou menor de recursos, tamanho e o próprio acabamento da unidade autônoma objeto da contratação. O inverso, no entanto, também pode ocorrer. Nos casos em que o locatário perceba que o imóvel locado esteja com o preço da locação, o aluguel, em valor mais elevado do que outros congêneres do mercado, também a ele é facultada a utilização da ação revisional como objetivo de reduzi-lo ao valor que seja condizente com a atualidade do valor corrente. A razão pela qual tal ocorra não tem significado para a apreciação judicial, seja porque o aluguel inicial foi fixado em valor mais alto do que o que seria normal ou porque o critério de reajuste do contrato tenha se comportado disparatadamente em relação à própria evolução do valor de mercado de aluguel desse imóvel ou de seus assemelhados. A ação revisional ou ação de revisão tem por objetivo repor no devido lugar a bilateralidade, a sinalagma, a comutatividade contratual, ou o equânime equilíbrio contratual entre as partes. Na esfera de interesse e legitimidade do locador, portanto, cabe somente a ação revisional. No âmbito de interesse do locatário cabe também, além da ação de revisão, a iniciativa de mudar-se para outro imóvel de menor valor, cabendo-lhe sopesar o que lhe parece mais conveniente entre uma e outra situação.

360. **RITO SUMÁRIO (EX-SUMARÍSSIMO)** - De acordo com que foi visto na locução anterior, a ação que dispõem locador e locatário para revisar o valor do aluguel é a ação revisional de aluguel, cujas disposições específicas o artigo 68 remete para o que contém os

seus incisos e parágrafos, individualmente analisados. De pronto, no entanto, ressalta a disposição que determina o rito sumaríssimo para o seu processamento em juízo. O procedimento sumaríssimo, por sua vez, foi transformado em sumário pela Lei nº 9.245, de 26.12.95. Isso, aliás, é o que consta nos artigos 275 e seguintes do CPC. O artigo 275 refere os casos em que é aplicável o procedimento sumário, restando para a revisional a alínea g, dispondo sua aplicação "nos demais casos previstos em lei", como é o caso presente. Seu caráter é de preferencialidade sobre os demais processos, e as ações que devam adotar este procedimento ou rito devem ser distribuídas com as exigências contidas nos artigos seguintes ao do artigo 275, supra referido, em especial o artigo 276, visto a seguir. Para a ação revisional, em específico, as exigências são comentadas nas locuções seguintes.

"*Art. 68. Na ação revisional de aluguel, que terá o rito sumaríssimo, observar-se-á o seguinte: (...)*"

361. **I - INICIAL INDICAR O ALUGUEL CUJA FIXAÇÃO É PRETENDIDA** - A inicial da ação revisional deve ser distribuída com os requisitos dos artigos 276 e 282 do CPC. Assim, deve o autor apresentar rol de testemunhas e quesitos se requerer perícia, e indicar assistente técnico (art. 276), além dos requisitos do artigo 282, já abordado por ocasião da análise da ação consignatória de aluguel. Mas de nada adiantará, pois para a ação revisional de aluguel preciso será ainda que indique na inicial o valor do aluguel cuja fixação judicial é pretendida, conforme o comando contido neste inciso I do artigo 68. Se a tramitação do processo tem por objetivo a celeridade processual, não se justificaria que somente depois de distribuída a ação é que o autor venha a juízo, em nova petição, para dizer que pretende tanto pelo aluguel. Caso não o indique, contrariando o expresso comando legal, é caso mesmo de indeferimento liminar da inicial, pelo juiz da causa. Ainda que possível a emenda da inicial por determinação do juízo (para que o valor venha a ser indicado pelo autor), a parte adversa pode disso recorrer e tem grandes chances de fulminar esse processo, em grau recursal.

"*Art. 68. (...) I - além dos requisitos exigidos pelos arts. 276 e 282 do Código de Processo Civil, a petição inicial deverá indicar o valor do aluguel cuja fixação é pretendida; (...)*"

"*Código de Processo Civil: Art. 276. Na petição inicial, o autor apresentará o rol de testemunhas e, se requerer perícia, formulará quesitos, podendo indicar assistente técnico. (Reda-*

ção dada pela Lei nº 9.245, de 26.12.95, com vigência a partir de 26.02.96)"

362. **II - ALUGUEL PROVISÓRIO NÃO EXCEDENTE A 80% DO PEDIDO** - Ao fazer o despacho inicial, o juiz a quem competir essa ação, por distribuição automática ou não, vai designar audiência de instrução e julgamento. E se houver pedido, e fundado nos elementos fornecidos pelo autor ou nos que indicar, vai fixar o aluguel provisório, não excedente a 80% (oitenta por cento) do valor pedido para o novo aluguel, objeto da fixação judicial. Esse aluguel provisório será devido pelo locatário desde a citação. O que ainda mais justifica a exigência contida no inciso I, a indicação do valor pretendido e, se for o caso, o pedido de fixação de aluguel provisório. Ou seja, não basta ao locador indicar na inicial o novo valor de aluguel que pretende. Se também objetivar a fixação de provisórios, há que formular expresso pedido na inicial. Sem ele, não haverá fixação de aluguel provisório, conforme de depreende claramente da expressão "se houver pedido", contida no comando que a define.

    "Art. 68. (...) II - ao designar a audiência de instrução e julgamento, o juiz, se houver pedido e com base nos elementos fornecidos pelo autor ou nos que indicar, fixará aluguel provisório, não excedente a oitenta por cento do pedido, que será devido desde a citação; (...)"

363. **III - REVISÃO DO ALUGUEL PROVISÓRIO** - Assim como o autor da ação revisional (locador ou locatário, como visto) pode pedir a fixação de aluguéis provisórios, este inciso III do artigo 68 também propicia a que o réu, sem prejuízo da contestação, possa pedir a revisão do aluguel provisório fixado, por sua vez, em até 80% do valor pretendido pelo acionante e em razão dos elementos que tenha juntado com a inicial. O réu, para tanto, deve proceder do mesmo modo. Ao pretender revisar os aluguéis provisórios fixados pelo juiz, tem a obrigação de apresentar elementos com o seu pedido para demonstrar tanto a erronia (ou descabimento) da fixação provisória feita, quanto a certeza de seu pedido de revisão, ou redução dos aluguéis provisórios. Se a pretensão estiver consonante com os fatos e sendo eles cabalmente demonstrados, são mínimas as chances de o pedido não restar atendido pelo juiz da causa.

    "Art. 68. (...) III - sem prejuízo da contestação e até a audiência, o réu poderá pedir seja revisto o aluguel provisório, fornecendo os elementos para tanto; (...)"

364. **IV- CONTRAPROPOSTA DO RÉU OU REALIZAÇÃO DE PERÍCIA** - Na audiência de instrução e julgamento, deverá ser apresentada a contestação do réu, a qual deve conter contraproposta caso haja discordância com o valor pretendido pelo autor. Nesse ponto, entre as duas pretensões díspares, o juiz tem a obrigação legal de tentar a conciliação com o fim de obter um valor de consenso para o novo aluguel, liquidando com a lide e extinguindo o processo. Caso não seja ela possível, procederá a suspensão da audiência para a realização de perícia, se necessária (e normalmente o é), designando nessa mesma ocasião a sua continuação, na data que fixar. Nessa parte da audiência, já praticamente finalizada, estará nomeando o perito judicial para a realização da perícia, bem como o prazo em que deve ele entregar o laudo, de tal forma que esteja pronto na continuação dessa audiência.
"Art. 68. (...) IV - na audiência de instrução e julgamento, apresentada a contestação, que deverá conter contraproposta se houver discordância quanto ao valor pretendido, o juiz tentará a conciliação e, não sendo esta possível, suspenderá o ato para a realização de perícia, se necessária, designando, desde logo, audiência em continuação. (...)"

365. **NÃO CABE REVISIONAL NO PRAZO DE DESOCUPAÇÃO DO IMÓVEL** - O § 1º do artigo 68 faz previsão do incabimento da ação revisional, deixando claro que ela não caberá na pendência de prazo para a desocupação do imóvel. Para isso, fixa duas hipóteses legais e duas infralegais. A primeira diz com o § 2º do artigo 46, na locação residencial, quando *"Ocorrendo a prorrogação, o locador poderá denunciar o contrato a qualquer tempo, concedido o prazo de trinta dias para desocupação."* A segunda, de mesma índole, prevista no artigo 57, na locação não-residencial, quando *"O contrato de locação por prazo indeterminado pode ser denunciado por escrito, pelo locador, concedidos ao locatário trinta dias para a desocupação."* Ou ainda, nas hipóteses que decorrem da lei, quando este prazo tenha sido estipulado amigavelmente entre as partes ou judicialmente, pelo juiz condutor do processo.
"Art. 68. (...) § 1º. Não caberá ação revisional na pendência de prazo para desocupação do imóvel (arts. 46, § 2º e 57), ou quando tenha sido este estipulado amigável ou judicialmente. (...)"

366. **REAJUSTE DO ALUGUEL PROVISÓRIO** - Conforme a disposição contida no § 2º do artigo 68, no curso da ação de revisão, o reajuste do aluguel provisório será procedido na periodicidade pac-

tuada ou na fixada em lei. Ou seja, vale aquela que estiver ajustada no contrato de locação ou, caso inexistente, na que for fixada por lei.

"Art. 68. (...) § 2º. No curso da ação de revisão, o aluguel provisório será reajustado na periodicidade pactuada ou na fixada em lei."

367. ALUGUEL FIXADO NA SENTENÇA RETROAGE À CITAÇÃO - O arbitramento judicial resolve o litígio trazido a juízo na revisão ou revisional, e seu alcance abrange a data em que foi procedida a citação. Portanto, o valor do novo aluguel fixado na sentença é como se tivesse ocorrido na mesma data em que o réu da ação foi citado para defender-se no processo, desimportando quanto tempo levou isso desde o ajuizamento da ação até a sentença que arbitra esse valor, normalmente com base em laudo judicial elaborado por perito nomeado pelo juízo. Esse o comando contida na primeira parte do *caput* do artigo 69.

368. DIFERENÇAS DA REVISÃO EXIGÍVEIS APÓS TRÂNSITO EM JULGADO - As diferenças devidas pelo réu durante a ação de revisão e após descontados os aluguéis provisórios satisfeitos nesse interregno serão pagas de forma corrigida, mas exigíveis somente a partir do trânsito em julgado da decisão que fixar o novo aluguel. Portanto, sendo as diferenças exigíveis monetariamente corrigidas, torna-se significativo para o réu lembrar que serão elas tanto menor quanto maior for a fixação do aluguel provisório. Vale lembrar que a lei não defere mais o pagamento em seis parcelas, como na legislação anterior. Por isso, em princípio, as diferenças devem ser satisfeitas de uma só vez. No entanto, a lei não veda (como nas diferenças da ação renovatória, quando o artigo 73 determina o pagamento de uma só vez) que haja parcelamento, na conformidade de provimento judicial provocado pela parte, já concedido com base nessa fundamentação: se a lei não veda, a possibilidade existe. A sentença que fixa o novo aluguel, por sua vez, só produz eficácia executiva depois de transitar em julgado, ou seja, depois de decorrido o prazo legal de quinze (15) dias, sem recurso de apelação interposto pelo adverso ou que sobre ela já não caiba qualquer outro recurso.

"Art. 69. O aluguel fixado na sentença retroage à citação, e as diferenças devidas durante a ação de revisão, descontados os alugueres provisórios satisfeitos, serão pagas corrigidas, exigíveis a partir do trânsito em julgado da decisão que fixar o novo aluguel. (...)"

369. **PERIODICIDADE DE REAJUSTE DIVERSO DO CONTRATO** - O § 1º do artigo 69 dispõe sobre mais dois outros aspectos contratuais que podem ser revisados, além do preço da locação, o aluguel, propriamente dito. Assim, se for pedido pelo locador ou sublocador, a sentença poderá estabelecer periodicidade de reajustamento do aluguel diversa daquela prevista no contrato objeto da revisional. Então, se for pedido na inicial, o juiz poderá fixar outra regra para a periodicidade do reajustamento do aluguel. Obviamente, que tal estará vinculado ao interesse de quem maneja a ação revisional, o que poderá representar pedido de alargamento ou estreitamento do período em que ocorre o reajuste e, é claro, submetido aos fatos e ao prudente juízo de valor do juiz condutor do processo. Feito isso, prevalece a sentença sobre o contrato, porquanto revisado judicialmente.

370. **INDEXADOR OUTRO PARA REAJUSTE DO ALUGUEL** - Assim como em relação à periodicidade de reajuste contratual do aluguel, também o indexador para reajustamento do aluguel pode ser revisado na sentença que arbitra o novo valor do aluguel. Esta a segunda parte do § 1º do artigo 69, bipartido para melhor identificação na consulta. De igual modo, precisa ser pedido expressamente na inicial. E a razão disso decorre do fato de que o processo é disponível para as partes. Elas é que devem dizer o que pedem, por menor que seja o pedido, como no caso da periodicidade ou do indexador, em comparação com o valor do aluguel. De qualquer sorte, esses dois elementos também fazem o montante do aluguel ser tal e não qual em um dado período de tempo, de maior ou menor gravidade, conforme a conjuntura econômica da época sob ótica. O outro aspecto processual importante é que a parte adversa precisa se defender e para isso tem de saber claramente que pedido ou quais pedidos foram feitos. Por isso, se forem pedidos na inicial, periodicidade e indexador serão apreciados judicialmente e revisados ou não, consoante a faculdade legal e a eqüidade judicial.

"Art. 69. (...) § 1º. Se pedido pelo locador, ou sublocador, a sentença poderá estabelecer periodicidade de reajustamento do aluguel diversa daquela prevista no contrato revisando, bem como adotar outro indexador para reajustamento do aluguel. (...)"

371. **EXECUÇÃO DAS DIFERENÇAS NOS AUTOS DA REVISÃO** - O § 2º do artigo 69 diz tudo, sinteticamente. A execução das diferenças será feita nos autos da ação de revisão. Não é necessário

mover novo processo, desta feita de execução, pois ela se desenvolve no mesmo processo em que decidida a revisional.

"*Art. 69. (...) § 2º. A execução das diferenças será feita nos autos da ação de revisão.*"

372. **ACORDO DE DESOCUPAÇÃO E SUA HOMOLOGAÇÃO** - O artigo 70 finaliza as disposições legais atinentes com a ação revisional de aluguel, nele versando sobre a possibilidade de o juiz homologar acordo de desocupação a que cheguem as partes. Celebrado o acordo e homologado pelo juiz, a sua execução se dará mediante expedição de mandado de despejo.

"*Art. 70. Na ação de revisão do aluguel, o juiz poderá homologar acordo de desocupação, que será executado mediante expedição de mandado de despejo.*"

373. **REVISIONAL POR DESEQUILÍBRIO ECONÔMICO** - Tem ela por fundamento legal o § 4º do artigo 21 da Lei nº 9.069, de 29 de junho de 1995, que implementou plenamente o Plano Real no mundo jurídico, depois de tantas e inúmeras excrescências provisórias, e para dispor exatamente sobre a temática que envolve a possibilidade de revisão do aluguel antes de três anos de sua manutenção: o desequilíbrio econômico-financeiro. No caso, veio ele para equilibrar as locações que estivessem defasadas quando da implantação do plano e seus desdobramentos próprios em cada uma delas, por causa de conversões anteriormente procedidas. Assim, o que valia para aquele momento de transição, vale ainda hoje desde que apresente o pressuposto que a impulsiona: o desequilíbrio econômico-financeiro entre o aluguel e o preço da locação em causa, independentemente de prazo e da própria ação prevista no artigo 19 desta lei especial ora em exame, que exige três anos para a sua operatividade. O procedimento ou o seu desenvolvimento processual é idêntico para uma ou outra ação, submetendo-se ambas às disposições contidas neste capítulo

3.5. Da ação renovatória

374. **TÍTULO II, CAPÍTULO V** - Neste capítulo, o objeto é a Ação Renovatória, tratada nos artigos 71 ao 75, acrescidos de onze incisos e seis parágrafos, com a finalização do disciplinamento relativo aos procedimentos.

375. **AÇÃO RENOVATÓRIA** - A ação renovatória é o instrumento processual pelo qual a parte que tem direito à renovação do contrato exerce a força coercitiva desse direito. Não é demais lembrar o que

já abordado no artigo 51. Existe o direito à renovação do contrato de locação quando se trate de imóveis destinados ao comércio. É instituto típico da locação comercial, incorporada que foi pela legislação inquilinária de imóveis urbanos, e com a revogação dos diplomas legais que ao instituto se referiam, para prevalecer tão-só o que nesta lei está preceituado. Este direito à renovação está calcado em três pressupostos intrínsecos (que se desdobram, ampliando esse número), e sem os quais não existe ou não cabe a pretensão renovatória. E isso exsurge do *caput*, ao dispor que assiste direito à renovação do contrato, por igual prazo, desde que, cumulativamente, (I) o contrato a renovar tenha sido celebrado por escrito e com prazo determinado; (II) o prazo mínimo do contrato a renovar ou a soma dos prazos ininterruptos dos contratos escritos seja de cinco anos; e (III) o locatário esteja explorando seu comércio, no mesmo ramo, pelo prazo mínimo e ininterrupto de três anos. Portanto, não basta um dos pressupostos. A lei exige a sua cumulação, ou seja, todos eles reunidos na mesma situação contratual una ou encadeada que objetive o direito à renovação. E foram eles abordados, cada um, em locução própria. Repisadas as características de ordem material, importa aqui abordar os tópicos atinentes com o procedimento na ação renovatória, que são vistos a seguir.

376. REQUISITOS PROCESSUAIS NA RENOVATÓRIA - Além dos demais requisitos exigidos no art. 282 do CPC, já transcritos por ocasião da análise da ação de consignação de aluguel, a petição inicial da ação renovatória deverá ser instruída com os requisitos específicos que disciplinam o direito à renovação que, no seu exercício, estão consubstanciados nas provas processuais que deles se faça. Ausente a prova que corporifica o direito, o seu exercício resta prejudicado porque o juízo não pode reconhecer direito que não foi comprovado pela parte a quem socorre os requisitos legalmente exigidos. Por isso, para destaque e facilitação na consulta, são abordados individualmente nas locuções seguintes.

"Art. 71. Além dos demais requisitos exigidos no art. 282 do Código de Processo Civil, a petição inicial da ação renovatória deverá ser instruída com: (...)"

377. PROVA DE PREENCHIMENTO DOS REQUISITOS DO ARTIGO 51 - Veja-se que o exercício procedimental, ou a instrumentalização da ação que está calcada no processo não prescinde e, ao contrário, exige a comprovação do direito material que tem a parte para poder exercer o direito de ação, com sucesso. É o caso deste inciso I do artigo 71, que dispõe sobre os procedimentos, ou atos

processuais a serem exercidos pelo pretendente à renovação (locatário ou sublocatário, conforme o caso). Para estar em ordem a petição inicial da ação renovatória, preciso será que o autor faça prova do preenchimento dos requisitos (materiais) exigidos pelos incisos I, II e III do artigo 51, lá no início da Seção III do Título I, que trata da locação não-residencial. E são eles, I - o contrato a renovar tenha sido celebrado por escrito e com prazo determinado; II - o prazo mínimo do contrato a renovar ou a soma dos prazos ininterruptos dos contratos escritos seja de cinco anos; e III - o locatário esteja explorando seu comércio, no mesmo ramo, pelo prazo mínimo e ininterrupto de três anos. Sem a cumulação desses requisitos, como dispõe o *caput* do artigo 51, não há possibilidade de prosseguimento da ação de renovação, podendo ser caso de indeferimento liminar da inicial, se assim entender o julgador da causa.

"*Art. 71. (...) I - prova do preenchimento dos requisitos dos incisos I, II e III do art. 51; (...)*"

378. **PROVA DO EXATO CUMPRIMENTO DO CONTRATO EM CURSO** - Este requisito condiz com o cumprimento das obrigações do contrato que o locatário pretende renovar. E pela disposição se pode verificar que não é o cumprimento do contrato, de qualquer jeito, pura e simplesmente. Mas o seu exato cumprimento. Vale dizer, o adimplemento das obrigações atinentes com o preço da locação e também com as demais cláusulas contratuais que vinculam o correto agir do locatário, em toda a extensão do pacto locatício. Praticamente, no processo, pode ser demonstrada pela juntada de cópias dos recibos de pagamento dos últimos doze meses, ou mesmo da totalidade dos recibos do pacto locatício, visto que uma declaração do locador, nesse sentido, dificilmente obteria o autor da ação.

"*Art. 71. (...) II - prova do exato cumprimento do contrato em curso; (...)*"

379. **PROVA DA QUITAÇÃO DE IMPOSTOS E TAXAS** - Aqui, o exato cumprimento do contrato especifica o que deve ser comprovado. Por isso, impostos e taxas que incidiram sobre o imóvel, que geralmente são transferidos ao locatário pelo contrato, precisam estar incorporados na inicial, nela citados ou não, mas sempre constando como documentos que a instruam, em apenso. Daí o comando legal que diz "cujo pagamento lhe incumbia;" Ao oposto, se o contrato não prevê o pagamento de impostos e taxas por parte do locatário, é necessário apenas chamar a atenção para o fato de

que tais obrigações não foram a ele transferidas, uma vez que competem ao locador (art.22, VIII), salvo expressa disposição contratual em contrário. O tempo do verbo no passado para o comando "incidiram", está a indicar todo o período de contratualidade da locação, ou os últimos cinco anos, cuja prova deve ser feita pelo pretendente à renovação, junto com a inicial.

"Art. 71. (...) III - prova da quitação dos impostos e taxas que incidiram sobre o imóvel e cujo pagamento lhe incumbia; (...)"

380. CONDIÇÕES OFERECIDAS PARA A RENOVAÇÃO - Este inciso IV é categórico na exposição do requisito mais importante do ponto de vista do locador. A indicação clara e precisa das condições oferecidas para a renovação da locação. A disposição dispensa comentários, merecendo destaque apenas o fato de que, caso o locatário assim não proceda, a inépcia da inicial e o seu indeferimento liminar pelo juízo é algo que se torna muito tangível para o locatário, ensejando o seu interesse na evitação de dúvidas, omissões ou obscuridades em relação a este requisito.

"Art. 71. (...) IV - indicação clara e precisa das condições oferecidas para a renovação da locação; (...)"

381. INDICAÇÃO DE FIADOR - Este é outro requisito da maior importância para o locador. Sua régia observância pelo locatário, portanto, é indício favorável na procedência do pedido, em consonância com os demais. E essa indicação de fiador é exigida, quer quando ele já exista no contrato a renovar ou quer quando não for o mesmo. Nesse caso, preciso será a sua completa qualificação civil, com indicação do nome ou denominação completa, número de sua inscrição no Ministério da Economia, Fazenda e Planejamento (CPC, para a pessoa física, ou o CGC, para a pessoa jurídica ou equiparada), o endereço e, tratando-se de pessoa natural, a nacionalidade, o estado civil, a profissão e o número da carteira de identidade, comprovando, em qualquer caso e desde logo, a sua idoneidade financeira. A idoneidade financeira é consubstanciada, via de regra, pela apresentação de comprovante de rendimentos e, no caso, com valor compatível para suportar, eventualmente, o encargo - sendo geralmente exigido três vezes o valor do aluguel - além da comprovação de uma (ou duas, conforme o caso e a região) propriedades livres e desoneradas de qualquer gravame (hipotecas, legais ou convencionais, penhor, renda, penhora, etc.). Podendo ainda, de acordo com o nível de exigência do locador, do imóvel e de sua destinação, ser aceita uma propriedade vinculada por financiamento ao Sistema Financeiro da Habitação, porém, em casos

mais raros e eventuais. Se for casado (ou casada), também se torna necessária a qualificação do cônjuge. Relevância ainda deve ser dada ao comando legal contido na locução "em qualquer caso e desde logo". Na primeira parte, tem ela pertinência com o fiador que já exista no contrato revisando ou do outro que vai substituí-lo, pessoa física ou jurídica. Na segunda parte, o "desde logo" significa no ato de ajuizamento da ação, junto com a inicial. Caso assim não faça o locatário, pode o juízo decretar a inépcia da inicial e o seu indeferimento liminar.

"Art. 71. (...) V - indicação de fiador quando houver no contrato a renovar e, quando não for o mesmo, com indicação do nome ou denominação completa, número de sua inscrição no Ministério da Economia, Fazenda e Planejamento, endereço e, tratando-se de pessoa natural, a nacionalidade, o estado civil, a profissão e o número da carteira de identidade, comprovando, em qualquer caso e desde logo, a idoneidade financeira; (...)"

382. PROVA DE QUE O FIADOR ACEITA OS ENCARGOS DA FIANÇA - O destaque deste inciso VI complementa o anterior e se encontra aqui separado exatamente porque a idéia do legislador foi a esclarecer com precisão a necessariedade das duas provas, dos dois requisitos. Um, a indicação. Outro, a prova da aceitação. Por isso, também este requisito (ou pressuposto) não pode ser esquecido ou menosprezado pelo locatário. Por isso, deve instruir a inicial com a prova de que o fiador aceita os encargos da fiança, inclusive com a outorga uxória (ou a autorização do cônjuge), se casado (ou casada) for.

"Art. 71. (...) VI - prova de que o fiador do contrato ou o que o substituir na renovação, aceita os encargos da fiança, autorizada por seu cônjuge, se casado for; (...)"

383. PROVA DE SER CESSIONÁRIO OU SUCESSOR - Este o comando procedimental da disposição material contida no § 1º do artigo 51. Lá, a disposição sobre o direito. Aqui, o único modo através do qual pode ser exercido, pela prova no processo. Assim, quando for o caso de o direito à renovação estar sendo exercido, não pelo locatário, mas pelo cessionário ou sucessor, a comprovação da cessão ou sucessão da locação é indispensável e imperativa. Em caso contrário, não há direito. E, por conseqüência, a inépcia da petição inicial e o seu indeferimento pelo juízo a quem competir, já no despacho inicial ou depois, na apreciação do mérito.

"Art. 71. (...) VII - prova, quando for o caso, de ser cessionário ou sucessor, em virtude de título oponível ao proprietário.(...)"

384. CITAÇÃO DE LITISCONSORTES - Este parágrafo único do artigo 71 nos traz o caso de quando a ação é proposta pelo sublocatário do imóvel ou de parte dele, caso em que serão citados o sublocador e o locador, como litisconsortes, parar exercerem direito de defesa, pois o resultado da ação pode atingi-los. E necessariamente, em caso de procedência. A exceção corre por conta de condicional fática. No caso, em virtude de locação originária ou renovada, se o sublocador dispuser de prazo que admita renovar a sublocação. Na primeira hipótese (caso em que há a citação do sublocador e do locador), sendo procedente a ação, o proprietário (ou locador) ficará diretamente obrigado à renovação procedida pelo sublocatário. Este parágrafo finaliza as disposições procedimentais pertinentes ao exercente do direito à renovação.

"Art. 71. (...) Parágrafo único. Proposta a ação pelo sublocatário do imóvel ou de parte dele, serão citados o sublocador e o locador, como litisconsortes, salvo se, em virtude de locação originária ou renovada, o sublocador dispuser de prazo que admita renovar a sublocação; na primeira hipótese, procedente a ação, o proprietário ficará diretamente obrigado à renovação."

385. CONTESTAÇÃO NA RENOVATÓRIA, MATÉRIA DE DIREITO E DE FATO - O artigo 72 dispõe sobre o disciplinamento da contestação do locador. Nesse passo, além da defesa de direito que lhe possa socorrer no processo, a contestação ficará adstrita quanto à matéria de fato aos seguintes parâmetros: o autor não preencher os requisitos estabelecidos nesta Lei; a proposta de o locatário não atender o valor locativo real do imóvel na época da renovação, excluída a valorização trazida por aquele ao ponto ou lugar; ter proposta de terceiro para a locação, em condições melhores; e não estar obrigado a renovar a locação (incisos I e II do art. 52). Não pode o locador, portanto, discutir outros fatos que não estes aqui elencados. Caso não alegar ou não puder comprovar alguma dessas circunstâncias fáticas admitidas pelo texto legal, somente lhe cabe esgrimir a defesa de direito que possa existir, para apreciação e análise do juízo condutor do processo.

"Art. 72. A contestação do locador, além da defesa de direito que possa caber, ficará adstrita, quanto à matéria de fato, ao seguinte:
I - não preencher o autor os requisitos estabelecidos nesta Lei;

II - não atender, a proposta do locatário, o valor locativo real do imóvel na época da renovação, excluída a valorização trazida por aquele ao ponto ou lugar;
III - ter proposta de terceiro para a locação, em condições melhores;
IV - não estar obrigado a renovar a locação (incisos I e II do art. 52).(...)"

386. **CONTRAPROPOSTA, SE ALEGAR INCOMPATÍVEL A PROPOSTA DO LOCATÁRIO** - O artigo 72 objetiva disciplinar sobre a defesa calcada em matéria de fato do locador. Se, no caso do inciso II *(não atender, a proposta do locatário, o valor locativo real do imóvel na época da renovação, excluída a valorização trazida por aquele ao ponto ou lugar;)* deve o locador apresentar contraproposta com as condições de locação que repute compatíveis com o valor locativo real e atual do imóvel. A lei objetiva com essa disposição vedar ao locador a possibilidade de simples alegação. Obrigando-o a dizer que proposta considera adequada e compatível para o imóvel, tal pode ser aferido pelo juízo ou perito que nomeie para tanto, de modo a que reste comprovado se tem ou não tem razão naquilo que alegou. Portanto, se não apresentar dados concretos de contraproposta, de nada adianta ao locador exercer defesa de fato fundada no inciso II, na exata proporção em que descabe mera ou descuidada alegação quando para o fato a lei faz expressa previsão de resposta.

"Art. 72. (...) § 1º. No caso do inciso II, o locador deverá apresentar, em contraproposta, as condições de locação que repute compatíveis com o valor locativo real e atual do imóvel.(...)"

387. **PROVA DOCUMENTAL DA PROPOSTA DO TERCEIRO** - O § 2º disciplina o agir do locador quando na contestação alegar que tem proposta de terceiro, em condições melhores (inciso III). Este comando dispõe sobre isso para impedir a mera alegação. Nesse caso, se utilizar-se do inciso III, o locador ao opor essa matéria de fato, há de juntar com a contestação a prova documental da proposta do terceiro, por este subscrita e por duas testemunhas, sob pena de a sua defesa cair no vazio e, por conseguinte, ver decretada a procedência da ação renovatória em favor do autor.

"Art. 72. (...) § 2º. No caso do inciso III, o locador deverá juntar prova documental da proposta do terceiro, subscrita por este e por duas testemunhas, (...)"

388. **RAMO DO TERCEIRO NÃO PODE SER O MESMO DO LOCATÁRIO** - Na mesma prova documental supracitada, o locador precisa indicar com clareza o ramo a ser explorado pelo terceiro e que não pode ser o mesmo do locatário. Se assim não proceder o locador, a prova estará capenga, parcial, e por isso mesmo, não se prestará para dar sustentação à resposta de oposição que pretende evitar a renovação judicial da locação. Nessa hipótese, concordar imediatamente com a renovação, certamente implicará ganho de tempo e dinheiro.
"Art. 72. (...) § 2º. (...) com clara indicação do ramo a ser explorado, que não poderá ser o mesmo do locatário.(..)"

389. **RÉPLICA DO LOCATÁRIO ACEITANDO AS CONDIÇÕES** - Se ao contrário, e por isso o comando legal nesse sentido, a prova documental juntada ao processo com a contestação contiver a proposta assinada pelo terceiro e por duas testemunhas, além da clara indicação do ramo que não pode ser o mesmo do locatário, abre-se outra oportunidade processual. Desta feita, na esfera de interesse do locatário autor, que na réplica ou ao dizer sobre a contestação e os documentos juntados a ela, poderá aceitar essas condições do terceiro proponente para obter a renovação pretendida. Assim feito, a procedência da ação pelo juízo é potencialmente imperativa, cogente.
"Art. 72. (...) § 2º. (...) Nessa hipótese, o locatário poderá, em réplica, aceitar tais condições para obter a renovação pretendida. (...)"

390. **PROVA DA DETERMINAÇÃO PÚBLICA OU RELATÓRIO DAS OBRAS, SE NÃO ESTIVER OBRIGADO A RENOVAR A LOCAÇÃO** - O artigo 52, ao tratar do direito material das partes, dispõe quando, por qual causas e em que circunstâncias o locador não estará obrigado a renovar o contrato de locação. E este § 3º do artigo 72 nos traz a hipótese vertida no inciso I do artigo 52 que reza o seguinte: *por determinação do Poder Público, tiver que realizar no imóvel obras que importarem na sua radical transformação; ou para fazer modificação de tal natureza que aumente o valor do negócio ou da propriedade*. Portanto, se essa for a defesa do locador para evitar a renovação do contrato, a contestação deverá trazer prova da determinação do Poder Público e relatório pormenorizado das obras a serem realizadas e da estimativa de valorização que sofrerá o imóvel, assinado por engenheiro devidamente habilitado. Como se constata, quatro são os requisitos embutidos neste comando. O primeiro é a prova da determinação

pública. O segundo é o relatório pormenorizado das obras a serem executadas. E o afirmo como segundo requisito, convicto de que a expressão legal "ou" - indicando alternatividade - está equivocada, pois se não houver a determinação do Poder Público, o relatório de obras passa para o simples interesse privado, incapaz de ensejar a incidência da causa contida no comando legal para elidir a renovação. Na verdade, o sentido da disposição legal revela que a expressão deveria corresponder a "e", como conjunção aditiva, visto que é a cumulatividade que se revela presente, não a alternativa que tenha o locador de apresentar a prova da determinação do Poder Público ou o relatório das obras. Isso, aliás, é o que evidencia o comando material do inciso I do artigo 52. Como terceiro requisito, a estimativa de valorização que sofrerá o imóvel com a realização das obras. E por quarto e último, que o relatório especificado das obras e com essa estimativa, esteja assinado por engenheiro devidamente (ou legalmente) habilitado.

"Art. 72. (...) § 3º. No caso do inciso I do art. 52, a contestação deverá trazer prova da determinação do Poder Público ou relatório pormenorizado das obras a serem realizadas e da estimativa de valorização que sofrerá o imóvel, assinado por engenheiro devidamente habilitado. (...)"

391. CONTESTAÇÃO E PEDIDO DE ALUGUEL PROVISÓRIO - Este § 4º dispõe sobre o aluguel provisório na renovatória. Assim, na contestação, o locador, ou sublocador, poderá pedir, ainda, a fixação de aluguel provisório, não excedente a 80% (oitenta por cento) do pedido, desde que apresentados elementos hábeis para aferição do justo valor do aluguel. Esse aluguel provisório será devido pelo locatário a partir do primeiro mês do prazo do contrato a renovar. Portanto, se pretender a fixação de provisórios, há que formular expresso pedido na resposta, ao contestar. Sem ele, não haverá fixação de aluguel provisório pelo juízo, como se depreende claramente das expressões "poderá pedir, ainda" e "desde que apresentados", contidos neste comando que os possibilitam. De outro lado, o requisito atinente com a juntada de elementos que possibilitem ao juízo a aferição do justo valor dos provisórios não pode ser descurado, pois se não for fornecido na contestação, a fixação pelo juiz condutor do processo fica praticamente impossibilitada. De resto, de acordo com a lei, uma vez que determinada a apresentação desses elementos para cognição sumária, na sua fixação. Por outro lado, pedido que pode ser feito pelo locador ou sublocador, conforme a hipótese de incidência legal sob ótica.

"Art. 72. (...) § 4º. Na contestação, o locador, ou sublocador, poderá pedir, ainda, a fixação de aluguel provisório, para vigorar a partir do primeiro mês do prazo do contrato a ser renovado, não excedente a oitenta por cento do pedido, desde que apresentados elementos hábeis para aferição do justo valor do aluguel. (...)"

392. **PERIODICIDADE DE REAJUSTE DIVERSO DO CONTRATO RENOVANDO** - Assim como no § 1º do artigo 69, sobre a ação revisional, este § 5º do artigo 72 dispõe sobre mais dois outros aspectos contratuais que constituem elementos do contrato renovando, além do preço da locação, objeto da oferta feita pelo locatário ou da fixação que fizer o juízo, de regra louvado em perícia realizada por perito nomeado pela confiança do juiz. Caso pedido pelo locador ou sublocador, a sentença poderá estabelecer periodicidade de reajustamento do aluguel diversa daquela prevista no contrato objeto da renovação. Aqui, inverte-se a situação, devendo esse pedido ser feito não na inicial, como na ação revisional, mas na contestação (ou resposta com a defesa de direito e de fato contra a renovação pretendida). Por óbvio, o interesse estará centrado na ótica do locador e normalmente pedirá o estreitamento do período em que ocorre o reajuste e, é claro, submetido aos fatos e ao prudente juízo de valor do juiz condutor do processo. Então, o juiz poderá fixar outra periodicidade do reajustamento do aluguel, segundo a sua eqüitativa e prudente convicção, caso venha a ser renovado o contrato com a procedência da ação.

"Art. 72. (...) § 5º. Se pedido pelo locador, ou sublocador, a sentença poderá estabelecer periodicidade de reajustamento do aluguel diversa daquela prevista no contrato renovando, (...)"

393. **INDEXADOR OUTRO PARA REAJUSTE DO ALUGUEL NA RENOVAÇÃO** - Este o outro aspecto de que cuida o § 5º do artigo 72, juntamente com a periodicidade de reajustamento. Igualmente como este, precisa ser pedido expressamente na contestação. E isso decorre do fato de que o processo é disponível para as partes. Elas é que podem e devem dizer o que pedem, por menor ou singelo que seja o pedido, como pode ser o caso da periodicidade ou do indexador, em cotejo com valor do aluguel ofertado pelo locatário ou pelo que vier a ser fixado pelo juiz, se procedente a ação. De qualquer forma, esses dois elementos também integram o montante do aluguel, fazendo-o ser este e não aquele em um dado período de tempo, de maior ou menor gravidade, conforme a conjuntura

econômica da época em questão e da tendência que apresente para o futuro. Portanto, se for pedido por locador ou sublocador, outro indexador poderá ser adotado, aceite ou não o locatário na réplica à contestação, se desse pedido restar convencido o juízo condutor do processo, em caso de procedência da ação de renovação do contrato.

"Art. 72. (...) § 5º. (...) bem como adotar outro indexador para reajustamento do aluguel."

394. EXECUÇÃO DAS DIFERENÇAS DOS ALUGUÉIS NA RENOVATÓRIA - Não contrariamente, mas sem o silêncio adotado em relação à definição legal sobre as diferenças de aluguéis na ação revisional, que não obriga, mas também não veda que elas sejam pagas em mais de uma vez, aqui a situação é diversa. Este artigo 73 é categórico quando dispõe que as diferenças dos aluguéis vencidos serão executadas nos próprios autos da ação e pagas de uma só vez, ao ser renovada a locação. Portanto, como na revisional, a execução pode ser feita nos próprios autos, porém, deverão ser pagas de uma vez, somente. Não existe a possibilidade de provimento judicial para que as diferenças sejam satisfeitas pelo locatário em parcelas, como ocorre com a revisional que, já na legislação anterior ditava o pagamento em seis parcelas, e que nesta lei, apesar de silente a respeito, não resta vedada, pois se for pedida e o juízo entender passível de parcelamento as diferenças, certamente o concederá, como o comprova julgado do Tribunal de Alçada do Rio Grande do Sul. No caso de ação renovatória, no entanto, as diferenças devem ser pagas de uma única vez.

"Art. 73. Renovada a locação, as diferenças dos aluguéis vencidos serão executadas nos próprios autos da ação e pagas de uma só vez."

395. DESOCUPAÇÃO NA LOCAÇÃO NÃO RENOVADA, SE FOR PEDIDA NA CONTESTAÇÃO SENTENÇA FIXA PRAZO - O artigo 74 objetiva esclarecer sobre a desocupação na locação não renovada. É óbvio que ela se dará, de qualquer modo, pois se não obteve o locatário a renovação pretendida, outro caminho não lhe resta senão desocupar o imóvel. Entretanto, por razões próprias e conhecidas, tratará de nele permanecer o máximo possível de tempo na locação. Sabedor disso, o legislador tratou de dispor no sentido de a própria sentença que não renova a locação, julgando improcedente a ação, pudesse também fixar prazo para a desocupação. Para isso, dispôs que o juiz fixará o prazo de até seis meses após o trânsito em julgado da sentença para desocupação. Mas

submeteu o julgador à circunstância de que exista pedido na contestação. Portanto, ao réu na ação renovatória compete pedir na contestação a desocupação, se não for renovada a locação. Em tal caso, o juiz fixará na sentença o prazo de até seis meses para o locatário desocupar, voluntariamente, o imóvel. Ressalte-se a disposição não fixa o prazo de seis, mas de até seis meses. Pode ser de um a seis meses. Não pode ser de menos de um mês, pois o comando refere "até seis meses", e não "até 180 dias". O prazo fixado na sentença corre a partir do seu trânsito em julgado. Ou seja, quando não houve recurso da parte adversa, o locatário autor da ação, no prazo legal de quinze dias para apelação ao tribunal. Após o prazo assinado, o despejo será compulsório.

"Art. 74. Não sendo renovada a locação, o juiz fixará o prazo de até seis meses após o trânsito em julgado da sentença para desocupação, se houver pedido na contestação."

396. INDENIZAÇÃO SOLIDÁRIA DEVIDA POR LOCADOR E PROPONENTE - Neste artigo 75 que finaliza as disposições atinentes com a ação renovatória, verifica-se a incidência do comando material do § 3º do artigo 52, que dispõe sobre a indenização ao locatário nas rubricas que especifica (*O locatário terá direito a indenização para ressarcimento dos prejuízos e dos lucros cessantes que tiver que arcar com a mudança, perda do lugar e desvalorização do fundo de comércio, se a renovação não ocorrer em razão de proposta de terceiro, em melhores condições*). Nesse caso, o comando legal trata de dispor sobre como se dará essa indenização. E o faz explicitando que na hipótese do inciso III do artigo 72, quando o locador evita a renovação por ter proposta de terceiro para a locação, em melhores condições, a sentença fixará desde logo a indenização devida ao locatário em razão da não-prorrogação da locação, solidariamente devida pelo locador e pelo proponente. E isso ocorre no exato sentido de proteção das partes envolvidas. Ao locatário, porquanto, é o desapossado que, em razão disso, sofre os efeitos práticos já legalmente previstos. Ao locador, porque preserva o de boa índole e penaliza aquele que possa querer achar um terceiro simplesmente para não renovar a locação. E ao terceiro, justamente pelo fato de que é solidário com o locador na indenização devida ao locatário, tão-só pela não-renovação da locação (a que deu causa com a sua proposta), independentemente de vir ou não a exercer no imóvel outro ramo de comércio diverso do locatário. A abordagem deste artigo 75 finaliza a análise dos procedimentos e, praticamente, da própria lei, pois a seguir temos as

disposições finais e transitórias, hoje remanescentes mesmo, apenas as finais, objeto de outras poucas locuções.

"Art. 75. Na hipótese do inciso III do art. 72, a sentença fixará desde logo a indenização devida ao locatário em conseqüência da não prorrogação da locação, solidariamente devida pelo locador e o proponente."

4. Disposições finais e transitórias

397. TÍTULO III - Cuida das Disposições Finais e Transitórias, dos artigos 76 ao 86 e 89 ao 90, vetados que foram os artigos 87 e 88.

398. DISPOSIÇÕES FINAIS E TRANSITÓRIAS - Estas disposições dizem sobre a transição entre a legislação anterior e a vigência da atual, bem como com a redação final da lei. Sobre as transitórias não há de sobrar qualquer resquício a ser objeto de discussão presente, razão pela qual os artigos serão apenas citados. Sobre as disposições finais não, elas persistem e serão objeto de análise em particular e comentários, como nas demais locuções selecionadas.

"Art. 76. Não se aplicam as disposições desta Lei aos processos em curso."

"Art. 77. Todas as locações residenciais que tenham sido celebradas anteriormente à vigência desta Lei serão automaticamente prorrogadas por tempo indeterminado, ao término do prazo ajustado no contrato."

"Art. 78. As locações residenciais que tenham sido celebradas anteriormente à vigência desta Lei e que já vigorem ou venham a vigorar por prazo indeterminado, poderão ser denunciadas pelo locador, concedido o prazo de doze meses para a desocupação.

Parágrafo único. Na hipótese de ter havido revisão judicial ou amigável do aluguel, atingindo o preço do mercado, a denúncia somente poderá ser exercitada após vinte e quatro meses da data da revisão, se esta ocorreu nos doze meses anteriores à data da vigência desta Lei."

399. APLICAÇÃO DO CÓDIGO CIVIL E DO CÓDIGO DE PROCESSO CIVIL - Este comando do artigo 79 é a norma referida em inúmeras outras locuções no sentido da aplicação subsidiária da lei comum civil, no que for omissa esta lei especial. Significa que além daquelas disposições que remetem o consulente ou aplicador diretamente para os artigos que menciona no Código Civil ou do Có-

digo de Processo Civil (CPC), podem deles se subsidiar ou socorrer na solução de uma controvérsia qualquer, quando a lei não tenha feito para a hipótese qualquer previsão.

"Art. 79. No que for omissa esta Lei aplicam-se as normas do Código Civil e do Código de Processo Civil."

400. **CAUSAS CÍVEIS DE MENOR COMPLEXIDADE** - Para os fins contidos no inciso I do artigo 98 da Constituição Federal de 1988, as ações de despejo poderão ser consideradas como causas de menor complexidade. O comando não é cogente, mas facultativo, como exsurge da expressão "poderá". Esse dispositivo constitucional foi regulamentado pela Lei n° 9.099, de 26.09.95, que dispõe sobre os Juizados Especiais Cíveis e Criminais e dá outras providências. E no que interessa, apenas a ação de despejo para uso próprio foi objeto dessa lei, no seu inciso III, como de competência do Juizado Cível, em consonância a facultatividade antes apontada. Isso, no entanto, não determina que a parte que precise ajuizar ação de despejo para uso próprio deva fazê-lo no Juizado Especial Cível. Ao contrário, pode optar entre ele e o Juízo Comum Civil.

"Art. 80. Para os fins do inciso I do art. 98 da Constituição Federal, as ações de despejo poderão ser consideradas como causas cíveis de menor complexidade."

"CF788 - Art. 98. A União, no Distrito Federal e nos Territórios, e os Estados criarão:

I - juizados especiais, providos por juízes togados, ou togados e leigos, competentes para a conciliação, o julgamento e a execução de causas cíveis de menor complexidade e infrações penais de menor potencial ofensivo, mediante os procedimentos oral e sumaríssimo, permitidos, nas hipóteses previstas em lei, a transação e o julgamento de recursos por turmas de juízes de primeiro grau; (...)"

"Lei nº 9.099/95 - Da Competência - Art. 3º. O Juizado Especial Cível tem competência para conciliação, processo e julgamento das causas cíveis de menor complexidade, assim consideradas:

I - as causas cujo valor não exceda a quarenta vezes o salário mínimo;

II - as enumeradas no art. 275, inciso II, do Código de Processo Civil;

III - a ação de despejo para uso próprio;

IV - as ações possessórias sobre bens imóveis de valor não excedente ao fixado no inciso I deste artigo. (...)"

401. **ALTERAÇÕES NA LEI DOS REGISTROS PÚBLICOS (LEI Nº 6.015/73)** - Esta a resultante da norma específica contida no artigo 81 e conseqüente alteração das disposições que menciona:
"*Art. 81. O inciso II do art. 167 e o art. 169 da Lei nº 6.015, de 31 de dezembro de 1973, passam a vigorar com as seguintes alterações:*
"Art. 167..................
II - 16) do contrato de locação, para os fins de exercício de direito de preferência."
"Art. 169..................
III - o registro previsto no nº 3 do inciso I do art. 167, e a averbação prevista no nº 16 do inciso II do art. 167 serão efetuados no Cartório onde o imóvel esteja matriculado mediante apresentação de qualquer das vias do contrato, assinado pelas partes e subscrito por duas testemunhas, bastando a coincidência entre o nome de um dos proprietários e o locador."

402. **PENHORABILIDADE DO ÚNICO IMÓVEL POR FIANÇA LOCATÍCIA** - A alteração introduzida no artigo 3º da Lei nº 8.009/90 que trata da impenhorabilidade, tornou inoponível a impenhorabilidade quando a obrigação seja decorrente de fiança concedida em contrato de locação, ocorrida com o acréscimo do inciso VII ao artigo 3º daquela lei, através desta disposição contida no artigo 82. A partir de então, passou a ser penhorável o imóvel residencial próprio do casal ou da entidade familiar, quando a fiança seja prestada em contrato de locação.
"*Art. 82. O art. 3º da Lei nº 8.009, de 29 de março de 1990, passa a vigorar acrescido do seguinte inciso VII:*
"Art. 3º..................
VII - por obrigação decorrente de fiança concedida em contrato de locação."

403. **VOTO DO LOCATÁRIO NAS ASSEMBLÉIAS DE CONDOMÍNIO** - Com este acréscimo feito pelo artigo 83, a Lei nº 4.591, que dispõe sobre o condomínio em edificações e a incorporação imobiliária, teve o seu artigo 24 ampliado com o § 4º, para possibilitar que o locatário possa votar nas decisões da assembléia geral de condôminos, quando estas envolvam despesas ordinárias do condomínio (exatamente porque a ele compete pagar estas despesas) e no caso em que o condômino-locador (proprietário locador) a ela não compareça. Não se trata, à evidência, de direito pessoal excludente. Ao contrário, trata-se de mera faculdade ao locatário, na medida

em que somente poderá votar se não comparecer o locador. Ausente este, no entanto, seu voto torna-se igual ao de qualquer condômino, se estiver presente e quiser votar sobre as despesas em discussão na assembléia. É direito posto à disposição do locatário, que não deve desperdiçar cada oportunidade de ter voz e voto na formulação ou não das despesas ordinárias do condomínio que afetam diretamente o seu bolso.

"*Art. 83. Ao art. 24 da Lei nº 4.591, de 16 de dezembro de 1964, fica acrescido o seguinte § 4º:*
" *Art. 24 ....*
§ 4º. Nas decisões da Assembléia que envolvam despesas ordinárias do condomínio, o locatário poderá votar, caso o condômino-locador a ela não compareça."

404. **VALIDADE DOS REGISTROS DOS CONTRATOS DE LOCAÇÃO** - Trata este artigo 84 de convalidar o registro dos contratos de locação de imóveis feitos até a data da vigência da presente lei.

"*Art. 84. Reputam-se válidos os registros dos contratos de locação de imóveis, realizados até a data da vigência desta Lei.*"

405. **PREÇO, PERIODICIDADE E INDEXADOR DO REAJUSTAMENTO** - É a repetição do artigo 17 desta Lei. O destaque destes elementos na locução teve sentido como disposição transitória típica, submetidos que estavam aos demais comandos contidos nos incisos I e II, para os imóveis novos com "habite-se" concedido a partir da entrada em vigor desta Lei e dos demais imóveis não enquadrados no inciso anterior, dos contratos celebrados após cinco anos da sua entrada em vigor, respectivamente.

"*Art. 85. Nas locações residenciais, é livre a convenção do aluguel quanto à preço, periodicidade e indexador de reajustamento, vedada a vinculação à variação do salário mínimo, variação cambial e moeda estrangeira:*
I - dos imóveis novos, com "habite-se" concedido a partir da entrada em vigor desta Lei;
II - dos demais imóveis não enquadrados no inciso anterior, em relação aos contratos celebrados, após cinco anos de entrada em vigor desta Lei."

406. **SISTEMA FINANCEIRO DA HABITAÇÃO** - Consabidamente, o SFH está desestruturado e não cumpre senão minimamente com a finalidade para a qual foi criado, conforme se vê pela sua própria ementa, que cria o Sistema Financeiro para a aquisição da casa própria. A extinção do Banco Nacional da Habitação (BNH), pelas

razões conhecidas, e a recente criação do Sistema Financeiro Imobiliário (SFI) pela Lei nº 9.514, de 20.11.1997, com a perseguida alienação fiduciária para imediata retomada do imóvel, puseram de vez uma pá de cal sobre as mais nobres pretensões dos idealizadores da possibilidade de o trabalhador adquirir a sua casa própria, especialmente numa conjuntura em que o conseguimento de emprego torna-se coisa quase impossível para a imensa população desempregada (255 mil, só na região metropolitana de Porto Alegre, duzentos e cinqüenta e cinco mil pessoas, confirme noticia a manchete do Correio do Povo, de 28.08.98, divulgando pesquisa da Fundação de Economia e Estatística). Os artigos 87 e 88 foram vetados.

"*Art. 86. O art. 8º da Lei nº 4.380, de 21 de agosto de 1964, passa a vigorar com a seguinte redação:*
"Art. 8º. O Sistema Financeiro da Habitação, destinado a facilitar e promover a construção e a aquisição da casa própria ou moradia, especialmente pelas classes de menor renda da população, será integrado."
Art. 87. (VETADO)
Art. 88. (VETADO) "

407. **VIGÊNCIA DESTA LEI** - É o período de *vacatio legis*. Período de tempo em que a lei existe, mas não vigora. Foi ele aqui fixado em sessenta dias após a sua publicação. Como foi publicada no Diário Oficial de 21 de outubro de 1991, Seção I, pp.22961-22967, sua vigência iniciou em 21 de dezembro de 1991.

"*Art. 89. Esta Lei entrará em vigor sessenta dias após a sua publicação.*"

408. **LEIS EXPRESSAMENTE REVOGADAS** - Além de revogadas as disposições em contrário, foram expressamente revogadas as leis que menciona:

"*Art. 90. Revogam-se as disposições em contrário, especialmente:*
I - o Decreto nº 24.150, de 20 de abril de 1934;
II - a Lei nº 6.239, de 19 de setembro de 1975;
III - a Lei nº 6.649, de 16 de maio de 1979;
IV - a Lei nº 6.698, de 15 de outubro de 1979;
V - a Lei nº 7.355, de 31 de agosto de 1985;
VI - a Lei nº 7.538, de 24 de setembro de 1986;
VII - a Lei nº 7.612, de 9 de julho de 1987; e
VIII- a Lei nº 8.157, de 3 de janeiro de 1991."

409. DATA E SIGNATÁRIOS - Apenas (e apenas mesmo) para registro (!)
*"Brasília, em 18 de outubro de 1991; 170º da Independência de 103º da República.
Fernando Collor
Jarbas Passarinho"*

410. CRÍTICAS - São bem-vindas! Podem ser enviadas aos cuidados da Editora ou diretamente ao autor: Nadir Silveira Dias, Av. Borges de Medeiros, nº 1.565, Sala 409, Tribunal de Justiça, CEP 90110-150, Bairro Praia de Belas, Porto Alegre, Rio Grande do Sul, ou e-mail: nsdias@procergs.com.br

411. COLABORAÇÕES - Mais bem-vindas ainda! Ao mesmo endereço.

5. Legislação

Locação de Imóveis Urbanos. Lei do Inquilinato
LEI 8.245-91
LEI Nº 8.245, DE 18 DE OUTUBRO DE 1991
(DOU 21.10.91)

Dispõe sobre as locações dos imóveis urbanos e os procedimentos a elas pertinentes
O Presidente da República
Faço saber que o Congresso Nacional decreta e eu sanciono a seguinte lei:

TÍTULO I - DA LOCAÇÃO

CAPÍTULO I - DISPOSIÇÕES GERAIS

SEÇÃO I - DA LOCAÇÃO EM GERAL
Art. 1º. A locação de imóvel urbano regula-se pelo disposto nesta Lei.
Parágrafo único. Continuam regulados pelo Código Civil e pelas leis especiais:
a) as locações:1. de imóveis de propriedade da União, dos Estados e dos Municípios, de suas autarquias e fundações públicas;2. de vagas autônomas de garagem ou de espaços para estacionamento de veículos;3. de espaços destinados à publicidade;4. em apart-hotéis, hotéis-residência ou equiparados, assim considerados aqueles que prestam serviços regulares a seus usuários e como tais sejam autorizados a funcionar;
b) o arrendamento mercantil, em qualquer de suas modalidades.
Art. 2º. Havendo mais de um locador ou mais de um locatário, entende-se que são solidários se o contrário não se estipulou.
Parágrafo único. Os ocupantes de habitações coletivas multifamiliares presumem-se locatários ou sublocatários.
Art. 3º. O contrato de locação pode ser ajustado por qualquer prazo, dependendo de vênia conjugal, se igual ou superior a dez anos.
Parágrafo único. Ausente a vênia conjugal, o cônjuge não estará obrigado a observar o prazo excedente.
Art. 4º. Durante o prazo estipulado para a duração do contrato, não poderá o locador reaver o imóvel alugado. O locatário, todavia, poderá devolvê-lo, pagando a multa pactuada, segundo a proporção prevista no art. 924 do Código Civil e, na sua falta, a que for judicialmente estipulada.

Parágrafo único. O locatário ficará dispensado da multa se a devolução do imóvel decorrer de transferência, pelo seu empregador, privado ou público, para prestar serviços em localidades diversas daquela do início do contrato, e se notificar, por escrito, o locador com prazo de, no mínimo, trinta dias de antecedência.

Art. 5º. Seja qual for o fundamento do término da locação, a ação do locador para reaver o imóvel é a de despejo.

Parágrafo único. O disposto neste artigo não se aplica se a locação termina em decorrência de desapropriação, com a imissão do expropriante na posse do imóvel.

Art. 6º. O locatário poderá denunciar a locação por prazo indeterminado mediante aviso por escrito ao locador, com antecedência mínima de trinta dias.

Parágrafo único. Na ausência do aviso, o locador poderá exigir quantia correspondente a um mês de aluguel e encargos, vigentes quando da resilição.

Art. 7º. Nos casos de extinção de usufruto ou de fideicomisso, a locação celebrada pelo usufrutuário ou fiduciário poderá ser denunciada, com o prazo de trinta dias para a desocupação, salvo se tiver havido aquiescência escrita do nu-proprietário ou do fideicomissário, ou se a propriedade estiver consolidada em mãos do usufrutuário ou do fiduciário.

Parágrafo único. A denúncia deverá ser exercitada no prazo de noventa dias contados da extinção do fideicomisso ou da averbação da extinção do usufruto, presumindo-se, após esse prazo, a concordância na manutenção da locação.

Art. 8º. Se o imóvel for alienado durante a locação, o adquirente poderá denunciar o contrato, com o prazo de noventa dias para a desocupação, salvo se a locação for por tempo determinado e o contrato contiver cláusula de vigência em caso de alienação e estiver averbado junto à matrícula do imóvel.

§ 1º. Idêntico direito terá o promissário comprador e o promissário cessionário, em caráter irrevogável, com imissão na posse do imóvel e título registrado junto à matrícula do mesmo.

§ 2º. A denúncia deverá ser exercitada no prazo de noventa dias contados do registro da venda ou do compromisso, presumindo-se, após esse prazo, a concordância na manutenção da locação.

Art. 9º. A locação também poderá ser desfeita:

I - por mútuo acordo;

II - em decorrência da prática de infração legal ou contratual;

III - em decorrência da falta de pagamento do aluguel e demais encargos;

IV - para a realização de reparações urgentes determinadas pelo Poder Público, que não possam ser normalmente executadas com a permanência do locatário no imóvel ou, podendo, ele se recuse a consenti-las.

Art. 10. Morrendo o locador, a locação transmite-se aos herdeiros.

Art. 11. Morrendo o locatário, ficarão sub-rogados nos seus direitos e obrigações:

I - nas locações com finalidade residencial, o cônjuge sobrevivente ou o companheiro e, sucessivamente, os herdeiros necessários e as pessoas que viviam na dependência econômica do *de cujus*, desde que residentes no imóvel;

II - nas locações com finalidade não residencial, o espólio e, se for o caso, seu sucessor no negócio.

Art. 12. Em casos de separação de fato, separação judicial, divórcio ou dissolução da sociedade concubinária, a locação prosseguirá automaticamente com o cônjuge ou companheiro que permanecer no imóvel.

Parágrafo único. Nas hipóteses previstas neste artigo, a sub-rogação será comunicada por escrito ao locador, o qual terá o direito de exigir, no prazo de trinta dias, a substituição do fiador ou o oferecimento de qualquer das garantias previstas nesta Lei.

Art. 13. A cessão da locação, a sublocação e o empréstimo do imóvel, total ou parcialmente, dependem do consentimento prévio e escrito do locador.

§ 1º. Não se presume o consentimento pela simples demora do locador em manifestar formalmente a sua oposição.

§ 2º. Desde que notificado por escrito pelo locatário, de ocorrência de uma das hipóteses deste artigo, o locador terá o prazo de trinta dias para manifestar formalmente a sua oposição.

SEÇÃO II - DAS SUBLOCAÇÕES

Art. 14. Aplicam-se às sublocações, no que couber, as disposições relativas às locações.

Art. 15. Rescindida ou finda a locação, qualquer que seja sua causa, resolvem-se as sublocações, assegurado o direito de indenização do sublocatário contra o sublocador.

Art. 16. O sublocatário responde subsidiariamente ao locador pela importância que dever ao sublocador, quando este for demandado e, ainda, pelos aluguéis que se vencerem durante a lide.

SEÇÃO III - DO ALUGUEL

Art. 17. É livre a convenção do aluguel, vedada a sua estipulação em moeda estrangeira e a sua vinculação à variação cambial ou ao salário mínimo.

Parágrafo único. Nas locações residenciais serão observados os critérios de reajustes previstos na legislação específica.

Art. 18. É lícito às partes fixar, de comum acordo, novo valor para o aluguel, bem como inserir ou modificar cláusula de reajuste.

Art. 19. Não havendo acordo, o locador ou o locatário, após três anos de vigência do contrato ou do acordo anteriormente realizado, poderão pedir revisão judicial do aluguel, a fim de ajustá-lo ao preço de mercado.

Art. 20. Salvo as hipóteses do art. 42 e da locação para temporada, o locador não poderá exigir o pagamento antecipado do aluguel.

Art. 21. O aluguel da sublocação não poderá exceder o da locação; nas habitações coletivas multifamiliares, a soma dos aluguéis não poderá ser superior ao dobro do valor da locação.

Parágrafo único. O descumprimento deste artigo autoriza o sublocatário a reduzir o aluguel até os limites nele estabelecidos.

SEÇÃO IV - DOS DEVERES DO LOCADOR E DO LOCATÁRIO

Art. 22. O locador é obrigado a:

I - entregar ao locatário o imóvel alugado em estado de servir ao uso a que se destina;

II - garantir, durante o tempo da locação, o uso pacífico do imóvel locado;

III - manter, durante a locação, a forma e o destino do imóvel;

IV - responder pelos vícios ou defeitos anteriores à locação;

V - fornecer ao locatário, caso este solicite, descrição minuciosa do estado do imóvel, quando de sua entrega, com expressa referência aos eventuais defeitos existentes;

VI - fornecer ao locatário recibo discriminado das importâncias por este pagas, vedada a quitação genérica;

VII - pagar as taxas de administração imobiliária, se houver, e de intermediações, nestas compreendidas as despesas necessárias à aferição da idoneidade do pretendente ou de seu fiador;

VIII - pagar os impostos e taxas, e ainda o prêmio de seguro complementar contra fogo, que incidem ou venham a incidir sobre o imóvel, salvo disposição expressa em contrário no contrato;

IX - exibir ao locatário, quando solicitado, os comprovantes relativos às parcelas que estejam sendo exigidas;

X - pagar as despesas extraordinárias de condomínio.

Parágrafo único. Por despesas extraordinárias de condomínio se entendem aquelas que não se refiram aos gastos rotineiros de manutenção do edifício, especialmente:

a) obras de reformas ou acréscimos que interessem à estrutura integral do imóvel;

b) pintura das fachadas, empenas, poços de aeração e iluminação, bem como das esquadrias externas;

c) obras destinadas a repor as condições de habitabilidade do edifício;

d) indenizações trabalhistas e previdenciárias pela dispensa de empregados, ocorridas em data anterior ao início da locação;

e) instalação de equipamentos de segurança e de incêndio, de telefonia, de intercomunicação, de esporte e de lazer;

f) despesas de decoração e paisagismo nas partes de uso comum;

g) constituição de fundo de reserva.

Art. 23. O locatário é obrigado a:

I - pagar pontualmente o aluguel e os encargos da locação, legal ou contratualmente exigíveis, no prazo estipulado ou, em sua falta, até o sexto dia útil do mês seguinte ao vencido, no imóvel locado, quando outro local não tiver sido indicado no contrato;

II - servir-se do imóvel para o uso convencionado ou presumido, compatível com a natureza deste e com o fim a que se destina, devendo tratá-lo com o mesmo cuidado como se fosse seu;

III - restituir o imóvel, finda a locação, no estado em que o recebeu, salvo as deteriorações decorrentes do seu uso normal;

IV - levar imediatamente ao conhecimento do locador o surgimento de qualquer dano ou defeito cuja reparação a este incumba, bem como as eventuais turbações de terceiros;

V - realizar a imediata reparação dos danos verificados no imóvel, ou nas suas instalações, provocados por si, seus dependentes, familiares, visitantes ou prepostos;

VI - não modificar a forma interna ou externa do imóvel sem o consentimento prévio e por escrito do locador;

VII - entregar imediatamente ao locador os documentos de cobrança de tributos e encargos condominiais, bem como qualquer intimação, multa ou exigência de autoridade pública, ainda que dirigida a ele, locatário;

VIII - pagar as despesas de telefone e de consumo de força, luz e gás, água e esgoto;

IX - permitir a vistoria do imóvel pelo locador ou por seu mandatário, mediante combinação prévia de dia e hora, bem como admitir que seja o mesmo visitado e examinado por terceiros, na hipótese prevista no art. 27;

X - cumprir integralmente a convenção de condomínio e os regulamentos internos;

XI - pagar o prêmio do seguro de fiança;
XII - pagar as despesas ordinárias de condomínio.

§ 1º. Por despesas ordinárias de condomínio se entendem as necessárias à administração respectiva, especialmente:

a) salários, encargos trabalhistas, contribuições previdenciárias e sociais dos empregados do condomínio;

b) consumo de água e esgoto, gás, luz e força das áreas de uso comum;

c) limpeza, conservação e pintura das instalações e dependências de uso comum;

d) manutenção e conservação das instalações e equipamentos hidráulicos, elétricos, mecânicos e de segurança, de uso comum;

e) manutenção e conservação das instalações e equipamentos de uso comum destinados à prática de esportes e lazer;

f) manutenção e conservação de elevadores, porteiro eletrônico e antenas coletivas;

g) pequenos reparos nas dependências e instalações elétricas e hidráulicas de uso comum;

h) rateios de saldo devedor, salvo se referentes a período anterior ao início da locação;

i) reposição do fundo de reserva, total ou parcialmente utilizado no custeio ou complementação das despesas referidas nas alíneas anteriores, salvo se referentes a período anterior ao início da locação.

§ 2º. O locatário fica obrigado ao pagamento das despesas referidas no parágrafo anterior, desde que comprovadas a previsão orçamentária e o rateio mensal, podendo exigir a qualquer tempo a comprovação das mesmas.

§ 3º. No edifício constituído por unidades imobiliárias autônomas, de propriedade da mesma pessoa, os locatários ficam obrigados ao pagamento das despesas referidas no § 1º deste artigo, desde que comprovadas.

Art. 24. Nos imóveis utilizados como habitação coletiva multifamiliar, os locatários ou sublocatários poderão depositar judicialmente o aluguel e encargos se a construção for considerada em condições precárias pelo Poder Público.

§ 1º. O levantamento dos depósitos somente será deferido com a comunicação, pela autoridade pública, da regularização do imóvel.

§ 2º. Os locatários ou sublocatários que deixarem o imóvel estarão desobrigados do aluguel durante a execução das obras necessárias à regularização.

§ 3º. Os depósitos efetuados em juízo pelos locatários e sublocatários poderão ser levantados, mediante ordem judicial, para realização das obras ou serviços necessários à regularização do imóvel.

Art. 25. Atribuída ao locatário a responsabilidade pelo pagamento dos tributos, encargos e despesas ordinárias de condomínio, o locador poderá cobrar tais verbas juntamente com o aluguel do mês a que se refiram.

Parágrafo único. Se o locador antecipar os pagamentos, a ele pertencerão as vantagens daí advindas, salvo se o locatário reembolsá-lo integralmente.

Art. 26. Necessitando o imóvel de reparos urgentes, cuja realização incumba ao locador, o locatário é obrigado a consenti-los.

Parágrafo único. Se os reparos durarem mais de dez dias, o locatário terá direito ao abatimento do aluguel, proporcional ao período excedente; se mais de trinta dias poderá resilir o contrato.

SEÇÃO V - DO DIREITO DE PREFERÊNCIA
Art. 27. No caso de venda, promessa de venda, cessão ou promessa de cessão de direitos ou dação em pagamento, o locatário tem preferência para adquirir o imóvel locado, em igualdade de condições com terceiros, devendo o locador dar-lhe conhecimento do negócio mediante notificação judicial, extrajudicial ou outro meio de ciência inequívoca.

Parágrafo único. A comunicação deverá conter todas as condições do negócio e, em especial, o preço, a forma de pagamento, a existência de ônus reais, bem como o local e horário em que pode ser examinada a documentação pertinente.

Art. 28. O direito de preferência do locatário caducará se não manifestada, de maneira inequívoca, sua aceitação integral à proposta, no prazo de trinta dias.

Art. 29. Ocorrendo aceitação da proposta, pelo locatário, a posterior desistência do negócio pelo locador acarreta, a este, responsabilidade pelos prejuízos ocasionados, inclusive lucros cessantes.

Art. 30. Estando o imóvel sublocado em sua totalidade, caberá a preferência ao sublocatário e, em seguida, ao locatário. Se forem vários os sublocatários, a preferência caberá a todos, em comum, ou a qualquer deles, se um só for o interessado.

Parágrafo único. Havendo pluralidade de pretendentes, caberá a preferência ao locatário mais antigo, e, se da mesma data, ao mais idoso.

Art. 31. Em se tratando de alienação de mais de uma unidade imobiliária, o direito de preferência incidirá sobre a totalidade dos bens objeto da alienação.

Art. 32. O direito de preferência não alcança os casos de perda da propriedade ou venda por decisão judicial, permuta, doação, integralização de capital, cisão, fusão e incorporação.

Art. 33. O locatário preterido no seu direito de preferência poderá reclamar do alienante as perdas e danos ou, depositando o preço e demais despesas do ato de transferência, haver para si o imóvel locado, se o requerer no prazo de seis meses, a contar do registro do ato no Cartório de Imóveis, desde que o contrato de locação esteja averbado pelo menos trinta dias antes da alienação junto à matrícula do imóvel.

Parágrafo único. A averbação far-se-á à vista de qualquer das vias do contrato de locação, desde que subscrito também por duas testemunhas.

Art. 34. Havendo condomínio no imóvel, a preferência do condômino terá prioridade sobre a do locatário.

SEÇÃO VI - DAS BENFEITORIAS
Art. 35. Salvo expressa disposição contratual em contrário, as benfeitorias necessárias introduzidas pelo locatário, ainda que não autorizadas pelo locador, bem como as úteis, desde que autorizadas, serão indenizáveis e permitem o exercício do direito de retenção.

Art. 36. As benfeitorias voluptuárias não serão indenizáveis, podendo ser levantadas pelo locatário, finda a locação, desde que sua retirada não afete a estrutura e a substância do imóvel.

SEÇÃO VII - DAS GARANTIAS LOCATÍCIAS
Art. 37. No contrato de locação, pode o locador exigir do locatário as seguintes modalidades de garantia:
I - caução;
II - fiança;
III - seguro de fiança locatícia.

Parágrafo único. É vedada, sob pena de nulidade, mais de uma das modalidades de garantia num mesmo contrato de locação.

Art. 38. A caução poderá ser em bens móveis e imóveis.

§ 1°. A caução em bens móveis deverá ser registrada em Cartório de Títulos e Documentos; a em bens imóveis deverá ser averbada à margem da respectiva matrícula.

§ 2°. A caução em dinheiro, que não poderá exceder o equivalente a três meses de aluguel, será depositada em caderneta de poupança, autorizada pelo Poder Público e por ele regulamentada, revertendo em benefício do locatário todas as vantagens dela decorrentes por ocasião do levantamento da soma respectiva.

§ 3°. A caução em títulos e ações deverá ser substituída, no prazo de trinta dias, em caso de concordata, falência ou liquidação das sociedades emissoras.

Art. 39. Salvo disposição contratual em contrário, qualquer das garantias da locação se estende até a efetiva devolução do imóvel.

Art. 40. O locador poderá exigir novo fiador ou a substituição da modalidade de garantia, nos seguintes casos:

I - morte do fiador;

II - ausência, interdição, falência ou insolvência do fiador, declaradas judicialmente;

III - alienação ou gravação de todos os bens imóveis do fiador ou sua mudança de residência sem comunicação ao locador;

IV - exoneração do fiador;

V - prorrogação da locação por prazo indeterminado, sendo a fiança ajustada por prazo certo;

VI - desaparecimento dos bens móveis;

VII - desapropriação ou alienação do imóvel.

Art. 41. O seguro de fiança locatícia abrangerá a totalidade das obrigações do locatário.

Art. 42. Não estando a locação garantida por qualquer das modalidades, o locador poderá exigir do locatário o pagamento do aluguel e encargos até o sexto dia útil do mês vincendo.

SEÇÃO VIII - DAS PENALIDADES CRIMINAIS E CIVIS

Art. 43. Constitui contravenção penal, punível com prisão simples de cinco dias a seis meses ou multa de três a doze meses do valor do último aluguel atualizado, revertida em favor do locatário:

I - exigir, por motivo de locação ou sublocação, quantia ou valor além do aluguel e encargos permitidos;

II - exigir, por motivo de locação ou sublocação, mais de uma modalidade de garantia num mesmo contrato de locação;

III - cobrar antecipadamente o aluguel, salvo a hipótese do art. 42 e da locação para temporada.

Art. 44. Constitui crime de ação pública, punível com detenção de três meses a um ano, que poderá ser substituída pela prestação de serviços à comunidade:

I - recusar-se o locador ou sublocador, nas habitações coletivas multifamiliares, a fornecer recibo discriminado do aluguel e encargos;

II - deixar o retomante, dentro de cento e oitenta dias após a entrega do imóvel, no caso do inciso III do art. 47, de usá-lo para o fim declarado ou, usando-o, não o fizer pelo prazo mínimo de um ano;

III - não iniciar o proprietário, promissário comprador ou promissário cessionário, nos casos do inciso IV do art. 9°, inciso IV do art. 47, inciso I do art. 52

e inciso II do art. 53, a demolição ou a reparação do imóvel, dentro de sessenta dias contados de sua entrega;

IV - executar o despejo com inobservância do disposto no § 2º do art. 65.

Parágrafo único. Ocorrendo qualquer das hipóteses previstas neste artigo, poderá o prejudicado reclamar, em processo próprio, multa equivalente a um mínimo de doze e um máximo de vinte e quatro meses do valor do último aluguel atualizado ou do que esteja sendo cobrado do novo locatário, se realugado o imóvel.

SEÇÃO IX - DAS NULIDADES

Art. 45. São nulas de pleno direito as cláusulas do contrato de locação que visem a elidir os objetivos da presente Lei, notadamente as que proíbem a prorrogação prevista no art. 47, ou que afastem o direito à renovação, na hipótese do art. 51, ou que imponham obrigações pecuniárias para tanto.

CAPÍTULO II - DAS DISPOSIÇÕES ESPECIAIS

SEÇÃO I - DA LOCAÇÃO RESIDENCIAL

Art. 46. Nas locações ajustadas por escrito e por prazo igual ou superior a trinta meses, a resolução do contrato ocorrerá findo o prazo estipulado, independentemente de notificação ou aviso.

§ 1º. Findo o prazo ajustado, se o locatário continuar na posse do imóvel alugado por mais de trinta dias sem oposição do locador, presumir-se-á prorrogada a locação por prazo indeterminado, mantidas as demais cláusulas e condições do contrato.

§ 2º. Ocorrendo a prorrogação, o locador poderá denunciar o contrato a qualquer tempo, concedido o prazo de trinta dias para desocupação.

Art. 47. Quando ajustada verbalmente ou por escrito e com prazo inferior a trinta meses, findo o prazo estabelecido, a locação prorroga-se automaticamente, por prazo indeterminado, somente podendo ser retomado o imóvel:

I - nos casos do art. 9º;

II - em decorrência de extinção do contrato de trabalho, se a ocupação do imóvel pelo locatário estiver relacionada com o seu emprego;

III - se for pedido para uso próprio, de seu cônjuge ou companheiro, ou para uso residencial de ascendente ou descendente que não disponha, assim como seu cônjuge ou companheiro, de imóvel residencial próprio;

IV - se for pedido para demolição e edificação licenciada ou para a realização de obras aprovadas pelo Poder Público, que aumentem a área construída em, no mínimo, vinte por cento ou, se o imóvel for destinado a exploração de hotel ou pensão, em cinqüenta por cento;

V - se a vigência ininterrupta da locação ultrapassar cinco anos.

§ 1º. Na hipótese do inciso III, a necessidade deverá ser judicialmente demonstrada, se:

a) o retomante, alegando necessidade de usar o imóvel, estiver ocupando, com a mesma finalidade, outro de sua propriedade situado na mesma localidade ou, residindo ou utilizando imóvel alheio, já tiver retomado o imóvel anteriormente;

b) o ascendente ou descendente, beneficiário da retomada, residir em imóvel próprio.

Nota: Ver Prática Processual:

Ação de despejo para retomada para uso de ascendente que reside em prédio próprio.

§ 2º. Nas hipóteses dos incisos III e IV, o retomante deverá comprovar ser proprietário, promissário comprador ou promissário cessionário, em caráter irrevogável, com imissão na posse do imóvel e título registrado junto à matrícula do mesmo.

SEÇÃO II - DA LOCAÇÃO PARA TEMPORADA

Art. 48. Considera-se locação para temporada aquela destinada à residência temporária do locatário, para prática de lazer, realização de cursos, tratamento de saúde, feitura de obras em seu imóvel, e outros fatos que decorram tão-somente de determinado tempo, e contratada por prazo não superior a noventa dias, esteja ou não mobiliado o imóvel.

Parágrafo único. No caso de a locação envolver imóvel mobiliado, constará do contrato, obrigatoriamente, a descrição dos móveis e utensílios que o guarnecem, bem como o estado em que se encontram.

Art. 49. O locador poderá receber de uma só vez e antecipadamente os aluguéis e encargos, bem como exigir qualquer das modalidades de garantia previstas no art. 37 para atender as demais obrigações do contrato.

Art. 50. Findo o prazo ajustado, se o locatário permanecer no imóvel sem oposição do locador por mais de trinta dias, presumir-se-á prorrogada a locação por tempo indeterminado, não mais sendo exigível o pagamento antecipado do aluguel e dos encargos.

Parágrafo único. Ocorrendo a prorrogação, o locador somente poderá denunciar o contrato após trinta meses de seu início ou nas hipóteses do art. 47.

SEÇÃO III - DA LOCAÇÃO NÃO RESIDENCIAL

Art. 51. Nas locações de imóveis destinados ao comércio, o locatário terá direito a renovação do contrato, por igual prazo, desde que, cumulativamente:

I - o contrato a renovar tenha sido celebrado por escrito e com prazo determinado;

II - o prazo mínimo do contrato a renovar ou a soma dos prazos ininterruptos dos contratos escritos seja de cinco anos;

III - o locatário esteja explorando seu comércio, no mesmo ramo, pelo prazo mínimo e ininterrupto de três anos.

§ 1º. O direito assegurado neste artigo poderá ser exercido pelos cessionários ou sucessores da locação; no caso de sublocação total do imóvel, o direito a renovação somente poderá ser exercido pelo sublocatário.

§ 2º. Quando o contrato autorizar que o locatário utilize o imóvel para as atividades de sociedade de que faça parte e que a esta passe a pertencer o fundo de comércio, o direito a renovação poderá ser exercido pelo locatário ou pela sociedade.

§ 3º. Dissolvida a sociedade comercial por morte de um dos sócios, o sócio sobrevivente fica sub-rogado no direito a renovação, desde que continue no mesmo ramo.

§ 4º. O direito a renovação do contrato estende-se às locações celebradas por indústrias e sociedades civis com fim lucrativo, regularmente constituídas, desde que ocorrentes os pressupostos previstos neste artigo.

§ 5º. Do direito a renovação decai aquele que não propuser a ação no interregno de um ano, no máximo, até seis meses, no mínimo, anteriores à data da finalização do prazo do contrato em vigor.

Art. 52. O locador não estará obrigado a renovar o contrato se:

I - por determinação do Poder Público, tiver que realizar no imóvel obras que importarem na sua radical transformação; ou para fazer modificação de tal natureza que aumente o valor do negócio ou da propriedade;

II - o imóvel vier a ser utilizado por ele próprio ou para transferência de fundo de comércio existente há mais de um ano, sendo detentor da maioria do capital o locador, seu cônjuge, ascendente ou descendente.

§ 1º. Na hipótese do inciso II, o imóvel não poderá ser destinado ao uso do mesmo ramo do locatário, salvo se a locação também envolvia o fundo de comércio, com as instalações e pertences.

§ 2º. Nas locações de espaço em *shopping centers*, o locador não poderá recusar a renovação do contrato com fundamento no inciso II deste artigo.

§ 3º. O locatário terá direito a indenização para ressarcimento dos prejuízos e dos lucros cessantes que tiver que arcar com a mudança, perda do lugar e desvalorização do fundo de comércio, se a renovação não ocorrer em razão de proposta de terceiro, em melhores condições, ou se o locador, no prazo de três meses da entrega do imóvel, não der o destino alegado ou não iniciar as obras determinadas pelo Poder Público ou que declarou pretender realizar.

Art. 53. Nas locações de imóveis utilizados por hospitais, unidades sanitárias oficiais, asilos, estabelecimentos de saúde, e de ensino autorizados e fiscalizados pelo Poder Público, bem como por entidades religiosas devidamente registradas, o contrato somente poderá ser rescindido: (Redação dada ao *caput* pela Lei nº 9.256, de 09.01.96)

I - nas hipóteses do art. 9º;

II - se o proprietário, promissário comprador ou promissário cessionário, em caráter irrevogável e imitido na posse, com título registrado, que haja quitado o preço da promessa ou que, não o tendo feito, seja autorizado pelo proprietário, pedir o imóvel para demolição, edificação licenciada ou reforma que venha a resultar em aumento mínimo de cinqüenta por cento da área útil.

Art. 54. Nas relações entre lojistas e empreendedores de *shopping center*, prevalecerão as condições livremente pactuadas nos contratos de locação respectivos e as disposições procedimentais previstas nesta Lei.

§ 1º. O empreendedor não poderá cobrar do locatário em *shopping center*:

a) as despesas referidas nas alíneas *a*, *b*, e *d* do parágrafo único do art. 22; e

b) as despesas com obras ou substituições de equipamentos, que impliquem modificar o projeto ou o memorial descritivo da data do habite-se e obras de paisagismo nas partes de uso comum.

§ 2º. As despesas cobradas do locatário devem ser previstas em orçamento, salvo casos de urgência ou força maior, devidamente demonstradas, podendo o locatário, a cada sessenta dias, por si ou entidade de classe exigir a comprovação das mesmas.

Art. 55. Considera-se locação não residencial quando o locatário for pessoa jurídica e o imóvel destinar-se ao uso de seus titulares, diretores, sócios, gerentes, executivos ou empregados.

Art. 56. Nos demais casos de locação não residencial, o contrato por prazo determinado cessa, de pleno direito, findo o prazo estipulado, independentemente de notificação ou aviso.

Parágrafo único. Findo o prazo estipulado, se o locatário permanecer no imóvel por mais de trinta dias sem oposição do locador, presumir-se-á prorrogada a locação nas condições ajustadas, mas sem prazo determinado.

Art. 57. O contrato de locação por prazo indeterminado pode ser denunciado por escrito, pelo locador, concedidos ao locatário trinta dias para a desocupação.

TÍTULO II - DOS PROCEDIMENTOS

CAPÍTULO I - DAS DISPOSIÇÕES GERAIS

Art. 58. Ressalvados os casos previstos no parágrafo único do art. 1°, nas ações de despejo, consignação em pagamento de aluguel e acessório da locação, revisionais de aluguel e renovatórias de locação, observar-se-á o seguinte:

I - os processos tramitam durante as férias forenses e não se suspendem pela superveniência delas;

II - é competente para conhecer e julgar tais ações o foro do lugar da situação do imóvel, salvo se outro houver sido eleito no contrato;

III - o valor da causa corresponderá a doze meses de aluguel, ou, na hipótese do inciso II do art. 47, a três salários vigentes por ocasião do ajuizamento;

IV - desde que autorizado no contrato, a citação, intimação ou notificação far-se-á mediante correspondência com aviso de recebimento, ou, tratando-se de pessoa jurídica ou firma individual, também mediante telex ou fac-símile, ou, ainda, sendo necessário, pelas demais formas previstas no Código de Processo Civil;

V - os recursos interpostos contra as sentenças terão efeito somente devolutivo.

CAPÍTULO II - DAS AÇÕES DE DESPEJO

Art. 59. Com as modificações constantes deste Capítulo, as ações de despejo terão o rito ordinário.

§ 1°. Conceder-se-á liminar para desocupação em quinze dias, independentemente da audiência da parte contrária e desde que prestada a caução no valor equivalente a três meses de aluguel, nas ações que tiverem por fundamento exclusivo:

I - o descumprimento do mútuo acordo (art. 9°, inciso I), celebrado por escrito e assinado pelas partes e por duas testemunhas, no qual tenha sido ajustado o prazo mínimo de seis meses para desocupação, contado da assinatura do instrumento;

II - o disposto no inciso II do art. 47, havendo prova escrita da rescisão do contrato de trabalho ou sendo ela demonstrada em audiência prévia;

III - o término do prazo da locação para temporada, tendo sido proposta a ação de despejo em até trinta dias após o vencimento do contrato;

IV - a morte do locatário sem deixar sucessor legítimo na locação, de acordo com o referido no inciso I do art. 11, permanecendo no imóvel pessoas não autorizadas por lei;

V - a permanência do sublocatário no imóvel, extinta a locação, celebrada com o locatário.

§ 2°. Qualquer que seja o fundamento da ação dar-se-á ciência do pedido aos sublocatários, que poderão intervir no processo como assistentes.

Art. 60. Nas ações de despejo fundadas no inciso IV do art. 9°, inciso IV do art. 47 e inciso II do art. 53, a petição inicial deverá ser instruída com prova da propriedade do imóvel ou do compromisso registrado.

Art. 61. Nas ações fundadas no § 2° do art. 46 e nos incisos III e IV do art. 47, se o locatário, no prazo da contestação, manifestar sua concordância com a desocupação do imóvel, o juiz acolherá o pedido fixando prazo de seis meses para a desocupação, contados da citação, impondo ao vencido a responsabilidade pelas custas e honorários advocatícios de vinte por cento sobre o valor dado à causa. Se a desocupação ocorrer dentro do prazo fixado, o réu ficará isento dessa responsabilidade; caso contrário, será expedido mandado de despejo.

Art. 62. Nas ações de despejo fundadas na falta de pagamento de aluguel e acessórios da locação, observar-se-á o seguinte:

I - o pedido de rescisão da locação poderá ser cumulado com o de cobrança dos aluguéis e acessórios da locação, devendo ser apresentado, com a inicial, cálculo discriminado do valor do débito;

II - o locatário poderá evitar a rescisão da locação requerendo, no prazo da contestação, autorização para o pagamento do débito atualizado, independentemente de cálculo e mediante depósito judicial, incluídos:

a) os aluguéis e acessórios da locação que vencerem até a sua efetivação;
b) as multas ou penalidades contratuais, quando exigíveis;
c) os juros de mora;
d) as custas e os honorários do advogado do locador, fixados em dez por cento sobre o montante devido, se do contrato não constar disposição diversa;

III - autorizada a emenda da mora e efetuado o depósito judicial até quinze dias após a intimação do deferimento, se o locador alegar que a oferta não é integral, justificando a diferença, o locatário poderá complementar o depósito no prazo de dez dias, contados da ciência dessa manifestação;

IV - não sendo complementado o depósito, o pedido de rescisão prosseguirá pela diferença, podendo o locador levantar a quantia depositada;

V - os aluguéis que forem vencendo até a sentença deverão ser depositados à disposição do juízo, nos respectivos vencimentos, podendo o locador levantá-los desde que incontroversos;

VI - havendo cumulação dos pedidos de rescisão da locação e cobrança dos aluguéis, a execução desta pode ter início antes da desocupação do imóvel, caso ambos tenham sido acolhidos.

Parágrafo único. Não se admitirá a emenda da mora se o locatário já houver utilizado essa faculdade por duas vezes nos doze meses imediatamente anteriores à propositura da ação.

Art. 63. Julgada procedente a ação de despejo, o juiz fixará prazo de trinta dias para a desocupação voluntária, ressalvado o disposto nos parágrafos seguintes.

§ 1º. O prazo será de quinze dias se:

a) entre a citação e a sentença de primeira instância houverem decorrido mais de quatro meses; ou

b) o despejo houver sido decretado com fundamento nos incisos II e III do art. 9º ou no § 2º do art. 46.

§ 2º. Tratando-se de estabelecimento de ensino autorizado e fiscalizado pelo Poder Público, respeitado o prazo mínimo de seis meses e o máximo de um ano, o juiz disporá de modo que a desocupação coincida com o período de férias escolares.

§ 3º. Tratando-se de hospitais, repartições públicas, unidades sanitárias oficiais, asilos, estabelecimentos de saúde e de ensino autorizados e fiscalizados pelo Poder Público, bem como por entidades religiosas devidamente registradas, e o despejo for decretado com fundamento no inciso IV do art. 9º ou no inciso II do art. 53, o prazo será de um ano, exceto nos casos em que entre a citação e a sentença de primeira instância houver decorrido mais de um ano, hipótese em que o prazo será de seis meses. (Redação dada pela Lei nº 9.256, de 09.01.96)

§ 4º. A sentença que decretar o despejo fixará o valor da caução para o caso de ser executada provisoriamente.

Art. 64. Salvo nas hipóteses das ações fundadas nos incisos I, II e IV do art. 9º, a execução provisória do despejo dependerá de caução não inferior a doze meses e nem superior a dezoito meses do aluguel, atualizado até a data do depósito da caução.

§ 1º. A caução poderá ser real ou fidejussória e será prestada nos autos da execução provisória.

§ 2º. Ocorrendo a reforma da sentença ou da decisão que concedeu liminarmente o despejo, o valor da caução reverterá em favor do réu, como indenização mínima das perdas e danos, podendo este reclamar, em ação própria, a diferença pelo que a exceder.

Art. 65. Findo o prazo assinado para a desocupação, contado da data da notificação, será efetuado o despejo, se necessário com emprego de força, inclusive arrombamento.

§ 1º. Os móveis e utensílios serão entregues à guarda de depositário, se não os quiser retirar o despejado.

§ 2º. O despejo não poderá ser executado até o trigésimo dia seguinte ao do falecimento do cônjuge, ascendente, descendente ou irmão de qualquer das pessoas que habitem o imóvel.

Art. 66. Quando o imóvel for abandonado após ajuizada a ação, o locador poderá imitir-se na posse do imóvel.

CAPÍTULO III - DA AÇÃO DE CONSIGNAÇÃO DE ALUGUEL E ACESSÓRIOS DA LOCAÇÃO

Art. 67. Na ação que objetivar o pagamento dos aluguéis e acessórios da locação mediante consignação, será observado o seguinte:

I - a petição inicial, além dos requisitos exigidos pelo art. 282 do Código de Processo Civil, deverá especificar os aluguéis e acessórios da locação com indicação dos respectivos valores;

II - determinada a citação do réu, o autor será intimado a, no prazo de vinte e quatro horas, efetuar o depósito judicial da importância indicada na petição inicial, sob pena de ser extinto o processo;

III - o pedido envolverá a quitação das obrigações que vencerem durante a tramitação do feito e até ser prolatada a sentença de primeira instância, devendo o autor promover os depósitos nos respectivos vencimentos;

IV - não sendo oferecida a contestação, ou se o locador receber os valores depositados, o juiz acolherá o pedido, declarando quitadas as obrigações, condenando o réu ao pagamento das custas e honorários de vinte por cento do valor dos depósitos;

V - a contestação do locador, além da defesa de direito que possa caber, ficará adstrita, quanto à matéria de fato, a:
a) não ter havido recusa ou mora em receber a quantia devida;
b) ter sido justa a recusa;
c) não ter sido efetuado o depósito no prazo ou no lugar do pagamento;
d) não ter sido o depósito integral;

VI - além de contestar, o réu poderá, em reconvenção, pedir o despejo e a cobrança dos valores objeto da consignatória ou da diferença do depósito inicial, na hipótese de ter sido alegado não ser o mesmo integral;

VII - o autor poderá complementar o depósito inicial, no prazo de cinco dias contados da ciência do oferecimento da resposta, com acréscimo de dez por cento sobre o valor da diferença. Se tal ocorrer, o juiz declarará quitadas as obrigações, elidindo a rescisão da locação, mas imporá ao autor-reconvindo a responsabilidade pelas custas e honorários advocatícios de vinte por cento sobre o valor dos depósitos;

VIII - havendo, na reconvenção, cumulação dos pedidos de rescisão da locação e cobrança dos valores objeto da consignatória, a execução desta somente poderá ter início após obtida a desocupação do imóvel, caso ambos tenham sido acolhidos.

Parágrafo único. O réu poderá levantar a qualquer momento as importâncias depositadas sobre as quais não penda controvérsia.

CAPÍTULO IV - DA AÇÃO REVISIONAL DE ALUGUEL

Art. 68. Na ação revisional de aluguel, que terá o rito sumaríssimo, observar-se-á o seguinte: (Note: O rito sumaríssimo foi transformado em sumário pela Lei nº 9.245, de 26.12.95. Ver CPC, arts. 275 e segs.)

I - além dos requisitos exigidos pelos arts. 276 e 282 do Código de Processo Civil, a petição inicial deverá indicar o valor do aluguel cuja fixação é pretendida;

II - ao designar a audiência de instrução e julgamento, o juiz, se houver pedido e com base nos elementos fornecidos pelo autor ou nos que indicar, fixará aluguel provisório, não excedente a oitenta por cento do pedido, que será devido desde a citação;

III - sem prejuízo da contestação e até a audiência, o réu poderá pedir seja revisto o aluguel provisório, fornecendo os elementos para tanto;

IV - na audiência de instrução e julgamento, apresentada a contestação, que deverá conter contraproposta se houver discordância quanto ao valor pretendido, o juiz tentará a conciliação e, não sendo esta possível, suspenderá o ato para a realização de perícia, se necessária, designando, desde logo, audiência em continuação.

§ 1º. Não caberá ação revisional na pendência de prazo para desocupação do imóvel (arts. 46, § 2º e 57), ou quando tenha sido este estipulado amigável ou judicialmente.

§ 2º. No curso da ação de revisão, o aluguel provisório será reajustado na periodicidade pactuada ou na fixada em lei.

Art. 69. O aluguel fixado na sentença retroage à citação, e as diferenças devidas durante a ação de revisão, descontados os alugueres provisórios satisfeitos, serão pagas corrigidas, exigíveis a partir do trânsito em julgado da decisão que fixar o novo aluguel.

§ 1º. Se pedido pelo locador, ou sublocador, a sentença poderá estabelecer periodicidade de reajustamento do aluguel diversa daquela prevista no contrato revisando, bem como adotar outro indexador para reajustamento do aluguel.

§ 2º. A execução das diferenças será feita nos autos da ação de revisão.

Art. 70. Na ação de revisão do aluguel, o juiz poderá homologar acordo de desocupação, que será executado mediante expedição de mandado de despejo.

CAPÍTULO V - DA AÇÃO RENOVATÓRIA

Art. 71. Além dos demais requisitos exigidos no art. 282 do Código de Processo Civil, a petição inicial da ação renovatória deverá ser instruída com:

I - prova do preenchimento dos requisitos dos incisos I, II e III do art. 51;

II - prova do exato cumprimento do contrato em curso;

III - prova da quitação dos impostos e taxas que incidiram sobre o imóvel e cujo pagamento lhe incumbia;

IV - indicação clara e precisa das condições oferecidas para a renovação da locação;

V - indicação de fiador quando houver no contrato a renovar e, quando não for o mesmo, com indicação do nome ou denominação completa, número de sua inscrição no Ministério da Economia, Fazenda e Planejamento, endereço e, tratando-se de pessoa natural, a nacionalidade, o estado civil, a profissão e o número da carteira de identidade, comprovando, em qualquer caso e desde logo, a idoneidade financeira;

VI - prova de que o fiador do contrato ou o que o substituir na renovação, aceita os encargos da fiança, autorizada por seu cônjuge, se casado for;

VII - prova, quando for o caso, de ser cessionário ou sucessor, em virtude de título oponível ao proprietário.

Parágrafo único. Proposta a ação pelo sublocatário do imóvel ou de parte dele, serão citados o sublocador e o locador, como litisconsortes, salvo se, em virtude de locação originária ou renovada, o sublocador dispuser de prazo que admita renovar a sublocação; na primeira hipótese, procedente a ação, o proprietário ficará diretamente obrigado à renovação.

Art. 72. A contestação do locador, além da defesa de direito que possa caber, ficará adstrita, quanto à matéria de fato, ao seguinte:

I - não preencher o autor os requisitos estabelecidos nesta Lei;

II - não atender, a proposta do locatário, o valor locativo real do imóvel na época da renovação, excluída a valorização trazida por aquele ao ponto ou lugar;

III - ter proposta de terceiro para a locação, em condições melhores;

IV - não estar obrigado a renovar a locação (incisos I e II do art. 52).

§ 1º. No caso do inciso II, o locador deverá apresentar, em contraproposta, as condições de locação que repute compatíveis com o valor locativo real e atual do imóvel.

§ 2º. No caso do inciso III, o locador deverá juntar prova documental da proposta do terceiro, subscrita por este e por duas testemunhas, com clara indicação do ramo a ser explorado, que não poderá ser o mesmo do locatário. Nessa hipótese, o locatário poderá, em réplica, aceitar tais condições para obter a renovação pretendida.

§ 3º. No caso do inciso I do art. 52, a contestação deverá trazer prova da determinação do Poder Público ou relatório pormenorizado das obras a serem realizadas e da estimativa de valorização que sofrerá o imóvel, assinado por engenheiro devidamente habilitado.

§ 4º. Na contestação, o locador, ou sublocador, poderá pedir, ainda, a fixação de aluguel provisório, para vigorar a partir do primeiro mês do prazo do contrato a ser renovado, não excedente a oitenta por cento do pedido, desde que apresentados elementos hábeis para aferição do justo valor do aluguel.

§ 5º. Se pedido pelo locador, ou sublocador, a sentença poderá estabelecer periodicidade de reajustamento do aluguel diversa daquela prevista no contrato renovando, bem como adotar outro indexador para reajustamento do aluguel.

Art. 73. Renovada a locação, as diferenças dos aluguéis vencidos serão executadas nos próprios autos da ação e pagas de uma só vez.

Art. 74. Não sendo renovada a locação, o juiz fixará o prazo de até seis meses após o trânsito em julgado da sentença para desocupação, se houver pedido na contestação.

Art. 75. Na hipótese do inciso III do art. 72, a sentença fixará desde logo a indenização devida ao locatário em conseqüência da não prorrogação da locação, solidariamente devida pelo locador e o proponente.

TÍTULO III - DAS DISPOSIÇÕES FINAIS E TRANSITÓRIAS

Art. 76. Não se aplicam as disposições desta Lei aos processos em curso.

Art. 77. Todas as locações residenciais que tenham sido celebradas anteriormente à vigência desta Lei serão automaticamente prorrogadas por tempo indeterminado, ao término do prazo ajustado no contrato.

Art. 78. As locações residenciais que tenham sido celebradas anteriormente à vigência desta Lei e que já vigorem ou venham a vigorar por prazo indeterminado, poderão ser denunciadas pelo locador, concedido o prazo de doze meses para a desocupação.

Parágrafo único. Na hipótese de ter havido revisão judicial ou amigável do aluguel, atingindo o preço do mercado, a denúncia somente poderá ser exercitada após vinte e quatro meses da data da revisão, se esta ocorreu nos doze meses anteriores à data da vigência desta Lei.

Art. 79. No que for omissa esta Lei aplicam-se as normas do Código Civil e do Código de Processo Civil.

Art. 80. Para os fins do inciso I do art. 98 da Constituição Federal, as ações de despejo poderão ser consideradas como causas cíveis de menor complexidade.

Art. 81. O inciso II do art. 167 e o art. 169 da Lei nº 6.015, de 31 de dezembro de 1973, passam a vigorar com as seguintes alterações:

" Art. 167....................

II - 16) do contrato de locação, para os fins de exercício de direito de preferência."

" Art. 169....................

III - o registro previsto no nº 3 do inciso I do art. 167, e a averbação prevista no nº 16 do inciso II do art. 167 serão efetuados no Cartório onde o imóvel esteja matriculado mediante apresentação de qualquer das vias do contrato, assinado pelas partes e subscrito por duas testemunhas, bastando a coincidência entre o nome de um dos proprietários e o locador."

Art. 82. O art. 3º da Lei nº 8.009, de 29 de março de 1990, passa a vigorar acrescido do seguinte inciso VII:

" Art. 3º....................

VII - por obrigação decorrente de fiança concedida em contrato de locação."

Art. 83. Ao art. 24 da Lei nº 4.591, de 16 de dezembro de 1964, fica acrescido o seguinte § 4º:

" Art. 24 ....

§ 4º. Nas decisões da Assembléia que envolvam despesas ordinárias do condomínio, o locatário poderá votar, caso o condômino-locador a ela não compareça."

Art. 84. Reputam-se válidos os registros dos contratos de locação de imóveis, realizados até a data da vigência desta Lei.

Art. 85. Nas locações residenciais, é livre a convenção do aluguel quanto à preço, periodicidade e indexador de reajustamento, vedada a vinculação à variação do salário mínimo, variação cambial e moeda estrangeira:

I - dos imóveis novos, com "habite-se" concedido a partir da entrada em vigor desta Lei;

II - dos demais imóveis não enquadrados no inciso anterior, em relação aos contratos celebrados, após cinco anos de entrada em vigor desta Lei.

Art. 86. O art. 8º da Lei nº 4.380, de 21 de agosto de 1964, passa a vigorar com a seguinte redação:

"Art. 8º. O sistema Financeiro da Habitação, destinado a facilitar e promover a construção e a aquisição da casa própria ou moradia, especialmente pelas classes de menor renda da população, será integrado."

Art. 87. (VETADO)

Art. 88. (VETADO)

Art. 89. Esta Lei entrará em vigor sessenta dias após a sua publicação.

Art. 90. Revogam-se as disposições em contrário, especialmente:
I - o Decreto nº 24.150, de 20 de abril de 1934;
II - a Lei nº 6.239, de 19 de setembro de 1975;
III - a Lei nº 6.649, de 16 de maio de 1979;
IV - a Lei nº 6.698, de 15 de outubro de 1979;
V - a Lei nº 7.355, de 31 de agosto de 1985;
VI - a Lei nº 7.538, de 24 de setembro de 1986;
VII - a Lei nº 7.612, de 9 de julho de 1987; e
VIII- a Lei nº 8.157, de 3 de janeiro de 1991.

Brasília, em 18 de outubro de 1991; 170º da Independência de 103º da República.

FERNANDO COLLOR
Jarbas Passarinho

6. Jurisprudência

LOCAÇÃO NÃO-RESIDENCIAL. DESPEJO POR FALTA DE PAGAMENTO CUMULADO COM COBRANÇA DE ALUGUÉIS. PROVA. 1. Se a locação remota a anterior trato escrito e a prazo certo ainda não vencido, por princípio, o reconhecimento de nova avença autônoma reclamaria distrato em mesmos termos, salvo a existência de prova robusta diversa, que não veio. 2. Desprovimento. DECISÃO: NEGADO PROVIMENTO. UNÂNIME. Recurso APC nº 197230717, 16/06/98, DÉCIMA SÉTIMA CÂMARA CÍVEL, Rel. Demétrio Xavier Lopes Neto. ORIGEM: PORTO ALEGRE. Tribunal TJRGS. ASSUNTO: LOCAÇÃO NÃO-RESIDENCIAL. AÇÃO DE COBRANÇA. CUMULAÇÃO DE PEDIDOS. ALUGUEL. CONTRATO ESCRITO. PRAZO DETERMINADO. FALTA DE PROVA.

LOCAÇÃO NÃO-RESIDENCIAL - CONTRATO POR PRAZO INDETERMINADO - NOTIFICAÇÃO - BENFEITORIAS - INDENIZAÇÃO. Aceitando a locatária contrato por prazo indeterminado de imóvel para instalar equipamento para preparar lanches rápidos, sabendo desde o princípio da precariedade da situação, recebendo notificação prevista no art. 57 da Lei n. 8245/91, não pode pretender indenização pelas benfeitorias, muito menos impor pagamento de multa pela rescisão imotivada. Apelação provida. Recurso adesivo desprovido. DECISÃO: DADO PROVIMENTO. UNÂNIME. Recurso APC nº 197162258, 19/03/98, SEXTA CÂMARA CÍVEL, Rel. Nelson Antonio Monteiro Pacheco. ORIGEM: SÃO LOURENÇO DO SUL. Tribunal TARGS.

DESPEJATÓRIA. LOCAÇÃO NÃO-RESIDENCIAL. ESTABELECIMENTO DE ENSINO MUSICAL. LEI 8245/91, ART. 53. INTELIGÊNCIA E LIMITES DE INCIDÊNCIA. ALEGAÇÃO DE CERCEAMENTO DE DEFESA. ACESSÕES. DIREITO DE RETENÇÃO. 1. Por isso que limitadora do direito de propriedade, a regra do LF 8245/91 art. 53, não comporta exegese amplitativa. Precedentes do STJ. 2. O estabelecimento de ensino a que se refere a norma de regência é aquele autorizado e fiscalizado pelo Poder Público, instituição destinada a transmissão do conhecimento associado ao chamado ensino regular básico ou fundamental, técnico ou superior. 3. Não alcança os cursos livres de matéria diversa, aí incluídos os conservatórios musicais e congêneres. 4. Não se reconhece cerceamento de defesa quando as reclamadas provas se mostrariam inócuas. 5. Afirmação do direito de retenção por acessão previamente chancelada pelo locador. 6. Provimento parcial. Recurso APC nº197254683, 17/03/98, Nona Câmara Cível, Rel. Demétrio Xavier Lopes Neto. ORIGEM: São Leopoldo. Tribunal TARGS. Assunto: Locação não-residencial. Despejo.

AÇÃO DE DESPEJO. LOCAÇÃO NÃO-RESIDENCIAL. O locatário autorizou seu filho a retirar a notificação junto ao Ofício dos Registros Especiais, conforme autorização de fl. 9, não podendo se falar em carência de ação por falta de notificação pessoal. Não se opondo o locatário aos termos do contrato, mas apenas à ausência de pressupostos legais, tem ele valor jurídico. *In casu*, o prazo da notificação para desocupação é de 30 dias, conforme o que dispõe o art. 57 da Lei do Inquilinato. NEGARAM PROVIMENTO. UNÂNIME. Recurso APC nº 197292279, 17/03/98, PRIMEIRA CÂMARA CÍVEL, REL. OTÁVIO AUGUSTO DE FREITAS BARCELLOS, ORIGEM: SANTA MARIA. Tribunal TARGS.

DESPEJO. LOCAÇÃO COMERCIAL. NOTIFICAÇÃO PRÉVIA. EFICÁCIA. É válida e eficaz notificação premonitória procedida através de preposto da empresa locatária, e gera seus efeitos se ajuizado pedido de retomada em prazo razoável. SENTENÇA MANTIDA. Recurso APC nº 197262660, 12/03/98, Quinta Câmara Cível, Rel. Mara Larsen Chechi. ORIGEM: Porto Alegre. Tribunal TARGS. ASSUNTO: Locação não-residencial. Validade. Eficácia.

LOCAÇÃO RESIDENCIAL - DESPEJO POR FALTA DE PAGAMENTO - PURGA DA MORA - NOVO PRAZO REQUERIDO PELA AUTORA E DEFERIDO PELO JUÍZO - AUSÊNCIA DE INOVAÇÃO OU IRREGULARIDADE - NÃO-PROVIMENTO - AGRAVO DE INSTRUMENTO. Assunto: Purgação da mora. Recurso AGI nº 197146517, 12.02.98, Quarta Câmara Cível, Rel. Wellington Pacheco Barros. Origem: Caxias do Sul. Tribunal TARGS.

DESPEJO. NOVO ADQUIRENTE. LOCAÇÃO NÃO-RESIDENCIAL. DENÚNCIA. INÍCIO DO EXERCÍCIO. NOTIFICAÇÃO. EFICÁCIA. O novo adquirente, na condição de terceiro, não responde por benfeitorias realizadas pelo locatário e encargos de responsabilidade do locador alienante, salvo as obrigações contratuais levadas ao registro imobiliário. ressalvando o direito de ação contra o anterior proprietário locador. A denúncia se deu dentro do prazo de noventa dias, que teve início com o registro da compra e venda. O ajuizamento da ação mais de quarenta dias do prazo para a desocupação não implica ineficácia da notificação. Apelo desprovido. Recurso APC nº 197261944, 12/02/98, Quinta Câmara Cível, Rel. Jasson Ayres Torres, ORIGEM: Igrejinha. Tribunal TARGS. Assunto: Locação não-residencial. Despejo. Notificação. Validade.

LOCAÇÃO NÃO-RESIDENCIAL. AÇÃO DE DESPEJO. NOTIFICAÇÃO PREMONITÓRIA. NECESSIDADE. Se o contrato vige por tempo indeterminado e a locação é não-residencial, necessário se faz notificar previamente o inquilino, nos termos do art. 57 da Lei 8245/91. Cuida-se de condição da ação de despejo de imóvel não-residencial. Precedentes jurisprudenciais. Consolidou-se na jurisprudência dos Tribunais o entendimento no sentido de que, no Código de Processo Civil a matéria relativa a pressupostos processuais, perempção, litispendência, coisa julgada e condições de admissibilidade da ação, pode ser apreciada, de ofício, em qualquer tempo e grau de jurisdição originária, enquanto não proferida sentença de mérito (art. 267, III, CPC). Equivale dizer, que essa matéria não preclui. Ainda que não suscitada a questão ou, se suscitada superficialmente, não pode o juiz eximir-se de examinar o feito sob este prisma, sendo possível examinar a matéria até mesmo de ofício. Apelo improvido. Recurso APC nº197097934, 15/01/98, Segunda Câmara de Férias Cível, Rel. Marco Aurélio dos Santos Caminha. ORI-

GEM: Porto Alegre. Tribunal TARGS. Assunto: Locação não-residencial. Prazo indeterminado. Denúncia vazia. Apreciação.

LOCAÇÃO - FIADOR - CORREÇÃO MONETÁRIA DO ALUGUEL - RESPONSABILIDADE. A simples correção do valor do aluguel no contrato de locação não afasta a responsabilidade do fiador, eis que apenas atualiza o valor do contrato. LOCAÇÃO - FIADOR - EXCLUSÃO DO BENEFÍCIO DE ORDEM - VALIDADE. É plenamente válida a cláusula onde o fiador se exclui do benefício de ordem de ver primeiramente excutido os bens do locatário. LOCAÇÃO - FIADOR - MULTA. Recurso APC nº 197189855, 11/11/97, Nona Câmara Cível, Rel. Wellington Pacheco Barros. Origem: Porto Alegre. TARGS.

LOCAÇÃO RESIDENCIAL. AÇÃO DE DESPEJO C/C COBRANÇA DE ALUGUÉIS - IMPROCEDÊNCIA DA DESPEJATÓRIA E PROCEDÊNCIA PARCIAL DA COBRANÇA DE LOCATIVOS NA ORIGEM - CONTESTAÇÃO QUE NÃO COMPROVA O PAGAMENTO DOS ALUGUERES COBRADOS - PROCEDÊNCIA DAS AÇÕES - PROVIMENTO. Recurso APC nº 197162878, 28/10/97, Nona Câmara Cível, Rel. Wellington Pacheco Barros. Origem: Passo Fundo. Tribunal TARGS.

LOCAÇÃO COMERCIAL E INDUSTRIAL - IMÓVEL CLANDESTINO - LOCAÇÃO - EXONERAÇÃO DE FIANÇA - SUBSTITUIÇÃO POR SEGURO FIANÇA EM PLENO ANDAMENTO DA DEMANDA - PERDA DE OBJETO - RESPONSABILIDADE SUCUMBENCIAL DA LOCADORA. A substituição por seguro fiança em pleno andamento de ação de exoneração de fiança em contrato de locação torna a causa sem objeto. No entanto, como se esse fato ocorreu por motivação da locadora, a ela cabe responder pelos ônus sucumbenciais. Recurso APC Nº 197155666, 28/10/97, Nona Câmara Cível, REL. Wellington Pacheco Barros. Origem: Porto Alegre. Tribunal TARGS.

AÇÃO DE REVISÃO DE ALUGUEL - DEFASAGEM DE MERCADO. É possível a ação de revisão de aluguel por defasagem de mercado quando se constata que o aluguel pago é a metade do que se paga normalmente, não caracterizando óbice correções contratuais com base na inflação passada. Apelo improvido. Assunto: Ação Revisional de Aluguel. Fixação do aluguel. Adequação às peculiaridades do imóvel. Recurso APC nº 197144868, 21/10/97, Nona Câmara Cível, Rel. Wellington Pacheco Barros. Origem: Lajeado Tribunal TARGS.

LOCAÇÃO - SEGURO FIANÇA - AÇÃO DE REGRESSO - INDENIZAÇÃO. A legitimidade da seguradora-fiadora para buscar em ação de regresso aquilo que desembolsou em nome do locatário afiançado passa pelo prévio conhecimento deste último do fato gerador da indenização. Apelo improvido. Assunto: Direito de Regresso. Recurso APC nº 197106966, 21/10/97, Nona Câmara Cível, Rel. Wellington Pacheco Barros. Origem: Porto Alegre. TARGS.

AÇÃO DE DESPEJO - CABIMENTO. Tendo sido suprida a irregularidade na citação pela presença da parte no processo e não tendo o apelante legitimidade para alegar o prévio pagamento de sucumbencial a que foi condenada a parte contrária em ação anterior, o despejo procede. Apelo improvido. Recurso APC nº 197129018, 14/10/97, Nona Câmara Cível, Rel. Wellington Pacheco Barros. Origem: Santa Maria. Tribunal TARGS.

LOCAÇÃO COMERCIAL E INDUSTRIAL - IMÓVEL CLANDESTINO - RESCISÃO COM INDENIZAÇÃO POR BENFEITORIAS E MULTA CONTRATUAL. Se o imóvel objeto de contrato de locação comercial e industrial não está regularizado perante o poder público municipal, é plenamente viável a rescisão do contrato com indenização por benfeitorias realizadas e aplicação de multa contratualmente prevista. Apelo improvido. Decisão: Negado provimento. Unânime. Recurso APC, n° 197128382, 14/10/97, Nona Câmara Cível, Rel. Wellington Pacheco Barros. Origem: Porto Alegre. Tribunal TARGS.

LOCAÇÃO DE IMÓVEL - FIANÇA - SUBSTITUIÇÃO FÁTICA DO LOCATÁRIO AFIANÇADO - EXTINÇÃO DO GARANTE. Ficando demonstrado na prova que a realidade fática não condiz com o documento escrito, ou seja, que o locatário já de longa data no imóvel não é o locatário constante do contrato escrito, a fiança, contrato subsidiário e personalíssimo por natureza, naturalmente se extingue, não impondo obrigações ao fiador, mesmo que o antigo afiançado tenha sido condenado em ação de despejo, por revel, por não ter sido ele parte naquele processo não lhe atingindo a força do Tribunal. Recurso APC n° 197001522, 26/08/97, Nona Câmara Cível, Rel. Wellington Pacheco Barros. Origem: Canoas. Tribunal TARGS.

AÇÃO DE DESPEJO - COBRANÇA DE LOCATIVOS - MULTA CONTRATUAL - PERCENTUAL DEVIDO - É aplicável o CDC às relações locatícias, motivo pelo qual a multa moratória obedece a limitação ali imposta (art. 52, § 1°). A redução do percentual feita pela Lei n° 9.298/96 não atinge os locativos já vencidos e impagos, por força da irretroatividade. (TARS - AC 197085269 - 4ª C. Cív. - Rel. Juiz Ulderico Cecatto - J. 19.06.97).

LOCAÇÃO COMERCIAL - AÇÃO DE DESPEJO - NOTIFICAÇÃO PREMONITÓRIA - ALEGADA INEXISTÊNCIA, INVALIDADE, E INEFICÁCIA - CONTEÚDO PROBATÓRIO EM SENTIDO CONTRÁRIO - PRELIMINAR REJEITADA. LOCAÇÃO COMERCIAL - ALEGADO FUNDO DE COMÉRCIO - PERÍCIA - INDEFERIMENTO - CERCEAMENTO DE DEFESA INEXISTENTE - PRELIMINAR REJEITADA. LOCAÇÃO COMERCIAL - AÇÃO DE DESPEJO - AUSÊNCIA DE AÇÃO RENOVATÓRIA - NOTIFICAÇÃO VÁLIDA E EFICAZ - CONTRATO QUE VEDA BENFEITORIAS SEM AUTORIZAÇÃO E DIREITO DE RETENÇÃO - Recurso APC n° 197080559, 17/06/97, Nona Câmara Cível. Rel. Wellington Pacheco Barros. Origem: Porto Alegre. Tribunal TARGS.

AGRAVO RETIDO - LOCAÇÃO - AÇÃO DE CONSIGNAÇÃO EM PAGAMENTO - DEPOIMENTO DE ADVOGADA QUE ATUOU PARA O AUTOR EM CAUSA CONEXA - INDEFERIMENTO - *DECISUM* ESCORREITO - NÃO-PROVIMENTO. CONSIGNAÇÃO EM PAGAMENTO - LOCAÇÃO - ALEGADA RECUSA DA IMOBILIÁRIA EM RECEBER O LOCATIVO SEM MULTA E ENCARGOS APÓS O VENCIMENTO - INSTRUÇÃO REGULAR - SENTENÇA DE IMPROCEDÊNCIA - CORREÇÃO DO JULGADO - NÃO-PROVIMENTO. Assunto: Administração imobiliária. Conexão. Advogado. Prova testemunhal. Recurso APC n° 197058423, 17/06/97, Nona Câmara Cível, Rel. Wellington Pacheco Barros. Origem: Caxias do Sul. Tribunal TARGS.

DESPEJO CUMULADO COM COBRANÇA DE ALUGUÉIS - PROCEDÊNCIA. Admitindo locatário a desocupação do imóvel e não conseguindo demonstrar o pagamento dos alugueis cobrados, o pedido e de ser julgado procedente. Apelo improvido. Assunto: Cumulação. Aluguel. Locação. Recurso APC nº 197069933, 10/06/97, Nona Câmara Cível, Rel. Wellington Pacheco Barros. Origem: Porto Alegre. Tribunal TARGS.

AÇÃO REVISIONAL DE ALUGUEL - PERÍCIA TÉCNICA - SENTENÇA NESSE SENTIDO - CERCEAMENTO DE DEFESA INEXISTENTE - NÃO-PROVIMENTO. Recurso APC Nº 197057268, 03/06/97, Nona Câmara Cível, Rel. Wellington Pacheco Barros. Origem: Porto Alegre. Tribunal TARGS.

DESPEJO - DENÚNCIA VAZIA - REVELIA DA RÉ - EXISTÊNCIA DE SUBLOCATÁRIAS - INAÇÃO - PRESENÇA DE IRREGULARIDADES - AUSÊNCIA DE NULIDADE - NÃO-PROVIMENTO. Recurso APC nº 197028244, 03/06/97, Nona Câmara Cível, Rel. Wellington Pacheco Barros. Origem: Porto Alegre. Tribunal TARGS.

ACESSO À JUSTIÇA - ASSISTÊNCIA JUDICIÁRIA - LEI 1.060, DE 1950 - CF, ART. 5º, LXXIV - A garantia do art. 5º, LXXIV - assistência jurídica integral e gratuita aos que comprovarem insuficiência de recursos - não revogou a de assistência judiciária gratuita da Lei 1.060, de 1950, aos necessitados, certo que, para obtenção desta, basta a declaração, feita pelo próprio interessado, de que a sua situação econômica não permite vir a Juízo sem prejuízo da sua manutenção ou de sua família. Essa norma infraconstitucional põe-se, ademais, dentro do espírito da Constituição, que deseja que seja facilitado o acesso de todos à Justiça (C.F., art. 5º, XXXV). (STF - RE 206.354-1 - 2ª T. - Rel. Min. Carlos Velloso - DJU 02.05.97).

AÇÃO DE REVISÃO DE ALUGUEL - FIXAÇÃO JUDICIAL COM BASE NA REALIDADE DO MERCADO - POSSIBILIDADE. Fixando o juiz o aluguel com base na realidade do mercado para um imóvel de locação mista, é de se ter como razoável essa decisão. Apelo improvido. Decisão: Negado provimento. Unânime. Assunto: 1. Locação Mista. 2. Locação. Ação Revisional de Aluguel. Fixação do Aluguel. Perícia. Preço de Mercado e Condições do Imóvel. Recurso APC nº 196268981, 25/03/97, Nona Câmara Cível, Rel. Wellington Pacheco Barros. Origem: Porto Alegre. Tribunal TARGS.

AÇÃO DE DESPEJO - COBRANÇA DE LOCATIVOS - RECONVENÇÃO - PROCEDÊNCIA PARCIAL DA DESPEJATÓRIA - IMPROCEDÊNCIA DA INCIDENTAL - SUCUMBÊNCIA SOBRE O VALOR DA CAUSA - NÃO-PROVIMENTO. Assunto Aluguel. Recurso APC nº 196205553, 04/03/97, Nona Câmara Cível, Rel. Wellington Pacheco Barros. Origem: Passo Fundo. Tribunal TARGS.

LOCAÇÃO NÃO RESIDENCIAL - LOCAÇÃO NÃO AMPARADA PELO DIREITO À RENOVAÇÃO (ARTS. 51 E 57, DA L. 8.245/91) - DENÚNCIA VAZIA - LIMITE MÁXIMO DA CAUÇÃO - Tratando-se de locação não residencial, não amparada pelo direito à renovação, e que se encontra prorrogada por prazo indeterminado, é possível a denúncia vazia, feita a notificação premonitória. A continuidade do recebimento dos alugueres é procedimento normal, pois são eles devidos até a desocupação do imóvel locado, não significando *animus* de prorrogação do contrato. O limite máximo fixado para a caução no art. 64, *caput*, da L. 8.245/91, é de dezoito meses. (TJDF - AC 40.479 - DF - (Reg. Ac. 89.842) - 4ª T - Rel. Des. Mário Machado - DJU 04.12.96).

APELAÇÃO - AÇÃO DE DESPEJO - RETOMADA IMOTIVADA - NOTIFICAÇÃO REGULARMENTE PROCEDIDA PELO OFÍCIO DE REGISTRO ESPECIAL - PROCEDÊNCIA - SENTENÇA ESCORREITA. DESPEJATÓRIA - CAUÇÃO - SENTENÇA QUE A FIXA EM VALOR INFERIOR A DOZE MESES E RECEBE A APELAÇÃO DUPLO EFEITO - INÓQUA ADEQUAÇÃO TEXTO LEGAL EM GRAU RECURSAL. BENFEITORIAS. Descabe postulação de indenização ou retenção por benfeitorias quando excluídas por expressa disposição contratual (art. 35 da Lei n. 8.245/91). CERCEAMENTO DE DEFESA. Inexistência quando a pretensão envolve mateira de fato e prova testemunhal e a resolução decorre da apreciação da matéria de direito, tão-somente. APELAÇÃO NÃO PROVIDA. SENTENÇA MANTIDA. DECISÃO: Negado provimento. Unânime. Recurso APC nº 196013916, 24/10/96, Quarta Câmara Cível, Rel. Wellington Pacheco Barros, ORIGEM: Esteio. Tribunal TARGS. REFLEG. LF-8245 de 1991 art. 35 art. 51 par.5; ASSUNTO: 1. Locação não-residencial. Despejo. Denúncia vazia. Notificação. 2. Despejo. Sentença. 3. Locação. Despejo. LF. 8245 de 1991 art. 35. Interpretação. Indenização por benfeitorias. Descabimento. 4. Questão de direito. 5. Cerceamento de defesa. Incoerência.

LOCAÇÃO RESIDENCIAL - DESPEJO - FALTA DE PAGAMENTO - CONTESTAÇÃO - PURGA PARCIAL DA MORA - NOVA CONTA - REPETIÇÃO DA INTIMAÇÃO - NÃO COMPLEMENTAÇÃO - PROCEDÊNCIA DO PEDIDO - CORREÇÃO DO JULGADO - IMPROVIMENTO. Apelação não provida. Recurso APC nº 196186928, 22/10/96, Nona Câmara Cível, Rel. Wellington Pacheco Barros. Origem: Porto Alegre. Tribunal TARGS.

LOCAÇÃO - COBRANÇA DE ALUGUÉIS E REPAROS NO IMÓVEL - RESPONSABILIDADE DOS FIADORES. Ficando demonstrado previsão contratual de assunção dos fiadores por aluguéis enquanto perdurasse a vistoria para o recebimento do imóvel pelo locador e, nesta, ainda a necessidade de reparos, a procedência da ação é de ser mantida. Apelo improvido. Decisão: Negado provimento. Unânime. Assunto: 1. Locação residencial. Cobrança aluguel e reparação de dano. Recurso APC nº 196157705, 22/10/96, Nona Câmara Cível, Rel. Wellington Pacheco Barros. Origem: Porto Alegre. Tribunal TARGS.

LOCAÇÃO NÃO RESIDENCIAL - AÇÃO DE DESPEJO - FALTA DE PAGAMENTO - AUSÊNCIA DE PEDIDO DE EMENDA DA MORA - CONTESTAÇÃO INTEMPESTIVA - PROCEDÊNCIA - ALEGAÇÃO DE TEMPESTIVIDADE POR CONSIDERAÇÃO DAS FÉRIAS FORENSES - IMPROVIMENTO. Em relação tipicamente inquilinária tramitam os processos durante as férias forenses e não se suspendem o prazo pela superveniência delas. Este o texto e a inteligência do art. 58, I, da Lei n. 8.245/91, como no caso em exame. Apelação não provida. Sentença mantida. Recurso APC nº 196156640, 22/10/96, Nona Câmara Cível, Rel. Wellington Pacheco Barros. Origem: Rio Pardo. Tribunal TARGS.

LOCAÇÃO - COBRANÇA DE ALUGUÉIS E DANOS AO IMÓVEL LOCADO. AÇÃO AJUIZADA CONTRA OS FIADORES - FALECIMENTO DE UM DELES ANTES DA CONSOLIDAÇÃO DA DÍVIDA - CARÊNCIA DE AÇÃO. Ficando demonstrado que a dívida pretendida cobrar do fiador foi consolidada depois de seu falecimento, e sendo esta causa de extinção da obrigação, há carência de ação, por exegese do art. 1.051 do Código Civil. Apelo improvido. Assunto: Fiança.

Morte. Aluguel. Recurso APC nº 196147714, 22/10/96, Nona Câmara Cível, Rel. Wellington Pacheco Barros. Origem: Porto Alegre. Tribunal TARGS.

LOCAÇÃO - ALEGAÇÃO DE SIMULAÇÃO PELO LOCATÁRIO - EXIGÊNCIA DO LOCADOR DE PACTUAR COM A EMPRESA AO INVÉS DA PESSOA FÍSICA - JULGAMENTO ANTECIPADO DA LIDE - CERCEAMENTO DE DEFESA. Se o locatário, uma empresa, alega que firmou contrato de locação em seu nome, por exigência do locador, é de se lhe permitir demonstrar esse fato ante as regas do Código do Consumidor, causando o julgamento antecipado da lide evidente prejuízo ao direito de ampla defesa. Voto vencedor. Voto vencido. Recurso APC nº 196145502, 22/10/96, Nona Câmara Cível, Rel. Wellington Pacheco Barros. Origem: Porto Alegre. Tribunal TARGS.

DESPEJO - RETOMADA - FLUIÇÃO DO PRAZO DE 12 MESES - LEGITIMIDADE. O exercício do direito de retomada pelo locador após a notificação ao locatário e fluição do prazo de 12 meses é legitimo, não podendo o locatário pretender ainda o prazo de 6 meses para desocupação. Apelo improvido. Recurso APC nº 196139828, 22/10/96, Nona Câmara Cível, Rel. Wellington Pacheco Barros. Origem: Porto Alegre. Tribunal TARGS.

AÇÃO DE REVISÃO DE ALUGUÉIS - DESEQUILÍBRIO ECONÔMICO DAS PARTES GERADA PELA INFLAÇÃO - POSSIBILIDADE, INDEPENDENTEMENTE DO DECURSO DE TRÊS ANOS. Se o aluguel está completamente defasado por força da inflação, é possível a ação de revisão desse contrato com base em medida provisória, independentemente do decurso do prazo de três anos. Apelo improvido. Assunto: Revisional. Recurso APC nº 196129217, 22/10/96, Nona Câmara Cível, Rel. Wellington Pacheco Barros. Origem: Caxias do Sul. Tribunal TARGS.

LOCAÇÃO RESIDENCIAL PRAZO INDETERMINADO. AÇÃO DE DESPEJO. NOTIFICAÇÃO. LEGITIMIDADE. CÔNJUGE. O afastamento do cônjuge de administração dos bens do casal acarreta a extinção da ação de despejo por ilegitimidade ativa se o administrador nomeado manifesta sua concordância com o prosseguimento da demanda. Hipótese em que a ação fora ajuizada e contestada antes da aludida decisão. Prorrogada a locação residencial por prazo indeterminado e notificada a locatária para desocupar o imóvel no prazo de doze meses, tem direito o locador à retomada. Recurso desprovido. (Apelação Cível nº 196177430, 9ª Câmara Cível do TARGS, Porto Alegre, Rel. Maria Isabel de Azevedo Souza. Apelante: Olga Silveira Eifler. Apelado: Salomão Raizler. j. 15.10.96, un.)

OUTORGA DE MANDATO A DOIS ADVOGADOS - SUBSCRIÇÃO DA CONTESTAÇÃO PELO SEGUNDO NOMEADO - ALEGAÇÃO DE NULIDADE DA SENTENÇA E CONSEGUINTE REVELIA POR SE TRATAR DE MANDATO SUCESSIVO - NÃO CONHECIMENTO POR SE TRATAR DE MANDATO SOLIDÁRIO - JUSTIFICATIVA EXISTENTE POR CRIAÇÃO DA *PRAXIS* FORENSE VISANDO FACILITAR A MELHOR ADEQUAÇÃO DO PROCESSO A COMPLEXA VIDA FORENSE. INTERPRETAÇÃO DOS ARTS. 1304 E 1327 DO CÓDIGO CIVIL. A larga dimensão da vida forense tem demonstrado que a outorga de procuração a dois ou mais advogados ocorre de forma solidária e não sucessiva, tendo-se como justificativa a melhor adequação do processo ao complexo universo por onde tramita. Exigir-se que somente o primeiro outorgado peticione é criar impedimento ao bom desenvolvimento do processo. LOCAÇÃO DE IMÓVEIS - AÇÃO DE REPARAÇÃO DE DANOS - ENTREGA DAS CHAVES DE FORMA CONDICIONAL PELO LOCATÁRIO - RESPONSABILIDADE DOS FIADORES. DANOS NO IMÓVEL E DÍVIDA DE ALUGUÉIS ATÉ A ENTREGA DO LAUDO PELO PERITO. Ficando demonstrado que a entrega do imóvel locado ocorreu de forma condicionada, os fiadores assumem a responsabilidade pelos danos constatados e pelos aluguéis vencíveis até a terminação dessa constatação feita através de perícia judicial. Apelo provido em parte. DECISÃO: Provimento parcial ao apelo do autor e negado provimento ao apelo do réu. Unânime. Tribunal TARGS, Recurso APC nº 196063721, 08/10/96, Nona Câmara Cível, Rel. Wellington Pacheco Barros. ORIGEM: Porto Alegre. REFLEG. CC-1304. CC-1327. ASSUNTO: Dano. Aluguel. Advogado. Mandato solidário. 1. Advogado. Mandato solidário. Efeitos. 2. Locação. Reparação de dano. Vistoria judicial. Entrega das chaves. Cobrança aluguel e reparação de dano. Responsabilidade solidária. Efeitos.

AGRAVO DE INSTRUMENTO - RENOVATÓRIA DE LOCAÇÃO - ALEGADA NECESSIDADE DE PERÍCIA CONTÁBIL E DE ENGENHARIA PARA DEMONSTRAR A INSINCERIDADE DA RETOMADA PARA USO PRÓPRIO EM DETRIMENTO DA LOCAÇÃO EM CURSO - INCONSISTÊNCIA POIS QUE A PROVA PRETENDIDA NÃO PODE APURAR SE A LOCADORA OCUPARÁ OU NÃO O PRÉDIO RETOMANDO - DIREITO DE NÃO RENOVAR PREVALECENTE (ART-52, II, DA LEI N - 8.245/91) - NÃO PROVIMENTO. Agravo não provido. Decisão mantida. Recurso AGI nº 196078547, 17/09/96, Nona Câmara Cível, Rel. Wellington Pacheco Barros. Origem: Porto Alegre. Tribunal TARGS.

LOCAÇÃO RESIDENCIAL. DENUNCIA VAZIA. LEI nº 8245/91. ART.78. CONSTITUCIONALIDADE. As locações residenciais que tenham sido celebradas anteriormente à vigência da Lei 8245/91, e que já vigorem ou venham a vigorar por prazo indeterminado, poderão ser denunciadas pelo locador, concedido o prazo de doze meses para a desocupação. Assim, constitucional é o art. 78 do referido diploma legal, que veio equilibrar os interesses de locadores e locatários. (Apelação improvida, Primeira Câmara Cível do TARGS, Apelação Cível nº 196150098, Relator Ari Darci Wachholz, Porto Alegre, 03/09/96).

REVISIONAL DE ALUGUEL. POSSIBILIDADE JURÍDICA DO PEDIDO ANTES DE COMPLETADOS TRÊS ANOS DO PACTO LOCATÍCIO. MEDIDA PROVISÓRIA 911 TRANSFORMADA NA LEI 9.069/95. PLANO REAL. Diante da situação excepcional criada pelo advento do Plano Real, se viu o Poder Público obrigado a intervir em alguns contratos em andamento, editando, no que se refere às locações e possibilidade de revisional, a Medida Provisória 911, transformada na Lei 9069/95, a permitir o reajuste, embora não decorridos três anos da celebração da avença, a fim de evitar defasagem excessiva no valor do locatício. SUCUMBÊNCIA PARCIAL. INOCORRÊNCIA. O juiz não fica adstrito ao valor pretendido na inicial porque o mesmo é meramente sugestivo. Assim, possível é fixá-lo conforme estipula o laudo, seja superior ou inferior ao estimado na inicial, sem que isto implique parcial procedência do pedido e conseqüente divisão proporcional nos ônus sucumbenciais. (Apelação cível improvida. Primeira Câmara Cível do TARGS, nº 196 161 137, Pelotas).

AÇÃO DE DESPEJO. LOCAÇÃO NÃO RESIDENCIAL DIREITO DE RETENÇÃO E INDENIZAÇÃO POR BENFEITORIAS. O direito à indenização contratualmente previsto entre as partes era para o caso de retomada do imóvel antes de fluído o prazo de dez anos. Pretendendo ver-se indenizada por benfeitorias introduzidas no imóvel, além daquelas cuja indenização fora acordada, a locatária há de buscar seu direito em ação própria, não podendo reter o prédio com tal desiderato. Agravo retido não conhecido. Apelação desprovida. (Apelação Cível nº 196124093, 5ª Câmara Cível do TARGS, Passo Fundo, Rel. Márcio Borges Forte. Apelante: Sampa Comércio de Frutas e Verduras Ltda. Apelado: Clube Recreativo Juvenil. j. 22.08.96, un.)

AÇÃO DE DESPEJO - LOCAÇÃO NÃO-RESIDENCIAL - INFRAÇÃO CONTRATUAL - FALTA DE PAGAMENTO DOS LOCATIVOS - ALEGAÇÃO DA CONDIÇÃO DE POSSEIRO PELO LOCATÁRIO - CONTRATO DE LOCAÇÃO COMPROBATÓRIO DA RELAÇÃO LOCATÍCIA - PROCEDÊNCIA. Apelação não provida. Sentença mantida. Decisão: Negado provimento. Unânime. Recurso APC nº 195199815, 20/08/96, Nona Câmara Cível, Rel. Wellington Pacheco Barros. Origem: Porto Alegre. Tribunal TARGS. Refleg. LF-8245 de 1991 art-60; Assunto: 1. Locação Não-residencial. Despejo. Falta de pagamento. Aluguel 2. Posseiros.

APELAÇÃO - CONSIGNATÓRIA DE ALUGUÉIS - PRETENSÃO DE CONVERSÃO DO ALUGUEL REFERENTE A JUNHO - EQUÍVOCO - A CONVERSÃO DECORRE DA IMPLEMENTEÇÃO DO PLANO REAL A PARTIR DE 01.07.94, NÃO ANTES - DEPÓSITOS INSUFICIENTES - NÃO-COMPLEMENTAÇÃO - IMPROCEDÊNCIA - SENTENÇA ESCORREITA - IMPROVIMENTO. Apelação não provida. Sentença mantida. Decisão: Negado provimento. Unânime. Recurso APC nº 195184551, 20/08/96, Nona Câmara Cível, Rel. Wellington Pacheco Barros. Origem: Pelotas. Tribunal TARGS. Refleg. Medida provisória nº 542; LF-8880 de 1994 art-2; Assunto: 1. Consignação em pagamento - Depósito insuficiente.

REVISIONAL DE ALUGUEL - AÇÃO DE ARBITRAMENTO - SUCUMBÊNCIA INTEGRAL AO DEMANDADO SE APURADA DIFERENÇA ENTRE O VALOR PRATICADO E AQUELE OBJETO DA PERÍCIA. A ação revisional de aluguel é ação de arbitramento para fins de apuração do real valor do imóvel, desimportando para fins de sucumbência quanto tenha sido o pedido feito pelo locador. Máxime quando a condenação em honorários advocatícios é mínima se comparada com percentual sobre o valor da causa, e sem recurso do apelado. Apelação não provida. Sentença mantida na íntegra. Recurso APC nº 196060503, 20/08/96, Nona Câmara Cível, Rel. Wellington Pacheco Barros. Origem: Caxias do Sul. Tribunal TARGS.

LOCAÇÃO. IMÓVEL NÃO-RESIDENCIAL. A PURGA DA MORA NÃO ELIDE O PEDIDO DE DESPEJO SE A AÇÃO É BASEADA TAMBÉM NO DESVIO DE FINALIDADE. A existência de lancheria aberta ao público e ponto de comércio de veículos quando, por força de contrato, o imóvel se destina à instalação de uma borracharia e posto lavagem de veículos, constitui infração contratual que a purga da mora não faz desaparecer. INDEFERIMENTO DE PROVA TESTEMUNHAL IRRELEVANTE. NULIDADE POR CERCEAMENTO DE DEFESA INEXISTENTE. Se o depoimento de determinada testemunha é irrelevante ao desfecho do processo, em razão de convicção formada em função de outras provas, a inquirição é desnecessária e não traz nenhum prejuízo, sobremodo quando não foi a testemunha arrolada por quem afirma ser o depoimento de vital importância. (Apelação Cível nº 196120323, 1ª Câmara de Férias Cível do TARGS, Caxias do Sul, Rel. Regina Maria Bollick. Apelante: José Valderi Pereira dos Santos. Apelados: Vasco Francisco Ulian e Valdir Uilian. Interessados: Idalino Rech e Cecilia Maria Rech. j. 24.07.96, un.).

AGRAVO DE INSTRUMENTO - AÇÃO REINTEGRATÓRIA DE POSSE - DISCUSSÃO ENTRE POSSE DECORRENTE DE ARREMATAÇÃO JUDICIAL E CONTRATO DE ARRENDAMENTO RURAL - PREVALÊNCIA DESTA ÚLTIMA. Ficando demonstrado que a reintegração de posse buscada decorre de contrato de arrendamento rural em plena vigência, é de se conceder essa proteção jurisdicional pois lhe é defeso sobrepor a posse resultante de alienação, mesmo que judicial, *ex vi* de expressa vedação do § 5, do art. 92 do Estatuto da Terra e art. 15 do decreto n. 59.566/66, que o regulamenta. Agravo não provido. Recurso AGI nº 196056113, 18/06/96, Nona Câmara Cível, Rel. Wellington Pacheco Barros. ORIGEM: Bagé. Tribunal TARGS.

LOCAÇÃO RESIDENCIAL POR PRAZO INDETERMINADO. Pedido de retomada com fundamento no art. 78, da Lei 8.245/91, que é disposição transitória, enseja a aplicação do benefício do art. 61, que permite a desocupação voluntária, no prazo de seis meses, com a isenção da sucumbência. Negaram provimento. (Apelação Cível nº 196008726, 4ª Câmara Cível do TARGS, Farroupilha. Rel. Cezar Tasso Gomes. Apelante: Guedes Neuza Giuliato Horn. Apelado: Arlindo Salvator. j. 13.06.96, un.)

DESPEJO - DENÚNCIA VAZIA - IMÓVEL ALIENADO - NOTIFICAÇÃO - NECESSIDADE - APLICAÇÃO DO ARTIGO 8º DA LEI Nº 8.245/91 - A aquisição do prédio locado não rompe, por si só, a relação locatícia, mas enseja ao adquirente a faculdade de denunciar a locação, mediante notificação concedendo ao locatário o prazo de 90 dias para desocupação, a teor do art. 8º da Lei nº 8.245/91. (2º TACSP - AC 456.278 - 6ª C. - Rel. Juiz Paulo Hungria - J. 29.05.96) (AASP 1973/1).

EMBARGOS INFRINGENTES - AÇÃO REVISIONAL DE ALUGUEL - AGRAVO DE INSTRUMENTO - IRRESIGNAÇÃO VERTIDA DE VOTO VENCIDO QUE IMPROVIA O AGRAVO COM BASE NA LEI N. 9069/95, A PERMITIR O AJUIZAMENTO DA REVISIONAL ANTES DE DECORRIDO O TRIÊNIO PREVISTO NO ARTIGO 19 DA LEI N. 8245/91, POR FUNDADA NO DESEQUILÍBRIO ECONÔMICO ENTRE O LOCATIVO ATUAL E O VALOR DE MERCADO DO IMÓVEL - ACOLHIMENTO. AÇÃO REVISIONAL DE ALUGUEL (ESPECÍFICA, EXTRAORDINÁRIA, ATÍPICA, OU ESPECIAL) - LEI N. 9060/95 - DESEQUILÍBRIO ECONÔMICO EVIDENCIADO - POSSIBILIDADE - NÃO-PREJUÍZO DA REVISIONAL PREVISTA NO ARTIGO 19 DA LEI N. 8245/91 - PRECEDENTES DA SEGUNDA E DEMAIS CÂMARAS CÍVEIS DESTA CORTE. Nada obsta o ajuizamento de demanda revisional antes de decorrido três anos do último acordo se evidenciado patente desequilíbrio econômico entre o valor do locativo atual e a prática, o valor atual de mercado do imóvel em questão. Texto e inteligência do parágrafo 4 do artigo 21 da Lei n. 9069 de 29.06.95, pois que esta decorre de circunstância fática da implementação do Plano Real e não causa prejuízo àquela ação revisional prevista no art. 19 da Lei 8345/91. Embargos infringentes providos. Agravo de instrumento não provido. Decisão: Acolheram. Unânime. Tribunal TARGS, nº 195130232, 17/05/96, Segundo Grupo Cível, Wellington Pacheco Barros, Porto Alegre. Refleg. LF-9069 de 1995 art. 21 par. 4. CPC 530. LF 8245 de 1991, art-19. Locação residencial. Ação revisional de aluguel. Prazo. LF-9069 de 1995 art-21 par-4. Interpretação. Tipo CÍVEL, TARGS.

AÇÃO DE DESPEJO CUMULADA COM COBRANÇA DE LOCATIVOS - POSSIBILIDADE - NÃO-IMPEDIMENTO PELO ART. 292 DO CPC - FACULDADE PREVISTA NO ART. 62, I, DA LEI Nº 8.245/91 - PRECEDENTE DO TRIBUNAL - DECISÃO QUE JULGA EXTINTA A AÇÃO COM RELAÇÃO AO LITISCONSORTE FIADOR - EQUÍVOCO - LIMINAR CONCEDIDA - PROVIMENTO. AGRAVO PROVIDO. LIMINAR CONCEDIDA. DECISÃO REFORMADA. Recurso AGI nº 196052104, 02/05/96, Quarta Câmara Cível, Rel. Wellington Pacheco Barros. Origem: Nova Prata. Tribunal TARGS.

APELAÇÃO - VERBA HONORÁRIA - AÇÃO DE DESPEJO - DENÚNCIA IMOTIVADA - SENTENÇA QUE CONDENA EM 10% DO VALOR DA CAUSA ATUALIZADO - IRRESIGNAÇÃO IMPROCEDENTE POR REPRESENTAR TÃO-SÓ VALOR INFERIOR A UMA UNIDADE DE REFERÊNCIA DE HONORÁRIOS DA ORDEM DOS ADVOGADOS - CONDENAÇÃO MINIMAMENTE FIXADA E POR ISSO NÃO PODE SER REDUZIDA. APELAÇÃO NÃO PROVIDA. SENTENÇA MANTIDA. Recurso APC nº 196041941, 02/05/96, Quarta Câmara Cível, Rel. Wellington Pacheco Barros. Origem: Porto Alegre. Tribunal TARGS.

APELAÇÃO - AÇÃO DE DESPEJO POR FALTA DE PAGAMENTO - AUSÊNCIA DE PROCURADOR CONSTITUÍDO NO CURSO DA AÇÃO - DILIGÊNCIA PARA REGULARIZAÇÃO DA REPRESENTAÇÃO PROCESSUAL INATENDIDA - APLICAÇÃO DO ART. 37 DO CPC E SÚMULA 115 DO STJ - NÃO-CONHECIMENTO. RECURSO ADESIVO - AUSÊNCIA DE PREPARO - DESERÇÃO - NÃO-CONHECIMENTO. APELAÇÃO E RECURSO ADESIVO NÃO CONHECIDOS. Recurso APC nº 196019202, 02/05/96, Quarta Câmara Cível, Rel. Wellington Pacheco Barros. Origem: Porto Alegre. Tribunal TARGS.

LOCAÇÃO COMERCIAL - CONTRATO - CESSÃO - CLÁUSULA CONCESSIVA - EFETIVAÇÃO COM PESSOA FÍSICA COM VISTAS À CONSTITUIÇÃO DA SOCIEDADE NELA PARTICIPANTE - PRETENSÃO EM CEDER A TERCEIROS, QUE CONSTITUIRIAM UMA SOCIEDADE DA QUAL PARTICIPARIA COMO SÓCIA SEM EXERCER OS DIREITOS QUE TAL CONDIÇÃO CONFERE - CESSÃO INVÁLIDA - O fato de cláusula contratual prever a possibilidade de a locatária poder ceder o contrato a uma pessoa jurídica de que faça parte não significa que pudesse fazer essa cessão a quaisquer pessoas, que constituiriam uma sociedade na qual figuraria como sócia, sem exercer os mais elementares direitos e obrigações que a lei impõe a quem adquira tal condição. Inválida essa cessão, nada pode ser exigido com base nela, voltando as partes ao *status quo ante*. (2º TACSP - AC 434.253 - 12ª C. - Rel. Juiz Luís de Carvalho - J. 25.04.96).

CIVIL. LOCAÇÃO RESIDENCIAL. RETOMADA PARA USO PRÓPRIO. DESVIO DE FINALIDADE. IMPOSIÇÃO DE MULTA. BASE DE CÁLCULO. LEI Nº 6.649/79, ART. 39. RECURSO ESPECIAL. REEXAME DE PROVAS. SÚMULA Nº 07/STJ. - Em sede de locação residencial, sendo decretada em Juízo a retomada do imóvel para uso próprio e constado o desvio de finalidade, tem ensejo a imposição de multa ao locador, na forma prevista no art. 39 da Lei nº 6.649/79 que estabelece o máximo de vinte e quatro (24) meses de aluguel. - A lei confere ao magistrado o poder de fixar a multa dentro dos limites nela balizados, que se deve situar em consonância com o princípio da razoabilidade, sendo, pois, inadequado em sede de recurso especial, que não comporta reexame de provas (Súmula 07), aferir-se o *quantum* ou o alcance da base de cálculo fixado pelas instâncias ordinárias.
Recurso especial não conhecido. (Recurso Especial nº 930033105-1/RJ, STJ, Rel. Min. Vicente Leal. Recorrente: Elizabeth Gomes. Recorrido: Augusto Caruso. j. 25.03.96, un., DJU 10.06.96, p. 20.397).

AÇÃO DE REINTEGRAÇÃO DE POSSE - DEMONSTRAÇÃO DA EXISTÊNCIA DE LOCAÇÃO - IMPROCEDÊNCIA. Ficando demonstrado na prova que existe locação fática, ação de reintegração de posse não procede. CERCEAMENTO DE DEFESA - TESTEMUNHAS ARROLADAS INDEPENDENTEMENTE DE INTIMAÇÃO - ALEGAÇÃO DE CERCEAMENTO DE DEFESA - INOCORRÊNCIA. Se a parte arrola testemunhas e diz que elas comparecerão independentemente de intimação, assume o risco na sua produção, cabendo ao julgados dispensar essa prova. PERDAS E DANOS - AÇÕES DO LOCADOR IMPEDINDO O LIVRE EXERCÍCIO DA LOCAÇÃO - CABIMENTO. Ficando demonstrado que o locador, de várias formas, impediu a plenitude da locação, assume a responsabilidade de indenizar por tais atos. PRELIMINAR DE CERCEAMENTO DE DEFESA AFASTADA. APELO IMPROVIDO. RECURSO ADESIVO PROVIDO. Recurso APC nº 196007280, 14/03/96, Quarta Câmara Cível, Rel. Wellington Pacheco Barros. ORIGEM: Porto Alegre. Tribunal TARGS.

LOCAÇÃO NÃO RESIDENCIAL. AÇÃO REVISIONAL. ANALOGIA. LEI Nº 6.649/79, ART. 49, § 4º. É cabível, por analogia, a aplicação do art. 49, § 4º, da Lei nº 6.649/79, na solução de ação revisional de aluguéis, oriunda de locação não residencial. Não se conhece de embargos de divergência quando opostos com fundamento em precedentes cuja tese encontra-se superada por jurisprudência reinante na Corte. (Embargos de Divergência em Recurso Especial nº 940010826-5/SP, STJ, Rel. Min. Américo Luz, j. 06.03.96, un., DJU 01.04.96, p. 9.858).

AÇÃO DE DESPEJO POR FALTA DE PAGAMENTO - PURGAÇÃO DA MORA - BENEFICIÁRIO DA ASSISTÊNCIA JUDICIÁRIA - EXCLUSÃO DO MONTANTE A SER PAGO AO LOCADOR, PARA PURGAÇÃO DA MORA, DA PARTE RELATIVA ÀS DESPESAS DO PROCESSO E HONORÁRIOS ADVOCATÍCIOS - O § 2º DO ART. 11, E O ART. 12, AMBOS DA LEI Nº 1.060/50, NÃO FORAM RECEPCIONADOS PELA CF/88 (ART. 5º, LXXIV) - PRECEDENTES - RECURSO ESPECIAL CONHECIDO - O benefício da assistência judiciária é amplo e de índole constitucional, aplicando-se, por conseguinte, a todos os processos, inclusive às ações de despejo por falta de pagamento (art. 62 da Lei nº 8.245/91), mesmo nos casos de requerimento de purgação da mora (inciso II da Lei nº 8.245/91). Precedentes da Corte: REsp nº 17.065-0/SP (3ª Turma, relator Ministro EDUARDO RIBEIRO) e REsp. nº 27.821-5/SP (5ª Turma, relator Ministro COSTA LIMA). (STJ - REsp. 75.688 - SP - 6ª T. - Rel. Min. Adhemar Maciel - DJU 12.02.96).

LOCAÇÃO RESIDENCIAL POR PRAZO INDETERMINADO. NOTIFICAÇÃO. CADUCIDADE. Conquanto não haja dispositivo sobre a validade da notificação premonitória a propositura da ação, há que se examinar com critério de razoabilidade caso a caso. Notificação com mais de ano de efetivação não sustenta ação que se apresenta, por isso, como impossível juridicamente. Apelo provido com extinção do processo. (TARGS, Apelação Cível nº 195173026, Segunda Câmara Cível, Rel. Marco Aurélio dos Santos Caminha, Porto Alegre, 08/02/96).

DESPEJO - DENÚNCIA VAZIA - LETIGIMIDADE - HERDEIRO UNIVERSAL - RECONHECIMENTO - INTELIGÊNCIA DOS ARTIGOS 10 E 43 DA LEI Nº 8.245/91 - Pertencendo o imóvel em condomínio ao autor e sua mãe e, com a concordância desta, não há ilegitimidade do herdeiro-autor para interpor a demanda. (2º TACSP - Ap. s/ Rev. 446.935 - 12ª C. - Rel. Juiz Campos Petroni - J. 01.02.96).

LOCAÇÃO NÃO-RESIDENCIAL. AÇÃO DE DESPEJO. NOTIFICAÇÃO: EFICÁCIA. MATÉRIA CONHECÍVEL DE OFÍCIO PELO JUIZ. Ostenta-se ineficaz à propositura de ação de despejo notificação que se tenha operado seis meses antes, ainda que se não aplique às medidas ditas conservativas o disposto no art. 808, I, do CPC, pois há que se prestigiar um mínimo de estabilidade às relações jurídicas. Sendo a notificação regular "condição", para exercício da ação processual, viável ao juiz, de ofício, examinar e prover sobre a questão, nos termos do art. 267, § 3º, do CPC. Apelo desprovido. (Apelação Cível nº 195197918, Câmara de Férias Cível do TARGS, Porto Alegre, Rel. Antônio Janyr Dall'Angol Júnior, j. 25.01.96, un.)

AÇÃO DE DESPEJO - FALTA DE PAGAMENTO - PURGAÇÃO DA MORA - DEPÓSITO JUDICIAL - PERDA DO OBJETO - EXTINÇÃO DO PROCESSO. Decisão: Negado provimento. Unânime. Assunto: Locação. Despejo. Falta de Pagamento. Purgação da Mora. Depósito Judicial. Perda do Objeto. Extinção do Processo. Recurso APC nº 195180633, 21/12/95, Quarta Câmara Cível, Rel. Wellington Pacheco Barros. Origem: Erexim. Tribunal TARGS.

CONSIGNAÇÃO DE ALUGUÉIS - ENCARGOS CONDOMINIAIS NÃO DEPOSITADOS - INSUFICIÊNCIA DO DEPÓSITO - JUSTA RECUSA IMPROCEDÊNCIA DA AÇÃO. Recurso APC nº 195173166, 21/12/95, Quarta Câmara Cível, Rel. Wellington Pacheco Barros, Origem: Porto Alegre. TARGS.

REVISIONAL (ESPECIAL) DE ALUGUÉIS - LEI N. 9.069/95 - DESEQUILÍBRIO ECONÔMICO COMPROVADO - CARÊNCIA DE AÇÃO POR IMPOSSIBILIDADE JURÍDICA AFASTADA - PROCEDÊNCIA. A revisional especial de aluguéis decorre do artigo 21, parágrafo 4º, da Lei n. 9.069 de 29.06.95, e em razão do desequilíbrio econômico gerado com a conversão do aluguel na implantação do Plano Real, e sem prejuízo daquela revisional prevista no artigo 19 da Lei n. 8.245/91. APELAÇÃO PROVIDA. SENTENÇA REFORMADA. Recurso APC nº 195161336, 14/12/95, QUARTA CÂMARA CÍVEL, Rel. Wellington Pacheco Barros. Origem: PORTO ALEGRE. TARGS.

ARRENDAMENTO RURAL - CONTRATO QUE TEM COMO OBJETO O USO DO IMÓVEL LOCALIZADO EM ZONA RURAL, ABRANJA A EXPLORAÇÃO DE ATIVIDADE TIPICAMENTE RURAL, NÃO É LOCAÇÃO COMERCIAL, E SIM ARRENDAMENTO RURAL. Se o acordo de vontade firmado pelas partes tem como objeto do uso de imóvel de aproximadamente 4 (quatro) ha, situado em zona rural, a ainda inclui as instalações para abate de animais, atividades de exploração tipicamente rural, tem-se aí um contrato de arrendamento rural, a ser regido pelo Estatuto da Terra e pelo Decreto 59.566/66. Como esse contrato é de ordem pública, e suas regras são obrigatórias e irrenunciáveis, não podem as partes transmudá-lo para um simples contrato de locação comercial e suas regras. Assim, existindo compartilhamento jurisdicional próprio para exame da matéria, que não é o da Câmara, declina-se da competência. Voto vencido. Recurso APC nº 195159249, 14/12/95, Quarta Câmara Cível, Rel. Wellington Pacheco Barros. ORIGEM: Sant'ana do Livramento. Tribunal TARGS.

AÇÃO DE DESPEJO - LOCAÇÃO RESIDENCIAL - PRAZO DE TRINTA MESES - IMEDIATO AJUIZAMENTO DA DEMANDA - INAPLICABILIDADE DO ART. 61 DA LEI 8245/91 PARA DESOCUPAÇÃO EM SEIS MESES. PRAZO DE TRINTA DIAS PARA ESSE FIM É QUE DISPÕE O ART. 63, *CAPUT*. APELAÇÃO PROVIDA. SENTENÇA REFORMADA NESSA PARTE. Recurso APC nº 195170428, 07/12/95, Quarta Câmara Cível, Rel. Wellington Pacheco Barros, Origem: Porto Alegre. Tribunal TARGS.

AÇÃO DE DESPEJO C/C COBRANÇA DE LOCATIVOS - LOCAÇÃO RESIDENCIAL - ENTREGA DAS CHAVES - ALEGAÇÃO. A efetiva entrega das chaves em cartório nao implica em extinção do processo por perda de objeto. Mas tão-só, reconhecimento do pedido do locador. Menos ainda quando se trata de mera alegação, até contrariada pela prova dos autos. ASSISTÊNCIA JUDICIÁRIA GRATUITA - CONCESSÃO - SUSPENSÃO DOS EFEITOS DA SUCUMBÊNCIA. APELAÇÃO PROVIDA EM PARTE. SENTENÇA PARCIALMENTE REFORMADA. Recurso APC nº 195168455, 07/12/95, Quarta Câmara Cível, Rel. Wellington Pacheco Barros. Origem: Porto Alegre. Tribunal TARGS.

RETOMADA - NOVO ADQUIRENTE. Tratando-se de novo adquirente, que não exercitou a hipótese do art. 8, poderá, ainda, valer-se da verdadeira denúncia cheia prevista no art. 47, inc. III c/c par. 2, da Lei n. 8.245/91. DESCONSTITUÍRAM A SENTENÇA. Decisão: Dado provimento. Maioria. Refleg. LF-8245 de 1991 art-8 par-2 art-47 par-2 inc-III art-78 Assunto: 1. Locação residencial. Alienação do imóvel. Adquirente do imóvel. Retomada. Uso próprio. Recurso APC nº 195160809, 23/11/95, Quarta Câmara Cível, Rel. Cezar Tasso Gomes. Origem: Santa Maria. Tribunal TARGS.

AÇÃO DE DESPEJO - EQUÍVOCO ENTRE FUNDAMENTAÇÃO E CONCLUSÃO - IRREGULARIDADE QUE SE REPARA. Fundamentando o juiz que constitui abuso de direito o acordo de reajuste e a imediata retomada vazia, a fixação de prazo para despejo se caracteriza equívoco, pois conflitante com a carência de ação admitida. APELO PROVIDO. Decisão: DADO PROVIMENTO. UNÂNIME. Recurso APC nº 195161278, 23/11/95, QUARTA CÂMARA CÍVEL, Rel. Wellington Pacheco Barros, Origem: PORTO ALEGRE. Tribunal TARGS.

AÇÃO DE DESPEJO - LOCAÇÃO RESIDENCIAL - PRAZO DE TRINTA MESES - DISPENSA DE NOTIFICAÇÃO SE O EXERCÍCIO DA RETOMADA É FEITO NOS TRINTA DIAS APÓS O TÉRMINO DO PRAZO CONTRATUAL (ART. 46 DA LEI 8245/91). Recurso APC nº 195162102, 23/11/95, Quarta Câmara Cível, Rel. Wellington Pacheco Barros. Origem: Porto Alegre. TARGS.

LOCAÇÃO - RETOMADA POR DEFICIÊNCIA FÍSICA DE UM DOS HERDEIROS DO ANTIGO LOCADOR - POSSIBILIDADE. É possível o exercício do direito de retomada por herdeiro do antigo locador, ficando demonstrada a doença e não tendo a locatária provado ser essa justificativa insincera. APELO IMPROVIDO. Recurso APC nº 195161427, 23/11/95, QUARTA CÂMARA CÍVEL, Rel. Wellington Pacheco Barros. Origem: PORTO ALEGRE. Tribunal TARGS.

AÇÃO DE DESPEJO - EQUÍVOCO ENTRE FUNDAMENTAÇÃO E CONCLUSÃO - IRREGULARIDADE QUE SE REPARA. Fundamentando o juiz que constitui abuso de direito o acordo de reajuste e a imediata retomada vazia, a fixação de prazo para despejo se caracteriza equívoco, pois conflitante com a carência de ação admitida. APELO PROVIDO. Decisão: DADO PROVIMENTO. UNÂNIME. Recurso APC nº 195161278, 23/11/95, QUARTA CÂMARA CÍVEL, Rel. Wellington Pacheco Barros. Origem: PORTO ALEGRE. Tribunal TARGS.

REVISIONAL DE ALUGUEL - PERÍCIA TÉCNICA - CERCEAMENTO DE DEFESA INOCORRENTE - CORRETA FIXAÇÃO DO LOCATIVO. Decisão: NEGADO PROVIMENTO. UNÂNIME. Recurso APC nº 195161112, 23/11/95, QUARTA CÂMARA CÍVEL, Rel. Wellington Pacheco Barros. Origem: PORTO ALEGRE. Tribunal TARGS.

DESPEJO - LOCAÇÃO NÃO-RESIDENCIAL - DENÚNCIA IMOTIVADA - PRORROGAÇÃO DO CONTRATO POR PRAZO INDETERMINADO - PRESUNÇÃO LEGAL. Recurso APC nº 195158290, 23/11/95, Quarta Câmara Cível, Rel. Wellington Pacheco Barros. Origem: Novo Hamburgo. TARGS.

MUNICÍPIO - LOCAÇÃO DE IMÓVEL DESTINADO A FÁBRICA. Tendo locado o imóvel para a instalação de fábrica beneficiária de incentivo, responde o Município pelo pagamento dos locativos até efetiva desocupação. SENTENÇA CONFIRMADA. Decisão: Confirmaram a sentença. Unânime. Assunto: Locação Não-residencial. Despejo. Falta de Pagamento. Responsabilidade do Município. Recurso REN nº 195141619, 09/11/95, Quarta Câmara Cível, Rel. Moacir Leopoldo Haeser. Origem: Casca. Tribunal TARGS.

BEM DE FAMÍLIA: IMPENHORABILIDADE. FIANÇA LOCATÍCIA. Hipótese em que a fiança locatícia foi prestada antes da vigência da Lei nº 8.245/91 que acrescentou o inciso VII ao art. 3º da Lei nº 8.009/90, excepcionando, a partir de sua vigência (21.12.91), o direito à impenhorabilidade do imóvel residencial, por obrigação decorrente de fiança concedida em contrato de locação. Voto vencido. Agravo provido. (Agravo de Instrumento nº 195089834, 16.08.95, 3ª Câmara Cível do TARGS, Porto Alegre, Rel. Luiz Otávio Mazeron Coimbra).

LOCAÇÃO. REVISIONAL. PRAZO DE ESPERA. CONTRATOS REAJUSTADOS POR FORÇA DE LEI. Art. 21, § 4º, da MP nº 542, depois nº 1.027, de 20.06.95, hoje, art. 21 § 4º, da Lei nº 9.069, de 29.06.95. Como conseqüência da intervenção estatal nas relações jurídicas de direito privado, a eventualmente desequilibrar as prestações prevista foi, em caráter excepcional, mas não revogatório da solução ordinária, revisão dos contratos de locação residencial, ignorando o prazo de espera, a partir de 1º de janeiro de 95. É, assim, juridicamente possível a demanda que objetive a recomposição dos alugueres, sob a alegação de que ocorrente, no caso, "desequilíbrio econômico-financeiro", ao efeito de ajustá-los "aos preços de mercado" (art. 21, § 4º, MP nº 542, depois nº 1.027, de 20 de junho de 95; hoje, art. 21, § 4º, da Lei nº 9.069, de 29.06.95). Apelo provido. (Apelação Cível nº 195077854, Câmara de Férias Cível do TARGS, Porto Alegre, Rel. Antônio Dall'Agnol Júnior, 12.07.95).

PROMESSA DE COMPRA E VENDA. IMÓVEL FINANCIADO PELO DEMHAB. VEDAÇÃO DE LOCAÇÃO. O financiamento de imóveis pelo DEMHAB objetiva oportunizar às camadas menos favorecidas imóvel residencial, sendo lícita a vedação de locação de imóvel assim financiado, justificando-se a rescisão contratual em relação aos infratores. Recurso improvido. (Apelação Cível nº 194257549, 7ª Câmara Cível do TARGS, Porto Alegre, Rel. Leonello Pedro Palludo, 28.06.95).

FIANÇA. AUSÊNCIA DE CIENTIFICAÇÃO DO FIADOR PARA A AÇÃO DE DESPEJO. É imprescindível seja o fiador cientificado para a ação de despejo entre o afiançado e o locador, pena de, em afronta ao art. 472 do CPC, não lhe ser oponível o efeito da coisa julgada. Ficando, assim, desonerado de responder pela sucumbencial, faltando-lhe legitimidade passiva para responder na execução. DERAM PROVIMENTO POR MAIORIA. Decisão: Dado provimento. Maioria. Recurso APC nº 195030366, 22/06/95, Quarta Câmara Cível, Rel. Venc. Wellington Pacheco Barros, Rel-p-Ac CZG. Origem: Pelotas. Tribunal TARGS.

CIVIL E PROCESSUAL CIVIL. RECURSO ESPECIAL. QUESTÃO DE ÍNDOLE CONSTITUCIONAL (ARTS. 2º E 6º DA LICC). LOCAÇÃO RESIDENCIAL PARA EMPREGADO DE EMPRESA. DENÚNCIA VAZIA. POSSIBILIDADE. RECURSO NÃO CONHECIDO. I. Os artigos 2º e 6º da LICC tratam, indubitavelmente, de matéria constitucional, questão para a qual nos refoge a competência para julgamento (Precedentes: REsp. nº 10.980-RS, Rel. Min. MILTON PEREIRA, DJU de 12/09/94, p. 23.727; REsp. nº 9.712/SP, Rel. Min. PÁDUA RIBEIRO, STJ, DJU 20.04.92, p. 5.241, etc.). II. A locação contratada por pessoa jurídica para residência de seu empregado possui natureza não-residencial e, portanto, cabível a retomada sem causa. III. Recurso não conhecido. (Recurso Especial nº 61320.5/SP, STJ, Rel. Min. Adhemar Maciel, DJU 05.06.95, p. 16.6.95).

CIVIL. LOCAÇÃO RESIDENCIAL. REAJUSTE DO ALUGUEL. REDUÇÃO DA PERIODICIDADE ANUAL PARA SEMESTRAL. POSSIBILIDADE. PAGAMENTO DA DIFERENÇA ENTRE O VALOR DOS ALUGUÉIS VENCIDOS NO CURSO DA AÇÃO E AQUELE FIXADO NA SENTENÇA. QUOTAS (ARTS. 53, § 3º, LEI 6.649/79). RECURSO NÃO CONHECIDO.
I - Pacífica a jurisprudência da Corte no sentido da possibilidade de redução da periodicidade do reajuste do aluguel de anual para semestral (arts. 16 e 17, Lei nº 8.178/91). II - O pagamento da diferença entre o valor dos aluguéis vencidos no curso da ação e aquele fixado na sentença pode ser fixado em cota única. O art. 53, § 3º, da Lei nº 6.649/79 falava em até o máximo de seis. Logo, poderia ser estabelecido cota única ou duas, três, até seis, no máximo.

III - Recurso não conhecido. (Recurso Especial n° 61157.1/SP, STJ, Rel. Min. Adhemar Maciel, DJU 05.06.95, p. 16.694).

PENHORA. FIANÇA EM LOCAÇÃO. IMÓVEL ADQUIRIDO NA VIGÊNCIA DA LEI QUE PERMITE A PENHORA. DOAÇÃO, ALGUNS DIAS APÓS A AQUISIÇÃO: FRAUDE À EXECUÇÃO. INEFICÁCIA. Vindo os fiadores, ainda que por fiança prestada antes da vigência da Lei n° 8.009/90, a adquirir o imóvel, em que passam a residir, quando em vigor o acréscimo feito nela introduzir, pelo art. 82 da Lei n° 8.245/91, admitindo a constrição em imóvel residencial por débito decorrente de contrato de fiança em locação, a penhora pode sobre ele recair. Feita a doação do imóvel pelo fiadores-adquirente, alguns dias após sua aquisição, por penhorável e já em tramitação o feito, caracteriza ela fraude à execução, o que a torna ineficaz perante o credor. Agravo provido. (Agravo de Instrumento n° 195046057, 6ª Câmara Cível do TARGS, Porto Alegre, Rel. Moacir Adiers, 18.05.95).

LOCAÇÃO RESIDENCIAL. SEPARAÇÃO DO CASAL. SUB-ROGAÇÃO. - Fiança. A natureza *intuitu familiae*, inerente às locações residenciais, comunica-se à fiança; pelo que a sub-rogação a um dos cônjuges, em caso de separação do casal, não opera a exoneração do fiador. (Recurso Especial n° 58330.6/RJ, STJ, Rel. Min. José Dantas, DJU 08.05.95, p. 12.407).

LOCAÇÃO NÃO RESIDENCIAL. AÇÃO REVISIONAL. Cabimento. Reiterada orientação da Turma favorável ao cabimento da ação revisional, por aplicação analógica, recomendável ao tempo da vigência do art. 49, § 4°, da Lei 6.649/79. (Recurso Especial n° 57944.9/SP, STJ, Rel. Min. José Dantas, DJU 08.05.95, p. 12.407).

DESPEJO. LOCAÇÃO RESIDENCIAL. DENÚNCIA VAZIA. ART. 46 DA LEI N° 8.245/91. INAPLICABILIDADE DO ART. 61. CONTRATO FINDO SEM NOTIFICAÇÃO OU AVISO. Não há possibilidade de ser estendido ao locatário o prazo de seis meses para desocupação no caso do contrato findo, independentemente de notificação ou aviso, eis que não há surpresa da retomada. Pela admissibilidade do recurso, inocorrente execução provisória, o locatário, na prática, terá atendido o seu intuito. Apelo desprovido. (Apelação Cível n° 195041215, 5ª Câmara Cível do TARGS, Porto Alegre, Rel. Jasson Ayres Torres, 04.05.95).

LOCAÇÃO RESIDENCIAL. PRAZO INDETERMINADO. NOTIFICAÇÃO PARA DESOCUPAR O IMÓVEL EM 12 MESES COMO DETERMINA O ART. 78, DA LEI N° 8.245/91. AÇÃO DE DESPEJO. REVISÃO ANTERIOR DO ALUGUEL COMO ÚNICO MEIO DE DEFESA. A retomada de imóvel residencial com base no art. 78 da atual lei inquilinária pode ser embargada pelo inquilino se da revisão do aluguel ocorrida nos doze meses anteriores à data da vigência da Lei n° 8.245/91, elevou-o a patamar de mercado. No entanto, se o laudo pericial revela que o valor acordado não se aproximou a essa equivalência, inconsistente se mostra a alegação de carência de ação por ausência de pressupostos à propositura da ação. BENFEITORIAS. A alegação de benfeitorias realizadas no imóvel não se presta como argumento de defesa visando complementação do aluguel, cuja aferição dependeria de outros procedimentos judiciais a serem adotados pelo locatário. Sentença mantida. Apelação desprovida. (Apelação Cível n° 195016902, 5ª Câmara

Cível do TARGS, Porto Alegre, Rel. Jorge Alcibíades Perrone de Oliveira, 20.04.95).

LOCAÇÃO. PESSOA JURÍDICA. FINALIDADE RESIDENCIAL. - Denúncia vazia. Especificado destinar-se o imóvel à residência de determinado servidor da empresa locatária, tornava-se inviável a livre retomada, na vigência da Lei 6.649/79. (Recurso Especial nº 39697-2/SP, STJ, Rel. Min. Jesus Costa Lima, DJU 17.04.95, p. 9.586).

LOCAÇÃO RESIDENCIAL. AÇÃO DE REVISÃO DE ALUGUÉIS. Possibilidade de ingresso em juízo de revisional aforada por locador em período antecedente a 01.01.95. Inteligência do art. 21, § 4º, da Medida Provisória nº542/94, reeditada sob o nº 566/94. Se a parte implementou condições antecedentes que possibilitavam uso da revisional, deve a mesma prosseguir.
Apelo provido. (Apelação Cível nº 195031059, 3ª Câmara Cível do TARGS, Porto Alegre, Rel. Luiz Otávio Mazeron Coimbra, 12.04.95).

DESPEJO. LOCAÇÃO NÃO RESIDENCIAL. DESOCUPAÇÃO ANTES DA CITAÇÃO. PERDA DO OBJETO. LOCATÁRIA NOTIFICADA PREVIAMENTE. NECESSIDADE DOS AUTORES EM PROPOR AÇÃO. PRINCÍPIO DA CAUSALIDADE. As despesas de custas e honorários são devidas pela locatária que não atendeu a notificação prévia, obrigando os locadores propor a ação, ainda que a desocupação tenha ocorrido antes da citação, havendo a perda do objeto, configurado o princípio da causalidade. Apelo provido. (Apelação Cível nº 195022603, 5ª Câmara Cível do TARGS, Porto Alegre, Rel. Jasson Ayres Torres, 06.04.95).

LOCAÇÃO RESIDENCIAL. AÇÃO DE DESPEJO POR FALTA DE PAGAMENTO CUMULADA COM COBRANÇA DE ALUGUERES. Acórdão homologado pelo Juiz, para pagamento parcelado da dívida, após sentença de mérito que julgara procedente a ação. Possibilidade, sem que isso implique afronta ao art. 471 do CPC. Petição de acordo assinada pelo advogado do autor e pelo réu diretamente, sem a intervenção do advogado do último. Transação válida, em tese, que só poderá ser anulada em ação própria, provando-se a existência de vício que a torne nula ou anulável. Litigância de má fé não caracterizada pelo só manejo do recurso de apelação numa hipótese em que até o recurso especial foi admitido para exame de alegações no mínimo razoáveis. Conhecimento parcial e provimento, nessa parte, do recurso. (Recurso Especial nº 50669.7/SP, STJ, Rel. Min. Assis Toledo, DJU 27.03.95, p. 7.179).

COMERCIAL. LOCAÇÃO NÃO RESIDENCIAL. ALUGUEL DE PERMANÊNCIA. I - O artigo 1.196 do Código Civil está revogado pelo artigo 4º, da Lei 6.649/79, mantendo-se, até a desocupação do imóvel, as mesmas cláusulas do contrato terminado. II - Entendimento aplicável às locações não residenciais. Recurso não conhecido. (Recurso Especial nº 36698.4/RJ, STJ, Rel. Min. Pedro Acioli, DJU 27.03.95, p. 7.200).

PROCESSUAL CIVIL. LOCAÇÃO URBANA. DESPEJO POR FALTA DE PAGAMENTO. APELAÇÃO EFEITO (LEI Nº 8.245/91, ART. 58, V). MANDADO DE SEGURANÇA. RECURSO ORDINÁRIO CONHECIDO E IMPROVIDO. A recorrente ordinária, locatária, não contestou a ação de despejo por falta de pagamento. Mesmo tendo oportunidade, não purgou a mora. Apelou. O Juiz, atento ao disposto na lei, recebeu seu apelo só no efeito devolutivo. Daí o ajuizamento da segurança para imprimir efeito suspensivo à sua apelação, onde se alega que o processo é nulo por carência de ação do autor. Segurança protelatória. Inexistência de ilegalidade ou abuso de poder no ato impugnado. Cabia ao juiz, diante da inexistência de excepcionalidade, receber o recurso tal como a lei manda: efeito devolutivo (Lei nº 8.245/91, art. 58, V). Recurso conhecido e improvido. (Recurso em Mandado de Segurança nº 3752-5/MG, STJ, Rel. Min. Adhemar Maciel, DJU 06.03.95, p. 4.390).

DESPEJO. LOCAÇÃO RESIDENCIAL VERBAL. Provada a existência de locação verbal, reconhecida pelo R. embora haja tergiversado, vigente por prazo indeterminado, pode o locador, adquirente do imóvel que demonstrou se conformar com a locação, mas que não denunciou a locação com fulcro nos artigos 9 e/ou 78 da Lei nº 8.245/91, denunciá-la motivadamente com fundamento no art. 47, III. Apelação desprovida. (Apelação Cível nº 194187076, 1ª Câmara Cível do TARGS, Bento Gonçalves, Rel. Juracy Vilela de Sousa, 22.11.94).

CIVIL. LOCAÇÃO URBANA. MANDADO DE SEGURANÇA. DESPEJO. FIXAÇÃO A *POSTERIORI* DO VALOR DA CAUÇÃO (LEI N. 8.245/91, ART. 63, PAR. 4). MERA IRREGULARIDADE. PRECEDENTES DO STJ. INEXISTÊNCIA DE ILEGALIDADE POR PARTE DO JUIZ EM NÃO DAR EFEITO SUSPENSIVO À APELAÇÃO. (LEI N. 8.245/91, ART. 58, V). RECURSO ORDINÁRIO CONHECIDO E IMPROVIDO. (Recurso em Mandado de Segurança nº 93016820.7/SP, STJ, Rel. Min. Adhemar Maciel, STJ, DJU 21.11.94, p. 31.786).

LOCAÇÃO URBANA. Renovatória (improcedente) e retomada (procedente) de prédio alugado para posto de gasolina a fim de instalar-se estacionamento de veículos. Possibilidade. Inviabilidade de apurar-se, em recurso especial, se haverá demolição do prédio para "profundas alterações" (Súmula nº 7/STJ). Inteligência da alínea e do art. 8º da Lei de Luvas. Inexistência de coisa julgada (renovatória), obstando a cobrança do aluguel novo. Procedentes do STJ e do STF, recurso especial não conhecido. (Recurso Especial nº 38276-9/SP, STJ, Rel. Min. Bueno de Souza, DJU 05.08.94, p. 19.379).

CIVIL - LOCAÇÃO RESIDENCIAL - AÇÃO REVISIONAL DE ALUGUEL - PREVALÊNCIA DA LEI SOBRE A ANTIGA - PRAZO REVISIONAL PARA CONTRATOS ANTIGOS. 1. Não há que se falar em ofensa a direito adquirido ou de contrato porque estes não podem suplantar leis imperativas quando a lei nova prevalecer sobre a antiga em matéria de prazo revisional de alugueres. 2. Precedente. 3. Recurso conhecido e provido. (Recurso Especial nº 25712-1/SP, STJ, Rel. Min. Anselmo Santiago, DJU 01.08.94, p. 18.682)

LOCAÇÃO RESIDENCIAL - NOVA LEI INQUILINÁRIA - CONTRATO ANTIGO - DENÚNCIA MOTIVADA - POSSIBILIDADE. O contrato de locação residencial celebrado anteriormente à vigência da nova lei inquilinária, e que vigora por prazo indeterminado, pode ser denunciado pelo locador com base no art. 47, inc. III, da Lei nº 8.245/91. Desnecessária é a notificação prévia, pois a nova lei, assim como a antiga, não exige que a demanda, fundada nas motivações legais, seja precedida desse ato. Sentença desconstituída. (Apelação Cível nº 193169794, 1ª Câmara Cível do TARGS, Rel. Juracy Vilela de Sousa, 26.10.93).

LOCAÇÃO. ENTREGA DE CHAVES PELO LOCATÁRIO NA CONSTÂNCIA DE AÇÃO DE DESPEJO. RESPONSABILIDADE PELOS ALUGUÉIS ATÉ O EFETIVO RECEBIMENTO, NÃO HAVENDO CULPA DO LOCADOR. AGRAVO NÃO PROVIDO. Decisão: Negado provimento. Unânime. Recurso AGI, nº 192265189, 31/03/93, Sétima Câmara Cível, Wellington Pacheco Barros, Porto Alegre, Refleg. LF-8245 DE 1991 ART-43 INC-I, Locação. Despejo. Falta de Pagamento. Entrega das chaves em juízo. Entrega das chaves. Aluguel e encargos. Tribunal TARGS.

AÇÃO REVISIONAL DE ALUGUEL. VALOR DA CAUSA. NA AÇÃO REVISIONAL DE ALUGUEL O VALOR DA CAUSA DEVERÁ CORRESPONDER A 12 VEZES O ALUGUEL PRETENDIDO RENOVAR. EXEGESE DO ART. 58, INC. III, DA LEI 8245/91 E DOS ARTS. 259 E 260 DO CPC. AGRAVO NÃO PROVIDO. Decisão: NEGADO PROVIMENTO. UNÂNIME. Recurso AGI, nº 193001104, 31/03/93, Sétima Câmara Cível, Wellington Pacheco Barros, Caxias do Sul. Refleg. Lf-8245 de 1991 Art-58 Inc-III; Cpc-259; CPC-260, Assunto: Locação. Ação Revisional de Aluguel. Tribunal TARGS.

LOCAÇÃO - Revisional de aluguel. Requisito temporal. Modificação por lei nova. Norma de aplicação imediata cuja eficácia atinge os futuros efeitos dos atos praticados sob a égide da lei anterior. Inexistência de violação ao princípio constitucional da irretroatividade, posto que não alcança as conseqüências já produzidas no passado. Relevante interesse sócio-econômico autoriza a interferência do Estado na relação jurídica privada. Inteligência dos arts. 3º, §§ 1º, 2º e 3º, da Lei 8.157/91 e 5º, XXXVI, da CF. (2º TACSP - AI 335.520-5/00 - 5ª C. - Rel. Juiz Adail Moreira - J. 10.03.92) (RT 680/149) (RJ 182/85).

FIANÇA - OUTORGA UXÓRIA - AUSÊNCIA - NULIDADE DA GARANTIA - APLICAÇÃO DO ART. 242, I, C/C O ART. 235, III, DO CC - INTERPRETAÇÃO DO ITEM I DO ART. 5º, C/C O § 5º DO ART. 226, AMBOS DA CF - EXEGESE DA IGUALDADE ENTRE HOMEM E MULHER - A nulidade da fiança por ausência de outorga é absoluta e não convalesce, conforme demonstra o disposto nos arts. 235, III, e 242, I, do CC, descabendo incluir-se meação de pessoa que sequer foi parte do contrato de fiança e que, por isso, dispensada do ônus de provar. (2º TACSP - Ap. c/rev. 306.986-0-00 - 6ª - Rel. Juiz Lagrasta Neto - J. 05.02.92) (JTACSP 135/357).

DESPEJO. IMÓVEL RURAL. CARÊNCIA DE AÇÃO. SE CLÁUSULA CONTRATUAL REZA DESTINAR-SE O IMÓVEL DADO EM LOCAÇÃO A CRIAÇÃO E PASTOREIO DE GADO *VACUM* E CAVALAR, A NATUREZA DO NEGÓCIO É DE ARRENDAMENTO RURAL, E NÃO DE LOCAÇÃO URBANA. AQUELE SE REGE PELO ESTATUTO DA TERRA E SEU REGULAMENTO: ESTE, PELA LEI N. 6649, REGULADORA DA LOCAÇÃO PREDIAL URBANA. EM FACE DA IMPOSSIBILIDADE JURÍDICA DE APLICAR-SE UMA LEI PELA OUTRA, DECLARA-SE A CARÊNCIA POR FALTAR CONDIÇÃO PARA A AÇÃO. DECISÃO: DADO PROVIMENTO. UNÂNIME. Recurso APC nº28007, 20/05/82, Primeira Câmara Cível, Rel. João Aymore Barros Costa. Origem: Canoas. Tribunal TARGS. Refleg. Regulamento ET-DF-59566 de 1966 Art-1, Art-2, Art-3, Art-32. Assunto: 1- Arrendamento-pecuário - Criação e pastoreio. Natureza do contrato. Despejo. Lei locação predial urbana. Impossibilidade jurídica. Carência de ação.

7. Índice analítico

A JURISPRUDÊNCIA, 007.
AÇÃO DE CONSIGNAÇÃO DE ALUGUEL E ACESSÓRIOS DA LOCAÇÃO, 344.
AÇÃO DE DESPEJO, 059.
AÇÃO RENOVATÓRIA, 375.
AÇÃO REVISIONAL DE ALUGUEL, 105.
AÇÃO REVISIONAL DE ALUGUEL, 359.
AÇÕES DE DESPEJO, 307.
ACORDO DE DESOCUPAÇÃO E SUA HOMOLOGAÇÃO, 372.
ADMINISTRAÇÃO IMOBILIÁRIA, VII, 120.
AFASTAMENTO DURANTE A EXECUÇÃO DAS OBRAS, 167.
ÁGUA, ESGOTO, GÁS, LUZ E FORÇA DAS ÁREAS DE USO COMUM, 155.
ALIENAÇÃO DURANTE A LOCAÇÃO, 071.
ALIENAÇÃO-GRAVAÇÃO DOS BENS IMÓVEIS DO FIADOR OU MUDANÇA DE RESIDÊNCIA SEM COMUNICAÇÃO AO LOCADOR, III, 211.
ALTERAÇÕES NA LEI DOS REGISTROS PÚBLICOS (LEI 6.015/73), 401.
ALUGUEL DA SUBLOCAÇÃO, 108.
ALUGUEL E ENCARGOS ANTECIPADOS C/C GARANTIA, 253.
ALUGUEL FIXADO NA SENTENÇA RETROAGE À CITAÇÃO, 367.
ALUGUEL NAS HABITAÇÕES COLETIVAS, 109.
ALUGUEL PROVISÓRIO NÃO EXCEDENTE A 80% DO PEDIDO, II, 362.
APART-HOTÉIS, 037.
APLICAÇÃO DO CÓDIGO CIVIL E DO CÓDIGO DE PROCESSO CIVIL, 399.
APLICAÇÃO SUBSIDIÁRIA, 091.
ARRENDAMENTO MERCANTIL, 039.
ART.1º, PAR. ÚNICO, 028.
AS LEIS ESPARSAS 006.
ASCENDENTE OU DESCENDENTE EM IMÓVEL PRÓPRIO, 248.
ASILOS, 282.
AUSÊNCIA DE ACORDO,103.
AUSÊNCIA DE AVISO AO LOCADOR, 063.
AUSÊNCIA DE VÊNIA CONJUGAL, 052.
AUSÊNCIA, INTERDIÇÃO, FALÊNCIA, INSOLVÊNCIA DO FIADOR, II, 210.
AVERBAÇÃO DO CONTRATO DE LOCAÇÃO, 186.

BENFEITORIAS NECESSÁRIAS INDENIZÁVEIS OU NÃO, 190.
BENFEITORIAS ÚTEIS INDENIZÁVEIS OU NÃO, 191.

BENFEITORIAS VOLUPTUÁRIAS NÃO SÃO INDENIZÁVEIS, 193.
BENFEITORIAS, 189.
BREVES ANTECEDENTES HISTÓRICOS, 001.

CÁLCULO DISCRIMINADO DO VALOR DO DÉBITO, I, 322.
CAPÍTULO II - Disposições especiais, âmbito material, artigos 46 ao 57, 233.
CARACTERÍSTICAS, 003.
CAUÇÃO EM BENS IMÓVEIS, 203.
CAUÇÃO EM BENS MÓVEIS, 202.
CAUÇÃO EM DINHEIRO = DEPÓSITO CADERNETA DE POUPANÇA, 205.
CAUÇÃO EM DINHEIRO = MÁXIMO TRÊS MESES DE ALUGUEL, 204.
CAUÇÃO EM TÍTULOS E AÇÕES, 206.
CAUÇÃO ENTRE DOZE E DEZOITO MESES DE ALUGUEL, 336.
CAUÇÃO PODERÁ SER EM BENS MÓVEIS E IMÓVEIS, 201.
CAUÇÃO REAL OU FIDEJUSSÓRIA NOS AUTOS DA EXECUÇÃO, 337.
CAUÇÃO REVERTERÁ EM FAVOR DO LOCATÁRIO, 338.
CAUÇÃO, 197.
CAUSAS CÍVEIS DE MENOR COMPLEXIDADE, 400.
CAUSAS QUE DESOBRIGAM O LOCADOR À RENOVAÇÃO, 268.
CESSAÇÃO DA LOCAÇÃO NÃO-RESIDENCIAL, 290.
CESSÃO DA LOCAÇÃO, 084.
CIÊNCIA AOS SUBLOCATÁRIOS PARA ASSISTÊNCIA, 316.
CIÊNCIA IMEDIATA DE DANOS, DEFEITOS, OU TURBAÇÕES, IV, 145.
CIÊNCIA INEQUÍVOCA, 177.
CITAÇÃO DE LITISCONSORTES, 384.
CITAÇÃO, INTIMAÇÃO OU NOTIFICAÇÃO PELO CORREIO, IV, 303.
CITAÇÃO, INTIMAÇÃO, NOTIFICAÇÃO P/ TELEX OU FAC-SÍMILE, IV, 304.
COBRAR ANTECIPADAMENTE O ALUGUEL, III, 223.
COLABORAÇÕES, 411.
COMPETÊNCIA DO FORO DA SITUAÇÃO DO IMÓVEL, II, 300.
COMPETÊNCIA DO FORO DO ELEIÇÃO, II, 301.
COMPLEMENTO DO DEPÓSITO FEITO PELO LOCATÁRIO, III, 325.
COMPLEMENTO DO DEPÓSITO INICIAL COM 10% DE ACRÉSCIMO, VII, 353.
COMPROVAÇÃO JUDICIAL DA NECESSIDADE, 246.
COMUNICAÇÃO COM TODAS AS CONDIÇÕES DO NEGÓCIO, 178.
CONCEITO, 002.
CONCORDÂNCIA COM A DESOCUPAÇÃO, PRAZO DE SEIS MESES, 318.
CONDIÇÕES OFERECIDAS PARA A RENOVAÇÃO, 380.
CONDIÇÕES PRECÁRIAS DA HABITAÇÃO COLETIVA MULTIFAMILIAR,165.
CONGRESSO NACIONAL, 020.
CÔNJUGE, 053.
CONSENTIMENTO OBRIGATÓRIO PARA REPAROS URGENTES, 171.
CONSENTIMENTO PRESUMIDO, 088.
CONSENTIMENTO PRÉVIO E ESCRITO DO LOCADOR, 087.
CONTESTAÇÃO E PEDIDO DE ALUGUEL PROVISÓRIO, 391.
CONTESTAÇÃO NA CONSIGNAÇÃO DE ALUGUEL, MATÉRIA DE DIREITO E DE FATO, V, 351.

CONTESTAÇÃO NA RENOVATÓRIA, MATÉRIA DE DIREITO E DE FATO, 385.
CONTRAPROPOSTA DO RÉU OU REALIZAÇÃO DE PERÍCIA, IV, 364.
CONTRAPROPOSTA, SE ALEGAR INCOMPATÍVEL A PROPOSTA DO LOCATÁRIO, 386.
CONTRATO DE ARRENDAMENTO RURAL, 029.
CONTRATO DE LOCAÇÃO, 047.
CONTRATO DE PARCERIA RURAL, 030.
CONTRATO POR ESCRITO E PRAZO DETERMINADO, I, 259.
CONTRAVENÇÃO PENAL, 220.
CRIME DE AÇÃO PÚBLICA, 224.
CRITÉRIOS DE REAJUSTE, 099.
CRÍTICAS, 410.
CUMPRIR CONVENÇÃO E REGULAMENTOS DE CONDOMÍNIO, X, 151.
CUSTAS E HONORÁRIOS DE 20% PELO AUTOR LOCATÁRIO, VII, 355.
CUSTAS E HONORÁRIOS DE 20% PELO RÉU LOCADOR, IV, 350.

DA LOCAÇÃO EM GERAL, 026.
DA LOCAÇÃO, 022.
DATA E SIGNATÁRIOS, 409.
DECADÊNCIA DO DIREITO À RENOVAÇÃO, 267.
DECORAÇÃO, DESPESAS DE, 138.
DEIXAR O RETOMANTE DE USAR O IMÓVEL OU NELE NÃO PERMANECER POR UM ANO, II, 227.
DENÚNCIA DA ALIENAÇÃO, 075.
DENÚNCIA DA LOCAÇÃO NÃO-RESIDENCIAL NA PRORROGAÇÃO, 292.
DENÚNCIA DA LOCAÇÃO PELO LOCATÁRIO, 062.
DENÚNCIA DA LOCAÇÃO POR EXTINÇÃO DO FIDEICOMISSO, 070.
DENÚNCIA DA LOCAÇÃO POR EXTINÇÃO DO USUFRUTO, 067.
DENÚNCIA DO CONTRATO NA PRORROGAÇÃO DA LOCAÇÃO PARA TEMPORADA, 255.
DENÚNCIA DO CONTRATO PELO LOCADOR NA PRORROGAÇÃO, 239.
DEPÓSITO DOS ALUGUÉIS VINCENDOS ATÉ A SENTENÇA, V, 327.
DEPÓSITO JUDICIAL DA QUANTIA OU EXTINÇÃO DO PROCESSO, II, 347.
DEPÓSITOS EM JUÍZO USADOS NA REGULARIZAÇÃO DO IMÓVEL, 168.
DESAPARECIMENTO DOS BENS MÓVEIS, VI, 214.
DESAPROPRIAÇÃO OU ALIENAÇÃO DO IMÓVEL, VII, 215.
DESAPROPRIAÇÃO, 060.
DESCRIÇÃO MINUCIOSA DO ESTADO DO IMÓVEL, V, 117.
DESEQUILÍBRIO ECONÔMICO-FINANCEIRO, 106.
DESOCUPAÇÃO NA LOCAÇÃO NÃO RENOVADA, SE FOR PEDIDA NA CONTESTAÇÃO SENTENÇA FIXA PRAZO, 395.
DESPEJO COMPULSÓRIO, COM FORÇA E ARROMBAMENTO, 339.
DESPESAS EXTRAORDINÁRIAS, 126.
DESPESAS PREVISTAS EM ORÇAMENTO, 288.
DEVOLUÇÃO DO IMÓVEL, 056.
DEZ ANOS, 051.
DIFERENÇAS DA REVISÃO EXIGÍVEIS APÓS TRÂNSITO EM JULGADO, 368.
DIREITO À RENOVAÇÃO DO CONTRATO, 258.

DIREITO À RENOVAÇÃO POR INDÚSTRIAS E SOCIEDADES CIVIS, 266.
DIREITO À RENOVAÇÃO POR LOCATÁRIO OU SOCIEDADE, 264.
DIREITO À RENOVAÇÃO POR SUBLOCATÁRIO, EM SUBLOCAÇÃO TOTAL, 263.
DIREITO DE PREFERÊNCIA, 175.
DIREITO DE REGRESSO DO SUBLOCATÁRIO, 092.
DIREITO DE RETENÇÃO POR BENFEITORIAS INDENIZÁVEIS, 192.
DIREITO DO ADQUIRENTE, 072.
DIREITO DO LOCATÁRIO À INDENIZAÇÃO, 276.
DIREITO DO PROMISSÁRIO CESSIONÁRIO, 074.
DIREITO DO PROMISSÁRIO COMPRADOR, 073.
DISPENSA DA MULTA, 057.
DISPÕE SOBRE AS LOCAÇÕES DOS IMÓVEIS URBANOS, 014.
DISPOSIÇÕES ESPECIAIS MATERIAIS, 234.
DISPOSIÇÕES FINAIS E TRANSITÓRIAS, 398.
DISPOSIÇÕES GERAIS MATERIAIS, 024.
DISPOSIÇÕES GERAIS PROCEDIMENTAIS, 296.
DISTRATO DA LOCAÇÃO, 076.
DOU - DIÁRIO OFICIAL DA UNIÃO, 012.
DURAÇÃO DO CONTRATO, 054.

E NÃO SE SUSPENDEM PELA SUPERVENIÊNCIA DAS FÉRIAS, I, 299.
E OS PROCEDIMENTOS, 015.
EDIFÍCIO COM UNIDADES AUTÔNOMAS DA MESMA PESSOA, 164.
ELEVADORES, PORTEIRO ELETRÔNICO E ANTENAS COLETIVAS, 159.
EMENDA DA MORA = DEPÓSITO JUDICIAL, III, 324.
EMENDA DA MORA NÃO SERÁ ADMITIDA, 330.
EMENTA, 013.
EMPRÉSTIMO DO IMÓVEL, 086.
ENTIDADES RELIGIOSAS DEVIDAMENTE REGISTRADAS, 285.
ENTREGAR DOCUMENTOS AO LOCADOR, VII, 148.
ENTREGAR O IMÓVEL ALUGADO EM ESTADO DE SERVIR, I, 113.
ESPAÇOS PARA ESTACIONAMENTO, 035.
ESPAÇOS PARA PUBLICIDADE, 036.
ESPORTE, EQUIPAMENTOS DE, 136.
ESTABELECIMENTOS DE ENSINO AUTORIZADOS E FISCALIZADOS PELO PODER PÚBLICO, 284.
ESTABELECIMENTOS DE SAÚDE, 283.
EVITAR A RESCISÃO DA LOCAÇÃO = EMENDA DA MORA, II, 323.
EXCLUSÕES, 031.
EXECUÇÃO DAS DIFERENÇAS DOS ALUGUÉIS NA RENOVATÓRIA, 394.
EXECUÇÃO DAS DIFERENÇAS NOS AUTOS DA REVISÃO, 371.
EXECUÇÃO DOS ALUGUÉIS, VI, 329.
EXECUÇÃO NA RECONVENÇÃO DE RESCISÃO C/C COBRANÇA, 356.
EXECUTAR O DESPEJO SEM OBSERVÂNCIA DO § 2º DO ART.65, IV, 229.
EXERCÍCIO DO DIREITO POR CESSIONÁRIOS OU SUCESSORES, 262.
EXIBIÇÃO DE COMPROVANTES, 124.
EXIGIR MAIS DE UMA MODALIDADE DE GARANTIA, II, 222.

EXIGIR QUANTIA ALÉM DO ALUGUEL E ENCARGOS, I, 221.
EXONERAÇÃO DO FIADOR, IV, 212.
EXPLORAÇÃO MÍNIMA DE TRÊS ANOS, ININTERRUPTOS, NO MESMO RAMO DE COMÉRCIO,III, 261.
EXPROPRIANTE, 061.
EXTENSÃO DA DEFINIÇÃO DE LOCAÇÃO NÃO-RESIDENCIAL, 289.
EXTINÇÃO DO FIDEICOMISSO, 069.
EXTINÇÃO DO USUFRUTO, 066.

FAÇO SABER, 019.
FALTA DE PAGAMENTO DE ALUGUÉL E ACESSÓRIOS, 320.
FIANÇA, 198.
FIDEICOMISSO, 068.
FONTES, A LEI ESPECIAL, 005.
FORMA E O DESTINO DO IMÓVEL, MANTER, III, 115.
FUNDO DE RESERVA, 140.

GARAGEM (UNIDADES AUTÔNOMAS), 034.
GARANTIA ATÉ A EFETIVA DEVOLUÇÃO DO IMÓVEL, 207.
GARANTIAS LOCATÍCIAS, 196.

HABITABILIDADE DO EDIFÍCIO, 129.
HABITAÇÕES COLETIVAS MULTIFAMILIARES, 044.
HOSPITAIS, 280.
HOTÉIS-RESIDÊNCIA, 038.

IGUALDADE DE CONDIÇÕES COM TERCEIROS, 176.
IMISSÃO NA POSSE PELO LOCADOR POR ABANDONO DO IMÓVEL, 342.
IMÓVEIS DE PROPRIEDADE DA UNIÃO, ESTADOS, MUNICÍPIOS, E..., 032.
IMÓVEL MOBILIADO = DESCRIÇÃO DOS MÓVEIS E UTENSÍLIOS, 252.
IMPOSSIBILIDADE TEMPORAL DE EXECUÇÃO DO DESPEJO, 341.
IMPOSTOS E TAXAS, PAGAR, VIII, 122.
INCÊNDIO, EQUIPAMENTOS DE, 133.
INCIDÊNCIA DA PREFERÊNCIA SOBRE TODA A ALIENAÇÃO, 183.
INDENIZAÇÃO SOLIDÁRIA DEVIDA POR LOCADOR E PROPONENTE, 396.
INDENIZAÇÕES PREVIDENCIÁRIAS, 131.
INDENIZAÇÕES TRABALHISTAS, 130.
INDEXADOR OUTRO PARA REAJUSTE DO ALUGUEL NA RENOVAÇÃO, 393.
INDEXADOR OUTRO PARA REAJUSTE DO ALUGUEL, 370.
INDICAÇÃO DE FIADOR, 381.
INEXISTÊNCIA DE GARANTIA = ALUGUEL MENSAL ANTECIPADO, 217.
INICIAL ESPECÍFICA NO VALOR DOS ALUGUÉIS E ACESSÓRIOS, I, 346.
INICIAL INDICAR O ALUGUEL CUJA FIXAÇÃO É PRETENDIDA, I, 361.
INSERIR CLÁUSULA DE REAJUSTE, 101.
INSTALAÇÕES E EQUIPAMENTOS DE PRÁTICA DE ESPORTES E LAZER, 158.
INSTALAÇÕES E EQUIPAMENTOS HIDRÁULICOS, ELÉTRICOS, 157.
INTERCOMUNICAÇÃO, EQUIPAMENTOS DE, 135.

INTERMEDIAÇÕES (NA LOCAÇÃO), VII, 121.
ISENÇÃO DE CUSTAS E HONORÁRIOS ADVOCATÍCIOS, 319.

LAZER, EQUIPAMENTOS DE, 137.
LEI DO INQUILINATO, 010.
LEI INQUILINÁRIA, 011.
LEI Nº 8.245/91, 009.
LEIS EXPRESSAMENTE REVOGADAS, 408.
LEVANTAMENTO DE QUANTIAS QUE NÃO PENDA CONTROVÉRSIA, 357.
LEVANTAMENTO DOS DEPÓSITOS APÓS REGULARIZAÇÃO DO IMÓVEL, 166.
LEVANTAMENTO DOS DEPÓSITOS INCONTROVERSOS, V, 328.
LEVANTAMENTO/RETIRADA DAS BENFEITORIAS VOLUPTUÁRIAS, 194.
LIMINAR PARA DESOCUPAÇÃO, 309.
LIMINAR POR DESCUMPRIMENTO DE MÚTUO ACORDO, I, 311.
LIMINAR POR MORTE DO LOCATÁRIO SEM SUCESSOR LEGÍTIMO, IV, 314.
LIMINAR POR PERMANÊNCIA DO SUBLOCATÁRIO QUANDO EXTINTA A LOCAÇÃO, 315.
LIMINAR POR RESCISÃO DO CONTRATO DE TRABALHO, II, 312.
LIMINAR POR TÉRMINO DA LOCAÇÃO PARA TEMPORADA, III, 313.
LIMPEZA, CONSERVAÇÃO E PINTURA DAS PARTES COMUNS, 156.
LIVRE CONVENÇÃO DO ALUGUEL, 095.
LOCAÇÃO DE IMÓVEL URBANO, 027.
LOCAÇÃO NÃO-RESIDENCIAL, 257.
LOCAÇÃO PARA TEMPORADA, DEFINIÇÃO LEGAL, 251.
LOCAÇÃO RESIDENCIAL, 236.
LOCAÇÕES DE ESPAÇO EM *SHOPPING CENTERS*, IMPOSSIBILIDADE DE RECUSA À RENOVAÇÃO COM BASE NO INCISO II, 275.
LOCADOR ANTECIPA TRIBUTOS, ENCARGOS E DESPESAS, 170.
LOCADOR, 040.
LOCATÁRIO EM *SHOPPING CENTER*, COBRANÇAS VEDADAS, 287.
LOCATÁRIO, 041.
LOCATIVO(S), 045.
LOJISTAS E EMPREENDEDORES DE *SHOPPING CENTER*, 286.

MODIFICAR CLÁUSULA DE REAJUSTE, 102.
MOEDA ESTRANGEIRA, 096.
MORTE DO FIADOR, I, 209.
MORTE DO LOCADOR (A), 081.
MORTE DO LOCATÁRIO (A), 082.
MÓVEIS E UTENSÍLIOS À GUARDA DE DEPOSITÁRIO, 340.

NÃO CABE REVISIONAL NO PRAZO DE DESOCUPAÇÃO DO IMÓVEL, 365.
NÃO INICIAR DEMOLIÇÃO OU REPARAÇÃO NO IMÓVEL, III, 228.
NÃO MODIFICAR A FORMA INTERNA OU EXTERNA DO IMÓVEL, VI, 147.
NÃO-ALCANCE OU EXCLUSÕES DO DIREITO DE PREFERÊNCIA, 184.
NÃO-RENOVAÇÃO POR MELHOR PROPOSTA DE TERCEIRO, 277.
NATUREZA JURÍDICA, 004.

NO INCISO II, IMÓVEL NÃO PODERÁ SE DESTINAR AO MESMO RAMO DO LOCATÁRIO, 273.
NO INCISO II, IMÓVEL PODERÁ SE DESTINAR AO MESMO RAMO DO LOCATÁRIO SE ENVOLVER FUNDO DE COMÉRCIO, 274.
NOVO FIADOR OU SUBSTITUIÇÃO DA MODALIDADE DE GARANTIA, 208.
NOVO VALOR DO ALUGUEL, 100.
NULIDADE DE MAIS DE UMA GARANTIA NA MESMA LOCAÇÃO, 200.
NULIDADES, 232.

O DIREITO CONSUETUDINÁRIO (COSTUMEIRO), 008.
O PRESIDENTE DA REPÚBLICA, 018.
OBRAS DE MODIFICAÇÃO QUE AUMENTE O VALOR DO NEGÓCIO OU DA PROPRIEDADE 270.
OBRAS DETERMINADAS PELO PODER PÚBLICO QUE IMPORTE EM RADICAL TRANSFORMAÇÃO, 269.
OBRIGAÇÕES DO LOCADOR, 112.
OBRIGAÇÕES DO LOCATÁRIO, 141.
OPOSIÇÃO DO LOCADOR, 089.

PAGAMENTO ANTECIPADO DO ALUGUEL, 107.
PAGAMENTO DO ALUGUEL E ACESSÓRIOS POR CONSIGNAÇÃO, 345.
PAGAR AS DESPESAS ORDINÁRIAS DE CONDOMÍNIO, XII, 153.
PAGAR O PRÊMIO DO SEGURO DE FIANÇA, XI, 152.
PAGAR PONTUALMENTE O ALUGUEL E ENCARGOS DA LOCAÇÃO, I, 142.
PAGAR TELEFONE, FORÇA, LUZ E GÁS, ÁGUA E ESGOTO, VIII, 149.
PAISAGISMO, DESPESAS DE, 139.
PARA REPARAÇÕES DETERMINADAS PELO PODER PÚBLICO, IV, 080.
PARCELAS EXIGIDAS, 125.
PEDIDO ENVOLVE A QUITAÇÃO DOS ALUGUÉIS ATÉ A SENTENÇA, III, 348.
PENALIDADES CRIMINAIS E CIVIS, 219.
PENHORABILIDADE DO ÚNICO IMÓVEL POR FIANÇA LOCATÍCIA, 402.
PEQUENOS REPAROS ELÉTRICOS E HIDRÁULICOS COMUNS, 160.
PERIODICIDADE DE REAJUSTE DIVERSO DO CONTRATO RENOVANDO, 392.
PERIODICIDADE DE REAJUSTE DIVERSO DO CONTRATO, 369.
PERMITIR A VISTORIA DO IMÓVEL PELO LOCADOR, IX, 150.
PINTURA DAS FACHADAS, 128.
PLURALIDADE DE PRETENDENTES, 182.
POR FALTA DE PAGAMENTO DO ALUGUEL E ENCARGOS, III, 079.
POR MÚTUO ACORDO, I, 077.
POR PRÁTICA DE INFRAÇÃO LEGAL OU CONTRATUAL, II, 078.
PRAZO DA LOCAÇÃO, 049.
PRAZO MÍNIMO DE CINCO ANOS, ESCRITOS E ININTERRUPTOS, II, 260.
PRAZO, 048.
PREÇO, PERIDIOCIDADE E INDEXADOR DO REAJUSTAMENTO, 405.
PREFERÊNCIA DO LOCATÁRIO CADUCARÁ, 179.
PREFERÊNCIA EM PLURALIDADE, 181.
PRESSUPOSTOS GENÉRICOS PARA AS AÇÕES LOCACIONAIS IMOBILIÁRIAS, 297.
PRESTAÇÃO DE CAUÇÃO, 310.

PRESTAÇÃO DE SERVIÇOS À COMUNIDADE, 225.
PRESUNÇÃO LEGAL DE PRORROGAÇÃO DA LOCAÇÃO NÃO-RESIDENCIAL, 291.
PRESUNÇÃO LEGAL, 043.
PRETERIÇÃO DO LOCATÁRIO NO DIREITO DE PREFERÊNCIA, 185.
PREVISÃO ORÇAMENTÁRIA E RATEIO MENSAL, 163.
PRIORIDADE DO CONDÔMINO NA PREFERÊNCIA, 187.
PROCEDIMENTOS, 294.
PROCESSOS TRAMITAM DURANTE AS FÉRIAS FORENSES, I, 298.
PRORROGAÇÃO AUTOMÁTICA DA LOCAÇÃO E SUA RETOMADA, 240.
PRORROGAÇÃO DA LOCAÇÃO POR PRAZO INDETERMINADO, SENDO A FIANÇA AJUSTADA POR PRAZO CERTO, V, 213.
PRORROGAÇÃO DA LOCAÇÃO POR PRESUNÇÃO LEGAL, 238.
PRORROGAÇÃO POR TEMPO INDETERMINADO DA LOCAÇÃO PARA TEMPORADA, 254.
PROVA DA DETERMINAÇÃO PÚBLICA OU RELATÓRIO DAS OBRAS, SE NÃO ESTIVER OBRIGADO A RENOVAR A LOCAÇÃO, 390.
PROVA DA PROPRIEDADE OU COMPROMISISO REGISTRADO, 317.
PROVA DA PROPRIEDADE, PROMESSA DE COMPRA OU CESSÃO, 249.
PROVA DA QUITAÇÃO DOS IMPOSTOS E TAXAS, 379.
PROVA DE PREENCHIMENTO DOS REQUISITOS DO ARTIGO 51, 377.
PROVA DE QUE O FIADOR ACEITA OS ENCARGOS DA FIANÇA, 382.
PROVA DE SER CESSIONÁRIO OU SUCESSOR, 383.
PROVA DO EXATO CUMPRIMENTO DO CONTRATO EM CURSO, 378.
PROVA DOCUMENTAL DA PROPOSTA DO TERCEIRO, 387.

QUINZE DIAS PARA DESOCUPAÇÃO VOLUNTÁRIA, 332.
QUITAÇÃO E ELISÃO DA RESCISÃO DA LOCAÇÃO, VII, 354.
QUITAÇÃO GENÉRICA, VI, 119.

RAMO DO TERCEIRO NÃO PODE SER O MESMO DO LOCATÁRIO, 388.
RATEIOS DE SALDO DEVEDOR, 161.
REAJUSTE DO ALUGUEL PROVISÓRIO, 366.
REALIZAR IMEDIATA REPARAÇÃO DOS DANOS QUE PROVOCAR, V, 146.
REAVER O IMÓVEL, 055.
RECIBO DISCRIMINADO, FORNECER AO LOCATÁRIO, VI, 118.
RECLAMAR MULTA DE 12 A 24 MESES DE ALUGUEL ATUALIZADO, 230.
RECONVENÇÃO PARA DESPEJO E COBRANÇA, VI, 352.
RECURSOS COM EFEITO SOMENTE DEVOLUTIVO, V, 305.
RECUSA DE FORNECER RECIBO DISCRIMINADO NAS HABITAÇÕES COLETIVAS, I, 226.
REDUÇÃO DO ALUGUEL PELO SUBLOCATÁRIO, 110.
REFORMAS OU ACRÉSCIMOS À ESTRUTURA INTEGRAL DO IMÓVEL, 127.
RELAÇÃO LOCATÍCIA MATERIAL, 016.
RELAÇÃO LOCATÍCIA PROCESSUAL, 017.
REPAROS QUE DUREM MAIS DE DEZ DIAS,172.
REPAROS QUE DUREM MAIS DE TRINTA DIAS, 173.
RÉPLICA DO LOCATÁRIO ACEITANDO AS CONDIÇÕES, 389.
REPOSIÇÃO DO FUNDO DE RESERVA, 162.

REQUISITOS PROCESSUAIS NA RENOVATÓRIA, 376.
RESCISÃO DA LOCAÇÃO C/C COBRANÇA DE ALUGUÉIS, I, 321.
RESCISÃO DAS LOCAÇÕES DE IMÓVEIS DE USO ESPECIAL, 279.
RESCISÃO PROSSEGUE PELA DIFERENÇA, IV, 326.
RESILIÇÃO, 064.
RESOLUÇÃO DO CONTRATO = FIM DO PRAZO ESTIPULADO, 237.
RESPONSABILIDADE DO LOCADOR PELA DESISTÊNCIA, 180.
RESTITUIR O IMÓVEL NO ESTADO EM QUE O RECEBEU, III, 144.
RETOMADA NOS CASOS DO ART. 9º, I, 241.
RETOMADA PARA DEMOLIÇÃO E EDIFICAÇÃO LICENCIADA OU OBRAS APROVADAS PELO PODER PÚBLICO, IV, 244.
RETOMADA PARA USO PRÓPRIO, DE ASCENDENTE OU DESCENDENTE, III, 243.
RETOMADA POR EXTINÇÃO DO CONTRATO DE TRABALHO, II, 242.
RETOMADA POR VIGÊNCIA ININTERRUPTA DA LOCAÇÃO POR MAIS DE CINCO ANOS, V, 245.
RETOMANTE EM IMÓVEL PRÓPRIO E RETOMADA ANTERIOR, 247.
REVISÃO DO ALUGUEL PROVISÓRIO, III, 363.
REVISÃO JUDICIAL DO ALUGUEL, 104.
REVISIONAL POR DESEQUILÍBRIO ECONÔMICO, 373.
RITO ORDINÁRIO, 308.
RITO SUMÁRIO (EX-SUMARÍSSIMO), 360.

SALÁRIO MÍNIMO, 098.
SALÁRIOS E ENCARGOS DOS EMPREGADOS DO CONDOMÍNIO, 154.
SE LOCADOR NÃO DER O DESTINO AO IMÓVEL OU NÃO INICIAR AS OBRAS, 278.
SE O IMÓVEL VIER A SER UTILIZADO PELO LOCADOR, 271.
SEÇÃO I - Capítulo I, 025.
SEÇÃO I - Capítulo II, Artigos 46 ao 47. Trata da Locação Residencial, 235.
SEÇÃO II - Capítulo I. Trata das Sublocações, artigos 14 ao 16, 090.
SEÇÃO II - Capítulo II, Artigos 48 ao 50. Trata da Locação para Temporada, 250.
SEÇÃO III - Capítulo I. Trata do Aluguel, artigos 17 ao 21, 094.
SEÇÃO III - Capítulo II, Artigos 51-57. Trata da Locação Não-Residencial, 256.
SEÇÃO IV - Capítulo I, Artigos 22 a 26. Trata dos Deveres do Locador e do Locatário, 111.
SEÇÃO IX - Capítulo I, Artigo 45. Trata das Nulidades, 231.
SEÇÃO V - Capítulo I, Artigos 27 ao 34. Trata do Direito de Preferência, 174.
SEÇÃO VI - Capítulo I, Artigos 35 ao 36. Trata das Benfeitorias, 188.
SEÇÃO VII - Capítulo I, Artigos 37 ao 42. Trata das Garantias Locatícias, 195.
SEÇÃO VIII - Capítulo I, Artigos 42 ao 44. Trata das Penalidades Criminais e Civis, 218.
SEGURANÇA, EQUIPAMENTOS DE, 132.
SEGURO CONTRA FOGO, 123.
SEGURO DE FIANÇA LOCATÍCIA, 199.
SEGURO LOCATÍCIO ABRANGE TOTALIDADE DAS OBRIGAÇÕES, 216.
SEIS MESES A UM ANO, COINCIDENTES COM FÉRIAS ESCOLARES PARA DESOCUPAÇÃO VOLUNTÁRIA, 333.
SEM CONTESTAÇÃO OU LOCADOR RECEBER OS VALORES, IV, 349.
SEPARAÇÃO DO CASAL, 083.
SERVIR-SE E TRATAR DO IMÓVEL COMO SE FOSSE SEU, II, 143.
SISTEMA FINANCEIRO DA HABITAÇÃO, 406.

SÓCIO SOBREVIVENTE SUB-ROGADO NO DIREITO À RENOVAÇÃO, 265.
SOLIDARIEDADE DO SUBLOCATÁRIO, 093.
SOLIDARIEDADE, 042.
SUBLOCAÇÃO, 085.
SUBLOCATÁRIO, 046.

TELEFONIA, EQUIPAMENTOS DE, 134.
TÍTULO I, 021.
TÍTULO I, CAPÍTULO I, 023.
TÍTULO II, 293.
TÍTULO II, CAPÍTULO I, 295.
TÍTULO II, CAPÍTULO II, 306.
TÍTULO II, CAPÍTULO III, 343.
TÍTULO II, CAPÍTULO IV, 358.
TÍTULO II, CAPÍTULO V, 374.
TÍTULO III, 397.
TRANSFERÊNCIA DE EMPREGO, 058.
TRANSFERÊNCIA DE FUNDO DE COMÉRCIO EXISTENTE HÁ MAIS DE UM ANO, 272.
TRIBUTOS, ENCARGOS E DESPESAS ORDINÁRIAS, 169.
TRINTA DIAS PARA A DESOCUPAÇÃO VOLUNTÁRIA, 331.

UM ANO OU SEIS MESES PARA DESOCUPAÇÃO VOLUNTÁRIA, 334.
UNIDADES SANITÁRIAS OFICIAIS, 281.
USO PACÍFICO DO IMÓVEL LOCADO, GARANTIR, II, 114.
USUFRUTO, 065.

VAGAS AUTÔNOMAS, 033.
VALIDADE DOS REGISTROS DOS CONTRATOS DE LOCAÇÃO, 404.
VALOR DA CAUÇÃO EM EXECUÇÃO PROVISÓRIA, 335.
VALOR DA CAUSA IGUAL A 12 MESES DE ALUGUEL, III, 302.
VARIAÇÃO CAMBIAL, 097.
VÊNIA CONJUGAL 050.
VÍCIOS OU DEFEITOS ANTERIORES À LOCAÇÃO, RESPONDER, IV, 116.
VIGÊNCIA DESTA LEI, 407.
VOTO DO LOCATÁRIO NAS ASSEMBLÉIAS DE CONDOMÍNIO, 403.

Bibliografia

AGUIAR JUNIOR, Ruy Rosado de. *Interpretação*. Porto Alegre, Ajuris nº 45, 1989.

ASSIS, Araken de. *Locação e Despejo*. Porto Alegre: Sérgio Antônio Fabris Editor, 1991.

BARROS, Wellington Pacheco. *A Interpretação dos Contratos*. Porto Alegre, Ajuris nº 49, 1990.

——. *A Interpretação Sociológica do Direito*. Porto Alegre: Livraria do Advogado, 1995.

——. *Dimensões do Direito*. Porto Alegre: Livraria do Advogado, 1995.

——. *Curso de Direito Agrário*. 2ª ed., Porto Alegre: Livraria do Advogado, 1997.

——. *Contrato de Arrendamento Rural*. Porto Alegre: Livraria do Advogado, 1998.

BATALHA, Wilson de Souza Campos. *Lei das Locações Prediais Urbanas: Comentários*. São Paulo: LTR, 1992.

CALDAS, Gilberto. *Nova Lei do Inquilinato Comentada*. São Paulo: Ediprax, 1991.

——. *A Técnica do Direito, vol.4, A Técnica da Locação de Imóveis (Comercial e Residencial)*. São Paulo: Brasiliense Coleções, 1986.

CARVALHO, Ivan Lira de. *A interpretação da Norma Jurídica*. Ajuris 58, 1993.

CERVO, Amado Luiz e BERVIAN, Pedro Alcino. *Metodologia Científica*. 2ª ed. rev. e ampl. São Paulo: McGraw-Hill do Brasil, 1978

CIRNE LIMA, Ruy. *Princípios de Direito Administrativo*. 6ª ed., São Paulo: Editora Revista dos Tribunais, 1987.

CRETELLA JUNIOR, José. *Manual de Direito Administrativo*. 6ª ed. Rio de Janeiro: Editora Forense, 1992.

DINIZ, Maria Helena. *Lei de Locações de Imóveis Urbanos Comentada*. São Paulo: Saraiva, 1992.

FERREIRA, Aurélio Buarque de Holanda. *Dicionário Aurélio Básico da Língua Portuguesa*. Folha de São Paulo, Editora Nova Fronteira, 1995.

GASPERI, Ulysses de. *Elementos de Economia (Economia Política)*, 5ª ed. Porto Alegre: Sulina, 1970.

HOUAISS, Antônio. Direção de, *Pequeno Dicionário Enciclopédico Koogan Larousse*, Rio de Janeiro: Ed. Larousse do Brasil, 1992.

LINDEMBERG FILHO, Sylvio de Campos. *Venda de Imóveis, um Ato de Negociação*. 1ª ed. Porto Alegre: Sagra, 1990.

KASPARY, Adalberto J. *Habeas Verba, Português para Juristas*, Porto Alegre: Livraria do Advogado, 1994.

——.*O verbo na Linguagem Jurídica - Acepções e Regimes*. 2ª ed. rev. e ampl. Porto Alegre: Livraria do Advogado, 1994.

MACHADO NETO, Antônio Luís. *Sociologia Jurídica*. 4ª ed. São Paulo: Saraiva, 1979.

MAXIMILIANO, Carlos. *Hermenêutica e Aplicação do Direito*. 8ª ed. São Paulo: Freitas Bastos, 1965.

MELLO NETO, João Alfredo. *Manual Teórico e Prático do Condomínio*. 1ª ed., Rio de Janeiro: Aide Ed., 1989.

NEVES, Iêdo Batista. *Vocabulário Prático de Tecnologia Jurídica e de Brocardos Latinos*. Rio de Janeiro: APM Editora, 1987.

PACHECO, José da Silva. *Comentários à Nova Lei sobre as Locações dos Imóveis Urbanos e seus Procedimentos*. São Paulo: Revista dos Tribunais, 1992.

RIZZARDO, Arnaldo. *A Nova Lei do Inquilinato*. Porto Alegre: Ajuris nº 54, 1992.

ROQUE LAUSCHNER, S.J. *Lógica Formal*. 3ª ed., Porto Alegre: Livraria Sulina Editora, 1969.

SILVA, José Henrique de Freitas Valle e. *Manual Prático do Inquilinato*. Porto Alegre: Ed. Pró-Viver, 1991.

SOUZA, Sylvio Capanema de. *A Nova Lei do Inquilinato Comentada*. Rio de Janeiro: Saraiva, 1993.

TEMER, Michel. *Elementos de Direito Constitucional*. 10ª ed., São Paulo: Malheiros Editores, 1996.